作者和刘大钧教授合影

作者和养生专家张秀勤教授合影

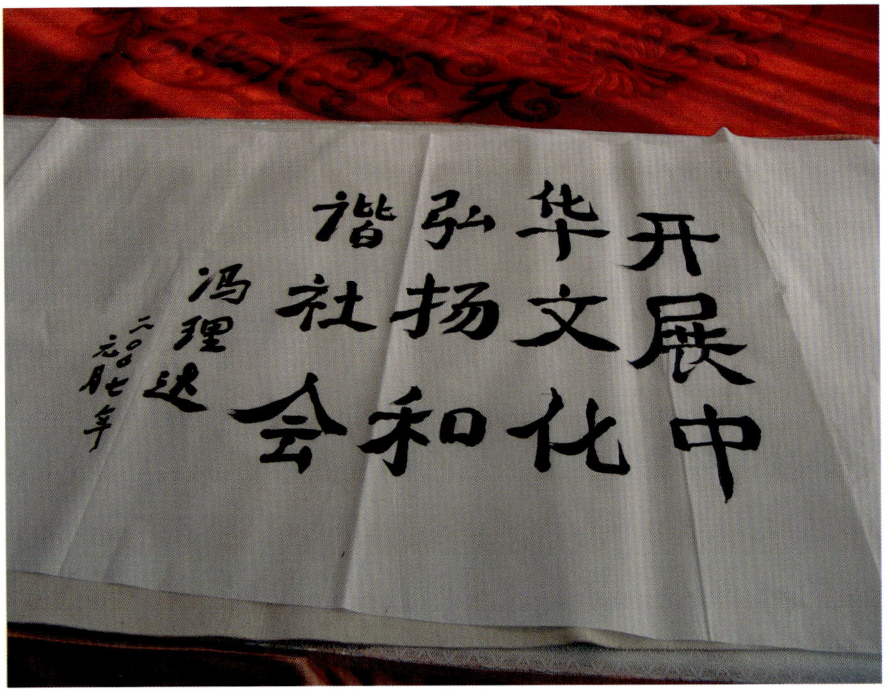

冯理达教授题字

冯理达教授题字现场

作者和秦皇岛皇威药业董事长合影

作者和周恩来扮演者合影

作者和香港道医徐明怀先生合影

作者和洪昭光冯理达教授合影

易医拾遗之医镜心悟

吕建华　孔凡凤　著

中医古籍出版社

图书在版编目（CIP）数据

易医拾遗之医镜心悟/吕建华，孔凡凤著．－北京：中医古籍出版社，2011.8
ISBN 978－7－5152－0028－6

Ⅰ.①易… Ⅱ.①吕…②孔… Ⅲ.①周易－关系－养生（中医）
Ⅳ.①B221.5②R212

中国版本图书馆 CIP 数据核字（2011）第 108505 号

易医拾遗之医镜心悟

吕建华　孔凡凤　著

责任编辑　孙志波
封面设计　映象视觉
出版发行　中医古籍出版社
社　　址　北京东直门内南小街 16 号（100700）
印　　刷　北京金信诺印刷有限公司
开　　本　787mm×1092mm　1/16
印　　张　23.25
字　　数　560 千字
版　　次　2011 年 8 月第 1 版　2011 年 8 月第 1 次印刷
印　　数　0001～3000 册
书　　号　ISBN 978－7－5152－0028－6
定　　价　48.00 元

内容提要

本书主要介绍中医的启源和《易经》在中医的地位，利用易医学去指导人们如何养生，如何与自然和谐，如何无病之大成。欲为大医，应该以儒家德行的修养为根基；以《易经》和阴阳五行的思维为理念；以古人为师，直溯其源！以无门为法门，下硬功夫，熟读经典；勤于临床，在生活和临床中细心体悟。在此基础上，修身明德，融汇儒道，日久自可贯通。这些要点，在读完本书之后，以及未来学习的过程中，相信大家会同我一样有更深的体悟。当然，学医也可以很轻松，在生活中，饮食起居，无一不是学习中医的机会；我们自己、我们的家人、我们的朋友，都是最好的老师。学医，应当是一种乐趣，一种享受！

曲阜第一届中医代表

目　录

绪　论

古老而灿烂的中华文化，曾经为中国及世界文化的发展作出了卓越的贡献。其中最为辉煌的部分莫过于《周易》。《周易》是中国文化的瑰宝，是中国文化中最为闪光的巨著，其对世界的影响是无与伦比的。《周易》是中国文化的总源头，中国的思想文化、社会科学、自然科学无不源于易，《周易》对中国的文明史曾经产生了巨大的影响。《周易》的魅力不仅只是《易经》和《易传》两部著作，关键在于易著三千和受易学浇灌而生根发芽的庞大的易学体系，以及由她所衍生的中国的诸子百家学派，从而使《周易》像一口永不枯竭的井泉，汲之不竭；又像一个无底的宝洞，取之不尽。易理之所以历数千年而不衰，其奥义在于：三千年前的《易经》正值中国六千年文明史的中点，易理发挥了承前启后的枢纽作用，使古代文明和现代文明有机地结合起来，沟通了中国文化的命脉，有力地促进了中国文化的发展。因此，研究《周易》对中华文化将具有深远的意义。

《易经》作为“四书五经”之一，被列为群经之首，作为中国文化的渊源。尽管这些儒家思想经典束缚了中国人几千年，但也造就了儒雅的中国风范。其中深厚的文化内涵与几千年来沉淀下来的文化底蕴，却也是中国人的骄傲。《易经》是中化民族文化的瑰宝，治国之大道。《系辞》中指出“八卦定吉凶”，“以定天下之业，以断天下之之疑”。故《易经》有“文能定国，武能安邦；上能救国，下能救民”。其科学价值实为珍贵。无论在军事上，还是在人民的日常生活中，《易经》都有借鉴作用。德国的数学家莱布尼兹根据《易经》八卦图发明了计算机二进制，震动了世界整个科学界，故《易经》八卦有“计算机之母”的冠称，更重要的是《易经》在中医药学中也起着指导作用。

一、对中医阴阳学说的影响

中医经典著作《黄帝内经》受《易经》的影响很大。贯穿《黄帝内经》一书始终的阴阳学说，直接来自先成书的《易经》。阴阳学说是中国传统文化的一种宇宙观和方法论。《易经》八卦中的阴爻（－－）和阳爻（—），最早出现在我国夏朝的占书《连山》之中。古人以阴阳二气为中心，从千变万化纷繁复杂的事物中概括出八种基本物质形态，并以天、地、水、火、雷、风、山、泽命名，从而创造了八卦。八卦和六十四卦几乎都由阴爻和阳爻组成，体现了每一卦中阴阳的互依和互制，即使纯阳乾卦也有纯阴坤卦相配。《易经·系辞》从哲学高度概括为“一阴一阳之谓道”。阳爻与阴爻乃矛盾对立之两种符号，阳性与阴性乃矛盾对立之两种事物。《黄帝内经·素问·阴阳应象大论》曰：“阴阳者，天地之道也，万物之纲纪，变化之父母，生杀之本始，神明之府也。”可见阴阳学说是中医理论的核心，源自《易经》无疑。《易经·系辞》云“乾道成男、坤道成女”，乾为父，坤为母，生震、艮、坎、巽、离、兑六子，六子分男女，即天地万物。这便是划分事物和现象阴阳属性的标准。事物和现象中对立着的阴阳两方面是互相依存、互相为用的。《黄帝内经·素问·阴阳应象大论》曰“阴在内，阳守之；阳在外，阴之使也”，正反映了《黄帝内经》对《易经》阴阳学说的发挥和应用。事物或现象中对立的阴阳两方面是运动变化的，其运动的方式是彼此消长并在一定条件下向自己的反面转化。《易经》在三组卦“泰”与“否”、“损”与“益”、“既济”与“未济”中体现的对立统一、互相转化的观点，被《黄帝内经》在解释健康与疾病的关系和疾病转归时广泛应用。可以说，正是在借鉴《易经》阴阳观念的基础上，中医学的阴阳学说才得以进一步形成。中医阴阳学说的形成和发展，逐渐导致了经络学说、脏腑学说、气血津液等一系列中医学理论的形成和发展。针灸子午流注即是根据《易经》与《黄帝内经》阴阳盛衰消长原理，认为经气在人体中盛衰流注与昼夜日月运行相应，从而掌握经气的周期性盛衰开阖进行取穴，这也是《黄帝内经》生物钟原理及干支记时的发挥。中医的藏象学说也源于《易经》，并在天象、物象和人象三结合中，进行发展。尤其在接受易理取象比类的基础上，使法象有了新的突破，创立了颇具特色的中医藏象学说。如《素问·阴阳应象大论》曰：“东方生风，风生木，木生酸，酸生肝，肝生筋，筋生心，肝主目。其在天为玄，在人为道，在地为化，化生五味。道生智，玄生神，神在天为风，在地为木，在体为筋，在藏为肝，在色为苍，在音为角，在声为呼，在变动为握，在窍为目，在味为酸，在志为怒，怒伤肝，悲胜怒；风伤筋，燥胜风，酸伤筋，辛胜酸。”正是把天象、地象、人象合三为一。虽然《易经》六十四卦中，在表面上呈现阳占优势或阴占优势，但总还是由阴与阳共同组成的，这种看法，非常接近现代科学的见解，因为这种思维方法，正是所谓“场”的思维方法。其实中医的“气”，以及广义的气本身就包括了“实体”和“场”两方面。尽管阴阳学说不具备严格科学的表现形式，在很大程度上带有猜测和神秘的色彩，但作为中医的指导思想，至今仍有深远影响和指导意义。

二、对中医人体科学的影响

《易经》中医术方面的记载，除散在六十四卦的一些卦爻辞中外，主要集中在“剥”、“豫”、“萃”、“艮”、“咸”五卦之中。《易经》义理的本质特征是天人合一，它对中医学所倡导的“气一元论”的理论的建立具有重要的指导作用。《易经·系辞》曰：“精气为物者，谓阴阳精灵之气，氤氲积聚而为万物也。”明确指出一切事物均由精气构成。中医的“气一元论”认为，精气的运动引起五脏六腑的活动，人体内的气是一种活力很强的精微物质，输布全身无处不到，机体的生命活动从根本上说，就是气的升降、出入活动，气活动一旦停止，生命活动就停止了。医易相通，《易经》中常用人体器官描述卦象，如乾为首、离为目、坎为耳、兑为口、坤为腹、艮为手、震为足、巽为股。其中“咸卦”是关于针石术的萌芽。

咸，马王堆帛书作钦。《归藏》有钦卦，朱彝尊《经义考》云：“钦在恒之前，则咸也。”钦与针皆在十二侵韵，同声相转，钦借为针或箴。针与箴通，皆为古针字，咸为省文。是最早的针灸记载。

从象数学的观点看六十四卦的递次变化，很像人一生的生长衰老过程。《黄帝内经》说：“年四十，阴气自半。”表明中年保肾精十分重要。现代研究，六十四卦卦象严格对应着遗传密码中六十四个DNA密码子。东方神秘的《易经》存在有几千年的历史，如《易经》中六十四卦之间存在着的这种阴阳互补与生克关系，这是西方科学全然不知的。这种科学的思维方法，对基因调控和癌症研究是十分有益的。

《黄帝内经》“取象比类”的思维格局对中医藏象学说的形成影响很大，藏象一词，首见于《黄帝内经·素问·六节藏象论》。这种以“象”、“论”、“藏”命名启导于《易经》的爻象概念。《易经·系辞》谓：“易者，象也。”“爻也者，效天下之动者也。”医家又据爻象之理，效法于人体，于是有藏象之称谓。《易经》天人相应的整体观对中医人体科学的影响很大。生命是复杂的有序结构，躯体内外部的总体稳定即阴阳平衡的维持，是非常重要的。从机体的整体水平探讨、研究人体科学的方法，正是中医学的根本特点之一。现代医学中流行的观点认为，揭示生命奥妙的关键，在于对遗传基因和它的构造单位，以及受它们控制的化学反应的深入研究，科学哲学理论已经指出了这种看法的片面性和机械性。认真探讨人体内部与外部，生物与环境之间的复杂关系，已越来越受到生命科学家的重视。《易经》独特的思维方式对现代人体科学的研究具有重要启迪作用。

三、对中医防治学的影响

《易经》对中医防治学的影响很大，如坤卦初六“履霜坚冰至”，强调防微杜渐，和《黄帝内经》治未病的防治思想相一致。《易经·否卦》云：“其亡！其亡！系于苞桑。”人在面临否卦的严重时刻，倘能经常保持“我将灭亡！我将灭亡！”的警惕，加强锻炼身体，这样不但不会灭亡，还会像根深蒂固的桑树一样长生。

《易经》十分重视心理因素与疾病的关系。《易经·萃卦》曰：“萃如，嗟如，无攸利，往无咎，小吝。”即谓因病而唉声叹气，没有丝毫好处，不如扶病走动走动，虽有小吝，终究对病无大妨碍。也就是说，“既忧虑，又叹息，这样是没有什么吉利的”。《易经·无妄》说：“无妄之疾，勿药有喜。”得病之后不要胡思乱想，只要心情舒畅，不吃药也会好的。《易经·乾卦》九三爻辞：“君子终日乾乾，夕惕若，厉无咎。”过度紧张却使我们长期而反复地处于超生理的紧张状态，如果不加警惕，将会危害身体健康。中医心理学的观点与《易经》的看法一致。情绪失调常常是疾病的先兆。忿怒能引起一系列生理心理变化，诱发心脑血管疾病。《易经》在养生方面的许多重要的富有哲理的见解，告诉我们必须注意我们的日常生活习惯，注意身体所发出的各种信号。多数严重的疾病往往是经过多年缓慢发展的结果。这对中医养生学也有直接的重要影响。《易经》对中医治则的影响很大。机体阴阳失衡即为病态，调整阴阳为中医的根本治则。易道尚中，中医的理、法、方、药，都离不开“中”字，选方遣药，掌握药味、药性和药力，都以“中”病为宜，过与不及都不能达到扶正祛邪的目的。“既济”与“未济”二卦相对，相互对立转化。临床上心火与肾水未济，可致心神不宁、腰痛头晕等证。如水不涵木而致风火上窜，头疼目赤，用“滋水涵木”法治疗，可使水火既济，保持阴阳平衡。中医学维持机体稳态的治则，与易象卦理息息相通。东汉时期的《神农本草经》运用八卦取象比类和阴阳观念，总结前人用药经验，提出了“四气五味”、“升降浮沉”理论，明确了中医用药原则。张仲景《伤寒论》把阴阳学说和太极合二为一发展为六经学说，创立了六经辨证的原则，奠定了临床医学的基础。秦国名医医和曾自觉运用当时卦象成说解说、分析晋侯的病情(《左传·昭公元年》)。《易经》提出“八卦气验”，论及节气与疾病的联系，是中医气象医学之发源。如每年春分惊蛰前后，天气突变日数最多，人为祸事、空中或地面意外伤亡也是全年之冠。无名患病的频率，更是春分和秋分前后最为显著。由此，我们领悟到一个道理，宇宙是大周天，人体是小周天，人还是脱离不了潜在自然率周而复始的摆布和干扰。《易经》的这种思想促进了中医气象医学和时间医学的发展。所以，中医理论的发展才是振兴中医之根本。

总之，《易经》一言以蔽之，曰：变易而已矣。曰变易，曰不易，曰渐变，曰突变，括此数义，医道可尽矣。作为中医学的源头活水，《易经》的天人合一整体观、阴阳对立统一观以及取象比类等义理在中医理论体系中得到了详尽的发挥和成功的运用。甚至当今世界上许多物理学、生物学和医学领域的重大发现也多受《易经》思维方式的影响。美国著名理论物理学家 F. 卡普拉吸收了中国古代《易经》和道家著作中关于阴和阳的互补、平衡、循环的概念，以及道家的自然无为的思想，构造新的世界文化模式。在中国三千年的文化中，几乎所有伟大和重要的著作都受到这本书的启发，或者对它的论题的解释产生影响。特别是对中医学发展的影响是非常深刻的，由此缔造了易医文化的成就发展。

易医文化，既是中华科学文化的代表，又是中医文化的精粹，是我国古代先民、先哲、先贤、先圣们智慧的结晶。其博大精深又源远流长，千百年来为中华民族的繁衍生息和发展富强作出了不可估量的贡献。易医文化是中华民族引以自豪的瑰宝，是人类文明史上的奇观！

研究易医文化，并实事求是地作出科学的分析和评价，这固然是重要的。然而更重要的是开发其蕴藏着的丰富的科技资源，使易医科技与现代人体生命科技接轨，并在实践应用中转化为现实的生产力，使这一优秀的传统文化，服务于社会，造福于人民，这才是我们研究易医文化的根本目的。

易医文化是易医结合的文化，具有共同的基础。

易医同源，易医同理

易医同源，源于宇宙万事万物生生不息、不断发展变化的天地之道，内含阴阳互根互动互用互补、动静消长、五行生克之妙。“生生之谓易”，此乃大易之灵魂。“一阴一阳之谓道”，此乃宇宙发展之规律。阴阳的对立统一和相互转化，是万事万物运动发展的内在的根本动力。这是易医文化中的生动的唯物论和辩证法。

易医同理，是指易医的天人合一、同此阴阳之理。“近取诸身，远取诸物”，天地大宇宙，人身小宇宙；人身一太极，物物一太极，万物一太极。天人之间，同质、同构、同序、同气、相关、相联、相应、相通。宇宙之广，万事万物千差万别，同为阴阳二气所造化；天地之在，时物动静消长，千变万化，同为阴阳二气的造化与运行，乃大千世界一切事物发展变化的根本原因。正如《内经》所云：“阴阳者，天地之道也。万物之纲纪，变化之父母，生杀之本始，神明之府也。”

易医相通，易医相承

易医相通，是指易医之间的运动观、整体观、平衡观相通。其中运动观相通，体现在易医中内含宇宙万事万物的发展、运动都遵循圆道规律。“日往则月来，月往则日来，日月相推而生焉。寒往则暑来、暑往则寒来，寒暑相推而成岁焉。”这体现了万事万物运动发展循环往复、周而复始、螺旋式上升的圆道规律。易医的整体观体现在中医的人—自然—社会的三维医学与《周易》的人—自然—社会的三维观统一。易学中八卦、六爻之间是一个整体；人本身也是一个八卦结构，各脏腑、各经络也是一个整体。天人合一是一个巨系统。系统内的各要素之间都是相互联系、相互影响、相互作用、相互制约、不可分割的整体。易医的平衡观，反映了易医内在的均衡、平和与对称的规律。易学中八卦中的阴阳爻、十二消息卦中的阴阳爻的对称中和均衡，与中医学中的运气学和藏象学说中强调的人身内的阴阳平衡，以及人体内外之间中和平衡等，都是相通的。

易医相承，是指中医在思维模式和思维方法上与易学一脉相承。这是易学对中医影响最大的一点。反过来，中医学在发展过程中又充实和补充了易学的思维科学和生命哲学。

我们所理解的医学，是多元医学。包括中医、西医、民间偏方、针灸、按摩、电子仪器治疗、气功及人体特异功能等。这是一个庞大的体系。

易医文化是一个广阔的领域，有着丰富的科技资源有待我们去开发和应用。

只有用古老《易经》的思维方法和现代西方的科学方法，来重新审视和研究中医学才能取得本质性进展。这种中西文化的融合，正是中医振兴的契机。

第一章　易文化在中医学中的应用

第一节　易文化择要

易文化的核心是中国古代《周易》一书。它是中国传统文化的主要源头之一，对后世中国文化产生了极为深刻的影响，并由此形成了易学与易文化。

《周易》有狭义和广义两种提法。狭义的《周易》指的是《周易古经》，广义的《周易》则包括《周易古经》（简称《易经》）和《周易大传》（简称《易传》）。《周易古经》，成书于殷周之际。这是一部占筮书，通过一定的筮法起卦和占断，即利用六十四卦和三百八十四爻的变化来预测吉凶。这标志着古人开始意识到自身的力量，由迷信转向科学萌芽的人类觉醒，是科学萌芽与迷信相混杂的一种认知体系。春秋战国的大圣人孔子及其弟子们熟读《周易古经》，创作《周易大传》，把蕴藏在占筮之中的哲理提升上来，并且发挥得淋漓尽致，使《周易》成为一本关于宇宙和人的充满伟大哲理的书。这标志着哲学从神学中脱胎而出的人类新觉醒。

总而言之，《周易》，包括经和传，是一本《易经》讲占筮、《易传》讲哲理的、充满着中国古代人智慧的重要经典。

中华文化肇始于《易》，一部易学史可以说就是一部中国文化史。《周易》对中国文化的影响是空前的。

1. 百学之源，诸子之宗

《周易》是我国传统文化极为珍贵的文献，对我国的哲学、文学、史学、自然科学以及社会科学都产生了巨大的影响。如班固说：“易道深矣，人更三圣，世历三古。”《四库全书总目录提要》说：“易道广大，无所不包，旁及天文、地理、乐律、兵法、韵学、算术，以逮方外之炉火，皆可援易以为说。”

中国自先秦形成的诸子百家及后世的诸多思想家、史学家、文学家及科学家都对易学深感兴趣，或解经，或注疏，或阐发易理，遂产生易学，并有易著三千，蔚为大观，对中国文化各个层面产生了巨大影响。

2. 群经之首，儒道之祖

（1）群经之首

中国经部书籍包括易、书、诗、礼、春秋、孝经、群经总义、四书、乐、小学类。易类博大精深，列于经书之首、诸籍之冠。《周易》在中国文化宝库中的地位可以见得矣。先秦时期，《周易》首先被孔子发现并列为六经之一。汉代，随着儒学地位的提高，作为儒学经典的《周易》被奉为六经之首。魏晋时期，《周易》被列为三玄之冠。隋唐时期，《周易》被定为十三经之首，从而跃居为中国经学的首要位置。尤其在唐朝，佛经像潮水般涌进中国，是以《周易》为代表的经学起来与之抗衡，捍卫中华本土文化。宋元时期，《周易》被奉为理学的经典。明清时期，《周易》所起的作用更大，《四库全书》将易著列入诸经之首，更证实了易学在中国文化中的核心作用。

（2）儒道之祖

儒家孔子对《易》极为推崇，称之曰“易与天地准”、“神无方而易无穷”；儒家学者解经作传，使巫术思维跃迁为哲学思维。道家老子也深研易理，作《道德经》，全篇阐发了易学精髓。易的思想渗透在中国两大主流文化——儒道的学说中，并以此为中介，扩散至中国文化的历史长河中。

3. 易医相关，中医之本

《周易》为中医学的发生、发展与成熟提供了元理论基础和哲理性思维方式。

中国一代大医家孙思邈说：“不知《易》者，不足以言大医。”《医门棒喝》曰：“是以《易》之书，一言一字毕藏医学之指南。”即言《易》与医有着密切的关系，说明了《易》对中医学的重要影响。明代张介宾撰《医易义》，并形成了医易学。

4.《周易》奠定了中国传统文化的基本模式，主要为：

（1）创造了中国传统文化的基本范畴；
（2）提出了宇宙生成模式；
（3）形成了朴素辩证思维方法；
（4）提供了象数理占的样本；
（5）开始了义理阐发的探寻。

第二节　易文化对中医学的基础性影响

一、《周易》本经中原始医学思想汇聚

为了弄清医易文化的始末源流，认真地分析研究《周易》中的原始医学思想是非常必要的，《易》肇医之端，医蕴《易》之秘，此言不谬。在《周易》经文中有关古代养生、预防和医疗活动的记载，是继甲骨文中有关医药文化资料之后，最为原始、珍贵的史料，是寻觅中国医药思想与文化体系的第一手资料。

在经过比较系统的分析研究之后，我们不难发现，上古先人们的医疗实践活动及原始的医学思想，被《周易》的作者巧妙而生动地蕴藏在有关的卦、辞及“十

翼”中的有关论述之中，经文涉论医理，主要有三十九卦，它们是：乾、坤、屯、蒙、需、讼、师、小畜、履、泰、否、豫、蛊、噬嗑、剥、复、无妄、颐、大过、咸、遁、大壮、明夷、睽、解、损、夬、姤、困、井、鼎、艮、渐、归妹、丰、兑、涣、既济、未济。蕴藏在《周易》中的原始医学思想，基本上体现在以下几个方面。

1. 天象与医学

在乾卦的内涵中，包含着天象与医学的观点。人与天地自然是一个统一的整体，天地间的一切变化都会在人体中得到反映，这是“天人相应”思想在原始医学中的萌芽。

2. 环境与医学

在坤卦的内涵中，包涵着环境与医学的观点。地理环境、地理气候对人的生命有着至关重要的影响，我们的祖先早就把大地当成孕育人类（包括万物）生命的摇篮，坤为腹，广容万物。这是环境与医学的思想在原始医学中的萌芽。

3. 乾阳与坤阴

乾阳与坤阴，中国古代哲学的根本，中医理论的基石。孔子从乾坤两卦中挖掘出了阴阳的哲学内涵，又察觉到一个伟大真理：“一阴一阳之谓道。”并用高度括概的语言“乾道成男，坤道成女”，“天地氤氲，万物化醇；男女构精，万物化生”，把人与万物的生化繁衍的规律揭示得一清二楚。中医的阴阳学说，早已在原始医学中萌芽。

4. 人体整体观

在《周易》的卦、爻辞及《易传》中，有许多内容涉及到人体的各个部位，反映了我们祖先对这些部位生理功能的认识，表现出人体整体观在原始医学中的萌芽。如咸卦、大壮卦、艮卦等。

5. 养生与预防

上古时代，医药条件很差，懂医习药的人也不多。为了生存，我们的祖先十分重视疾病的预防和身体的保养，从而为强身、繁衍、保护生产力、推动社会发展起到了重要作用，这表现出朴素的预防养生思想在原始医学中的萌芽。如颐卦、既济卦等。

6. 解剖与生理

在《周易》经文中，也偶涉人体某些部位，虽然比较简单，但从一个侧面反映了我们祖先对人体解剖部位的认识，也记载了各种不同的生理功能，这是有关人体解剖与生理在原始医学中的萌芽。如屯卦、困卦等。

7. 泰否与损益

泰否、损益等卦中，分别阐述了阴阳对立面的排斥对立与统一和阴阳对立面的相互转化与统一的哲理，对医药学的影响很深，成为中医药文化中的重要思想方法。

8. 婚嫁与生育

在《周易》经与传中，对于婚姻、性交和生育这一类关系人类社会的大事，多有论述。人类的繁衍必须靠生育；在文明社会中，生育是通过婚嫁来实施的；而无论生育与婚嫁，都不能回避性交。这些重要问题，在原始医学思想中，都得到了比较充分的反映。如渐卦、归妹卦、恒卦等。

9. 病种与药物

十分可贵的是，在《周易》经文中，记载了一些疾病与药物的名称，也提出了一些诊治法则，在客观上，从一个侧面反映了西周初年的医学情况。如丰卦、大过卦、姤卦等。

10. 饮食与健康

在《周易》经文中，有些卦，对饮食与健康的问题，作了深刻简明的论述，反映了我们祖先对这方面已有意识地予以重视，作为中医学的重要内容之一，也在原始医学中得到了体现。如噬嗑卦、鼎卦、井卦等。

此外，还涉及有刑罚与医疗：如蒙卦、豫卦、困卦等。诊治与预测：如无妄卦，损卦，豫卦等。

总之，《周易》经、传中的原始医学思想，虽然不够充实，不够系统，但弥足珍贵，从其中我们确实可以体会到"《易》肇医之端，医蕴《易》之秘"；以及"医易同源"的道理。

二、《周易》及其易文化是中医学创建与发展的理论基石

中医药文化，源远流长，博大精深。就其思想体系而言，哲学占有极其重要的地位。从医药的起源来说，古人把它推向了遥远的上古时代的神话，医药虽源于神话，实则来自上古先民的实践。当进入文明社会之后，尤其是到了春秋战国时期，我国的医药就开始走向理论化，就不断地与哲学相结合，逐步完善，形成体系，同时显示出文化的特性。最早给予医学影响的，当首推《周易》。其原因是，《周易》作为中华文化的典籍成书最早，在先秦以前的众多经典之中，《周易》又处于群经之首。其次便是诸子百家，其论医，道家，老庄重虚无；儒家，孔孟崇心性；法家，韩（非）商（鞅）主图新；名家，惠子论自然；墨家，墨子倡薄死；阴阳家，邹衍尊阴阳五行；纵横家，苏（秦）张（仪）推崇养生；兵家，孙子讲谋变。诸子之中，又以道、儒两家对医学影响最大。《周易》作为古代思想文化的渊源，不

仅对数千年的中国思想文化的形成与发展，产生了深远而关键性影响；而且对中国古代的科学技术，尤其是祖国医药学和医药文化体系的形成与发展，产生了极大的影响。“医易相关”，便是对这种影响的高度概括与总结。

所谓“医易”就是指《周易》的哲学思想和象数原理对中医药理论体系的指导与影响，指《易》文化向中医药文化的渗透，并逐渐走向融合。从现存于世的，起步于战国而成书于西汉之初，历经数百年而成为最早的中医典籍——《黄帝内经》中，就可以清晰地看到医学是如此不着痕迹地，系统又密切地和《易学》水乳交融在一起。其中《周易》所阐述的阴阳学说，全部贯穿于中医学之中，从而成为祖国医学的理论基石。其后历代医家不同程度地对医易相关问题，不断进行研究，留下了不少论文。至明代，著名医家张景岳在《类经》一书中，撰写了“医易义”、“大宝论”等长篇专著，从而使医与易的结合，在经历了两千多年的发展之后，形成了一门“医易学”。“医易学”不仅成为整个中医学说中的一个分支学科，而且成为中医药文化的一个重要组成部分。

（一）阴阳五行学说

1. 阴阳学说

从哲学的观点来讲，阴阳学说是我国古代的一种宇宙观和方法论，它具有丰富的辩证法思想。它认为自然界事物的运动变化都具有对立统一两个方面，这两个方面的内在联系，相互作用和不断运动，推动着事物的发展变化。这一认识，主要来自人们长期对各种自然变化现象的观察与认识，特别是我国古代自然科学天文、气象、历算方面(《易经》）的成就，为确立这一自然法则奠定了初步的理论基础。如《周易·系辞》说：“阴阳之义配日月。”“易”字从日从月。《说文》曰：“日月为易，象阴阳也。”《周易·系辞》还说：“一阴一阳之谓道。”如《周易·象》中的《泰卦》曰：“天地交而万物通，上下交而其志同也。”所谓天地交，是指泰上坤下乾，坤为地，乾为天，天本在上而今在下，地本在下而今在上，以示天阳之气下降，入地气之中，地阴之气上升而入天气之中，二气交感，故有“天地交”之义。由于阴阳二气交感，万物生生不已，故为通达，即是“万物通”。所谓上下交，是指泰上坤下乾，乾为天，阳本在上而今在下，坤为地，阴本在下而今在上，故有上下交感之义。就社会而言，乾象征君，坤象征民众。在泰卦，君在下，众在上，以示君民上下交感，志向相通。自然界的阴阳二气交感，万物通达生长；社会中君臣上下交感，志向一致，故天下泰平和谐，因而称此卦为《泰》卦。泰就是泰平，通达。

从阴阳鱼（学名太极图）来分析：图案是黑白回互，两侧宛如两条颠倒的小鱼。它是古人概括阴阳易理和认识世界的宇宙模型。太极图最外层圆圈为太极或无极，示意宇宙万物乃由元气化生并不断运动循环；圆内白鱼在左头向上为阳，黑鱼在右头在下为阴，阴阳鱼中又有小圈为鱼眼，展示阳中有阴、阴中有阳、左升右降；阴阳二鱼又以“S”形曲线为隔，寓示在负阴抱阳中，阴阳的平衡不是一刀切成的两半圆式的对称，也非天平式的平衡，而是变化的、此消彼长的阴阳匀衡。阴阳鱼太极图是阴阳学说理论的平面模式图，是中华民族智慧的表达。

中医药学以阴阳五行学说为理论基础，自然也就用了太极图为志徽，但在医药行业中多称之为阴阳鱼。在医药书籍上常印有太极图，而在中药铺门两侧的招幌上，则是在一串膏药、丸药下面挂条鱼，既以鱼谐音愈（治愈），又左右两鱼合而为一太极，就更富有象征性了。《素问·阴阳应象大论》曰："阴阳者，天地之道也，万物之纲纪，变化之父母，生杀之本始，神明之府也，治病必求于本。""本"这里指的是阴阳。"本"在不同的地方有不同的含义。有以六气为本的，如《素问·天元纪大论》说"所谓本也，是谓六元"；有以疾病为本的，如《素问·汤液醪醴论》说"病为本，工为标"；有以病为本的，如《灵枢·病本》说"大小便不利，治其本"。要注意区别。本段最后指出"治病必求于本"，即强调治病必须探求阴阳的变化。阴阳是自然变化的客观规律，基于人与外在环境的统一性，《内经》认为："人生有形，不离阴阳。"（《素问·生气通天论》）说明人体一切组织结构和整个生命活动都是建立在阴阳对立统一规律的基础上的。生命的本质，就是机体内部阴阳的对立运动和与自然界阴阳变化保持统一协调作为基本法则而进行的活动，如果这种有序的、高度的对立统一协调关系被破坏，就会使阴阳失去相对平衡而发生各种各样的病变。或因阳偏盛而出现热证，或因阴偏盛而出寒证……尽管导致疾病的原因不同，疾病的病理变化也很复杂，但其主要的病理机转，仍然是人体内部的阴阳失调，因此在诊断上如能抓住这一基本病理过程进行辨证，就能把握住疾病的本质。把辨别阴阳作为诊察疾病的纲领，就可起到执简驭繁的作用。同时，在治疗上相应采取"寒者热之，热者寒之"、"虚者补之，实者泻之"等方法，纠正阴阳的偏盛偏衰，恢复阴阳的相对平衡，即可达到治愈疾病的目的。

2. 五行学说

五行即"水火木金土"。中国古代思想家认为世界万物的起源和基本元素是这五种物质，强调了朴素唯物论的哲学世界观。并认为："水曰润下，火曰炎上，木曰曲直，金曰从革，土爰稼穑。润下作咸，炎上作苦，曲直作酸，从革作辛，稼穑作甘。"（《洪范》）将五行当作一种具体形象化的逻辑符号，代表水火木金土这五种基本元素属性和联系，说明事物运动和变化的规律，并以此建立了一个描摹宇宙辩证运动的哲学模式。即五行的生克制化。五行的相生即木生火，火生土，土生金，金生水，水生木。木燃烧为火，火熄灭为土，土中含金，金的表面有露水，即一物产生另一物。五行的相克即水胜（克）火、火胜金、金胜木、木胜土、土胜水，即一物克另一物。这种相生相克并不是绝对的，而是互相交融；并非一成不变，而是在一定条件下互相转化。把人体的各个部位对应于八卦，分为内外五行。如外五行：乾为首，离为目，坎为耳，兑为口，坤为腹，艮为手，震为足，巽为腹。内五行：八卦配五脏，乾兑为肺，离为心，巽为胆，震为肝，艮为脾，坤为胃，坎为肾。中医应用五行逻辑的生克乘（和）侮（失和）说明人体五脏的生理及病理的各种关系："肾（水）之精以养肝（木）[水生木]、肝（木）之藏血以济心（火）[木生火]；肺（金）气清肃下降抑肝阳上亢 [金克木]，肝（木）条达疏泄脾（土）的壅塞 [木克土]；肝（木）可传脾土 [木乘土]，脾病可以传 [土侮木]。《渊海子平》中的《继善篇》曰："金弱遇火炎之地，血疾无疑。土虚逢木旺之乡，脾伤定论，筋骨疼痛，皆因木被金伤。眼目暗昏，必是火遭水克，"

（二）经络学说

经络，是经脉与络脉的统称。经脉是经络系统的主干，络脉是经络系统的分支。经络能运行气血，协调阴阳，使体内脏腑与五官九窍、皮肉筋骨紧密配合，协调一致，是维持人体正常生理功能必不可少的组织，如：《灵枢·经脉》曰："经脉者，所以能决生死，调虚实，不可不通。"临床可使用针刺的方法通过选择适当的穴位和时间运用适量的刺激来治疗疾病，最为典型的是子午流注针法中的天干配脏腑的"纳干法"和地支配脏腑的"纳支法"。

天干配脏腑是"纳干法"的基础之一，在逐日开穴时，按照井、荥、输、原、经、合的流注次序，根据当时的天干，依次取所属脏腑腧穴，如下列口决。

甲胆乙肝丙小肠，丁心戊胃己脾乡。庚属大肠辛属肺，壬属膀胱癸肾脏。

三焦阳府须归丙，包络从阴丁火旁。阳干宜纳阳之府，脏配阴干理自当。

地支配脏腑是以一天十二地支与脏腑相配，是"纳支法"的基础之一；以十二时辰代表十二经来取穴。人身气血运行，从中焦开始，上注于肺经，经过大肠、胃、脾、心、小肠、膀胱、肾、心包、三焦、胆、肝，再流注于肺。这个流注，是从寅时开始，所以十二时便以肺寅大卯相配合。歌决如下。

肺寅大卯胃辰宫，脾巳午心小未中，申膀酉肾心包戌，亥焦子胆丑肝通。

子午流注逐日按时定穴歌（引自《针灸学》）

（1）甲日戌时胆窍阴，丙子时中前谷荥，戊寅陷谷阳明俞，返本丘墟木在寅。庚辰经注阳溪穴，壬午膀胱委中寻，甲申时纳三焦水，荥合天干取液门。

（2）乙日酉时肝大敦，丁亥时荥少府心，己丑太白太冲穴，辛卯经渠是肺经，癸巳肾宫阴谷合，乙未劳宫火穴荥。

（3）丙日申时少泽当，戊戌内庭治胀康，庚子时在三间俞，本原腕骨可祛黄，壬寅经火昆仑上，甲辰阳陵泉合长，丙午时受三焦火，中渚之中仔细详。

（4）丁日未时心少冲，己酉大都脾土逢，辛亥太渊神门穴，癸丑复溜肾经通，乙卯肝经曲泉合，丁巳包络大陵中。

（5）戊日午时厉兑先，庚申荥穴二间选。壬戌膀胱寻束骨，冲阳土穴必还原，甲子胆经阳辅是，丙寅小海穴安然，戊辰气纳三焦脉，经穴支沟刺必痊。

（6）己日巳时隐白始，辛未时中鱼际取，癸酉太溪太白原，乙亥中封内踝比，丁丑时合少海心，己卯间使包络止。

（7）庚日辰时商阳居，壬午膀胱通谷之，甲申临泣为俞木，合谷金原返本归，丙戌小肠阳谷火，戊子时居三里宜，庚寅气纳三焦合，天井之中不用疑。

（8）辛日卯时少商本，癸巳然谷何须忖，乙未太冲原太渊，丁酉心经灵道引，己亥脾合阴陵泉，辛丑曲泽包络准。

（9）壬日寅时起至阴，甲辰胆脉侠溪荥，丙午小肠后溪俞，大肠庚戌曲池真，壬子气纳三焦寄，并穴关冲一片金，关冲属金壬属水，子母相生思义深。

（10）癸日亥时井涌泉，乙丑行间穴必然，丁卯俞穴神门是，本寻肾水太溪原，包络大陵原并过，己巳商丘内踝边，辛未肺经合尺泽，癸酉中冲包络连，子午截时安定穴，留传后学莫忘言。

（三）运气学说

运气是五运六气的简称。运气学说是我国古代探讨天气时气象运动变化规律及其对人体发病影响的一种学说。天气与气象变化本来存在一定的联系，而两者对人体和其他生物的影响也是客观存在的。运气学说从宇宙节律来探讨气候变化，不仅有着深刻的天文背景，同时在气象、历法、物候等方面都有有一定的客观依据。它以作为自然法则的阴阳五行为核心，在整体恒动观的思想指导下，系统地总结和分析了以六十年周期的气候运动化规律。其基本内容，是以五运、六气、三阴三阳等为理论基础，以天干地支作为演绎工具，用以推测各年气候变化和疾病流行情况，指导临床辨证诊治。

“五运”是代表五行之气的木、火、土、金、水，分配以天干，用来推测每年岁运和各个季节的气候变化。如《素问·天元纪大论》曰：“甲己之岁，土运统之；乙庚之岁，金运统之；丙辛之岁，水运统之；丁壬之岁，木运统之；戊癸之岁，火运统之”。其中“甲己之岁”，即在年干上逢甲逢己之年。六十年甲子中，年干上逢甲逢己之年共十二年，即：甲子年、甲戌年、甲申年、甲辰年、甲午年、甲寅年、己巳年，己卯年，己丑年、己亥年、己酉年、己未年。“土运统之”，即这十二年在五运中属土运主事，在气候变化上，湿的特点比较明显。“乙庚之岁”，即在年干上逢乙逢庚之年，六十年甲子中，年干上逢乙逢庚之年共十二年，即：乙丑年、乙亥年、乙酉年、乙未年、乙巳年、乙卯年、庚午年、庚辰年、庚寅年、庚子年、庚戌年、庚申年。“金运统之”，即这十二年在五运中属金运主事，在气候变化上以燥的特点比较明显。“丙辛之岁”，即在年干上逢丙逢辛之岁。六十年甲子中，年干逢丙逢辛之年共十二年，即：丙寅年、丙子年、丙戌年、丙申年、丙午年、丙辰年、辛未年、辛巳年、辛卯年、辛丑年、辛亥年、辛酉年。“水运统之”，即这十二年在五运中属水运主事，在气候变化上以寒的特点比较明显。“丁壬之岁”，即在年干上逢丁逢壬之年。六十年甲子中年干逢丁逢壬之年共十二年，即：丁卯年、丁丑年、丁亥年、丁酉年、丁未年、丁巳年、壬申年、壬午年、壬辰年、壬寅年、壬子年、壬戌年。“木运统之”，即这十二年在五运中属木运主事，在气候变化上，风的特点比较明显。“戊癸之岁”，即在年干上逢戊逢癸之岁。六十年甲子中，年干上逢戊逢癸之年共十二年，即戊辰年、戊寅年、戊子年、戊戌年、戊申年、戊午年、癸酉年、癸未年、癸巳年、癸卯年、癸丑年。“火运统之”即这十二年在五运中属火运主事，在气候变化上，火的特点比较明显。

“六气”是属三阴三阳之气的风、火、暑、湿、燥、寒，分别配以地支，用来推测每年岁气和各个季节的气候变化。如：《素问·天元纪大论》：“帝曰：其于三阴三阳，合之奈何？鬼臾区曰：子午之岁，上见少阴；丑未之岁，上见太阴；寅申之岁，上见少阳；卯酉之岁，上见阳明；辰戌之岁，上见太阳；巳亥之岁，上见厥阴。少阴所谓标也，厥阴所谓终也。厥阴之上，风气主之；少阴之上，热气主之；太阴之上，湿气主之；少阳之上，相火主之；阳明之上，燥气主之；太阳之上，寒气主之。所谓本也，是谓六元。”这里所说的子午、丑未、寅申、卯酉、辰戌、巳亥等，统称“地支”。基次序是子、丑、寅、卯、辰、巳、午、未、申、酉、戌、亥，共十二个，所以又称十二支或十二地支。运气学说以地支作为符号并把它与三阴三阳、年度直接联系起来，以子午代表少阴，以丑未代表太阴，以寅申代表少阳，以卯酉代表阳明，以辰戌代表太阳，以巳亥代表厥阴。根据这个测算方法，六十年中各个年份的气候变化特点大致情况是：逢巳逢亥之年共十年，即己巳，乙亥、辛巳、丁亥、癸巳、己亥、乙巳、辛亥、丁巳、癸亥。这十年中气候变化与风的变化密切相关。逢子逢午之年共十年，即甲子、庚午、丙子、壬午、戊子、甲午、庚子、丙午、壬子、戊午。这十年中气候变化与热的变化密切相关。逢丑逢未之年共十年，即：乙丑、辛未、丁丑、癸未、己丑、乙未、辛丑、丁未、癸丑、己未。这十年气候变化与湿密切相关。逢寅逢申之年共十年，即：丙寅、壬申、戊寅、甲申、庚寅、丙申、壬寅、戊申、甲寅、庚申等十年。这十年中气候变化与火密切相关。逢卯逢酉之年共十年，即：丁卯、癸酉、己卯、乙酉、辛卯、丁酉、癸卯、己酉、乙卯、辛酉。这十年中气候变化与燥密切相关。逢辰逢戌之年共十年，即：戊辰、甲戌、庚辰、丙戌、壬辰、戊戌、甲辰、庚戌、丙辰、壬戌。这十年中气候变化与寒密切相关。加以归纳即：子午少阴君火，丑未太阴湿土，寅申少阳相火，卯酉阳明燥金，辰戌太阳寒水，巳亥厥阴风木。这也就是地支配三阴三阳六气。在这种配合中，年支是代表各个年份的符号，三阴三阳是代表气候变化的符号。它们的物质基础是气候本身。因此，原文在介绍了三阴三阳配六气后明确提出“所谓本也”。本，就是风寒暑湿燥火六气。自然界的一切生命现象都是在自然界正常气候变化的基础上产生的。没有自然界的正常气候变化，便没有生命。因此，自然气候也就是成为自然界中生命的源泉，因此，六气也叫“六元”。这就是原文中所说的：“年谓本也，是谓六元。”这里所说的“本”指本质，也可以解释为生命之本。“元”，同源。此处指生命现象的根源。原文明确地指出了风寒暑湿燥火六气在自然生命现象中的本源地位。

（四）诊法学说

诊法，是收集临床资料的手段，检查疾病的方法。包括望、闻、问、切四方面的内容，通常称为“四诊”。中医认为，人是一个有机的统一整体，有诸内，必形诸外。内在的病变，通过经络的作用，必然会从五官四肢等体表组织表现于外。人是一个统一的整体，某一局部的形体官窍组织，往往与全身的脏器都有着密切的联系，所以可以通过某一局部所反映出来的病理现象，了解另一局部乃至全身的病理变化，从而为中医学创立了具有自己特点的诊断方法。如《素问·阴阳应象大论》曰：“善诊者，察色按脉，先别阴阳……”辨别证候的阴阳属性，是诊断疾病的重要纲领。因为人体一切病理变化都表现为阴阳的偏盛偏衰。通过四诊了解和分析病情的阴阳变化，这是治疗疾病的必要前提。正如张景岳在《景岳全书》中说："凡诊病施治，必须先审阴阳，乃为医道之纲领，阴阳无谬，治焉有差。医道虽繁，而可以一言蔽之者，曰阴阳而已。故证有阴阳，脉有阴阳，药有阴阳。以证而言，则表为阳，里为阴；热为阳，寒为阴；上为阳，下为阴；气为阳，血为阴；动为阳，静为阴；多言者为阳，无声者为阴；喜明者为阳，欲暗者为阴……此皆中医之大法。"张氏之说，不仅切合中医旨意，而且符合临床实际，若从哲理言之，这正是"一分为二"辩证法思想的具体运用。

《素问·脉要精微论》曰："微妙在脉，不可不察。察之有纪，从阴阳始。始之有经，从五行生。生之有度，四时为宜。补泻勿失，与天地如一，得一之情，以知死生。"此段话的意思是：四时阴阳五行的微妙变化，都在脉象上有所反映，不可不细心审察。"纪"有纲纪、纲领之意，审察脉象四时变化需有一定的纲领，即当先辨别阴阳的升降。夏至至立秋，阴气微上而阳气微下；冬至至立春，阳气微上而阴气微下。脉应四时，随阴阳升降而变化有期，如春弦、夏洪、秋毛、冬石。所以必须首先明了四时阴阳变化，才能知四时脉象之常。阴阳升降是四时变化的纲纪，五行相生是四时变化的法则，四时的更替因五行相生而产生，所以审察四时脉象变化，应先从辨别阴阳开始，进一步根据五行来分析。五行相生有一定的常度，并与四时交替相应，即春木生夏火，夏火生长夏土，长夏土生秋金，秋金生冬水，冬水生春木。而脉象的变化也以与四时相应为宜。四时之阴阳有盈亏，六气有太过不及，所以发病有虚有实。唯有从人与天地如一、脉象变化与四时相适应的观点出发，审察脉象，以常测变，才能得到虚实之情，补泻才能恰当。

"一"指天人相应之理，知道了人与天地如一之情理，在诊断上，能结合四时阴阳五行的变化，审察脉象、面色等，就能预测死生，作出正确的诊断。这是传统的中医看病时是通过"望闻问切"四诊八纲的方法来诊断，通过观察你的气色与脉象，便知你身患何种疾病，或者配合先进的科学仪器来查出你的病证。这些都是疾病已经形成才能看得出的，不能防患于未然。而在命理中，能够提前看出你这一生已患或未患的疾病。也就是说，根据一个人的八字是能够看出他体健时将来可能发生的病证。甲是阳木，甲主胆主头。乙是阴木，乙主肝主项。丙是阳火，丙主小肠主肩。丁是阴火，丁主心。戊是阳土，主胃主肋。己是阴土，主脾主腹。庚是阳金，主大肠主脐轮。辛是阴金，主肺主股。壬是阳水，主膀胱主胫。癸是阴水，主肾脏主足。以上是十天干之所属。书云："子属膀胱水道耳，丑为胞肚及脾乡。寅胆发脉并两手，卯本十指内肝方。辰土为脾肩胸类，巳面咽齿下尻肛。午火火神司眼目，未土胃脘隔脊梁。申金大肠经络肺，酉中精血小肠藏。戌土命门腿踝足，亥水为头及肾囊。"又曰："午头巳未两肩均，左右二膊是辰申。卯酉双肋寅戌腿，丑亥属脚子为阴。乾首坤腹坎耳情。震足巽股艮手留。兑口离目分八卦，凡看疾病此推求。"

（五）治则学说

中医治则学包括治疗疾病的原则，及其在治疗原则指导下，根据不同具体病情所制定的具体治疗方法和制方用药法则。中医针对疾病错综复杂的变化。制定了诸如平调阴阳、补虚泻实、明辨标本、正治反治、三因制宜、治未病等重要的治疗原则。这些治疗原则，主张在整体水平恢复机体阴阳平衡协调；强调天地人是一个整体，应因时、因地、因人制宜；提出用标本的概念表达存在于疾病发展过程中的对立统一双方，根据具体情况灵活运用急则治标，缓则治本的原则。并认为不但要知其常中常，而且要知其变；既要制定常法，也要制定变法。充满了整体观念和辩证法思想。如《素问·至真要大论》曰："谨察阴阳所在而调之，以平为期。"主要是论述在阴阳学说的指导下，确定治疗原则的方法。"察"有考察之意，"阴阳"指脉证的阴阳属性。"调"，治也；"平"，平衡、协调之意。疾病发生发展的根本原因是阴阳失调，所以诊断疾病，必须通过对脉证的阴阳属性的辨别，掌握疾病病机中阴阳偏盛偏衰的本质变化，然后以恢复阴阳的相对平衡为目标，采取相应的治疗方法。阴阳偏盛，而其相对的一方没有构成虚损时，可采用"损其有余"的方法。阴阳偏衰，则应采用"补其不足"的方法。治疗的关键是要恢复机体原有的阴阳平衡状态。若阴阳偏盛，而其相对一方偏衰时，则除损其有余外，应配合扶阳或益阴之法，阳损及阴，阴损及阳，阴阳俱损时，前者要治阳顾阴，后者要治阴顾阳。所以调治阴阳，以恢复原有的平衡状态为度，不能超越一定的限度。《素问·阴阳应象大论》又说："审其阴阳，以别柔刚，阳病治阴，阴病治阳，定其血气，各守其乡。"《灵枢·五色》曰："病生于内者，先治其阴，后治其阳，反者益甚；其病生于阳者，先治其外，后治其内，反者益甚。"《灵枢·终始》："阴盛而阳虚。先补其阳，后泻其阴而和之。阴虚而阳盛，先补其阴，后泻其阳而和之。"《素问·至真要大论》："寒者热之，热者寒之，温者清之，清者温之。"

我国很早就有"易医相通"的说法，自古以来，"不研易者，不足以为良医。""不知易，不足以言太医。"研易学的人，都要把中医的《内经》作为主要参考书；研究中医的人，也要把《易经》作为理论的渊源。所以易经八卦的原理，早就被用于中医学的各个领域，它作为预测疾病和准确地诊断疾病、预防疾病，在信息上提供可靠的主要证据。

易文化对中医学的影响主要有：

1. "太极说"在中医学中的衍化

基于"天人同构"理论，主要认为人身之中也有"太极"，而不同医家指称又有不同，如：

（1）命门太极说；（可参阅孙一奎、赵献可、张介宾的著述）

（2）心为太极说；（可参阅宋明心学家著述）

（3）宗气太极说；（可参阅明朝马玄台《难经正义》）

（4）中宫（脾胃）太极说；（可参阅清朝邵同珍《医易一理》）

（5）未分之卵太极说。（可参阅清朝唐宗海《医易通论》）

“太极说”在医学领域的衍化，从上面的各种观点来看，无论是命门为太极，心为太极，宗气为太极，还是中宫脾为太极，未分化之卵为太极，集中到一点，都是从不同角度、不同的生理功能方面，强调“太极”作为生命本源的重要作用，它是人身的至宝。讲生命的诞生，未分化之卵是太极；讲人体的形成，命门是太极；讲人身之主宰，心是太极；讲五脏六腑，脾土是太极；讲体内之气，宗气是太极。各有所主，各具其能。从广义中医学而言，“太极说”还衍化为太极拳、太极膏等等。

2. 阴阳两仪说为中医学提供了最根本的法则

源于易文化所构建起来的阴阳模型是中医的最基本模型，人体的组织结构，五脏六腑，经络，生理功能，病理变化，疾病诊断辨证，治疗原则与大法，药物性能等等，都离不开这个模型。“医道虽繁，可以一言以蔽之，曰阴阳而已。”（张介宾语）阴阳在中医学理论中的表现，主要为：

（1）阴阳为中医学之本；

（2）阴阳互相对立；

（3）阴阳互相依存（互根）；

（4）阴阳彼此消长，转化，阴阳是交感的，升降的；

（5）阴阳互相协调中和：阴平阳秘则生，阴阳离诀则死。

中药名方中还有《两仪膏》（方出《景岳全书》），药为人参、地黄两味，加蜜炼制而成，一为阳气，二为阴血，故称两仪膏。

3. “三才观”对中医学的启迪

“三才观”也是《周易》中一个非常重要的哲学观点。经文中未见其词，传文中由孔子总结而成：“《易》之为书也，广大悉备。有天道焉，有人道焉，有地道焉。兼三才而两之，故六。六者非他也，三才之道也。”

“三才观”的思维方式对中医学影响甚大：

（1）“天有三宝：天，地，人；人有三宝：精，气，神。”

（2）“医不三世，不服其药”（三世之书：《黄帝针灸》《神农本草经》《素女脉诀》）（唐朝孔颖达望文生义，误称为父子三代，流传甚广）。

（3）三焦：六腑之一，水谷之道路，气之所终始也。

（4）三品法：《神农本草经》采用上、中、下三大分类法，“上药养命，中药养性，下药治病。”

（5）三因说：中医病因——内因，外因，不内外因。

（6）汗、下、吐三法：金代大家张从正《儒门事亲》中提出这三大治疗方法。

（7）三阴三阳说：《内经》中提出——三阴：厥阴，少阴，太阴；三阳：少阳，阳明，太阳。《伤寒论》据此提出三阴三阳病证。中成药中有“三才丸”方出自《儒门事亲》，药为人参、地黄、天冬三味，取天、地、人之意。

4. “四象说”对中医学的影响

由于“四象”是从“两仪”产生，所以准确的含义是阴中之阴，阴中之阳，阳中之阴，阳中之阳。除此之外，还有四时、卦画、筮数和物质等方面的含义。为便于对比理解，特列表如下：

两仪	天	阳	地	阴
四象	阳中之阳	阳中之阴	阴中之阳	阴中之阴
（表述）	老阳	少阴	少阳	老阴
（四时）	夏	春	秋	冬
（卦画）	☲	☴	☳	☵
（筮数）	九	八	七	六
（物质）	火	木	金	水
天四象	太阳为日	少阴为辰	少阳为星	太阴为月
地四体	太刚为火	少柔为土	少刚为石	太柔为水

（1）引入医家，未成主流

古代医家将“四象说”引入医理，不乏其人，如明张介宾、清邵国珍等，但并没有成为医家主流。

（2）提出阴阳互动原则

“四象说”在医理中的重要作用，在于启示人们，除了要看到并重视人体的阴阳之外，还要看到并重视阴阳的互根现象，明了其中“阴中有阳，阳中有阴”、“阴阳之中，又有阴阳”的复杂道理，从而将“阴阳学说”推向了一个更深的层次。“四象说”还有一个隐性的作用，即为“五行说”产生提供了基础和比较的对象。中医学最终选择了更具理论优势的“五行说”作为自己的理论根基之一，并与阴阳说相配合，使中医理论更趋完善。

5. “六爻说”对中医学的作用

（1）六爻模式催生了中医学的经络学说

《素问》在此启发下建立“六经”经络学说。《灵枢》则将其分成手足各六经，即十二经脉，并将其与脏腑完整配应。（1973 年马王堆出土帛书则只有《阴阳十一脉灸经》）

（2）六爻模式启发了中医临床辨证论治的产生

张仲景在《伤寒论》中根据三阴三阳学说，归纳出六经病，即三阳病：太阳病，阳明病，少阳病；三阴病：太阴病，少阴病，厥阴病。这是根据外感热病在演变过程中所产生的各种证候，依据所侵犯的经络、脏腑、病变的部位，受邪的轻重，邪正的胜衰，分清阴、阳、表、里、寒、热、虚、实，而总结出的六个不同证候类型，从而形成中医六经辨证论治的基本体系。

6. 八卦说及其在中医学中的延伸

（1）八卦与人

卦名	乾	坤	坎	离	兑	艮	巽	震
性质	健	顺	陷	丽	悦	止	入	动
人伦	父	母	中男	中女	少女	少男	长女	长男
人身	首	腹	耳	目	口	手	股	足
	脑	脾	肾	心	肺	胃	肝	胆

（2）人身八卦

关于人身八卦，一般讲得比较简单，如《说卦传》中只言："乾为首，坤为腹，震为足，巽为股，坎为耳，离为目，艮为手，兑为口。"

（3）坎离为中医学之主干两卦

后世医家则主张：震为命门，巽为肝，坎为肾（水），离为心（火）。此种解释更合中医诊治之道，如坎离不交（心肾不交）则为病因之一。也有医家认为气为坎中之阳，血为离中之阴，心肾是血气流行的主要器官。故中医十分重心肾相交，既济则合，未济则病。中药中也有交泰丸、坎离丸等。

（4）中医药学中另有奇经八脉说、四诊八纲说。

（5）医门八法说（汗，和，下，消，吐，清，温，补）、八卦神方、用药八阵说等等，均受八卦模型的影响。

综上所述，不难看出易文化对中医学产生了深刻的影响。尽管这种影响有些比较直接，有些较为间接，但总体而言，则为中医学提供了一种理论基石与文化框架。

三、医易相关的历史沿革

医易相关，历史悠久，不下2800年，其源头便在《周易》。回顾一下医易源流，对比较系统地了解中医药中的易文化，无疑是十分有益的。

1. 《周易》，医易相关的本源

医与易的最早结合，始见于《周易》经文之中。在六十四卦中，直接或间接涉及到医理的卦竟达39个之多，这充分说明在《周易》成书的漫长岁月中，直到西周初年正式问世，医学方面的内容在《周易》中占有一定的位置；到了战国时代，《易传》成书，在《彖传》《象传》《系辞传》和《说卦传》中，也涉及到医学问题，这充分体现了医易相关的观点。

2. 《内经》，医易结合的开篇

成书于西汉初年的《黄帝内经》是中医学的第一部经典，就其成书过程而言，它是一部跨越世纪的作品，不仅是中医理论的开山之作，也是医易结合的开篇之作。

在《内经》成书的漫长历史中，一代又一代没有留下姓名和生平事迹的古代医学家们，从《周易》中吸吮精华，融易理于医理之中，主要表现在以下几个方面。

（1）作者们接受并吸收了《周易》关于宇宙起源、万物生成的哲学观，援“易”入医，使上述观点也成《内经》中关于宇宙本源和万物生成的基本思想。

（2）《内经》吸取了《周易》中阴阳对立统一的观点，将阴阳哲学运用于医学领域，使之成为中医学的理论基石，从而形成了体系完整、独具特色的中医阴阳学说。

（3）《内经》受《周易》“太极”思维、一分为二、比类取象等思维方法的影响，形成了熔抽象思维和形象思维于一炉的中医思维模式。

①主客体同构，天人合一的致思倾向：由天地之阴阳五行，来推演人的阴阳五行；自然界的变化与人体内部的变化相互为应；天有四时，人有四肢；天有十二月，人有手、足三阴三阳之十二脉。总之，《内经》强调人体与外界自然环境是相应的，统一的，和谐的。

②比类取象的思维格局：《内经》通过模拟，比类来阐述人体的脏腑和生命现象，反映出宇宙大人身、人身小天地的思维模式。

总之，在整部《内经》中，尽管直接引用《周易》原文并不太多，但是《周易》的思想，却融会在每一篇之中。可以这样说，医家群体把《周易》的思想实质理解透了，完全以自己的语言和方式，将易理全面系统地渗透到医理之中。

3. 汉代，医易相关结硕果

易学发展到汉代，出现了与自然科学相结合的新趋势。汉代医家在这种新趋势的影响下，运用易理来阐述医理。医易专论虽然不多，但从医籍中，可以清楚地看到这一情况。

中医界有这样一种观点：张仲景的不朽医著《伤寒论》，是在《内经》的影响下写成的，与《周易》无关。而研究结果表明，《伤寒论》正是汉代医易结合的一大成就；尽管全书中没有引用《周易》原文（这一点与《内经》一样），却可看到卦爻与卦名；更可看到，自始至终，无处不体现着《周易》的思想，特别是六经辨证体系的形成，《周易》的六位，是确立《伤寒论》六经的基础；《周易》的变化，是《伤寒论》辨证论治的先导；《周易》的阴阳，是《伤寒论》整个的理论基石。

由此可见，张仲景不仅是一位伟大的医学理论家和实践家，还是一位通晓易学，并将它与医学结合的医学家。《伤寒论》就是一部易渗于医的典范著作，它反映并代表了汉代临证医学与哲学相结合的最高水平。

4. 魏晋，医易相关似一般

魏晋时代，医书存世者不多，可考者唯有《中藏经》，汉朝华佗著，实为六朝人所撰，虽然其中也渗透了一些《周易》的思想，可惜文字不多，只是用“火来坎户，水到离肩”的坎离卦象的变化，来论证阴阳水火升降之理。在葛洪《抱朴子》有关医论的篇章中，也大多谈长生不死，炼制并服饵金丹，与道文化密切相关，绝少涉及医与易之关系。

5. 隋唐，医易相关有新谱

至隋唐，随着医学的发展和医籍的增多，医易相关，呈现出一种上升的新趋势。

隋代医家巢元方所撰的《诸病源候论》，是中医学第一部病因病机的专著，书中贯穿了《周易》的思想。

（1）运用阴阳消长胜衰规律，来分析时气病。

（2）吸取了《周易》的阴阳观，来分析认识人体的生理与病理现象。

（3）用《周易》八卦配合方位来表示邪气的阴阳刚柔。

（4）吸取了《周易》的天人合一思想。

唐初著名医家孙思邈十分重视医易关系，“不知《易》者，不足以言大医”的名言，就出自这位药王之口。1300多年来，这句名言一直成为历代医家的座右铭。是他，明确提出，除了熟读医学经典外，作为一名优秀的医生，还“须妙解《周易》，六壬，并须精熟”。六壬（即以阴阳五行占卜吉凶）可以不知，而《周易》却不能不习。在其巨著《千金要方》与《千金翼方》中，可以体会到医理与易理的融合，其中不少篇章渗透了“易”为医之体，医为“易”之用的思想，主要表现在两个方面。

（1）强调医易同源，突出天人相应

“夫二仪（天地）之内，阴阳之中，唯人最贵，人者，禀天地中和之气。”

（2）以易理指导养性

他说“一体之盈虚消息（即消长），皆通于天地，应于物类……是以和之于始，治之于终，静神灭想，此养生之道备也”。告诉人们养性要和自然界阴阳的盈虚消长相结合；同时，又根据《周易》损益两卦的原理，提出房中补益的原则：损盈益虚。

6. 宋代，医易相关无显绩

宋代是中国古代哲学史上一个极为重要的时期，也是易学发展的一个最为繁荣的时期。两宋时期，不仅易学派别很多，而且易学家也辈出。周敦颐、邵雍、张载、程颢、程颐和朱熹等一大批理学家，都借《周易》以立言，为《周易》作传注。但是不知为何，在医学领域，从事医易相关研究者，却属凤毛麟角，著述更是罕见。唯有在伤寒论学派的代表人物庞安时和朱肱的医著中，偶见一些医易相关的文字。而由著名医家林亿等人奉诏校注的《内经·素问》中，也仅引用《周易》3处，其中一处是纠正王冰引文的错误。与宋代理学和易学的繁荣局面相比，宋代在医易相关研究方面的成果，无可例举了。

从先秦到两宋大约2000余年，历代医家研究医易的情况大致是如此：《内经》

与《伤寒论》堪称易渗于医的典范。而其他医家或将易理融于医著之中，或将观点散见于医著之内，既未见长篇专论，也难寻章节短文。系统性、完整性与《内经》和《伤寒论》相比都相差很远。总的评价不可过高，赞誉不可过分，但亦不可忽视不顾，因为这就是历史！

自金元之后至于明清，在继承前代医家成就的基础上，医易相关研究逐渐走向深入，逐步形成系统，出现了一个新的局面。其特点是专论、专著不断产生。至明代，形成了以张介宾为代表的“医易学派”，并建立了以义理与象数为基础的“医易学”。

7. 金元，医易相关发幽微

金元时代，著名的四大医家中有刘完素、李杲、朱震亨三家潜心医易，撰写论文，提出新见，发其幽微。

（1）刘完素以易理发“火热论”之幽微，“六气皆从火化”，“益肾水，降心火”。（可参阅刘完素《素问·玄机原病式》）

（2）李杲以易理论“脾胃升降”学说及药性，“土为万物之母”，“脾胃为元气之本”。（可参阅李杲《脾胃论》）

（3）朱震亨以易理发“相火论”之幽微，“阳常有余，阴常不足”，“相火妄动，煎熬真阴”。（可参阅朱震亨《格致余论》）

8. 明代，医易相关成学说

从医易相关的角度看，明代涌现了以孙一奎、赵献可、张介宾为代表的一批医易会通大家，他们不仅著述颇丰，而且在学术上很有建树。宋以前，中医理论体系是以阴阳五行为骨架的；而到了明代，在宋、明理学、易学的影响下，尤其是在宋代首先流行起来的象数派的图书易学（其中以周敦颐的《太极图》影响至深），形成了很有影响的学术思潮。易学家们受其影响，把太极理论运用于人体，转向生命起源的探讨。既然人体和天地一样存在阴阳，那么，产生阴阳的根源在哪里？人体中有脏腑、经络的存在，而脏腑、经络又是如何产生？“命门学说”揭示了其中的奥秘，开拓了中医理论的新领域，是医易结合所取得的一个划时代的成果。

（1）孙一奎以易理论命门动气

孙一奎不但医理精深，医术精湛，更是精通易理，尤其又得太极生生之妙用。他在研究了《难经》有关命门的论述后，又受《周易》“太极说”的影响，从而对命门动气作了充分的阐述，初步形成了“命门说”。

①孙氏提出人身的太极，就是两肾间的命门原气，即动气。

②孙氏认为，命门动气是生生不息之根。（参阅《赤水玄珠全集》）

（2）赵献可以易理发挥命门说

赵献可也是一位研究医易相关的名家。随着明代医家对命门研究的日趋深化，不少人对《难经》的“左肾、右命门”之说抱有疑义，而且对命门在人身的重要作用，展开了深入的研究。赵氏以其卓识高见，独树一帜。

①提出命门有位无形为人身“真君真主”的观点。

②强调命门对先、后天的作用。“主宰先天之体，流行后天之用”（火为阳气之根，水为阴气之根，而水火之总根，在命门是也）。

③除对命门说的贡献之外，赵献可的医易专论尚有许多内容涉及颇广，其中尤以《阴阳论》和《相火龙雷论》，更是医易相关的重要著作。（参阅赵献可《医贯·论命门》）

（3）张介宾集众家之大成创“医易学说”

前文已说到，在宋代，理学、易学的发展十分繁荣，而在医学上反映甚微；400 年后，到了明代，竟由宋代易学的影响，而造就了一个医易会通的大师张介宾。在继承综合前代和同代医家研究医易成果的基础上，张介宾撰写了《医易义》《大宝论》《真阴论》《太极图论》和《阴阳体象》等一系列医易专著，创立了“医易学说”，对医学与易学的结合，作出了杰出贡献。

①张氏“医易学说”，以宋代理学、易学为基础，高屋建瓴，形成体系。

②“阴阳太极”是医易学说的核心理论。

③以易论医，内涵丰富，前无古人，把医易文化提高到一个新的历史水平。（详见张介宾《景岳全书》）

9. 清代，医易专著遗后学说

清末明初，由于社会动荡，阶级矛盾和民族矛盾十分激烈，所以思想界很活跃，出现了许多具有唯物主义思想的学者。康熙中叶以后，满清统治已趋稳定，民族矛盾逐渐缓和，康熙对知识分子诱以功名利禄，将他们的聪明才智引向编撰书籍，整理和诠释古代经典。从 18 世纪中叶至 19 世纪初，形成了以“汉学”为中心的，学术昌盛的“乾（隆）嘉（庆）时期”。“汉学”是清代最具代表性的学术主潮。清代的医易学，并未完全受“汉学”主潮的影响，面向文献与考据，而是结合医理与应用，提出新解与创见。在清代医家中，重视医易相关研究的人比较普遍，因此，医易方面的论述也比较多。如清初名医叶天士对医易相关，提出“扶正重视先、后二天”，强调中下兼顾的思想。对培补先天，抓住肾主静主藏的特点；对补益后天，突出“脾宜动则运”的特点，中下兼顾，脾肾两补。何梦瑶在《医碥》中，运用卦象对命门、心肾、水火、精神的关系及气血同根于肾等理论问题作了阐述。章楠在《医门棒喝》一书中，有不少医易论文，《论易理》是其代表，针对张介宾提出的“扶阳抑阴”，展开辩驳。此外，还有余国佩、石寿棠等医家，亦有这方面的论述。而成就最大，影响最大的当属清末医家邵同珍、唐宗海的医易专著，成为清代医易相关研究的代表作。

（1）邵同珍著《医易一理》，补前人之所未及；

（2）唐宗海撰《医易通说》自成体系。

第二章　易医启源

第一节　中医启源

中医在远古是属于经、史、子、集中“子学”的范畴，和中医关系密切、并相互联系的学科统称为五术。

什么是五术呢？所谓五术，就是“山、医、命、相、卜”这五种学问，它是以《易经》为版本，是人类为了追求幸福人生所成立的一种趋吉避凶的方术，大体言，了解五术的意义与运用，就可了解人生活的目的及人生命的意义。然什么是“山、医、命、相、卜”呢？

1. 山。所谓“山”就是通过食饵、筑基、玄典、拳法、符咒等方法来修炼“肉体”与“精神”，以达充满身心的一种学问。

食饵——是利用补药、酒及日常饮食以加强体力，治疗疾病的一种方法。

筑基——是利用禅、静坐法以控制精、气、神，进而增进体力的一种方法。

玄典——是以老子、庄子思想为基础，进而达到修心养性的一种方式。

拳法——是以习练各种武术以增强体魄的方法。

符咒——是一种通灵、修炼的法术，其主要作用是避邪镇煞、趋吉避凶等的一种方术。

总而言之，“山”就是利用禅、静坐、武学、食疗等各种方法以培养完满人格的一种学问。

2. 医。所谓“医”，是利用方剂、针灸、灵治等方法，以达保持健康、治疗疾病的一种方法。即现在的中医。

方剂——是利用各种药物制成散剂、丸剂来治疗疾病和修炼的一种方术。

针灸——针法和灸法和合称，是利用人的脉络、气血循环的原理，刺激患部，来治疗疾病的方术。

灵治——利用掌握人的心灵（心理状态），进而以治疗人疾病的一种方术。也就是现所称谓的“心理治疗”。

总之，“医”就是利用方剂、针灸、灵治等方式，以治疗人的疾病的一种方法。

3. 命。所谓“命”，就是透过推理命运的方式来了解人生，以穹达自然法则，进而改善人命的一种学问。推命所用的主要著作有“紫微斗数”、“子平推命”、“星平会海”等。其方式就是以人出生的时间和阴阳五行为理论基础。总之，“命”是以推定人的命运，进而达到趋吉避凶的学问，从而改善人类发展的需要。

4. 相。所谓“相”，一般包括“印相、名相、人相、家相、墓相（风水）”等五种，以观察存在于现象界形相的一种方术。

印相——就是观看人的印章，以取定命运的方法。印在中国，以前是权力的凭证。

名相——是以人的姓名或店铺的名称，通过五格剖相，同时运用命理等结合来推断吉凶发展的一种方法。

人相——又分为面相与手相两大类，通过观察面、手部的纹线与气色而了知人吉凶、病理的一种方法。

家相——也就是阳宅的风水，以观察其格局，进行分析来推断对人类所居住的吉凶的一种方术。

墓相（风水）——也就是阴宅，以通过选地安葬祖先，而达到对后代子孙阴庇的一种方术。总之，“相”是对眼睛所看到的物体作观察，以达趋吉避凶的一种方法。

5. 卜。所谓“卜”，它包括占卜、选吉、测局三种，其目的在于预测及处理事情，其中占卜的种类又可分为“易断”及“六壬神课”。

占卜——所谓占卜，是以《易经》为理论依据，结合天、人、地三界所相互制约而推断吉凶的方法。

选吉——主要著作以《奇门遁甲》为代表，通过布局、布斗、符咒等结合，处理事物发展不吉的因素，其主要运用于古代军事。

测局——主要著作以《太乙神数》为代表，通过十二运卦象之术，是推算国家政治命运、气数、历史变化规律的术数学。

好的中医一看你就可以知道你有什么病、危险不危险。你有了病自然精力不够，运气也好不到哪去，所以说中医也能“算命”。在中国历史上最神奇的就是“扁鹊入虢之诊”了。本来大家都以为虢太子已死，就要装殓了，可扁鹊一来，就问了一句“他是几点死的呀”，别人说“鸡鸣的时候”，扁鹊就算定虢太子没死，为什么呢？因为扁鹊掌握了人体气血与时间关系的秘密，鸡鸣时分正是人体气血阴阳交争的时候，虢太子只是得了阳气衰微，不得生发，阴气劲急的危证，因此只要调动出他的阳气就可以了，所以他首先针刺虢太子的“百会穴”，这是人体阳气会聚的第一要穴，然后又从人体少阳入手，热敷虢太子的两胁——就这样，一个流传千古的中医“起死回生”的故事引发了后世无数大师的无限景仰！

中国的医圣张仲景在感慨扁鹊神奇的同时，也有神算流传于坊间。张仲景曾遇到“建安七子”中少年得志的才子王粲，望诊而知其有病，开一方嘱其服，而王粲正值春风得意，讨厌别人说自己有病，拒绝服药，于是张仲景悲悯地断言：二十年后王粲会落眉，眉毛脱落半年后死亡——当一切都不幸而言中后，我们的理性真的感到极大的惑乱，我们古代这些伟大的医生似乎已经超越了现代科技的极限，他们的透视力量的非凡也超越了我们认识的范畴，他们，是神吗?!

其实，这一切并没有偏离所谓严谨的医道，一切都有迹可寻。在第一个故事里，扁鹊是勘破“阴阳”的高手，而张仲景更有“六经”的辨证为其底蕴。中医的“望诊”本身就有很神奇的地方，无论是你走路的样子，还是你说话的声音、你身体的每一个举动都会暴露出你五脏（藏）之气的运动或淤阻，没有什么能逃过扁鹊华佗们的眼睛。“望而知之谓之神”，这就是中医之道。它需要你启动全部的灵能，需要你用心去看、去悟。这种中医之道是玄妙的，但它蕴含着某种生命的真理。因为在中医学看来，躯体不是毫无意义、被动的行尸走肉，它富于智慧而且是一个与外界进行信息、能量自由交换的开放巨系统。比如说，当看到一个病人口唇出现黧黑，中医就可以判断为此人脾气衰败，胃阴已竭，预后不良。因为中医认为脾开窍于口，其华在唇，从口唇的变化可以发现脾胃的许多问题。此外，从面色上看，胃病是“颜如黑熏”即额颅发黑，且循行部位有黑斑，重则“口歪唇胗”；心手少阴之脉“系目系”，病则眼睛发直？黑不灵活；膀胱足太阳之脉“起于目内眦”，病则“目黄泪出”，属阳气收敛不足；肾足少阴之脉病色为“面如漆柴”；胆足少阳之脉病色为“面微有尘，体无膏泽”；肝足厥阴之脉病色为“面尘脱色”，为血虚不能上荣之象——其实这些能力是每个熟读中医经典的人所应该必备的基本素养，只是“今之医，不念思求经旨”，置经典于不顾，才“短期未知决诊，九候曾无仿佛，——夫欲视死别生，实为难也”。

中医在最早时有“方技”之称，从事“方技”的人叫“方士”，他们不仅对医学精通，还要精通天文、历谱、五行、杂占、风水等。因此，大医孙思邈说：“欲为大医，须妙解阴阳、禄命、相法、周易——就是说，中医应该天文地理无所不通，占卜星象无所不晓，这实际是对中医医生的文化素质的高标准、严要求。作为时间－方位医学，中医以独特的五运六气学说来说明自然界天时气候变化对人体生命的影响。五运就是用木、火、土、金、水五行各配以天干，来推算每年的岁运。六气就是指风、热、火、湿、燥、寒六种气各配以地支，来推算每年的岁气。古人认为一个医生如果不知道年运和岁气，就不能作一个医生，如果懂得了“年之所加，气之盛衰，虚实之所起”，就可以海阔天空，治病如神。

首先他要知道这一年的年运，就能推算出这一年的疾病发生的基本情况。比如2004年是中国农历甲申年，每逢甲年、己年，均为土运，甲为阳土，所以但逢六甲年（甲子、甲戌、甲申、甲午、甲辰、甲寅）为土运太过。土运太过，则水湿流行，水湿流行之年，比如1954年（甲午）的石家庄就多水灾，且乙脑流行。而每逢六己年（己巳、己卯、己丑、己亥、己酉、己未）是土运不及之年，木克土，则风气大行，易发生筋骨强直、肌肉痉挛等症，如1979年（己未）我国某些地区就发生了脑膜炎颈项强直、四肢痉挛等症。

年运确定以后，就要根据地支定出年气，这一年的地支为申，申为少阳相火司天，厥阴风木在泉。一个土运太过，一个相火司天，一个风木在泉，这就是这一年气宜的大致情况。相火司天，风火上煽，容易为灾。火气向上走，就会头痛、呼吸系统病，如肺痨等症增多；火气郁阻于血脉，则为疮疡、恶性肿瘤、眼病、耳疾病人会比较多……风木在泉，风胜而肝自病，会出现一些两胁里急和心痛，木克土，人的脾胃之土也会受邪……这是疾病在这一年中的大致趋势。而这一年出生的人也会显现这一年年运的特征，这就有点像算命了，这一年出生的人生理命象上有土、火、风象。从这些象中不仅可以推算五脏六腑的强弱趋势，还可以推算性格，当然，更细致的变化还要参考运气的主客加临。总之，中医的灵魂是出神入化，中医的操作规范是随机应变，不懂得以物喻学和取象比类的方法则不可能真正理解中医学。

祖国医学自诞生起，就凝重地集结了天人相应的思想，认为“天人一理、人身一小天地”。《黄帝内经》里说：“人与天地相参也，与日月相应也。”《黄帝内经·素问·阴阳应象大论》里指出：“天地者，万物之上下也。”“天有四时五行，以生长化收藏，以生寒暑燥湿风。人有五脏化五气，以生喜怒悲忧恐。”最早提出天人相通思想的是孟老夫子：“尽其心者，知其性也，知其性，则知天矣。”《中庸》说：“天命之谓性，率性之谓道，修道之谓教。”

应当指出，早期孟老夫子所谓的“天”，含有一定意志的主宰之义，而到了宋明清时代，这个“天”就是指客观纯粹的自然和宇宙。

祖国医学中的养生观，尤其体现了天人合一、天人相应思想，“春三月，此谓发陈。天地俱生，万物以荣。夜卧早起，广步于庭，被发缓形，以使志生。生而勿杀，予而勿夺，赏而勿罚。此春气之应，养生之道也。逆之则伤肝，夏为寒变，奉长者少。”“冬三月，此谓闭藏。水冰地坼。无扰乎阳，早卧晚起，必待日光，使志若伏若匿，若有私意，若已有得，去寒就温，无泄皮肤，使气亟夺。此冬气之应，养藏之道也。逆之则伤肾，春为痿厥。奉生者少。”

《黄帝内经》进一步强调：“天气，清静光明者也。藏德不止，故不下也。天明则日月不明，邪害空窍。阳气者闭塞，地气者冒明。云雾不精，则上应白露不下，交通不表，万物命故不施，不施则名木多死。恶气不发，风雨不节，白露不下，则菀槁不荣。贼风数至，暴雨数起，天地四时不相保，与道相失，则未央绝灭。维圣人从之，故身无奇病。万物不失，生气不竭。”

《黄帝内经》的作者断言：“夫四时阴阳者，万物之根本也。所以圣人春夏养阳，秋冬养阴，以从其根。故与万物浮沉于生长之门。逆其根则伐其本，坏其真矣。”“故阴阳四时者，万物之终始也，死生之本也。逆之则灾害生，从之则苛疾不起，是谓得道。道者，圣人行之，愚者佩（背）之。”

中国古代圣哲反复强调的就是“天人相应”的思想。可以有把握地断言：“天人相应的思想是中医的精髓。”两千年后的今天，当人类被大自然惩罚得伤痕累累的时候，终于明白一个道理，“人定胜天”基本上是句空话，“合于自然，顺乎自然，应于自然”才是人类明智的抉择。

西方早期的哲人有无类似的思想呢？有！古希腊的希波克拉底的理论体系，强调的就是顺应自然、与自然和谐。他说“我绝不坑害患者，绝不对患者做坏事，我只一心想尽我所有的能力和判断力来利用养生法救人。”

天人相应的思想，其实质是“天人和谐，天人统一”，而不是天人对立。有人提倡“做大自然的奴隶，做社会的主人”。这句话似有偏颇，其实不无道理。

现代科学的发展，也观察到了如下现象：如高温可使大脑的某些功能，像注意力、精确性、运动的协调性、反应的速度降低。气压降低可使空气的氧分子压降低，令人感到胸闷不适。干热的焚风天气出现时，可引起头痛、眩晕、烦躁、抑郁、激动，使人反应速度减慢，容易发生交通事故。

大气中的电磁干扰可影响人的神经系统，使人的反应速度减慢，从而易发生事故。太阳黑子活动高峰时，心肌梗死发病增多。日食发生时，高血压病人血压可升高，心电图可见心肌缺血加重，对于具有出血倾向的病人，满月不是带来欢乐，而是易发生出血。

流感是目前最难制服的流行病之一，被称之为“百病之源”。英国科学家通过对280年的观测资料进行分析，发现流感大盛行都发生在太阳活动最强烈的时候。这一发现，充分证明了流感的发生受太阳活动的制约，这一结论已为当今科技界所接受，不少国家已在利用太阳活动的预报，预测流感的发生与流行。

以上事实可以说明，现代科学和现代医学也越来越注意到天象与人体的关系了。

所以“医易同源”一词，即是中医与五术关系的演变。今古大医，皆通周易，全晓风水，俱会祝由。五术之内容，一通百通也。何以为证？“中医”一说，最早见于《汉书·艺文志》的“有病不冶，常得中医”句。早在距今二千多年前的西汉时代就有了“中医”一词，那时西医还不成系统，更没传入中国（西医传入中国是在西汉以后又过了一千七百年的明末），西汉人连西医为何物都不知道，怎可能为区别“西医”，而称中国的医学医术为“中医”呢？当然，今日“中医”一词指中国的医学，但是，若理解了“中和”之意，会明白大夫为何常说滋阴、补阳、调理……从此，中国医药学的文明史开始了。

中国五千年的有文字可考的医学史，由于东方文化发展的特色形成的中国独特理论框架，及近现代西方科学的撞击及西医的传入，出现两个分明的层次，在东西方医学交汇中呈现复杂多态的状态。

夏商西周时期医巫并存，在卜筮史料中记载了大量的医药卫生的内容，形成了医学的雏形。

春秋战国之际，是中国整个学术界百家争鸣、百花齐放时期，医巫分离，医学具有更明显的科学性、实用性和理性，占据了医疗卫生事业的主导地位。临床医学的分科已现端倪，趋于专业化。

秦汉时，以伤寒、杂病和外科为最突出的临床医学达到了前所未有的水平。这是中国医学史上的第一次高峰。

三国两晋南北朝时期，中国社会长期处于动乱割据的状态，医药学在脉学、针灸学、药物方剂、伤科、养生保健、中外交流等各方面取得了成绩，为医学的全面发展积累了经验。

隋唐时期，国家重归统一，国力强盛，文化繁荣，形成了一种空前恢弘气势。中国医学在这一时期得到了全面的发展。医学家们在各自的研究领域获得了更为丰富的成果。这是中国医学发展史上第二次高峰。

两宋是中医药学发展的重要时期。政府的重视在医药发展上发挥着更加重要的作用。北宋政府组织人员编纂方书和本草，设立校正医书局，铸造针灸铜人，改革医学教育，设立惠民局、和剂局、安剂坊、养济院、福田院等等，有力地促进了医药卫主之进步。

辽、夏、金、元与两宋王朝并立以至元灭宋统一全国。这是北方少数民族与汉族文化大融合时期，是中国医学史上学派争鸣、民族医学奋起的一个辉煌的时期，为多源一体化的中国传统医学注入了新的活力，呈现了蓬勃的生机。

明代，医药学发展出现革新趋势。在探索传染病病因、创造人痘接种预防天花、中药学研究等进入新的层次。中外医药的交流范围已达亚、欧、非许多国家与地区，中学的输出、西学的东渐，使中外医学文化在交流接触中，互惠受益。

清代前、中期，医学趋于普及与升华发展的时期，王清任躬身于人体解剖，著有《医林改错》，反映了“中国医界大胆之革命论者”的开拓进取精神。

中医是我们中华民族自己的医学科学，它珍藏着中国人民同疾病作斗争的丰富经验和理论知识，是我国优秀的民族文化遗产。它是在古代朴素的唯物论和自发的辨证法思想指导下，通过长期医疗实践逐步形成并发展为独特的医学理论体系。在研究方法上，具有朴素的系统论、控制论和信息论内容；孕育着很多现代医学和生物学的新理论、新学说的胚胎和萌芽，正是这些宝贵精髓，赋予了它强大的生命活力。

中医学不是一般的发明，而是“大发明”，是比造纸术、火药、指南针、活字印刷术更杰出的发明和创造，可称为“中国古代第五大发明”。

第一，它由中国首创，是中国古代科学技术的杰出成就。这里所称之中医学，是指从远古到1840年所形成的经典中医药学术体系，它由中国独创，产生于中国古代社会，是中国古代科学技术的杰出代表。

第二，它传播至全世界并被广泛地接受和应用。中医学早已开始走出国门，20世纪70年代以来，又进入国际化的新阶段，现已传至140多个国家和地区，其科学价值和卓越疗效已经为世界医学界所公认，中医学正在被地球村的居民们日益广泛地接受。

第三，对人类文明和社会进步产生了重大推动作用，作为“大发明”的值和意义已得到世界公认。

中国是医药文化发祥最早的国家之一，从文明的曙光在天幕上耀映亚细亚大地之时，遍及神州大地的簇簇史前文化篝火，由点到面联结起来，形成燎原之势，逐渐地融化在文明时代的光华之中。“中医”是个专用名词，它的“中”字显然是为了区别“西医”的“西”字。因此，大家理解的“中医”是指传统中国医学或中国大夫。不过认真求实地考证一下，这个“中医”之“中”，本来的意思根本就不是指中国呢！

西汉开始有“中医”的说法，若“中”不指中国，究竟何意呢？中国最早认识尤物的思想基础，来源于《易经》，将世界一切事物均纳入阴阳的轨道，对后世的哲学、社会、堪舆、天文、地理、医学……都具有重要和直接的影响。因此中国古代的医学理论认为，人体的阴阳保持中和才会取得平衡不会生病。若阴阳失衡，则疾病必来。中医大夫有“持中守一而医百病”的说法，意即身体若无阳燥，又不阴虚，一直保持中和之气，会百病全无。所以“尚中”和“中和”是中医之“中”的真正含义。

“中医”二字最早见于《汉书·艺文志·经方》，其云：“以热益热，以寒增寒，不见于外，是所独失也。”故谚云：“有病不治，常得中医。”在这里中字念去声，中。“中医”这个名词真正出现得到鸦片战争前后。东印度公司的西医为区别中西医给中国医学起名中医。这个时候的中医的名称是为和西医做一个对比。到了1936年，国民党政府制定了《中医条例》正式法定了中医两个字。过去人们又叫中国医学为“汉医”、“传统医”、“国医”，这些都是区别于西医而先后出现的。两千多年前，《汉书》里的那个中医概念，倒是体现了中国医学中的一个最高境界。

中医发源于中国黄河流域，很早就建立了学术体系。中医在漫长的发展过程中，历代都有不同的创造，涌现了许多名医，出现了许多重要学派和名著。

中国历史上有“神农尝百草……一日而遇七十毒”的传说，反映了古代劳动人民在与自然和疾病作斗争的过程中发现药物、积累经验的艰苦过程，也是中药起源于生产劳动的真实写照。

早在夏商周时期（约公元前22世纪末～前256年），中国就已出现药酒及汤液。西周（约公元前11世纪～前771年）的《诗经》是中国现存文献中最早记载有药物的书籍。现存最早的中医理论典籍《内经》提出了“寒者热之，热者寒之”、“五味所入”、“五脏苦欲补泻”等学说，为中药基本理论奠定了基础。

现存最早的药学专著《神农本草经》是秦汉时期（公元前221～公元220年）众多医学家搜集、总结了先秦以来丰富药学资料而成书的。本书载药365种，至今尚为临床所习用。它的问世，标志着中药学的初步确立。

在3000多年前的殷商甲骨文中，中国已经有关于医疗卫生以及十多种疾病的记载。周代已经使用望、闻、问、切等诊病方法和药物、针灸、手术等治疗方法。秦汉时期，形成了《黄帝内经》这样具有系统理论的著作。此书是现存最早的一部中医理论性经典著作。张仲景所著的《伤寒杂病论》，专门论述了多种杂病的辨证诊断、治疗原则，为后世的临床医学奠定了发展的基础。汉代外科学已具有较高水平。据《三国志》记载，名医华佗已开始使用全身麻醉剂“麻沸散”进行各种外科手术。

从魏晋南北朝（公元220～589年）到隋唐五代（公元581～960年），脉诊取得了突出的成就。晋代名医王叔和所著的《脉经》归纳了24种脉象。该书不仅对中国医学有很大影响，而且还传到了国外。这一时期医学各科的专科化已趋成熟。针灸专著有《针灸甲乙经》；《抱朴子》和《肘后方》是炼丹的代表著作；制药方面有《雷公炮炙论》；外科有《刘涓子鬼遗方》；《诸病源候论》是病因专著；《颅囟经》是儿科专著；《新修本草》是世界上第一部药典；眼科专著有《银海精微》等等。另外，唐代还有孙思邈的《千金要方》和王焘的《外台秘要》等大型方书。

唐代（公元618～907年）经济繁荣，促进了中药学的发展。唐政府率先完成了世界第一部药典性本草——《唐本草》的编修工作。全书载药850种，还增加了药物图谱，进一步完善了中药学的规模格局。

在宋代（公元960～1279年）医学教育中，针灸教学有了重大改革。王惟一著有《铜人腧穴针灸图经》，后来，他又设计制造等身大针灸铜人两具，教学时供学生实习操作。这一创举，对后世针灸的发展影响很大。明代（公元1368～1644年）时，有一批医学家提出把伤寒、温病和温疫等病区分开。到了清代，温病学说达到成熟阶段，出现了《温热论》等专著。

从明代开始，西方医学传入中国，一批医学家们主张“中西医汇通”，成为当代中西医结合的先声。

到了明代（公元1368～1644年），医药学家李时珍历时27年，完成了中药学巨著《本草纲目》，全书载药1892种，成为中国本草史上最伟大的集成之作。中医的最高境界是什么？就是致中和。寒者热之，热者寒之。寒就要让热，热就要寒，结就要散，逸就要劳，劳就要逸。微者逆之，小的你就可以逆它。甚者从之，你不能逆它，你逆它你就崩溃了就没有了。上之下之，摩之浴之，薄之劫之，适事为故，恰到好处就好了。以平为期，以和为重，这就是它的一种最高境界。《中庸》一书中至关重要的哲学命题是“致中和”这一思想。《中庸》曰：“中也者，天下之大本也；和也者，天下之达道也。致中和，天地位焉，万物育焉。”说的是中和是世界万物存在的理想状态。通过各种方法达到这一理想状态就是致中和。天地就各得其所，万物便生长发育。可以说中医学所阐明的“阴阳和合”、“阴平阳秘”生理机制正是儒家致中和思想的最佳体现。在这个终级目标下，中医是用精气学说、阴阳学说和五行学说，这三大学说来自中国古典哲学的理论，来具体解释生命的秘密。

中医还有几个美好的代称：

第一个代称是岐黄。这个名字来源于《黄帝内经》。因其是黄帝与岐伯讨论医学的专著，便称《黄帝内经》为岐黄之术。自然，岐黄也就成了中医的别名。

第二个代称叫青囊。现在知此名字并使用者甚少。它的来源与三国时期的名医华佗有关。据说，华佗被杀前，为报一狱吏酒肉侍奉之恩，曾将所用医书装满一青囊送与他。华佗死后，狱吏亦行医，使华佗的部分医术流传下来，据此，后人称中医为青囊。

第三个代称唤杏林。这个名字的起始，也与三国有关。有资料介绍，三国时吴国有位名医叫董奉，他一度在江西庐山隐居。附近百姓闻名求医，但董奉从不收取钱财，只求轻症被治愈者种一棵杏树，大病重病被治愈者种五棵杏树。数年后，董奉门前杏树成林，一望无际。从此，人们便唤中医为杏林。

第四个代称悬壶。传说河南汝南的费长房在街上看到一卖药老者的竿上挂一葫芦，奇怪的是，天黑散街后，老者就跳入那葫芦中。为弄清底细，费长房以酒款待，老者后来约他同入葫芦中，只见玉堂俨丽，甘肴旨酒。费长房即拜老者为师，学修仙之道。数载后，他术精业成，辞师出山，又得壶翁传赠的治病鞭鬼之竹杖，从此悬壶行医。从那时起，医生腰间挂的和诊所前悬的葫芦，便成了中医的标志。

在西医传入中国之后，中医亦被称为“皇汉医学”。在日本中医被称为“汉方医学”。

上述的这一切，是中国古代医学波澜壮阔的历史梗概。这样一脉相承、绵延数千年一直未曾中断的医药文化及文明，是世界医学史上所罕见的。中国古典医籍数量之大，名医辈出，人数之多，在同时期的世界范围内也不多见。中国传统医药学有着强有力的生命力，它随着时代的前进而发展。经过了与近代医药文化的撞击、对抗到结合，也注意从国外先进文化中吸取有用的东西，遂出现了中西汇通合纂的探索。传统医学在走向“现代化”。

第二节　儒家在易医中的影响

自汉武帝“罢黜百家，独尊儒术”之后，被尊为“显学”，成为中国古代文化的主体，广泛渗透于古代科学文化的各个领域。《中庸》是儒家一部极其重要的著作，蕴含了极其深刻的哲学原理，其核心命题是“致中和”思想，认为“致中和，天地位焉”，宇宙万物便达到了一种最佳动态平衡。

儒家“中和”一词首见于《周礼·大司乐》，后经孔子注入中庸之道普遍和谐观的丰富内涵，而成为儒家的核心思想。儒学的“中和”观含概五个层面：人与自然、人与人、个人与社会、民族与国家、人之身与心的中和观点。董仲舒指出：“能以中和理天下者，其德大盛。”《和谐论》指出：“中、和，这种事物多样性统一与协调状态，本是天道运行的最佳状态。”其在人体则是生命存在运动的健康状态。

“中”，朱熹曰：“中者，无过不及之名也。”《荀子·宥坐》曰：“虚则欹，中则正，满是覆。”认为“中正”为上，故曰：“过犹不及。”（《论语·先进》）朱熹引程子话解释说：“不偏之谓中，不易之谓庸，中者天下之正道，庸者天下之定理。”中庸即中和、用中，是恒久不易，是万物之常理。中庸之道是儒家的世界观和方法论，是一种包含科学理性和辨证色彩的思想方法。不偏不倚，无过不及，事事恰到好处，绝无顾此失彼之弊。孔子曰：“中庸之为德也，其至矣乎！”（《论语·雍也》）《中庸》发挥了孔子的这一思想，不仅尚中和，而且作为道德修养和处理事务的基本原则和方法。儒学的中庸思想对中华民族的影响是那样的深刻，使得许多人不论做什么事情，看待什么问题，常常有着过犹不及、不偏不倚的思维定势。

“和”，《说文解字》：“相应也。”可见，“和”有两层含义，一是指调和，二是指和谐，表示协调、和合、均衡、统一的状态。故儒家有“礼之用，和为贵”（《论语·学而》）及“天时不如地利，地利不如人和”（《孟子·公孙丑》）的重“和”观念。“和”存在于天地事物变化之中，无处不在，无时不有。《荀子·天论》指出“万物各得其和以生”。董仲舒直谓：“和者，天地之所生成也。”（《春秋繁露·循天之道》）。

“中和”观是儒家的核心观点，“中和”一体不可分。《札记·中庸》指出：“中也者，天下大之本也；和也者，天下之达道也。”“中和”具有时间与空间、质与量完整统一的内涵。“中和”一体表述了系统在时间与空间、质与量上存在及运动的理想状态，是世界万物存在的一种理想状态，它是一种涵盖了自然、社会、人生统一体系的最高法则，是宇宙生成、万物化生、自然社会、伦理道德等诸方面的最佳体现，推而及之，致中和，天地就各得其所，万物便生长发育，自然界便处于一种最佳的动态平衡之中。《札记·礼运》明言："致中和，天地位焉，万物育焉。"

孔子承认事物中对立两端的客观存在，注意到了事物的对立双方。在认识事物方面，提出"叩其两端而竭也"（《论语·子罕》）的认知方法，从事物的两个方面得出"中和"的正确答案。在运用方面，提出了"执其两端，用其中于民"（《中庸》），强调事物矛盾着两方面的对立统一。两端是矛盾的相互对立，"中"是矛盾双方相互作用、相互交感，随时间"I"空间的变化而达到的一种和谐状态。中和之态，消长盈亏，动态平衡。儒家的中和是要在对立的两个方面中找到一个合适的度，力求在运动中达到理想状态。"和"既是一个过程、一种手段，又是最终目标。

"中"虽是讲不偏不倚，但"中"不是固定不移的，正如冯友兰在《中国哲学史新编》中所言："这个'中'并不是两端中间的一个等距离的地方……'中'是随着空间、时间上的情况变化而变化的。它是变动的，不是死的。"因此，"中"是协调平衡之意，非绝对静止的，而是相对的动态平衡。

儒家在论述阴阳二气的关系时，尽管强调"中"、"和"和"平衡"，但更注重阳气，认为阳气比阴气更加重要。汉代儒学家董仲舒在《春秋繁露·基义》中指出："阳之出也，常悬于前而任事；阴之出也，常悬于后而守空处。此见天之亲阳而疏阴，任德而不任刑也。"认为阳永远处于主导地位，起主要作用，阴只能服从于阳，阴只能作为阳的对立面而存在，这是固定不变的，是天有意安排的。又说"阴者阳之合也，妻者夫之合，子者父之合，臣者君之合。"根据儒家学说"阳尊阴卑"的理论，则认为君为臣纲、父为子纲、夫为妻纲，妻、子、臣完全是为了配合夫、父、君的存在而存在的。因此，儒家在运用阴阳去解释社会、人事及道德关系时提出："天道右阳而不右阴"，"天下之尊卑随阳而序位，幼者居阳之所少，老者居阳之所老，贵者居阳之所盛，贱者居阳之所衰"，"阴者臣子也，阳者君父是也"（《春秋繁露·天辨在人》），认为人有贵贱之分，其尊卑随阳而序位。从而提倡"阳尊阴卑"、"阳主阴从"的观点。

另外，儒家著作《易经》对乾元推崇备至，乾卦为《易经》之首卦，誉称父卦、天卦。《易传·说卦》曰："乾，健也。"《易经·乾卦》曰："乾元亨利贞。"再加之儒家有"阳尊阴卑"的思想，注重乾阳刚健导致儒家派主攻、主讲、主动。《易经》极为重视天阳的作用，如《易·乾卦象》曰："大哉乾元，万物资始，乃统天。"又曰："天行健，君子自强不息。"这说明《易经》、儒家具有"贵阳"并认为阳气重要的观点。

孔子作的《易传》，认为在阴阳的相互关系中，阳为主，阴为从，阳的属性是刚健，阴的属性为柔顺。它在对阴阳双方的相互对立、相互排斥、相互联系、相互转化、相互贯通、相互依存的论述过程中，着重强调了阳主阴从的哲学观点。

"乾，阳物也；坤，阴物也。""夫乾，天下之至健也。……夫坤，天下之至顺也。"（《系辞下传》）阴柔顺于阳刚就是最吉利的、顺利的状态。"柔皆顺乎刚，是以小亨，利有攸往，利见大人”（《巽·象》）。“旅，小亨，柔得中乎外，而顺乎刚……旅贞吉也”（《旅·象》）。在这里，用乾坤论述了阴阳不同，乾为阳，为天下至健，坤为阴，为天下至顺，坤柔顺乎阳刚，为顺为吉。

在《说卦传》中，它是以天为阳，地为阴，男为阳，女为阴，君为阳，臣为阴来论述阴阳关系的，“乾，天也，故称乎为父。坤，地也，故称乎为母”。“乾为天、为君、为父”，“坤为地、为母、为臣”。认为阴阳的地位和作用是有区别的，一是在性质上，阳是正面，阴是反面，阳是刚健的，阴是柔顺的，即“乾刚坤柔”（《杂卦传》），“乾，健也，坤，顺也”（《说卦》）。二是地位不同，阳起着刚健、主动、创造、施予、领导的作用，阴起着柔顺、被动、服从、完成、接受的作用，这样就强调了阳主阴从即天主地从，男主女从、君主臣从为常、为顺、为吉，反之，则为异常、为逆、为凶的哲学思想。

《易传》认为一切事物的变化是其自身刚柔相推的结果，即“刚柔相推而生变化”（《系辞上传》）。在事物的对立面相互转化过程中，阳刚应居于主要方面。如泰卦“内阳外阴，内健外顷，内君子外小人，君子道长，小人道消”，为吉。相反，否卦“内阴外阳，内柔外刚，内小人外君子，小人道长，君子道消”，为凶。就是说，泰卦中，乾在下，坤在上，在阴爻和阳爻的相互转化中，阳爻逐渐增多，阴爻逐渐减少，即君子之道增长，小人之道消退。阳刚随着事物的发展会逐渐取得统治地位，乾刚坤柔，乾道上升，柔不抵刚，邪不压正，必然亨通。而在否卦中，阳爻逐渐被上升的阴爻排挤出去，阳去阴来，造成乾阳在外，坤阴在内，象征小人之道盛长，君子之道衰退，这是不吉利的。同样，剥卦“剥也，柔变刚也，不利有攸往，小人长也”，为凶。复卦“复也，亨刚反，动而以顺行，利有故往，刚长也”，为吉。在剥卦中五个阴爻从下面往上升，一个阳爻退居最上到了尽头，阴气上升将满，阳气将被剥蚀殆尽，阴柔增长代替阳爻，阳走向衰亡，这是不利有攸往的。而复卦中，阳刚开始返回，随着阴阳的相互转化，阳刚之道渐渐增长，会重新支配阴柔的，最后逐渐取得支配地位，所以是吉利的。说明在阴柔与阳刚的转化过程中，阳刚为主导，阴柔为辅佐，从而强调阳主阴从。

作为儒家哲学的气论也同样具有“尚阳刚”、“阳主阴从”的特点。

儒学气论既具有“中”、“和”和“平衡”的特点，又具有阳尊阴卑、重视阳气和“尚阳”的特点，中医学家们将这些特点运用于中医学“组方用药”中，指导辨证施治。

疾病是阴阳的相对平衡遭到破坏，出现偏盛偏衰的结果。因此，恢复阴阳的相对平衡，乃是治疗的法则之一，如《素问·生气通天论》“阴平阳秘，精神乃治”，《素问·至真要大论》曰“热淫以内，治以咸寒”。用药的咸寒之气平衡身体的热淫之气，最后达到阴阳平衡。王冰曰：“益火之源，以消阴翳；壮水之主，以制阳光”，亦是达到阴阳气“平衡”之意。

张元素曰：“宣可去壅……通可去滞……补可去弱……泻可去闭……燥可去湿……湿可去枯。”是以方剂的偏性（气）来调“疾病”的偏性（气），达到阴阳气的平衡。又如《素问·五常政大论》载：“治热以寒，温而行之；治寒以热，凉而行之；治温以清，冷而行之；治清以温，热而行之。”又如《素问·至真要大论》载“寒者热之，热者寒之……结者散之，留者攻之，燥者濡之”，也是阐述了“调气使阴阳气平衡”的具体方法。

《素问·三部九候论》云：“必先度其形之肥瘦，以调其气之虚实，实则泻之，虚则补之。”又如《灵枢·本神》曰：“必审五脏之病形，以知其气之虚实，谨而调之。”即根据气的虚实辨证，调阴阳二气使之平衡。《素问·至真要大论》载：“谨察阴阳所在而调之，以平为期。”又如《素问·至真要大论》载：“诸寒之而热者取之阴，热之而寒者取之阳。”此处也体现了“平衡观”。

儒学气论“平”、“和”的特点在中医学治疗上有许多体现之处，仅举几例治法如下。

（1）平胃法

平胃散(《妇人良方》)，治脾所壅滞，胸腹不利或食阻，停滞湿困，通过“平胃”达到儒家之气的“平衡”状态。

（2）和解法

《伤寒论》名方小柴胡汤中，柴胡之升散，得黄芩之清泄，而达和解少阳的目的。胆气犯胃，胃失和降，佐以半夏、生姜和胃降逆止呕；炙甘草助参、枣扶正，且能调和诸药。诸药合用，以祛邪为主，兼顾正气；以和解少阳为主，兼和胃气。使邪气得解，枢机得利，脾胃调和，则诸证自除。体现了“和”的特点。

（3）和胃降逆法

适用于气上逆之呃噎证，可选用丁香柿蒂汤、橘皮竹茹汤、旋复代赭汤等。通过“降逆”使胃气达到“和”的状态。

（4）平降冲气法

适用于冲脉气逆、脐下动气、气冲咽喉之证，可选奔豚汤等。冲气上逆中因肝或肾之气逆，致气从少腹上冲胸咽，状如豚之奔突，即奔豚气。通过平降“上冲之气”达到“平衡调和”的状态。

（5）针灸疗法

《灵枢·九针十二原》载：“凡用针者，虚则实之，满则泄之，宛陈则除之，邪胜则虚之。”阐述了“用针之理”在于调气使之达到“平衡”的状态。

儒学气论“阳尊阴卑”、“重视阳气”的特点对中医学治疗的影响

受儒学气论“尚阳”特点的影响，医圣张仲景对阳气十分重视，《伤寒论》全书113方，采用附子的就有20个方剂。其他含有桂枝、肉桂、麻黄、附子、细辛、吴茱萸、干姜等主要温阳药的有65方之多。在《金匮要略》中，用“小建中汤”是通过温阳而止腹痛。

他还创制了温肺阳的甘草干姜汤，温心阳的甘草桂枝汤，温肝阳的当归四逆汤，温脾阳的理中汤，温肾阳的真武汤、附子汤，回阳救逆的四逆汤等。

对于肾气不足、命火衰微证，常用肾气丸温肾补气。他还用“肾气丸”治小便不利，通过温。肾阳以化水。

他认为“病痰饮者，当以温药和之”，病痰饮属本虚标实，阳气不足为本虚，痰饮实邪为标实，脾阳失运为本证的主要病机。而痰饮多属阴邪，易伤阳气。所以治疗痰饮，用温药以生发人体阳气，从而维持人体正常的水液运化功能，故用温药是其治本大法。

从此以后，受儒学气论“尚阳”特点的影响，逐渐形成了温补一大学派，例如针对当时医家动辄用寒凉、克伐阳气的弊端，薛己重视甘温以生发脾胃之阳气，临证重视脾与肾和命门火之辨证，治疗用药以温补著称。

李东垣

在治疗疾病时，主张调整阴阳以温阳为先，补养气血又以益气为先。在调补先天之本的肾与后天之本的脾时，均以温阳补气为先。通过温阳，不治饮而饮自消，不止痛而痛自止。

李氏重视脾胃，强调胃气升发。因而在治疗上偏重于升阳补气，他创制的“补中益气汤”就是这一指导思想的代表方剂。

张景岳

张景岳认为阳虚体质发病多见虚寒证，故治宜温补。其温补之法有以下特点。

（1）温补阳气，药用甘温

对于阳虚之人而证见虚寒者，主张用甘温之品以助阳气，戒用寒凉，指出“凡阳虚多寒者，宜补以甘温，而清润之品非所宜”。故其临床用药，常选人参、熟地、山茱萸及肉桂、附子、干姜等温热之品。

（2）培补元阳，重在命门

对于阳极虚而寒者，主张培补命火以助元阳，认为“如以热药治寒而寒不去者，是无火也，当治命门，以参、熟、桂、附之类，此王太仆所谓益火之源，以消阴翳”。

赵献可

赵献可对薛己的温补学说十分推崇，尤其发挥命门之说，强调“命门之火”的重要，其用意即是以保养“命门之火”的论点贯穿于养生与治疗等一切问题之中。

李中梓

对于阴阳二气，他偏重于阳气一方，认为“万物无不伏阴而生于阳，譬如春夏生而秋冬杀也，又如向日之草木易荣，潜阴之花卉善萎也”。在治疗上提出：气血俱要，而补气在补血之先，阴阳并需，而养阳在滋阴之上。在用药方面对医家“汲汲于滋阴，战战于温补”提出异议，坚持自己阳气为主导的阴阳观。

郑钦安

郑钦安因善用桂、附等热药，被尊为“火神”，在学术思想上提出“以阴阳为辨证总纲而强调阳主阴从”的观点，在治疗上以温阳为主。

从以上可以看出，儒学气论对中医学“治疗”的影响是非常深刻的。

第三章　易医与养生

第一节　发展中医药有助构建和谐社会

中国共产党第十六届中央委员会第六次全体会议，通过了《中共中央关于构建社会主义和谐社会若干重大问题的决定》。《决定》指出，“社会和谐是中国特色社会主义的本质属性，是国家富强、民族振兴、人民幸福的重要保证”，提出要“大力扶持中医药和民族医药发展”。党的十七大报告再一次提出要“扶持中医药和民族医药事业发展”，相继出台了《国务院关于扶持和促进中医药事业发展的若干意见》（国发〔2009〕22 号文件）。《若干意见》是深化医药卫生体制改革的重要配套文件之一，对在医改中充分发挥中医药作用，推进中医药事业发展具有重要指导意义；提高人民群众健康水平、弘扬中华文化、促进经济发展和社会和谐，具有十分重要的意义。把发展中医药工作当作构建社会主义和谐社会的一项主要内容来抓。

1. 中医药学充分体现了“以人为本”的思想

《黄帝内经》说：“天复地载，万物悉备，莫贵于人。”“人有五脏化五气，以生喜怒悲忧恐。”“人有精、气、津液、四肢、九窍、五脏、十六部、三百六十五节。”中医学以研究人体生理、病理、疾病诊断和防治，以及养生康复等理论为主要内容的一门科学，具有明确的医学科学的特性，是世界医学科学的一个组成部分。中医认为人体是一个有机的整体，人体正常的生理活动一方面依靠脏腑组织之间相辅相成的协同作用和相反相成的制约作用，维持其生理的平衡。在病理上，中医学也首先着眼于整体，着眼于局部病理变化引起的整体病理反应，并把局部病理变化与整体病理反应统一起来。在治疗上，中医确定的治病求本、扶正祛邪、调整阴阳、调理气血、调整脏腑、调摄精神、三因制宜等“以平为期”的基本治则，无不贯穿着整体观念、辨证论治等“以人为本”的基本观点。

2. 中医药学中具有“和谐文化”的内容

《决定》指出，“建设和谐文化，是构建社会主义和谐社会的重要任务。社会主义核心价值体系是建设和谐文化的根本。”中医学理论体系初步形成于战国至秦汉时期，当时以及此前的文化及哲学思想必然渗透、影响于中医，为中医学理论研究提供思维框架，促进中医学理论体系的形成。如中医经典著作《黄帝内经》在提出保养真气来预防疾病、防止早衰的养生方法时所说的“恬惔虚无”（安闲清净，没有杂念)、“志闲少欲”（安详而少欲望)、“心安不惧”（心境安定，没有恐惧)、“美其食”（吃任何东西都觉得满意)、“任其服”（穿任何衣服都很随便)、“乐其俗”（于社会上的风俗习惯乐于相处）及“嗜欲不能劳其目”、“淫邪不能惑其心”等“合于道”的内容，虽然不免存在老子之“无为”思想的痕迹，但也不乏礼让宽容、和睦相处、勤俭节约、陶冶情操、愉悦身心、理性平和、反对享乐及养成健康文明的生活方式等积极思想。

3. 中医重视人与自然及社会环境的相互和谐与统一

人类生活在自然界中，自然界存在着人类赖以生存的必要条件。人类与自然界存在着统一的整体关系，自然界的变化可以直接或间接地影响人体，人体只有与自然界变化相互适应，才能保证正常的生理状态而不致发病。既病之后，也要顺应季节、气候、昼夜晨昏、地理环境等的变化对人体进行调治，故《灵枢》说：“人与天地相应也。”“人与天地相参也，与日月相应也。”《素问》提出“必先岁气，无伐天和”，强调了人与自然界在治疗上的统一。同时，中医学在一开始就注意到人与社会是一个统一的整体，重视精神意识思维活动与脏腑形体的联系，认为有形体才有生命，有生命才能产生精神活动和具有生理功能。同时认识到社会活动对人精神意识的作用，人的精神意识对机体健康的反作用。精神活动和生理活动互相影响。

4. 中医正确的医德观有利于和谐社会的构建

唐代医家孙思邈说：“凡大医治病，必当安神定志，无欲无求，先发大慈恻隐之心，誓愿普求含灵之苦。若有疾厄来救极者，不得问其贵贱贫富，长幼妍蚩，怨亲善友，华夷愚智，普同一等，皆如至亲之想，亦不得瞻前顾后，自虑吉凶，护惜身命。见彼苦恼，若已有之。”中医认为“医乃仁术”，病人把生命交给我们，所以我们必须急病人所急，想病人所想，谨小慎微，一丝不苟，如临深渊，如履薄冰。只有这样，才能成为一个称职的医生，才能构建和谐的医患关系。

5. 中医治未病的思想及养生理论有利于全民健康水平的提高

《素问·四气调神大论》说：“是故圣人不治已病治未病，不治已乱治未乱，此之谓也。夫病已成而后药之，乱已成而后治之，譬犹渴而穿井，斗而铸锥，不亦晚乎。”《黄帝内经》开创了中医“预防为主”思想的先河。通过调摄精神、加强锻炼、形神兼养、保精护肾、调理脾胃等以提高正气的抗御能力，通过顺应自然、起居有节、饮食有常、劳逸适度、恬惰虚无、讲究卫生、防止污染等以防止病邪的侵害，做到未病先防，有病早治，既病防变，不但可以有效地保障全民的身心健康，同时也可以降低对卫生资源的消耗。总之，中医学中的许多内容与《决定》和《若干意见》的主导思想是一脉相承的，普及、发展中医药事业对于贯彻落实《决定》与《若干意见》精神，有着重要的现实意义和深远的历史意义。以“传承中医国粹，传播优秀文化，共享健康和谐”为主题的“中医中药中国行”大型科普宣传活动，开了个好头，相信通过我们的不懈努力，中医药事业一定会得到长足的发展。

第二节　易医养生学在现代社会中的地位

研究易医养生学，如果与西医的个体保健医学相比，首先引起我们注意的就是它的超稳定性，一个在《道德经》《黄帝内经》等古籍中已基本构成的体系竟沿用了两千多年而无重大的改变和发展，而在这两千多年中我们跨过了奴隶社会、封建社会、半封建半殖民地社会和社会主义社会数种社会形态。更让我们奇怪的是，当代中医养生文献对这种现象没有引起丝毫的关注和讨论，似乎社会变化对中医养生学不产生任何影响，或者说，中医养生学对一切社会通用。

如果我们认为社会环境对医学的发展至关重要的话，那么无需过分寻找根据，我们就可以肯定上述影响必然存在，而且在瞬息万变的现代社会更为显著。《养心要语》的养生观点是："斗一斗，瘦一瘦；让一让，胖一胖。"在营养匮乏的古代，胖是健康和幸福的象征，而在今天，人们却为如何减肥而发愁。因此，研究现代社会对古老的中医养生学产生怎样的影响，以及中医养生学如何适应这种影响而发展，肯定是必要和非常有用的，对中医养生学研究来说，它应该是以后一段时期的中心任务。本文的内容，正是作者对这一主题的初步探索。

一、古代社会和现代社会诸因素的变化

从医学革命角度来说，现代社会是指处于第二次卫生革命阶段的社会。在我国，第一次卫生革命虽未彻底完成，但从总体情况、从城市、从农村的长远趋势来看，完全可以说已进入第二次医学革命时期。

从易医养生学产生的古代社会到现代社会，与人体养生保健有关的诸因素有如下变化。

1. 病因和病种　病因：从生物、环境因素→生活方式因素（社会、心理因素）；病种：从贫困病（传染病、寄生虫病）→文明病（心脑血管病、恶性肿瘤、慢性退行性病变、肥胖病、糖尿病、消化性溃疡等）。

我国城乡的前三种死因（心脏病、脑血管病、恶性肿瘤）已与发达国家相同，而这三种死因与生活方式的相关性分别为47.6%、43.2%、45.2%。

2. 心理状态　从弛缓→紧张。与古代社会相比，现代社会的脑力劳动增多、生活节奏加快、竞争性加强、信息量变大、生活和交通空间拥挤，人际关系复杂，这些都是造成现代人心理经常处于紧张状态的根源。

3. 体力活动　从多→少。随着工业革命、城市化、信息革命的发展，人们在生产、办公、交通中的繁重体力劳动被代之以"按钮式工作"，过着一种"惯于久坐的生活"。

4. 营养　从不足→过剩。加上体力劳动减少造成的营养消耗减少，使肥胖症、

高血压、高脂血症、糖尿病、维生素过多症等有关疾病明显增多。

5. 健康要求　从无病、长寿（生物学观点→“不仅没有躯体的缺陷，而且要有完整的生理、心理状态和社会适应能力。”（WHO 定义）这是“生物医学模式”向“生物—社会—心理医学模式”转变的结果。

6. 养生保健对象　从老年人为主→老年、中青年并重。因为中青年在现代社会的作用和地位提高、现代生活方式在中青年人身上最为突出、心身疾病年龄前移、同时老龄社会已成普遍现象。

7. 欲望观　从禁欲→享乐。对物欲、肉欲、情欲、精神欲望等的追求和享受已不再被看成是罪恶，而认为是应该的。与健康有特殊关系的烟、酒、毒品嗜好也泛滥成灾。

8. 自然观　从顺应自然→改造自然。现代社会对大自然的改造成绩，一方面给人类创造了不受自然因素干扰的良好生活环境。另一方面由于这种改造过于快和激烈，人类难于很快适应而影响健康，如电视病、空调病、电脑病、噪声和电磁危害、高楼恐惧症、星期一综合征、办公室综合征等。

二、社会变化对易医养生学的影响

从古代社会到现代社会诸因素的变化，使中医养生学的地位发生重要改变，在认识这种改变的基础上，制定相应的方针，可使中医养生学避开劣势，发挥优势，以固有的特点在现代社会的个人保健中产生更大的作用。

1. 病因病种变化的影响　这种变化对中医养生学是有利的。中医养生方法有如下各类：调适四时、起居有常、慎七情、节欲、动功、静功、药物养生、食品养生、玩物养生。显然，这些方法都属于生活方式范畴，恰好针对了由不良生活方式引起的现代疾病。实际上，中医养生方法对古代社会的主要病种（传染病、寄生虫病）反而作用不大，因为它们主要是由环境、生物因素引起，必须以公共卫生来预防。

易医养生学必须：第一，发扬优势，致力于研究现代行为，如：看电视、狭小居住空间、求职、求学、办公室、竞争、出差、旅游等等。第二，改变不适应现代生活的行为养生法，如《黄帝内经》：“春三月……夜卧早起，广步于庭，被发缓形，以使志生。”现代发式和居住空间都不适于此。第三，研究中医养生法对现代疾病的作用。

2. 心理状态变化的影响　这种变化对中医养生学的影响是有利不利并存的。中医养生学主张精神应该弛缓。《道德经》：“众人熙熙，如享太牢，如登春台；我独泊兮其未兆，如婴儿之未孩，儡（系字底）儡兮，若无所归。”《黄帝内经》：“喜怒不节则伤脏。”一方面，这种养生法能对现代心理起调节平衡作用；另一方面，这种养生法在中医养生体系中是与生活态度联为一体的，这在现代社会中又行不通。

所以，第一，作为一种技术，中医养生学应对精神弛缓方法加以完善和扩大运用，如对运动员施以静功，使其加快恢复；在工厂中设精神松弛室，平衡工人的神经张力。第二，作为一种生活态度，中医养生学不应对此加以提倡。

3. 体力活动变化的影响　这种变化对中医养生学是不利的。因为一般的中医养生体育方法都是低运动量的，如五禽戏、易筋经、气功、太极拳等，运动量大的武术则不列入中医养生学范畴，所以难以预防由运动量过少带来的现代疾病。

在不影响其他特色的情况下，可尽量加大中医养生体育的运动量。

4. 营养变化的影响　这种变化对中医养生学也有有利和不利两方面。中医养生学是主张抑制食欲的。《饮食箴》："人身之贵，父母遗体，以口伤身，滔滔皆是……因纵口味，五味之过，疾病蜂起。"《孙真人枕上记》："清晨一碗粥，晚饭莫教足。"第一，这种观点方法对减少现代人的食量有正面作用。第二，这种观点方法以牺牲人的饮食享受为代价，难以为现代人所接受。第三，它的典型表现——素食对健康弊大于利。第四，中医养生方法运动量的不足又加剧了营养相对过剩。

必须寻找既能满足人的饮食享受而又减少营养摄入的饮食方法，同时加强中医养生体育的运动量。

5. 健康要求变化的影响　这种变化对中医养生学不利。中医只强调心理平衡、忍让、无欲的消极一面，不提倡积极的心理，而且强调"出世"，把世俗之事看成妨碍健康的一大根源。《庄子》："夫恬惔寂寞，虚无无为，此天地之平，而道德之质也。""目无所见，耳无所闻，心无所知，汝神将守形，形乃长生。"《黄帝内经》："中古之时，有至人者，淳德全道，和于阴阳，调于四时，去世离俗。"

中医养生学应提高自己的健康标准，把社会中的人和人在社会中的活动作为研究对象，并把消极的心理状态看成健康心理状态的一个方面而不是全部。

6. 养生保健对象变化的影响　这种变化对中医养生学有有利和不利两方面。中医养生学的主要对象是老人，这从中医养生方法的保守心理、慢节奏、低活动量上可看出来，专门的寿老论述在其体系中占有一半以上篇幅，对养生好坏的最主要标准是看其是否长寿，是否出现衰老征象。《黄帝内经》："余闻上古之人，春秋皆度百岁，而动作不衰。"又说，养生最好的真人，"寿敝天地，无有终时。"其次至人，也"益其寿命而强者"。其次圣人，"亦可以百数。"其次贤人，"亦可使益寿而有极时。"这在社会老龄化的今天是极为有用的，但对中青年养生就不甚适合。

中医养生学应结合现代老年人的特点如年龄更大，退行性病变多，子孙少，单独生活多，渴望参与社会等进一步完善老年养生方法。同时加强对中青年养生方法的研究。

7. 欲望观变化的影响　这种变化对中医养生学有有利和不利两方面。中医养生学是全面禁欲的。《黄帝内经》："夫上古圣人之教下也，皆谓之虚邪贼风，避之有时，恬惔虚无，真气从之，精神内守，病安从来。是以志闲而少欲，心安而不惧，形劳而不倦，气从以顺，各从所欲，皆得所愿。故美其食，任其服，乐其俗，高下不相慕，其民故曰朴。是以嗜欲不能劳其目，淫邪不能惑其心。"这虽对现代人的某些过度纵欲有规劝作用，但以牺牲欲望享受代价来求得健康，难以为现代人所接受。其次，过度的禁欲实际上有碍健康。

中医养生学应该：第一，把禁欲看成是享乐的必要补充，而不是全部。第二，寻找有益享乐来代替不良纵欲。第三，研究对特殊不良嗜好如烟、毒、酒的戒除方法。

8. 自然观变化的影响　这种变化对中医养生学有有利和不利两方面。中医养生学主张顺应自然。《道德经》:“人法地，地法天，天法道，道法自然。”《吕氏春秋》:“故古之治身与天下者，必法天地也。”这种方法能为人类在自然环境急剧受到改变，难以迅速适应的情况下，提供心、身的平衡。但同时，改造自然对人类健康利多于弊，它是必然的进程，而顺应自然只起补充、调节作用。

中医养生学应研究各种适应不良病证，用顺应自然方法加以预防；同时，改变“自然”一词的含义，对新的自然——人造环境进行研究。并摒弃那些由于环境改变而变得不切实际的顺应自然养生法。

如果要对中医养生学的特征做出概括的话，消极和封闭是恰如其分的词汇。古代社会文化也是消极、封闭的，现代社会文化则是积极、开放的。这样，中医养生学与古代社会文化、古代健康要求是同一的，是相辅相成的关系，养生方法、观念可用于做人、学问、政治之中。而中医养生学与现代社会文化、现代健康要求是互补的，是相反相成的关系，养生方法、观念不能用于生活、学习、工作之中，在保健中也不占主导地位，只是起平衡作用。这就是中医养生学在现代社会中总的地位。

中医养生学要在现代社会中适应新的地位，主要是靠发挥固有优势，而不是靠变缺陷为新的优势。这是因为能够克服中医养生学缺陷的新养生学——西医的个人保健学已在迅猛发展。这种情况下，中医养生学只能追求与西医个人保健学的互补而不应追求自身完备。

第三节　最大的养生之法是德

德则能润身

源远流长的儒家学说蕴藏着丰富的心身调摄的内容，其“修身养性”理论在一定程度上甚至可以认为就是中医学中的养生。儒家的养性亦可称作养心，即心的境界的提高，有利于身体健康，已为历代实践所证实。儒家经典浩如烟海，不能尽阅，本文试从儒家相关文献出发，整理、分析儒家养心的独特思想和方法，寻找出它们的合理内核，以冀对现代人维护心身健康有所帮助。

一、正确对待欲望

世人常常因为宋朝理学家“存天理，灭人欲”的口号，认为儒家思想不近人理，其实不然。“男女饮食，人之大欲”（《礼记·礼运》），儒家承认饮食男女是人的基本欲望。孔子一再要求弟子学习《诗经》，他说“人而不为《周南》《召南》，其犹正墙面而立也与!”（《论语·阳货》）人如果不学《周南》《召南》，就像面对墙壁站着那样寸步难行！《周南》《召南》是《诗经·国风》中的第一、第二部分，《关雎》是《周南》第一篇，是一首优美的情歌，它描写青年男子对妙龄少女的爱慕和相思，可见孔子不回避男女情爱的正当性。孟子也承认人应该有正常的欲望，他说："好色，人之所欲"，"富，人之所欲"，"贵，人之所欲"（《孟子·万章上》）。荀子认为人不分贵贱，皆"饥而欲食，寒而欲衣，劳而欲息，好利而恶害，是人之所生而有也，是无待而然者也，是禹桀之所同也"（《荀子·荣辱》）；"故虽为守门，欲不可去；虽为天子，欲不可尽"（《荀子·正名》），无论欲念恶劣与否，都有其存在的必然性。宋朝张载同样认为，"饮食男女皆性也，是乌可灭"（《正蒙·乾称篇下》）。人欲是不能灭的！

那么，如何对待欲望呢？

欲望与生俱来，是人类的一种本能，但如果放纵自己的欲望，就会完全被外物迷失本性，与动物无异。"人生而静，天之性也。感于物而动，性之欲也。物至知知，然后好恶形焉。好恶无节于内，知诱于外，不能反躬，天理灭矣。夫物之感人无穷，而人之好恶无节，则是物至而人化物也。人化物也者，灭天理而穷人欲者也。于是有悖逆诈伪之心，有淫作乱之事。……此大乱之道也。是故先王之制礼乐，人为之节。"（《礼记·乐记》）所以儒家要求人们克服物质与精神上的过度欲求。

"《关雎》乐而不淫，哀而不伤。"（《论语·八佾》）孔子主张男女之爱是快乐的，但不应放荡；相思之情是忧愁的，但不必悲伤。

孟子提出"养心莫善于寡欲"（《孟子·尽心下》）的重要命题，认为只有减少欲望，才能保存道德本心，多欲则必然会丧失仁义礼智等道德意识。养心首先在于克制人对声色、财富和名位的欲望与追求。

荀子认为人的种种欲念是天生的，"凡语治而待寡欲者，无以节欲而困于多欲者也。……故欲过之而动不及，心止之也。心之所可中理，则欲虽多，奚伤于治？欲不及而动过之，心使之也。心之所可失理，则欲虽寡，奚止于乱？故理乱在于心之所可，亡于情之所欲。……欲虽不可尽，可以近尽也；欲虽不可去，求可节也。"（《荀子·正名》）认为不必去欲或寡欲，而以心来调节欲念或节欲。欲念虽不能尽除，但可以节制。节欲的目的正是为了更好地满足欲望。

"枨也欲，焉得刚？"（《论语·公冶长》）人的欲望太多，怎么能刚强？因此，孔子提出"三戒说"："君子有三戒：少之时，血气未定，戒之在色；及其壮也，血气方刚，戒之在斗；及其老也，血气既衰，戒之在得。"（《论语·季氏》）不同年龄段人的欲望不同，节欲（心理调节）的要求当然也有侧重。

节欲就要"养心"，"心者，形之君也，而神明之主也。"（《荀子·解蔽》）心为身体形神的一切活动的主宰，与物质之气有密切的关系，"人有气有生有知亦且有义"（《荀子·王制》），"治气"方能"养心"，"血气刚强，则柔之以调和；知虑渐深，则一之以易良；勇胆猛戾，则辅之以道顺；齐给便利，则节之以动止；狭隘褊小，则廓之以广大；卑湿重迟贪利，则抗之以高志；庸众驽散，则劫之以师友；怠慢弃，则之以灾祸；愚款端悫，则合之以礼乐，通之以思索。凡治气养心之术，莫径由礼，莫要得师，莫神一好。夫是之谓治气养心之术也。”（《荀子·修身》）以虚静专一的内守功夫来调节人心的各种偏向，又称之为以诚养心，“君子养心，莫善于诚，致诚则无他事矣。”（《荀子·不苟》）正如《礼记》提出的“欲正其心者，先诚其意；欲诚其意者，先致其知；致知在格物”（《礼记·大学》）。所谓正心，即心要端正，诚意谓勿自欺。强调内心的道德自律，限制情感等心理活动的变化，也就是现代心理学所说的塑造健康人格。

二、健康人格塑造

儒家追求完善个人的道德人格，努力达到“从心所欲不矩”的境界。孔子提出君子应该具有“君子坦荡荡”（《论语·述而第七·三十七》），“不患人之不知己，患不知人也”（《论语·学而第一·十六》），“君子泰而不骄”（《论语·子路第十三·二十六》），“君子耻气言而过其行”（《论语·宪问第十四·二十七》），“君子病无能焉，不病人之不己知也”（《论语·卫灵公第十五·十九》），“君子不怨天，不尤人”（《孟子·公孙丑下》），“躬自厚而薄责于人，则远怨矣”（《论语·卫灵公第十五·十五》）等品质，也就是现代心理学称之的理想人格。如何培养，孔子的论著中没有谈及。二程对这一问题有自己独特的看法，提出了气象的概念。程颐说：“今观儒者自有一般气象，武臣自有一般气象，贵戚自有一般气象，不成生来如此？只是习也。”（《二程遗书·卷第十八·伊川先生语四》）气象就是人内心的修养形于言表，使接触到它的人感受一种独特的气氛。“儒者”、“武臣”、“贵戚”的气象各不相同，都带有自己的身世、职业的特征。这种气象不是先天的，而是后天长期“积习”诸方面的熏陶所致。

“习”指习性、社会本性，是学习得来的后天因素，程颐强调在气象的生成中“习”是相当重要的，“习到言语自然缓时，便是气质变也。学至气质变，方是有功。人只是一个习。”（《二程遗书·卷第十八·伊川先生语四》）“积习既久，能变得气质，则愚必明，柔必刚。”（《二程遗书·卷第十八·伊川先生语四》）这种“积习”长期坚持，到了一定阶段，昏愚柔弱的气质之性可变得清明刚强。“吾受气甚薄，三十而浸盛，四十五十而后定，今生七十二年矣，校其筋骨，于盛年无损矣。”（《二程遗书·卷第二十二·伊川先生语八上》）程颐认为即使像他这样禀气甚薄的人，只要“非礼勿视、听、言、动”（《二程遗书·卷第六·二先生语六》），坚持一定的修养，通过后天艰苦磨练，日积月累同样可以改变自己的气质，塑造良好的人格。

二程认为改变气质的方法因人而异，难求一致，但一定要针对自己的特点进行。“人有实无学而气盖人者，其气有刚柔也。故强猛者当抑之，畏缩者当充养之。古人佩韦弦之戒，正为此耳。然刚者易抑，如子路，初虽圣人亦被他陵，后来既知学，便却移其刚来克己甚易。畏缩者气本柔，须索勉强也。”（《二程遗书·卷第十八·伊川先生语四》）对于柔弱的人来说，要注意使自己的气质向刚强转化，性情急躁的要向缓静转化，过于倔强的要把自己培养得温顺一些……总之，二程主张因人制宜，采用各种适宜的方法来改变自己的偏颇气质，已具有行为矫正的含义，对于今天心理调摄具有借鉴意义。

三、养心的方法

儒家强调通过修养使人的内心达到安宁与平静的境界。孟子提出了求心、养心和尽心循序渐进的一套理论。首先“学问之道无他，求其放心而已矣”（《孟子·告子上》）。学问之道没有别的，就是把丧失的善心找回来而已。找回以后，再加修养，“养心莫善于寡欲。其为人也寡欲，虽有不存焉者，寡矣；其为人也多欲，虽有存焉者，寡矣。”（《孟子·尽心下》）修养心性的方法最好是减少物欲。因为人的欲望不过分，善性纵有所失，也不会多；而人欲太多，善性纵有所存，也是极少的了。修养不断，才能扩充。“尽其心者，知其性也。知其性，则知天矣。”（《孟子·尽心上》）扩充善心，也就懂得了人性。懂得了人性，也就知道了天命。这样，就达到了孟子追求的天人合一的人生境界。“求则得之，舍则失之，是求有益于得也，求在我者也。求之有道，得之有命，是求无益于得也，求在外者也。”（《孟子·尽心上》）孟子认为要达到这一境界是不必外求的，只要“求在我者”就够了，因为所探求的对象就在我的心中。

孟子的理论较笼统，现代人难于操作。宋朝时二程的养心术则较易理解。程颢认为养心并不是使人的内心完全停止活动，也不是使内心仅仅集中于自我意识上，更不是对外物不作任何反应。“夫天地之常，以其心普万物而无心；圣人之常，以其情顺万物而无情。故君子之学，莫若廓然而大公，物来而顺应……苟规规于外诱之除，将见灭于东而生于西也。与其非外而事内，不若内外之两忘也。两忘则澄然无事矣。无事则定，定则明，明则尚何应物之为累哉？圣人之喜，以物之当喜；圣人之怒，以物之当怒。是圣人之喜怒，不系于心而系于物也。是则圣人岂不应于物哉？乌得以从外者为非，而更求在内者为是也？”（《二程集·答横渠张子厚先生书》）人接触事物，当然有情感，但情感应完全顺应事物的自然状态。程颢认为，外物的影响和干扰是不可避免的，而且也没有必要避免。圣人的“无情”并不是毫无人性，只是没有从个人利害出发，他的情感顺应于事物的来去，这样，一切由于个人利害得失而产生的失望、不安、烦恼、苦闷、怨恨等不良心境都可以免除了。人的养心正是在与外物的接触中顺应万物而隐没了自身，这是一种“内外两忘”的极高境界，如果强行地要在内心中驱除外物的影响，那不仅不合修养之道，而且妄念也会“将见灭于东而生于西也”，反而使自己的内心狂乱不已，心猿意马，哪里还能保持内心的安宁和静穆呢？

要达到“内外两忘”的境界，程颐认为必须心中有主，有主则实。“吕与叔尝言：患思虑多，不能驱除。曰：……如虚器入水，水自然入，若以一器实之以水，置之水中，水何能入来。盖中有主则实，实则外患不能入，自然无事。”（《二程遗书·卷第一》）这段话阐述了外物未来时自己内在意识的控制问题，如果心中无主，就像一个空的器皿，思虑杂念就会像水一样涌入这无主的意识之中。如果心中有主，则会像器皿中已经盛满了水，再把它放在水中，其他的水也就无法进入，杂念自然就不会产生了。

如何才能心中有主呢？程颐认为心中有主并不是强制心去反复念一个什么“中”字，也不是强制心寄寓在某一特定的形象上。因为这样做，好像心中有主，但却都极不自然，只要内心保持“敬畏”的状态，思虑的纷扰就可以自然排除。他极力推崇“敬”，要求人在外在的容貌举止与内在的思虑情感两方面同时约束自己。不仅要克制内心的种种欲望，同时也要注意约束自己的外在举止和形象，衣冠要端正，表情要恭敬，视听举止要符合规范（礼），要时时刻刻从容貌举止上检查自己。这看起来似乎是外在修养的问题，而实际上，经过这样长久的修养而形成习惯，就会在内心里使邪念私意逐步减少，有了这样的外在的严格要求，就会自然使内心得到修养。

程颢与程颐不同，他认为“诚敬”如果只强调敬畏严肃，难免失于拘谨，不能达到自由活泼的精神境界。所以，应该强调“诚”所包涵的本质内容，以“诚敬”作为人内心中的一种修养，不必处处都用力去设防，在用“敬”之时，应该“勿忘勿助”，不要过分用力把持。修养要与自然相结合，主张在修养过程中应该放开，在“外物”之来的情况下调整对于外物的反应。理想的境界应该是敬乐合一的，任何对敬的过分强调都会伤害心境的自然和安详，达不到“内外两忘”的境界。

朱熹认为精神状态可影响身体的健康，其《大学章句注》阐释“富润屋，德润身，心广体胖”时说：“胖，安舒也。言富则能润屋矣，德则能润身矣，故心无愧作，则广大宽平，而体常舒泰，德之润身者然也。盖善之实于中而形于外者如此。”心态的平和，胸怀的宽阔，十分有利于身体健康，所以“人常须收敛个身心，使精神常在这里。似担百十斤担相似，须硬着筋骨担”。“若行时，心便只在行上；坐时，心便只在坐上。”（《朱子语类·卷十二》）只有这样才不至于胡思乱想，放荡不羁，造成对身心健康的损害。《朱子语类·卷五》载：“问：先生尝言，心不是这一块。某窃谓，满体皆心也，此特其枢纽耳。曰：不然，此非心也，乃心之神明升降之舍。人有病心者，乃其舍不宁也。凡五脏皆然。心岂无运用，须常在躯壳之内。譬如此建阳知县，须常在衙里，始管得这一县也。某曰：然则程子言‘心要在腔子里’，谓当在舍之内，而不当在舍之外耶？曰：不必如此。若言心不可在脚上，又不可在手上，只得在这些子上也。”心作为人的神明发生和寄托之处，必须安居其位，而患有“心疾”则会出现精神错乱的种种症状，因而不能维护正常的生理机能，致使脏腑功能失调，精神萎靡不振。这就是二程“心要在腔子里”的真实含意。因此朱熹十分重视保养精神，说：“人精神飞扬，心不在壳子里，便害事。”（《朱子语类·卷十二》）这些论述包含有现代心理卫生的一些内容。

“主敬涵养”，朱熹主张养心要从根本做起，要在无所思虑和情感尚未发生时就开始涵养，而不是等到思虑情感已发之后才去修养。这里“敬”是关键。世人常常精神颓废，放纵声色，虚度光阴，就是因为他们内心中缺乏一种对生活、对自己生命的敬畏之心。敬畏并不是人们对某个具体事物的恐惧，而是指内心对于一个以理为本体的运作着的神圣世界的敬畏，是一种对生命的内心执着。所以“主敬”就是要求人们在情感思虑未发时就注意涵养自己的精神境界，时刻保持一种收敛、谨畏和警觉的状态，使内心清明洞察而不昏乱，达到一种觉醒下的特殊宁静状态。只有在这种极高的精神修养前提下，人才能真正地洞察事理。二程对调节心理偏差也颇有研究，有人患思虑纷乱、达旦不寐，以为不断念“中”字可治失眠，二程认为却不如与他一串数珠，“殊不知中之无益于治心，不如数珠之愈也。夜以安身，睡则合眼，不知苦苦思量个甚，只是不与心为主，三更常有人唤醒也。”（《二程遗书・卷第二上》）以数珠来转移患者焦虑的心理状态，这样便可较快入睡。同时强调夜晚不可过度用脑，应按时作息，保养精神。应该说这是很有见地的看法。二程还探讨了恐惧心理产生的原因，《二程遗书・卷十八》载：“或问：独处一室，或行暗中，多有惊惧，何也？曰：只是烛理不明。若能烛理，则知所惧者妄，又何惧焉？有人虽如此，然不免惧心者，只是气不充。须是涵养久，则气充，自然物动不得。然有惧心，亦是敬不足。”二程认为恐惧心理的出现是因为不明白事物的道理，如果洞明了事理，则不会害怕那些虚妄之物。并认为这与个人的气禀、涵养等身心状况相关。他们提出了“明理可以治惧”（《二程遗书・卷第一》）的方法，并举例说：“目畏尖物，此事不得放过，便与克下。室中率置尖物，须以理胜它，尖必不刺人也，何畏之有！”（《二程遗书・卷第二下》）说明二程在当时已能通过改变患者的认知来治疗恐怖症。

儒家养心学说博大精深，以上仅试用健康心理学对其作浅显的分析，对提高个人工作的科学性，密切人际关系，减轻心理负担，增强社会适应力，促进身心健康有一定的作用。

第四节　疾病与养生

一、人体为什么会得病

病，指健康的异常、变异，是与健康对立的范畴。病，也就是健康的受损，产生不良反应。

从本质上说，凡是与宇宙演进的不合谐、不相机、不有序皆是病。病代表反向的力量。

病，一方面它脱胎于健康而损之，成为健康的赘生物；另一方面，它作为健康的孪生弟激励催化着健康的发展与演进。疾病，充当杀手与培练的双重角色。

人的疾病，是宇宙的疾病、自然的疾病、社会的疾病的综合反映。人的疾病反向证明了人的健康、人的强悍，证明了健康的宝贵、价值，也暴露了不健康的脆弱，表明了疾病的凶残、可怕、罪恶。

人为什么会得病，得病即是与宇宙与自然与社会相违。相违的就是病。与宇宙违，即违天道，天病之。与自然违，即违万物，万物病之。与社会违，即违文明，文明病之。疾病，是对灵性之物狂妄与无知的惩罚与警戒。天病契转人之因果，使之大运不祥；自然病病之环境，淫浸人之表里，遍植病灶；社会病毒淤之心灵，造成心病身病照应。

一个正常人、一个健康人本不该病，本不应有病，本不能病。人的身体无比精密，它是一个自我调节，自我控制，自我发展，相机于外，协调于内的整体。有非常完善的系统。然而，当这个系统企图超越，企图倾斜，企图偏离与外部的关系时，其内部就显不适，而不适的加重就生病象，就显病态。平衡产生不平衡。

从小范围来讲，人的五脏六腑，人的呼吸、消化、生殖、神经诸系统，人的五官、四肢、皮肉、毛发、血液、经穴，其任一病变，都是该部位、该五官与外部的不适、失衡、失态、失常，都是对健康宏旨的偏离。

人为何出现这种偏离？是因违背了健康的机理、机制，对生理、心理提出了过高的要求，超过了其能承载的负荷，强求其额外的支出，病源趁隙而入，给其滋生之机。

人系两栖动物。一是自然性，一是社会性。作为自然中人，人的五脏对应天地四时，对应音、色、味、觉，对应金木水火土，对应寒热躁暑湿，对应阴阳平衡，对应草、木、果、实，对应表皮，对应脉搏，对应经穴，对应发泽。作为社会中人，五脏又分对喜怒悲思恐等心理特征，对应神、魂、意、魄、志等气理、气数。自然的疾病、社会的疾病互相交融，相互渗透、影响，使现代人出现了更为复杂的病理、病相，出现更多的疑难杂症，更大的健康压力。

就个人而言，出现了任何病象、病证，都该在天病、自然病、社会病中找原因。只不过因人而异，有所侧重罢了。

一个人为什么得这种病不得那种病，一个人为什么此刻得病彼刻不得病，一个人的神态、色泽，肢体语言，表情语言，器官语言，一个人的健康状况记录了他的全部历史、内心、德行和运气，揭示出其性格、习惯、思想和能量。疾病是其不幸、不争、无力、无助，疾病是其隐密的泄露，疾病是诸种命运中最深刻的命运。

现代医学，不论西医还是中医，都是对疾病的单一治疗，是就疾病而疾病，它是一种有效的然而远不够的疗病手段。这就是为什么现代医疗愈发达，而疾病则有增无减。人们对疾病依然怀着恐惧之心。

如果你得了疾病，如果你肝上出了病象，有了病变，为什么不找一下原因，为什么会病在肝上，是哪些因素诱发了肝的变异、异常。根据中医学说，肝藏血，肝主疏泄，肝主筋，肝通目，肝为足厥阴经，肝表现为怒，怒亦伤肝，是什么原因使肝加重了负荷，使其以病变来提出抗议。自然的？社会的？生理的？心理的？任何病象，必有病因。任何病因，衍生病象。肝喜温，喜顺，喜平。你如何使其产生了躁、逆、横。饮食问题，风寒问题，性情问题，脾气性格问题，或者肝受其他病变影响问题等等。病象梳理了，整合了，清楚了，病就疗治了一半。

人本是一个气场，心气、肝气、脾气、肾气、肺气、血气、精气、魂气、力气，乃至山川万物之气，水谷食物药物“药物之气”。气聚为形，气散成虚。气是物的精化、微化。人得病，为何一身不适，为何里病外显，为什么病总会写在人的脸上。为什么局部病象会滋生蔓延。原来病散而为气，气周身散漫，形成人之病气。

病气即邪气，它对峙相克于正气。人们都有这样的感觉与体会，当你病气怏怏时，会发软无力、气虚，那无非表明邪侵于正，正气衰之。

两种气在争斗、克生。人，究其时，这种精微的争斗随时都在进行。能量、信息都在转换，由微至显、由显至著。如果邪基本压正，则是病气辟里，形成癌症。

所以，对待疾病的治疗，应在通气、顺气、畅气为主。药物也好，手术也罢，如果不理会人体的奥妙，不从最精微的梳气做起，既难以痊愈，更难对付疑难杂症，同时，亦不符合由微至显、量变为质的规律。

当然，这还仅是疗病的低级形态。真正疗病的高级形态是以宇宙之元气合于万物之精气，使人体不仅正气充盈，脉络舒张，血液生动，而且，更重要的是人变得神气、大气、仙气。所谓宇宙元气，就是宇宙之“虚”，宇宙之“空”，宇宙的元神。万物皆由其生成而来，它是宇宙中最健康、最灵性、最本质的东西，因而最精微最富能量。我们生而为人，我们被现实的负荷压得太重了，当我们被越来越多的“实”，越来越多的“有形”浸淫、纠葛、交促时，我们的“虚”，我们的元神就会越来越少。我们的肢体、五脏、六腑、表里，我们的情志、灵魂、思维、观念会导入麻木，利益、需要、贪求将我们绑上疾病的战车。因此，惩罚不绝而来。实践证明，现代社会，社会病远大于自然病。战争、争斗、算计，对资源、利益、权力的角逐，焦虑、担忧、恐惧、放纵，对环境的破坏，对正向的曲解等等。病，就像我们的常客；病，就像我们的影子。躲之不过，避之不及。君不见，疾病成为现代社会的一道风景，一个壮观。铺天盖地的药片，铺天盖地的广告，人满为患的医院。这一切，究竟说明了什么。

我自己以前也得过一些疾病，也曾折腾于医院，浸润于药片。然而此病刚过，彼病又来，如摆不脱的死缠鬼，如拆不散的老冤家。终至 2001 年，一个新千年开始之际，我终于悟出求人不如求己，悟出病不在人，而在心；得出人本无病、失衡即病的道理。尔后，随着自己对健康理论的追求与实践，进一步证明，妙化自然即是青春，气韵生动就是活力，道化天地鬼神不犯。无心病即无身病，无病即是幸福，即是好运，即是福祉。近年来，我不仅身心无恙，百病自消，同时，具有调息他人病象，调教他人病气之能力。以不争之事实治好自己脑血管硬化、前列腺炎、腰椎间盘突出、肩周炎等诸难症。

更值得一提的是，以前看病治病，精力、经济、精神大为受损，但疗效甚微，成为医生、医学理论的盲从者。而通过顺气、得理、得法、意会、神交，钱不花一分，神不耗一丝，且元神倍增，神情大振，不知人之至晚壮矣。

目前，就中国而言，医院、医药业大有方兴未艾之势。乍一看，此乃社会文明的进步，生活水平的提高，但冷静一想这又何尝不是疾病猛增的结果。一场 SARS，风声鹤唳，人人噤若寒蝉。再看许多人，年未半百，却稀发疏齿，步履蹒跚。再看神情，其色泽暗淡，鲜有光亮。其声，其肢体，其信息，拘禁有余，自信不足，昂首者寡，垂肩者众。凡此种种，健康何来，病之堪忧。

二、跟着自然学养生，顺自然而行

人一生才有几十年，就是人类的整个历史也没有多少年，可是大自然的形成，却经过不知是多少亿年，积累了多少经验，才进化而来的。它给我们带来的经验丰富而又宝贵，我们能不学它吗？学习自然，跟随自然，这样养生就足够了。

《易经》当中的一个非常重要的理论，叫做“天人合一”，就是说天和人是相应的，主要是人与天地相应。那么“天人合一”的理论对我们的养生又有什么指导意义呢？

《黄帝内经》有一句话叫做“天地合气，命曰人”。意思是说，人是天地之气组成的，人体的物质基础都来自天地，所以人的一切都离不开天地。既然如此，人的养生当然也不能离开天地了。

养生要顺应天地，本质上就是说人必须要顺应天时地利的变化。顺应天时地利的变化，养生就成功，人就健康。若是违背天时的阴阳运行的规律，人的健康就要受到影响。那么，怎么样来顺应天地呢，这当中有些什么奥秘呢？

第一个规律就是阴阳运行的规律，就是阴阳气化的规律。在一天当中、一年当中，阴阳的气化，都遵循着一个规律，即“阳长阴消，阴长阳消”，也就是阴阳不停地在变化的规律，我们养生就要顺应这个规律来进行。

第二个规律就是气机升降的规律，子时则气升，午时气就开始降了。夏天是气机升得最高的时候，冬天是气机降得最低的时候。我们养生当中，在一天当中、一月当中、一年当中，都不能离开这个气机升降这个理论。

第三个规律就是，天地气化是有开的时候，也有闭的时候。大自然的气机有开有阖，那么我们养生就要跟着它。它开的时候我们开，它阖的时候我们阖。什么时候开？比如春分的时候就是开的时候。有一句话叫“开天门”，天门打开了，春天来临，阳气就开始生发，天气就开始渐暖，昼渐长，这就叫做开天门。到了夏天，大自然都是处在生发最旺的时候。人也一样，这时是身体活动最旺盛的时候。到了秋分的时候，大自然的气机就要关了，就要“入地户”了，开始收了。而到了冬天，经过了大半年的活动，开始储藏了，就开始保养了，为来年的春天作准备。如果我们今年不保养，明年就没足够的气供给我们的身体了。

从脏腑上讲，生气和春天对应于我们的肝，所以，我们春天要养肝；夏天对应我们的心，所以，夏天要着重养心；秋天要养肺；冬天开始藏了，要养肾。这些是什么意思呢，就是一年四季我们的身体不能都是开的，还要有休息的时候。大自然很聪明，我们养生就跟着大自然学就行了，这个大自然是多少万年才形成的这么一个天地，它不是那么容易形成的，它的经验比我们人要多不知多少亿倍。人一生才有几十年，就是人类的历史也没有多少年，可是大自然的形成，到今天能够有这个阴阳协和的状态，是不知经过多少亿年，积累了多少经验，才保存下来的。它给我们带来的经验丰富而又宝贵，我们能不学它吗？学习自然，跟随自然，顺天而行，这就叫做“天人合一”。

三、阴阳平衡，健康一生

太极图中间为什么不用一条直线分两方，而要用反“S”形呢？这是因“S”形象征着太极图不停地在维持着阴阳的动态平衡。因此，我们养生还要注意协调阴阳。阴阳平衡就是阴阳双方的消长转化，保持协调，既不过分也不偏衰，呈现着一种协调的状态。

（一）中医养生的基础就是建立在阴阳平衡的理论之上

《易经》中所讲的阴阳运行规律给我们的第三个重要的启示是什么呢？那就是阴阳平衡的规律。前面已经提到过，太极图中间为什么不用一条直线分两方，而要用反“S”形呢？这是因“S”形象征着太极图不停地在维持着阴阳的动态平衡。因此，我们养生还要注意协调阴阳。只有阴阳平衡了，才能健康一生。为什么阴阳平衡这么重要呢？这要从我们的中医学谈起。《庄子》里有一句话，叫做“《易》以道阴阳”，就是说《易经》是谈论阴阳的。我们的中医学，可以说理法方药，都是建立在阴阳的基础上，而阴阳则根于《易经》。而我们中医学的经典著作《黄帝内经》，又发展了《易经》的阴阳，把《易经》的阴阳文化、阴阳哲理，运用到我们人的生理病理，运用到我们医学里来。在这方面，它对《易经》的阴阳理论，作出了特殊的贡献。《黄帝内经》有一句话，叫做“生之本于阴阳”，就是我们生的本理病理，都是本于阴阳的。明代有个大医家叫做张景岳，他说过一句话，意思是：阴阳在《黄帝内经》已经很完备了，但是要了解它的变化无穷，我们还得要研究《易经》。这就是说，我们要把《易经》和《黄帝内经》不断地联系，抽出它们的理论，来产生我们的医学的道理。其中，“阴阳平衡”原理就是很重要的道理。它告诉我们，一定要调整阴阳，让人的阴阳保持协调、保持平衡，这样，我们就不会生病。

（二）学会排阴毒

阴毒，是污浊的，是人体中的垃圾。人到了一定年龄，随着阴气的不断增长，体内可谓“五毒俱全”，我们要学会排除阴毒，驱除阴废，这样才能让我们的阳气有生存的空间。

依据太极生命钟的规律，阳气是随着人身体的成熟逐渐增加。从年轻的时候一直到中年，阳气是增加的过程，而阴气是较弱的。到了中年以后，阴气就开始增加了，这叫做阴长阳消，这是自然规律。整个宇宙天时、春夏秋冬是如此，人的生命也概莫能外。《易经》所揭示的这条规律给我们的提示是：中老年人一定要注意阴气增长这个问题。就是说我们要能够对抗阴气，排除阴气。阴气，我们叫它阴毒，也叫阴浊。“浊”就是说它是污浊的，是生命的垃圾。它包括水毒、食毒、脂毒、痰毒、血液里边的瘀毒，还有我们呼吸产生的气毒。所以，人到了一定的年龄，可谓“五毒俱全”，所以我们就要会排毒，会驱逐这些阴废，让我们的阳气有存在的空间。

水毒，在阴毒中，最严重就是水毒。40 岁以上的人要注意，如果早上起来，下眼皮浮肿，脚踝有点浮肿，这很可能就是有水浊了。如果水毒排不出去，气血运行就会不畅，我们就要考虑是不是运动得不够了，或者太劳累了，或者心脏有毛病了，或者肾脏有毛病了。水浊如果严重下去，肚子也会肿胀起来，这是因为肾功能出现了问题，排尿不畅，喝下去的水跑到肚子里边了，所以，肚子肿了。那么，怎么样驱逐水毒呢？首先，我们得去看医生，如果看了以后，肾脏没有病，心脏也没病，那就说明你气血运行不好，你就要多运动，饮食方面就要增加一些可以除水湿的丝瓜、冬瓜，还有一些豆类食物，这样就可以健脾利水。

湿毒，另外一种毒就是湿毒。人体湿气增加跟阴废增加有很大的关系。阴废增加，则脾气虚，不能够化湿，脾的功能减弱，人就出现湿毒。有湿毒的浊气表现为舌苔绿、恶心、不想吃饭、大便不成形等证候。

为了防止湿毒，我们就要学会化湿。尤其是三伏天，外边下雨，屋里边也是湿漉漉的，那我们很容易脾不好。因为你的脾被湿气裹住了，这叫做“脾被湿困”。湿气把你的脾给包起来了，不能很好地发挥功能。那么，这就需要我们健脾了。除了去医院，除了吃医生给我们开的健脾的药，我们自己也要吃一些健脾的东西。比如，豆子最养脾，各种各样的豆子熬成的粥，最养我们的脾；还有，你可以用党参、白术炖肉，又好吃又健脾利湿。而如果是排夏天湿气重引起的湿毒，藿香正气水、藿香正气丸都是非常不错的，它们都是芳香醒脾的东西。

痰毒，另外的一种毒就是痰毒、痰浊。正常人的痰，早晨起来一两口就完了，可是有的人不停地吐痰，没完没了，这说明就有痰毒了。痰从哪里来？一个是饮食来的，一个就是肺不好。那就要看看是不是肺有什么毛病，比如慢性气管炎、肺结核。如果有，你就得解决这个问题了，治这些病要看医生的。那么，除了药物治疗疾病，我们饮食上自己要注意什么呢？痰多的人有两种，一种是肺上没有病的，而是饮食不当导致的，这时我们就不妨吃些化痰的食物，其中萝卜是最好的。我有一个朋友，有一天，家里来了客人，很高兴，就去买了猪肉大葱，煮了一大锅猪肉大葱馅的饺子，吃了好几顿。等客人走了，他感觉痰变得很多。于是，我建议他就买个生萝卜放点香醋凉拌着吃，吃了三天，一个生萝卜吃完了，结果就好了，痰没有了。除了萝卜，化痰的食物还有很多，比如冬瓜性凉，味甘淡，清热消痰；无花果性平，味甘，清肺热；紫菜性味甘咸而寒，能软坚清热；罗汉果清肺、化痰、止咳；青菜性味甘平，解热除烦，通利肠胃。如果有人因为气管不好，生了痰，那喝二陈汤最好。二陈汤是四样药：茯苓、法半夏、陈皮、甘草。你可以经常去药店里边去买些来，一副药茯苓、法半夏、陈皮各 10 克，甘草 6 克，用水煮了喝，喝上 10 天，痰就没了。

脂毒，再有一种毒就是脂毒。我们很多人有脂肪肝，虽然年纪轻轻，但肚皮就已经大大的，挺着大肚子，这是因为脂肪太多了。我曾经去看了一个急性阑尾炎手术。病人的肚皮一划开，脂肪多得不得了。所以，一个中年人，很少运动还大口吃肉、大口喝酒，怎么能够不长油呢？喝酒、吃肉、吃油炸食品，肝细胞就会被脂肪给占据了，肝能够正常工作吗？所以，我们要清除脂毒，首先就要降血脂。降血脂的食物很多，在饮食养生里边，我将会告诉大家。

淤毒，另外，就是淤毒，它通常藏在我们的血液里边，而且大多是从中年开始出现的。我行医数十载年，看了上万人的脉，大部分人 40 岁以后脉就变了，跟二三十岁的脉就没法比了。四十几岁的人的血管里边就开始有淤积了。我们现在很多老年人，血管已经堵得很厉害了，可是还在随便吃不该吃的东西，这是很危险的。

气毒，还有一种毒叫气毒，气毒是在我们的肺里边的。为了防止气毒，我们每天早上起来，最好做做深呼吸，把肺里边的毒、浊气呼出去，让我们人体里边保持清新的空气，这对我们生命健康是非常重要的。

综上所述，这些就是我们在太极生命钟里边得到的其中一条重要启示，就是一生当中都要不断地保护阳气抑制阴气的侵袭，清除我们体内的阴废的垃圾。

四、防止衰老就是要抗阴保阳

依据太极生命钟的规律，阳气是随着人身体的成熟逐渐地增加。人从年轻一直到中年，阳气是增加的过程，阴气比较弱。到了中年以后，阴气就开始增加了，这叫做“阴长阳消”。《易经》所揭示的这条规律告诉我们，中老年人一定要注意阴气的增长这个问题。就是说我们要对抗阴气，排除阴气。

五、人到中年就该开始抗衰老

衰老是大自然的必然规律，任何生命都逃脱不了死亡。《易经》的哲理也告诉我们，养生的本质其实就是顺应自然的规律，不要违背自然的规律。所以，我们如果懂得自然规律的奥妙，学会怎样养生，那么，我们必定可以延长寿命，推迟衰老的到来。

按照太极生命钟的原理，人生就好似一个太极钟，是一个阴阳消长的过程，衰老应该开始于阳极期，因为阳极一阴生，盛极则衰，所以人到了一生中的阳极的时候就开始向衰老发展了，但也只是开始。因为按照太极生命钟的原理，人 80 岁处于阳极，所以人应该 80 岁才开始衰老。然而，现代人许多才 30 多岁就出现了衰老的迹象，这是养生不好的缘故。

既然衰老开始于阳极期，那么只要延缓阳极期的到来，就有可能推迟衰老的来临。所以，我们要在阳极期还没到来之前就作好抗击衰老的准备，而人的中年时期就是这样的时期。根据太极生命钟，衰老是起于中年，就是说在阳气最盛的时候，开始长阴了，阳极一阴生。虽然这个时候你阴开始长了，但是你要让它长得慢一点，长得晚一点，这就是抗衰老。

中年是人一生当中养阳气很重要的阶段。因为中年人在工作、家庭上，生理、心理上的负荷都很重。所以，中年人特别要保护自己的阳气，不要过度地耗损。

中年人抗衰老的第一条要旨是要养神，主要是心神。因为我们知道，中年人家里家外都是顶梁柱，他的生理负荷也很重，工作的担子也很重，无形地就增加了心脏的负荷。正是心受到了双重大山的高压，所以中年人经常发生猝死。那么，中年人怎样养神，怎样抗击心理高压呢？这在“七情养生”这部分中我们会讲到。

老年最重要的是骨骼的保养

老年人养生的重点在于关注形体。形体是什么呢？就是我们的五脏、我们的皮肤、肌肉、骨骼等。这些身体器官到了老年都开始慢慢地出现了衰退。人到老年，腰也弯了，膝盖也不行了，甚至有时候觉得骨头都不能支撑身体了；走路也不稳了，耳朵也听不清了，眼睛也看不清了，五脏六腑的机能也老化了，皮肤也起皱了。正是因为这样，老年人更要加倍地爱护我们的形体。

但是，有些老人在爱护身体时走入了一些误区。比如，很多退休的老年人，以前上班的时候没时间锻炼，现在整天在家，于是就一天到晚地锻炼。早上起来就出去走，吃过午饭也出去走，吃过晚饭还出去走。结果，不但没起到强身健体的作用，膝关节却累坏了，五脏也更加疲劳了。这是因为老年人的身体已经处于退化阶段，所以，这时运动只能适度，应该保养五脏，不要让它们再增加负荷。因此，我们必须要保持科学的运动，不是说你运动得越多、消耗得越多越好。

骨骼是支撑我们整个人体的骨架。如果骨架出了问题，则肌肉、皮肤都支撑不住，所以我们尤其要注重骨骼的保养。

谈到骨头的保养，晒太阳当然是第一条。另外，我们要多吃补钙的东西。食补是最好的保养骨头的方式。豆制品是补钙的第一名，豆浆、豆腐都补钙；此外，牛奶、鸡蛋补钙的效果也很好，还有虾皮、海带、贝类，还有栗子等坚果类。

还有，老年人的很多结缔组织、胶原组织容易发生疾病。胶原组织、结缔组织和韧带有很大关系，我们很多人得的病，就是肌肉与骨头之间的。这些筋道发生病变了，支撑不住了，所以出现了疼痛的症状，轻者走路困难，重者卧床不起。要预防这些疾病的发生，我们就该多吃点含结缔组织、胶原组织的东西。也就是说我们吃肉，不要专挑瘦的吃，吃肉时吃得越杂越好，筋、脆骨都可以吃。这样可以保养你全身的各个部分。所以，最好的是连骨带皮带肉带筋，炖一锅出来吃，那就什么都补了，比如说羊杂汤就很好。

六、保养人体真阳的三个要领

保养阳气，就是保养生命。阴气的到来虽然不可阻挡，但如果我们懂得正确的养生方法，就可以最大限度地留住阳气，延长寿命。

阳气对于生命而言是这么的重要，但是阴气的到来也是不可抗拒的。对于生命的盛衰我们真的无能为力吗？有什么办法可以保养真阳，对抗阴毒，延缓衰老呢？

我们有三个要领。第一个要领就是说，我们要和天时相应，从冬天到春天，阳气就开始生发，从春天到夏天，阳气是最多的时候，这叫做阳长阴消；相对应的，我们春夏就应该养阳。养阳要和这个四时阴阳消长规律相结合，从根本上就是说要借助天之阳气，养我们人之阳气，如此便可以对人的健康起到事半功倍的作用。

那么，怎样养这个天之阳气呢？最重要的就是晒太阳。我们人体的阳气，和天上的阳气是息息相通的，太阳是自然界阳气的来源。晒太阳，这应该说是不花一分钱的，是最简单的道理了。这正是用《易经》最深奥的道理，转化成了我们最简单的养生方法。

我们要晒太阳，但是还要会晒太阳，那么怎么样晒太阳才是正确的呢？当一轮金色的太阳，正在东方徐徐升起的时候，我们就出来，抬起胳膊，用两个手的劳宫穴面对着太阳，做深呼吸，这样可以养我们的心和肺。

第二个时间就是在中午，尤其是冬天的中午，这时是晒太阳最宝贵的时间。在晒太阳的时候，我们要把帽子脱掉，这样我们沐浴阳光的时候，头顶的百会穴就把阳气吸进去了，这样可以养脑。我们还可以转过身，低头，让太阳从风池穴进来，可以直接进入我们的人体，阳气可以贯通我们的督脉。傍晚，我们吃过晚饭后，也可以出去外面，让晚霞的余晖再照耀我们一次。这时，我们一边晒太阳，一边用我们的手，手握半拳，叩击我们的肾。肚脐眼正对着后背的地方，是命门，它是生命的火种储藏的地方。我们先天的阳气就藏在这里面，在它两旁差不多一拳，就是我们的肾俞。我们叩击命门再加上两个肾俞，再加上晒太阳，那么可以在肾经值班的时候，把太阳的最后一点阳气吸收到我们的肾里面。我们借助上天的阳光，来补充我们日渐减少的阳气，这是保养阳气的第一条方法。

《易经》告诉我们一天内有阴阳消长之说，这也可以引入我们的养生之中。合理顺应大自然阴阳的消长，为我们人体所用，可以说是事半功倍。我们怎么运用这阴阳消长理论养生呢？

一天之中，早上的时候，太阳出来了。当太阳在上午逐渐升高的时候，自然界的阴阳是阳长阴消的，是阳气逐渐增多的时候。那我们在这个时候就要以动养为主，多运动。为什么呢？《易经》讲“动则生阳”，特别是阳气虚的人，在这个时候养阳，要比其他时间的效果倍增很多。同样，下午到傍晚这个时间，太阳慢慢下降，此时自然界的阴气是逐渐增加，阳气逐渐减少，那么我们就应该利用天时，进行静养。“静则生阴”，特别是阴虚的人，此时养阴是最佳时刻。这就说，凡是我们的养生方法，如果能够顺应大自然，那么就会事半功倍。

西医告诉我们上午剧烈运动会造成心脑血管病，其实按照中医来讲，心脑血管病是中午才容易发作。现在有很多人说中医养生不合理，不科学，其实恰恰相反，她的内涵很科学，很宝贵。她是和大自然的规律相结合的，通过大自然的阴阳来调整我们身体的阴阳。

保养阳气还要求我们学会吃，怎么样吃保养阳气的食物，怎么样调整寒热，这部分的具体内容我会在饮食养生中详细地进行讲解。

保养阳气还有重要的一个方面是要调整我们的心态。人的心态分为七情：喜、怒、忧、思、悲、惊、恐，分别对应着我们的心、肝、脾、肺、肾。七情也分阴阳，因为喜是属于阳，悲是属于阴的，所以我们每天要是快乐、高兴，快快乐乐地生活，我们阳气就充分。因为喜是属于阳的，我们欢喜了，七情就给我们生阳；悲是属于阴的，我们悲伤、抑郁，它就会损伤我们的阳。所以，我们每天要快乐地生活，心态要快乐，它就会给我们从七情里面沾染阳气。

七、一生当中都要保养好我们的阳气

根据《易经》的阴阳理论，我们受到启发，阳气才是生命的动力和源泉。我们要想永葆健康，必须坚持不懈地保养与延长我们的阳气，以对抗阴气的生长，从而使阳气始终处于旺盛的状态。

太极生命钟的三个重要启示的第一条是，我们一生当中都要保护好我们的阳气。如果没有保护好，我们就会出现阳虚。

“气为阳之始，阳为气之末。”气是阳气的间断性的划分。如果你不保养好人体之气，也就是气虚，它就损害我们的阳，就会发生阳虚，所以阳虚最大的表现就是气虚。气虚是什么呢？气弱、脉弱、怕冷、身体发凉，有了这些症状，就证明你出现阳虚了。

气虚最常出现的是中气虚，也就是脾气虚。脾气虚的表现是不想吃东西，吃下去不消化。中医上叫做“食少腹胀”，这是脾气虚的特点。如果还不注意，发展下去就会出现脾阳虚。发生脾阳虚，就会腹冷便溏，肚子发冷，拉肚子。所以我们看到人小的时候，可以不穿衣服，但是，家长都拿个小红兜肚给带上，这是因为要保护脾胃不受寒。否则，将来长大了，就可能会容易脾阳虚。

阳虚还有心阳虚。心阳虚的表现就是胸部发凉，心脏部位发凉、怕冷，而且稍微劳累一点就心慌，脸色不好、气短。

肝阳虚的表现为生活萎靡不振，没有生机。中医讲，肝气是主生发的，肝气旺的人比较有生气。中医的肝和西医的肝不是划等号的，中医讲的“肝”是一种肝气。

还有肺阳虚。肺阳虚表现为肺部的阳气虚，肺部的阳气虚最大的特点就是气喘，所以动一点就气喘、气短，甚至咳嗽。

肾阳虚最典型的症状就是神疲乏力，最明显的是面色发暗，没有精神，没有生气，另外，会伴有腰以下发凉的感觉。腰部是藏肾的地方，肾阳虚了，火种减小了，火力减弱了，所以腰以下发凉。腰以下发凉最典型的一个症状是小便多，夜尿尤其多。

阳虚会导致我们健康中的多种疾病。所以，在我们这一生当中，你都要保养好五脏的阳气。如果你出现了上边的这些症状，一定要早治疗，不要让气虚发展到阳虚。

八、保养五脏之气最重要的三大纪律

我告诫大家，在我们一生当中，我们都要保护好自己的气。一定不要随便地耗伤五脏之气。这其中有三点是最重要的。

（一）避寒就温，避免过劳

首要的一点就是，不要一味地受寒，也不要过度地劳累。当然，如果工作紧张也没有办法，但一定要调节，在劳累以后要补回来。保护我们身体的气，就是必须要保护阳气。怎么保护阳气呢？首先就是不能受寒，寒伤阳这是肯定的；另外就是要保护我们的精，尤其是我们的肾精，因为肾精是我们的气的根，所以首要的是不能让我们的腰受凉。

（二）荤素搭配，摄入优质动物蛋白

我们强调饮食要荤素搭配，要注意动物蛋白的摄取。如果你只吃素不吃荤，肯定脏腑之气不够，过不了几天，可能气就虚了。荤素搭配要吃优质的动物蛋白，这是肯定能补气的。还有要吃一些高能量的东西，就是粮食，像米和面之类的。不能因为减肥之类的原因只吃素，有的人甚至只吃素菜不吃饭，这样下来对我们自身五脏之气的保养是非常不利的。

（三）充足的睡眠是气血恢复的最好方法

历史上有一个人叫做陈抟，他被称为睡仙，就是睡觉的神仙。他特点就是睡，他可以不吃不喝，但是他必须得睡觉，睡醒以后，面色红润，精神饱满。虽然这只是个故事，但也给我们一个提示，就是睡眠的重要意义。曾经有科学家做过试验，把两只健康的小耗子分开，一只小耗子，只给它吃不让它睡；另一只小耗子，只让它睡不给它吃。结果给它吃的不让它睡的那只死掉了，不给它吃让它睡的还能活着。

这也说明了睡眠对我们人体养气是非常重要的。有的时候我们觉得气不够了，觉得特别累了，这时就要好好地睡一觉，饱饱地睡一觉，起来以后，你的气就自然而然恢复了。

九、我们人体充满了宝贝——保养元气的吞津功

中医上讲，舌头下面的液体是肾液分泌的，吞下去可以养肾、助消化、抗癌、增加抵抗力，还可以长寿。

《易经》一书中告诉我们很多古人的养生方法，这些都凝聚着我们祖先几千年来的养生智慧。其中，最简便且最有用的当属吞津功。吞津是什么意思呢？前面我们讲了吞气，《黄帝内经》早有记载，它说："天地和气，命之曰人。"意思即为人是受天地之气来养生的。吞津也是一种养气的方法。那么吞津法怎么练呢？《黄帝内经》告诉我们，有肾病或肾亏的人，就可以静心呼吸，然后用舌头搅拌舌下的唾液，并徐徐下咽，这就是吞津法，中医上也叫做"饵舌"。吞下舌头下边的津液，每天数十次，就可以养生长寿。很多人感觉奇怪，这可是唾液啊？吞下又有什么用呢？但中医上讲，舌头下面的液体是肾液分泌的，吞下去可以养肾、助消化、抗癌、增加抵抗力，还可以长寿。

所以我们人体充满了宝贝，普普通通的唾液竟然也是宝。我们很多人在锻炼的时候，把唾液一口一口地吐掉了，这就很可惜。所以，以后我们在锻炼的时候，可以随时搅拌我们舌下的唾液，把它咽下去。

这种养生方法在古书上是有记载的，有这么一个故事，说有个闺阁小姐生病

了，越来越瘦。她的老父亲很着急，就把老中医请来。老中医来看了一下，发现门后有一大堆瓜子壳。就问小丫鬟说："小姐是不是爱嗑瓜子?"丫鬟说："对啊，一天要嗑一大碗。"老中医说："肯定是用嘴嗑的吧!"丫鬟点头称是。于是老中医告诉她父亲说小姐的病根就在这瓜子上，就是因为她的唾液随着瓜子壳都被吐出去了。老中医告诉丫鬟把这些瓜子壳通通地收集起来熬成水，让她小姐一天喝一点，几天以后就好了。

瓜子是很好的食品。向日葵是天阳的骄子，太阳转到哪儿它跟到哪儿，它吸收太阳的精气最多。我们看南瓜、石榴、柿子等，凡是向阳的东西、高处能够得到阳光的东西，都补阳气。瓜子是很好的补阳的食品，但是你不要老用嘴嗑，用手剥最好。

吞津法在有些时候还是救命的方法。比如说有一个人，他掉到一个枯井里面去，他就想起古书上这个吞津的记载，于是就举起双手，让天之阳气从百会穴进来。然后就用舌头搅拌舌下的唾液，让口中充满津液，然后徐徐地咽下。做了这个吞津功以后，阳气就耗散得慢，几天以后人们把他救回来，虽然人瘦得如枯柴，但大脑还清醒着。所以我们在必要的时候，可以用这个办法挽救我们的生命。

现在的上班族身心压力大，头痛脑热、腰酸背疼成了常事。北京中医药大学东直门医院针灸科白鹏博士建议大家，不妨学学清代的长寿皇帝乾隆的保健方法——"耳常弹"。在工作间隙，或上下班途中，将耳朵揉一揉、拉一拉，每天只需花几分钟，不仅可使身体的不适症状减轻或消失，还能使人神清气爽、精神振奋、疲劳消除。

首先是摩擦耳郭。以掌心前后摩擦耳郭正反面10余次，这样可以对全身起到保健作用，能疏通经络、振奋脏腑。然后，用拇、食指上下摩擦耳轮部10余次，别看方法简单，对于缓解上班族常见的颈、肩、腰、腿痛，以及头痛、头晕很有效果。

摩擦完毕，该上下提拉耳朵了。用拇指、食指先向上提拉耳顶端10余次，此法对情绪急躁或身有病痛的人有镇静、止痛、退热、清脑的功效，再用拇指、食指夹捏耳垂部向下再向外揪拉，并摩擦耳垂10余次，可防治头晕、眼花、近视、耳鸣、痤疮、黄褐斑等症，是美容要法。

最后，再对全耳进行一次"总动员"：用食指指腹自耳部三角窝开始摩擦耳甲艇、耳甲腔各10余次，使之发热，这一手法对内脏有很好的保健作用。

另外，还可以通过对具体部位的按摩，有针对性地预防某些疾病。

如以拇指、食指揉捏耳屏，使它有胀痛感，可防头痛、头晕、失眠等脑血管、脑神经病证；以食指指腹按摩耳前根部，可防治感冒、鼻炎、咽炎、心慌、头痛、头昏等；以食指指腹摩擦耳背沟使之生热，可降血压、清脑、明目；以中指插入耳孔，指腹向前按压摩擦生热，可防治咽炎、鼻炎、感冒等。

十、用"推腹法"治疗常见慢性疾患

推腹，顾名思义就是推肚子，用手指、手掌、拳头皆可，由心窝向下推到小腹。

详述一下推腹的方法：先从心口窝向下推，然后从肋骨两侧向前下方推，碰到硬结就仔细按揉。人体腹部有九条主要经络，这样推可谓一举多得。推腹的时候要使腹肌放松，呼吸放松，不能自己跟自己较劲，憋得脸红脖子粗的，就不对了。一切慢性疾患都可以在腹部找到相应的阻滞点。也就是说，一切慢性病都可以在腹部找到其对应的蛛丝马迹，由此，当慢性病老是不愈，但又不知病因何在、如何治疗的时候，那你就去寻找这个腹部的阻滞点（也许是一个硬块，也许是一个痛点，也许是一个"水槽"，也许是一个"气团"）吧，只要把它推开揉散，就会发现你的慢性病也随之消失了。如果你没有发现自己有什么慢性病，但推腹时却在某个部位发现有阻滞点，那一定要赶紧将它推散揉开，因为那将来必是个隐患。每天早上起床时要推一次，晚上临睡前推一次，平常无聊时也可推推。有人一推就会打嗝放屁，那是清气上升、浊气下降，效果最好；有人则会腹中水声咕咕，这是在推动腹中沉积多日的浊水，这种湿浊如果不及早排出，循经上头则头痛眩晕，滞塞毛孔则发皮炎湿疹，遇肝火则化痰，逢脾虚则腹泻，遗患无穷，必须及早清除。"胃不和则寝不安"，是说肚子不舒服就别想睡踏实觉。有人长期睡眠不好，或眠浅易醒，或辗转难眠，或噩梦不断，只能靠安定来麻醉神经，真是痛苦不堪。这种情况赶紧推推肚子，会很容易找到阻滞点，然后细心将它推散揉开，坚持下去，就可以告别漫漫长夜忧愁枕，一觉睡过日三竿了。

为什么把"推腹法"说成是最简单、最有效的健康法？那是因为它就好比是身体之家里的一把大扫帚，你每天用它来扫一扫，身体里哪儿还会有那么多的垃圾呢？没了垃圾，那些可恶的小病小灾还会来吗？

治病无非就是两点：一是治什么，二是怎么治。治什么也就是病因，怎么治就是治疗的步骤。人世间的疾病千奇百怪，常见病就有几百种，而真正能说清病因的疾病却寥寥无几。怎么办呢？中医里有一句精华叫"治病但求其本"。只要找到了产生疾病的本源，那么不管它如何变化多端，如何纷繁复杂，皆是万变不离其宗，尽在掌控之中。

那么我们要治什么呢？其实，我们要治的不是外来之物，而是内生之物。**内生之物就是"三浊"——浊气、浊水、宿便。**

如何排"三浊"？为什么我要把"推腹法"说成是最简单、最有效的健康法？那是因为它就好比是身体之家里的一把大扫帚，你每天用它来扫一扫，身体里哪儿还会有那么多的垃圾呢？没了垃圾，那些可恶的小病小灾还会来吗？具体应该怎么做呢？

对于浊气来说，放屁是最好的对策。

有人每天都放屁，可放的是小屁、蔫屁、臭屁，放的是肠胃产生的浊气，也就是食物发酵的产物，是脾胃有食积不化、消化不良，需要吃些助消化的药物，如加味保和丸、香砂枳术丸等。

还有一种响而不臭的屁，放出后心里很痛快，这放的是肝胆的浊气。肝胆的浊气多是由情志不舒造成的，但是肝胆与外界并无通道，需借肠胃之路得以宣泄。每天能放些这样的屁对缓解心理压力帮助巨大。有人长期不知放屁为何事，那是很危险的。生于斯世，谁又能日日舒心、无怨无悔，故必会有些郁结之气。我们不能保证不生气，但是我们要力争能放气。因为气滞必血瘀，血瘀的地方多了，必然会表现出各种症状，也就是西医所说的各种病，如肝胆病、肾脏病、高血压、心脏病、月经病及肿瘤等，中医言百病从气生，正是此意。

提到排浊气、浊水，不得不再提提“推腹法”。

推腹时发现有的人肚子鼓鼓的，按下去不痛，但是像个皮球，这怎么办呢？必须先放气。放气的方法很多，“萝卜能通气”、“吃豆爱放屁”，这类民间疗法都很好用。也可敲打胃经，针刺中脘、气海、足三里等穴。爱出现这种症状的，多是有事儿总闷在心里的人，这种人肠胃时常会出现问题，或痛，或胀，或腹泻，他的痛点在较深层的地方。

有的人肚子痛点很多，能用“推腹法”推开的多是暂时的气结，还有用此法推不开的，通常这是气滞时间很长，已经有瘀血阻滞其中了。这时可查看痛点压在哪条经的通路上，只要敲打和按摩大腿上这条经的穴位，就可帮助打通瘀滞。在敲打和按摩时也可同时在腹上痛点针刺或拔罐。

还有的人肚子软软的，按压哪里都不痛，但是仍然会觉得腹中闷胀不舒，这通常是中气不足、气血过少造成的，必须先补足中气，或吃些如补中益气之类的成药，人参、黄芪类的草药都可有效。还有人胸窝下用手一推咕咕有水声，开始时水声很小，推的地方还有些痛，这是“浊气裹水”；越推水声越大，打了几个嗝或放了屁以后，整个肚子就成了水声一片，这是把死水给推活了，很快就可以从膀胱排出了。这种浊水你不将它排出，它可以长期停在胃肠之间影响脏腑的正常运行。为什么有些人不爱喝水呢？是因为本来就有水堵在胃肠之间下不去，如再要按西医的倡导每天喝几千毫升的水来排毒，那就先水中毒了。所以喝水能排毒也可中毒，还是要因人而异的好。

还有宿便，为何没放在前面说，一是因为大家一直认为排毒就是排大便，所以很重视，各种常识性的文章也解说得甚为详尽；二是排大便相对于排浊气、浊水来讲容易一些，只要吃些纤维性较高的食物，气血虚弱的再补些气血，使其推动有力而不是强排硬通，不是一个很难解决的问题。

现在大家一说排毒，往往指的就是排大便，似乎肠一清我们便体内无毒了。其实，排大便只是把体内最浅层的毒素排出，深层的血液之毒必须从尿液才可排出。有的人 10 天不大便也无生命之虞，但是只要 3 天无小便那就必有性命之忧了。

有的人每天喝的水很多，而排出的尿却很少，这样血中的毒素就不可能被冲刷带走。那么，喝的水都跑哪去了？除了有爱出汗的人从毛孔而解，大多数是滞留在胃肠间，形成积液了。这种积液就是中医所说的湿毒。它若流注到四肢便为水肿，堵塞于毛孔便为疹癣，遇风寒化作痰饮，逢血瘀形成积块，积于胃脘则呕恶，上行于头目则眩晕……诸症纷然，皆因湿浊而起，所以及早清除湿浊甚为切要。但为何积液会停于胃脘而不下行呢？最初的原因是有浊气阻滞在水流的通道上了，这就像我们有时候楼房内的暖气管不热，水不流通循环，此时只要把通气阀打开放放气，水流马上就会重新循环起来。所以我们必须要把体内的浊气随时放出来才行呀！人体排泄浊气的方式主要是两个——放屁和打嗝，一定要注意检查你的“排气阀”，看看是不是已经生锈很久了。谈到按揉的问题，对身体益处多多的推腹法：每天睡觉之前平躺着，放松自己，从心窝下用十个手指肚，推到肚脐眼以下。但是注意，这并不是只推中间一条线，还要推推两侧。中间是任脉，旁边开一点 0.5 寸是肾经，然后在旁边开 2 寸是胃经，再旁边是脾经，然后两边是肝胆经。两边是往中间揉，是调和肝胆经的。这样子，每天晚上睡觉之前推大约 3 分钟，12 条经络都得到了锻炼，比转圈可是又简便又实用。

“一切慢性病都可以从推腹开始”，还记得这句话吗？它成了很多慢性病康复的领航灯，消化道、心血管、生殖器、泌尿系统……无论您患有什么病，从推腹法开始，只要在腹部这一亩三分田的地方，耐心耕耘，总会有所回报。您会问，这不成了包治百了病吗，太玄了吧？

一点也不玄，首先要看我们为何得病？俗话说“百病从气生，百病从郁起”，回想一下现在的生活……多少事情事与愿违，您就像上了弦的发条，整天被许多不得不做的事情赶着、追着，推着，太多场合要口是心非地面对……种种矛盾情绪都被您控制着、压抑着，难以及时宣泄，整天在各种的压力下度过，如此怎能不肝气郁结，心肾暗耗，脾胃皆损呢？这些都是现代人的时髦体质，再加上饮食不节，起居无度，从而“三浊两害泛滥”，经络阻塞，百病从生。就拿肝气郁结来说，你可保证不了自己从来没有怒气、怨气、闷气、抑郁之气，这些浊气使肝受伤，工作能力下降，时间一久肝的很多浊气毒素会聚集在胸肋，这就是所谓“肝胆有邪，其积在胁”，你自己检查一下自己那个部位有无赘肉或压痛的地方，就能知道自己的肝胆毒素聚集的情况。这些东西导致两侧胸胁闷胀，呼吸不畅；肝胆工作不好，直接影响脾胃气血的供应。脾胃缺乏气血，不但后天能源的吸收乏力，而且同时也会导致脾胃自身防御能力下降，无法对抗外界细菌和不良成分的刺激，胃炎、胃溃疡、十二指肠溃疡等等各种消化道疾病就出来了。而平日治疗，只会针对胃肠的外敌，抗酸啊，杀菌啊，增加胃动力啊……却缺乏对肝气郁结对这个病源的治理。脾胃疾病仅仅只是冰山一角，由此引发的后天气血危机才是颗重型炸弹，在先天脏腑功能就不很平衡的身体内，它们专门轰炸虚弱的脏腑，把它们渐渐拉垮，于是各种病就出现了。从此您也可以看出，肝气舒畅、脾胃健康才是养生第一要诀。

推腹法就是通过简单的手法，帮你清扫经络垃圾，从而达到舒肝理气、开胃健脾、补肾养心的目的，这简直就是不用钱的十全大补丸嘛。

这样好啊，那我们赶紧开始推吧！别急，有些准备功课需要您做。让我们先了解下腹部这几条重要的经络。请仔细观察下腹部的经络图：从过脐的中线往外两侧对称，分别有任脉——主全身之阴，肾经——主先天之本的，胃、脾——主后天之本，还有主生杀决断的肝、胆经，五脏之经络无不汇集于此。其上调节脏腑机能的孔穴、募穴、交会穴，各种枢纽星罗棋布。例如任脉上的关元穴，您大可理解成关于元气阳气的穴位，与肾经相通。中极穴，是脾经营气的中转站，曲骨穴是肝血运输枢纽。这三个穴位是管理生殖系统的要穴。提到这些例子，只是为了说明腹部的重要性，并不是要您去背那些穴位名称及功能，推腹前先对这些经络走行及其管辖区域有所了解，对今后的治疗康复会有很大帮助。做完功课，我们可以开始推了。

最好是躺在床上，先用双手握拳（用掌跟也可以），从心窝下腹部正中的任脉开始往下推，然后是沿着胃经、脾经、胆经等等经络区域，依次推，在推的过程中力度要适中，并同时感觉腹部有无异样，如此循环往复推 10～20 个轮回，期间可能会感觉到腹部表皮某个区域疼痛，或酸，或麻，或有水声，这些表浅的问题很快就暴露出来，并随着推渐渐的发散，移动，前进，最后消失。

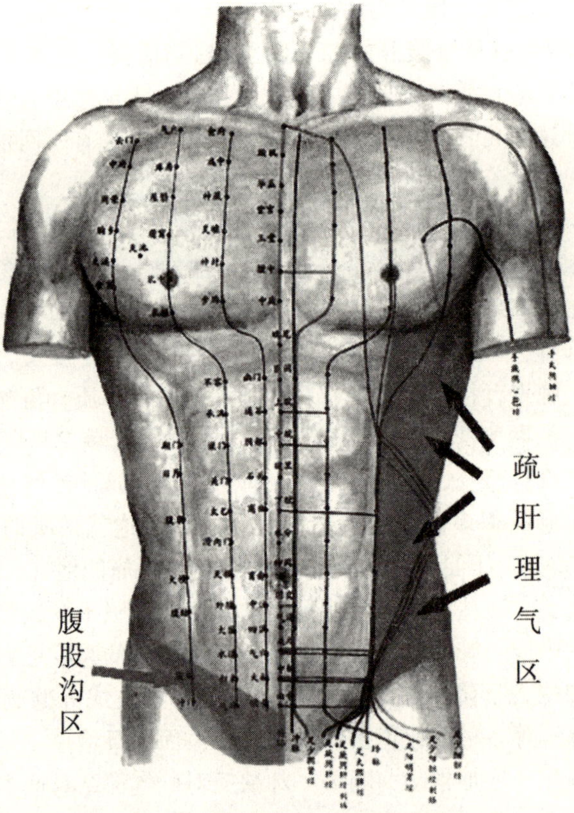

腹部经络图：首轮推腹完成后，我们再用拇指沿着几条经络一路点压下去，力度稍微比推时候大，手指一路边压边揉，这样可以发现更多细微的硬块、结节、气团、痛点……由于力度大，往往可以发现许多更深层次的问题。并通过点揉，把深部的毒素表到浅表来，通过集中优势兵力去进攻，把阻滞点揉开，散掉。比如用手指、掌根甚至按摩棒，刺激阻滞点，不过别太大，以免伤到内脏。也可用类似捏脊的手法一样，捏起皮肤向下推，也可以提拉皮肤和肌肉向外拽，拨动……许多您想得到的方法，刺激敏感地区，以帮助粘连和异常的组织分离，从而恢复经络的通畅。在点揉过程中，很可能出现钱眼般的瘀血点或青紫，不用怕，那些都是陈旧的瘀血被您翻了出来，从此不再阻塞经络了。

就这样简单，好学吧？推的时候，不必仅拘泥于腹部，整个前半身都可以成为您推的目标，大家这就在自己身上开始实践吧。

还是弄不明白？那就拿我自己的体会来具体讲讲吧。

脾气不好，经常抑郁，生闷气。从而总是两肋区闷胀，吃点东西就堵，老觉得呼吸费劲，喜欢大喘气。胃常串气，胀痛，属于慢性胃炎范围。吃过很多胃药都没好，有次体检做 B 超检查，那个检查探头轻压腹部，我感觉到处刺痛，医生说我痛觉过敏，因为体检一切正常，没病。这种刺痛的现象，在第一次推腹治疗时又出现了，用十个手指轻轻一压，顿时始觉得刺痛感到处都是，十分混乱，平日不碰一点感觉都没有。这时才明白那是我的经络在拉警报，轻压表皮刺痛说明问题比较表浅，局部有瘀血。当冷静下来，对着经络图仔细分辨疼痛的路径，原来这些看来纷乱的痛点，几乎都规律地排列在胃经沿线，从锁骨到下腹，整个胃经都在疼。同时另外一条疼的路线是两边腋下的肝胆经走行。看来我的问题是主要肝气郁结加脾胃虚弱，于是针对这两条经开始了进一步治疗。重点按揉那些疼的区域，简直可以用自虐来形容。

治疗时，范围不仅仅限于腹部，而是整个前面的身体，多数会从脖子下正中线开始，沿经络走行挨着压揉所有的线路。习惯捏起皮肤向前赶着推任脉，特别是当胸闷时，从脖子下到心窝上的一段会很敏感，若再重点点压全身之气会膻中穴几分钟，加上心包经乳房边的痛点，没多久就可会听到胃里叽里咕噜地叫，胸闷多数会随之而解。顺经络推按过程中，在心窝和肋骨交界区，特别是脾胃经沿线会有几个非常疼的点，那里是慢性胃病的反射区。肚脐上下左右的几个区域，按压时多数会引起胃肠鸣叫，蠕动加快。肚脐上的水分穴是体内慢性炎症警报器，天枢穴是治疗消化不良和便秘的常用穴。遇到淤滞点时，通过重点点揉，掌跟按揉，使气结散开，结节软化，经常会听胃肠鸣叫，接着浊气随串气放屁而消。

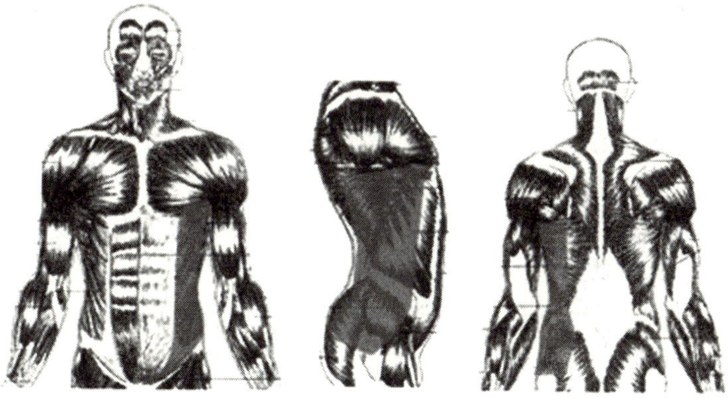

疏肝理气区示意图

对付胸肋闷胀的肝气郁结，经常采用疏肝理气的手法。这是跟一位很有经验的按摩师学的。先看清楚肝胆区的范围，然后从腋下开始到胯部，用手捏住整个侧面身体的肌肉和皮肤，提起来，同时用手指捻，感觉里面有无条索样的东西或是疼痛的敏感点。发现敏感位置后，用拇指重点拨揉那个地方，然后将整块皮肉拽起来向身体侧面揪拉，强刺激那些部位。重点刺激日月、期门、章门和京门、带脉几个要穴，治疗时候非常疼。头几次治疗后，表皮会过敏而痛不可触。以前因各种原因生过太多闷气，那些毒素都存在了腋下这些胆经走行的地方，那里的肉摸起来好像有许多网里面，还有结节筋一样的东西，可能就是所谓的橘皮组织，用手捏起来轻轻一抓，肉会很疼。每次用疏肝理气的手法，在肝胆经所过之处都很疼，然后胃肠串气，并伴随浊气释放。特别是在胃因胀气而串痛的时候，疗效最为立竿见影。若同时配合敲胆经和拨动胆经的阳陵泉，点肝经的太冲、曲泉穴，疏肝理气的效果更佳。

还有要重点治疗的就是下腹，特别是腹股沟会阴部那个区（大腿跟部与腹部交界的地方），这里是肝、脾、胃、肾经，冲脉等几条重要经络汇集的地方，这里若有条索样的变性，点揉拨动很疼，多表明相关经络功能不良，有泌尿及生殖器疾病的应特别重视这个区域的治疗。第一次治疗后，腹部皮肤疼痛过敏起来，不碰皮肤都疼，胃堵的情况减轻。等皮肤过敏减轻后，又进行了第二次，第三次……治疗，疼痛的经络从开始痛觉敏感，渐渐地慢慢减轻，直到治疗2周后，脾胃和任脉的区域怎么推按都没感觉了，仅仅留下肝胆经区域还有些隐隐刺痛。就这样老胃病在不知不觉中成了稀客，长期的腰部酸痛也好了，慢性腹泻好了，晚上睡眠也改善了……最重要的是心情舒畅的日子随着肝胆浊气的减少越来越多。

在操作过程中，很多朋友都担心对经络不熟悉，找不准穴位，其实，只要大概按着经络走行操作，根本不要去管痛的地方是哪，因为出问题的地方可能是经络上的某一段，也可能根本不在经络上，并不一定是特定穴位，每个人都有各自的问题区域，因此也没有专门针对的处方可开。等治疗完再去看图查对，目的是知道是哪条经的问题。然后配合治疗该经大腿或小腿甚至脚上的敏感穴位，能更快地消灭阻滞经络的顽固病灶。

在以后的保健推腹中，疏理肝气的方法是保留项目，特别是春天，肝胆气旺，经常做做可开胸顺气。推腹法的好处，许多朋友已经有了切身的体会，有的便秘好了，有的妇科炎症好了……很多很多，就不再罗嗦了。

许多朋友问，推腹法有药可以替代吗？当然有，不过再好的药物和营养补充品，若经络不畅，都不能很好地发挥效用！在我看来，这个方法就是逍遥丸，就是舒肝止痛丸、人参归脾丸、加味保和丸，六味地黄丸、阿胶补血冲剂，多少副名贵药物就在你这一推一揉之间!! 在补气养血的基础上，若可灵活变通运作，其中的奥妙绝非言语可以尽述。还等什么，赶紧去做吧，健康正在向您招手呢，记得把您的收获跟大家一起分享啊！

十一、取嚏法

《黄帝内经》上有一招去感冒，效果非常不错。感冒的时候有一个症状就是打喷嚏，这个喷嚏也是身体的语言。风寒侵袭你了，身体有一个回应，我打一个喷嚏，风寒就打出去了。这是自然的防御措施。现代人天天在空调屋里待着，抵抗力弱了，本来打两三个喷嚏，头上发点汗，风寒就出去了，但现在只能打一个喷嚏了，风寒不能完全排出去了。这时候怎么办？古人教我们一个方法，说你从路边拔两根狗尾巴草，它里面有一个芯，软硬合适，你就把它插到鼻孔当中去取嚏，一痒痒连打仨喷嚏，就把所有的风寒都赶出去了。

冬天我们找草不方便，我们可以找一张餐巾纸，两头捻成针形，直接插到鼻孔里取嚏。会了这个，你就不怕感冒了。

十二、消气法

我们知道了气留在身体里的坏处。怎么消气？

在人的脚上，专门有一个消气穴。你只要揉这个穴位，就能把气给消了。这个穴位在大脚趾和二脚趾之间，相当于手上虎口这个地方。

但是大家一定要记住，找到穴位的同时你一定要揉对了。穴位是一个洞，有深度，不在皮肤表面，揉穴位不是搓皮，最好把指甲剪平了，用拇指按下去，往下揉，并且要从根部到脚趾缝的方向揉。

十三、推腹法

很多人感觉到吵完架、生了气以后，不是头疼就是胃疼，不但胃疼还有点胀，这时候你用空拳头打打胃，这个气就消了。可见，无形的气是可以转变成有形的气再放出去的。人生的气最后大都转化成大便或者是屁排出来，所以大家今后一定要想方设法让自己多大便，多放屁。

有个更方便的方法就是推腹法，把十指从心窝往下推，推到肚脐眼以下。这一推，就推出了体内的三浊：浊气、浊水和宿便。

十四、跪膝法

有一个方法特别能减肥、美容，就是每天跪下来行走。在地板垫个软垫子，每天花 20 分钟在上面跪着走，两周就有效果。跪着走，首先是把气血引到腿上去，引到膝盖上去的。人老先老脚，因为气血不足，很多女士一到冬天脚就冰凉。膝盖就是一个轴，需要润滑油。什么是膝盖的润滑油？就是新鲜的血液，把血液引过去了，膝盖就不会磨损了。

跪膝走还能减肥。女士总抱怨赘肉都在大腿上，确实，这就是一堆废物，不是肌肉。这时候我们得把新的气血引过去，让它把垃圾吸收起来排出去，所以跪膝走能减大腿肥。

十五、颈椎不舒服 揉捏大臂下方可缓解

颈椎、肩膀不舒服，可以多按摩一下心经和小肠经。具体的位置在我们的胳膊肘下方，也就是大臂下方这块赘肉，许多女士称这里为“蝴蝶袖”。这块主要是两条重要的经络，内侧是心经，外面是小肠经。有的人之所以肩膀经常疼痛，就是后面的小肠经堵塞。我们做这个动作，就是把血移到后面去，这样颈椎病的问题得到缓解了。再者，这个动作刺激了心经，就改变了心脏供血不足的情况。手臂这块如果长了“蝴蝶袖”就表明你心脏有些虚弱，要及早预防。只要坚持这个动作，找到痛点，反复揉捏一下，揉到不痛了，肩膀的问题也就解决了。

十六、大道至简，跪膝有方

练跪膝法除了能减肥和防治膝盖痛、膝盖积水、膝盖骨刺、腰疼、脱发外，还能让身心有很多意想不到的收获。

人为什么会膝盖痛？膝盖为什么会磨损？积液和水肿是怎么来的？平白无故怎么会出现这些东西？膝盖是一个关节，如果我们老做下蹲折叠的动作，就跟轴承一样会产生磨损。而老年人气血没那么多了，供给膝盖的气血也少了，膝盖又总是磨损，所以特别需要气血这种润滑油，润滑油充足就没事，润滑油一少就会干磨，就会出现磨损的问题了。这时寒气再进来，在缺血的情况下再去练蹲起、爬山、走远路，膝盖只能更磨损了。这就是很多中老年人在锻炼后膝盖越来越疼的原因。

很多人说锻炼有好处，那得看是在什么情况下锻炼。如果是在膝盖已经磨损的情况下去锻炼，那只能是雪上加霜，越练越坏。膝阳关穴虽然可以很好地缓解疼痛，但怎么让它不疼痛才是最根本的。所以，治本的方法就是让它一开始就不磨损，一开始就让新鲜血液润泽过来。而让血液过来的最好方法就是跪膝法，跪着走。这么一跪您就会发现气血轻而易举地跑到膝盖上来了，而且在跪着走时，会发觉腰也在扭动，肾也跟着补了。跪着走两三周后，您还会突然发现原来老掉头发的现象消失了。

另一方面，中医称膝为筋之府，膝就是筋的房子。而肝又主筋，所以跪膝法又是大补肝脏的方法，相当于每天喝几支杞菊地黄丸口服液，还不花一分钱，更不分什么体质，效果还如此好。

有人说："我跪不了，我去照片子了，医生说我这里有好多骨刺，这一跪肯定骨刺就扎着我，给我扎破了怎么办？扎一个窟窿就麻烦了。"这是大家对骨刺的一种误解。骨刺是人体的一种自然现象，每个人到一定年龄都会有骨刺。骨刺本身不会让人产生疼痛，疼痛是因为骨刺旁边的瘀血压迫神经造成的。把瘀血驱散，膝盖自然就不疼了。但去照片子，却发现骨刺一根没少，还都在那儿立着呢。

现在市场上有很多这个"刺灵"那个"消刺"的药，其实它们消不了骨刺，只能把骨刺旁边的瘀血给化掉。所以说骨刺消不消没关系，并不妨碍我们去锻炼。所以，练跪膝法一点都不会对我们的身体有什么影响。

有人说："我膝盖已经有点儿积水了，破损比较严重，这个时候怎么办？"这个时候您要先推腿下边的脾经，先除湿，再揉膝阳关穴，往下疏导，然后再跪膝，把气血引过来，这样做就没问题了。

有人说："我这一跪还是有点儿痛，我有些担心。"那您就把沙发靠垫或别的软东西垫在膝下，先跪着别走，等跪两三天适应了，把垫拿走，再跪在床上，然后过两天再跪行。这个方法我曾给一个 80 多岁的邻居老先生试过，他本来不能下蹲、不能正常上厕所，但照我所说的两周以后就没问题了。现在他都快 90 岁了，膝盖一直没有毛病。如果平时稍微有点儿痛，他马上就到床上去跪膝，这个方法非常简单有效。

对想减肥的男士和年轻女士来说，跪膝法更是一个减肥秘法，比"敲带脉"

还快。此法减大腿上的赘肉最明显。要想检验这个方法灵不灵，您回家拿皮尺先在大腿上量一下，然后每天跪 20 分钟，3 周以后再拿皮尺量，肯定让您大喜过望。很多人都试过这个方法，效果非常明显。

练跪膝法除了能减肥和防治膝盖痛、膝盖积水、膝盖骨刺、腰疼、脱发外，还能让您有很多额外的收获。

我的一个同事，他练了两周这个方法，还不是每天 20 分钟，有时候就跪 10 分钟，不久他去换眼镜的时候度数下降了 50 度。他都 30 多岁了，为什么还有这样的效果？因为练跪膝法养了肝，肝主筋，而膝盖是筋之会，肝开窍于目，所以通着眼睛。

学习防病的方法，一定要跟很多东西联系起来，不能认为跪膝法只是治膝盖、头上的穴位就只是治头，要举一反三，学一达百。有句话叫"饮半盏湖水，当知江河之滋味；拾一片落叶，尽享人间之秋凉"，讲的就是这个道理。这样我们学习起来就快了。您如果不能每天积沙成塔，那个塔就老也积不起来，您得有好的方法，学习最主要的东西。其实最关键的方法就是联想法，想想膝盖还跟哪儿通着，还管什么事儿？您一联想就行了。

十七、"跪膝"和"金鸡独立"减肥又美容

让身体的气血下到脚上去有一些方法，我给它起的名字叫"引血下行三部曲"，包括推腹、跪膝、金鸡独立。影响气色、皮肤红润的问题，主要是体内有浊气，我们可以用推腹和跪膝来解决。跪膝走，可以在床上走，也可以在地板上走，很适合觉得自己稍微有点肥胖的女士，尤其是对腿粗的非常管用。是什么原理呢？就是把气血挤下去了，你摸着腿上都是赘肉、是垃圾，不是能量，应该尽快清运走。你跪着走，新鲜的气血就到膝盖上去了，垃圾就随着血液循环排出去了，你的腿自然瘦了。跪膝走的时候，可以放点音乐，让心情感到轻松、愉快。跪膝走对预防和治疗关节炎都很有帮助，日本女人常年在寒冷的冬季穿短裙，和她们跪坐的生活习惯很有关系。脚部经常冰凉的女士，不妨多做做"金鸡独立"，把气血完全引到脚上去，脚就会彻底长久保持热，不会再冰凉了。年轻人一定要多站，多站对身体非常有好处，而且能够调剂脑的平衡，帮助精神集中。

十八、敲打胃经和大肠经是预防衰老的秘方

脖子上的皮肤松弛了，影响美观，只要坚持敲打大肠经和胃经，很快就有惊人的改观。

敲头与梳头，经过这样的"推敲"后，何愁头发不浓密与黑呢？

敲头与梳头：用 10 根手指肚敲击整个头部，从前发际到后发际。反复敲击两分钟，然后用 10 根手指肚梳头两分钟，也是从前发际到后发际（一定不能用指甲）。头上的经络众多，有膀胱经、胆经、三焦经、胃经，穴位则有好几十个。敲、梳以后，通常可以看到满指油污，这是头皮内的污浊从穴位和毛孔排出了。如果想加强疗效，可以用手掌将两耳堵住，用双手食指和中指弹拨后脑，这在古书中

叫做“鸣天鼓”，最能怡神健脑。经过这番“推敲”，经络无阻，血管畅通，何愁头发不浓密乌黑呢？

面部皮肤的保养：先用10根手指肚轻轻敲击整个面部，额头、眉骨、鼻子、颧骨、下巴要重点敲击。再用左手掌轻轻拍打颈部右前方，右手掌拍打颈部左前方（手法一定要轻）。然后右手攥空拳敲打左臂大肠经（大肠经很好找，只要把左手自然下垂，右手过来敲左臂，一敲就是大肠经）。最后换过来左手攥空拳再敲打右臂，每边各敲打一分钟（从上臂到手腕，整条经都要敲）。敲打大肠经是因为这条经直通面部两颊和鼻翼，可以有效防止这些部位长斑生痘。

此外，还有一条更重要的经络——胃经，也要敲打。从锁骨下，顺两乳，过腹部，到两腿正面，一直敲到脚踝，胃经敲打可稍用力。面部的供血主要靠胃经，所以颜面的光泽、皮肤的弹性都由胃经供血是否充足所决定。有人脖子上的皮肤松皱了，影响美观，其实这不过是胃经的气血亏虚造成的。只要坚持敲打大肠经和胃经，很快就会有惊人的改观。

十九、脏在内腑在外

五脏六腑是中国人用了几千年的一个名词，就是指人体内的主要器官。中国人把人体内部的主要器官分为“脏”和“腑”两个大类。“脏”是指实心或有机构的器官，有心、肝、脾、肺、肾五个脏。“腑”是指空心的容器，有小肠、胆、胃、大肠、膀胱等五个腑，另外将人体的胸腔和腹腔合并起来是是第六个腑，称为三焦。

脏和腑除了在性质上有很大的差异之外，其经络的位置也有很大的不同。所有脏的经络都在手臂和腿部的内侧，以及身体的前侧。腑的经络则在手臂和腿部的外侧，以及身体的背面。当人体面临危险的威胁时，会本能地曲起身躯，所有脏的经络都在身体的内侧，受到了非常好的保护，只有腑的经络暴露在外。相较之下，脏的重要性远比腑重要，如果人的身体真的是造物主所设计，这样的安排是非常合理而高明的。中国人的这种“脏”和“腑”的分类方法，具备了极高的观察力和智慧。

另外，古代的中医还发现每一条脏的经络都和另一条腑的经络紧密相邻。例如手臂上肺的经络和大肠的经络分别在手臂的内外两侧，用针刺治疗穴位时，如果针尖到达的位置是经络真正的所在，那么肺和大肠的经络实际上可能只有数毫米的距离。

虽然从解剖学来看，肺和大肠是在完全不同的位置，甚至找不出任何关联。但是从经络上看，这两个器官却是紧密相联的，而两条经络上的各种物理特性，例如温度、导电性、体液流动等，都会互相受到密切的影响。古代的中医就把这两个器官视为相同的系统，称为“互为表里”。

中国的医生们经过几千年的观察，也确认这两个器官发生变化时，经常是同步而且出现同一性质的变化。例如，出现感冒的症状时，在中医认为是肺热的现象（热和寒的症状是中医对于疾病诊断中非常重要的指标），这时通常也会伴随着便秘的症状，中医称这时的便秘为大肠燥热症。同样的情形也发生在心和小肠、肝和胆、脾和胃、肾和膀胱。这种“脏腑互为表里”的归纳方法，把原来的十个器官减少到五个体系，人体系统分析诊断的复杂程度立刻大幅下降。也有机会用五行中的五个元素，来描述所有脏和腑之间复杂的相互关系。

除了这五个主要的脏和腑之外，古代的中医还发现另外有四条主要的经络。第一条是在手臂内侧的中心在线，称为心包经，和心包的机能有密切关系，这条经络功能的好坏直接影响血液运行的状态。第二条在手臂外侧的中心在线，称为三焦经，经常会反应胸腔和腹腔的问题，这条经络功能的好坏直接影响“气”的运行状态。第三条在人体躯干正面的中心在线，称为任脉。第四条在人体背面，称为督脉。任脉和督脉与身体所有器官都有关联，是人体最重要的经络。

由于心包和心脏是在一起的，而三焦却和所有其他的腑没有关联，因此，中国人就把所有脏腑称为“五脏六腑”。五脏是心、肝、脾、肺、肾，其中的心包含了心和心包两个系统；六腑则是小肠、胆、胃、大肠、膀胱、三焦。除了前面所说的五脏和五腑互为表里外，心包和三焦则是另一组互为表里的经络。

痘痘其实是体内的痰浊。饮食入胃，消化后本来应成为气血，供养全身，可由于脾胃虚弱，进入肠胃的食物没有全部化成气血，而有一部分变成痰湿了。这污浊的痰湿也随血液在周身流动，肝火旺，脾气急的人，痰湿会随火气而上于头面。由于头面没有排毒的出口，只好从皮肤里拱出来了，在脸上形成痘痘。大家通常认为是自己上火了，于是找些祛火的中药来吃，但祛火的药，通常都是寒凉伤脾的。脾胃本来就虚弱，再用寒凉攻伐，岂不是愈加虚弱了？所以祛痘痘就要先祛痰湿，祛痰湿就要先健脾胃。“脾为生痰之源”，脾胃健则痰湿自消。山药薏米芡实粥，健脾胃，生气血，平和持久；参苓白术丸，化痰涎，祛湿浊，无出其右。可有些人肝旺脾虚，肝火不祛，则脾虚难补，如有的女士通常月经不调，痛经强烈；有的男士则脾气急躁，夜卧流涎。这时可试用加味逍遥丸，祛肝火又健脾，但虚寒怕冷，不喜饮水的人又大不相宜，可改用逍遥丸，解郁疏肝，又无寒凉之患。其实，若不想吃药，可以敲带脉或者推腹以疏肝健脾，同时揉“消气穴”阳陵泉以顺气消痰。

前几日，一位二十五岁左右的女士找到我，说自觉胸闷气短，便吃了补中益气丸。我为其把脉，见其心肺脉俱弱，肝脾脉郁结，用补中益气丸以提升中气，并无不妥。但她说，吃完此药，除了每天打嗝增多以外，脸上的痘痘也跟着多起来。她问我是不是上火了？我说，“补中益气丸”增强了气血运行之力，本想把血液中的痰湿赶快运出去，但是排毒的经络堵塞了，只好病走熟路，从原来出痘痘的地方再出了。不过没关系，咱们正好借助药力，给痘痘找个出路。于是我按摩了一下她的肩膀，发现肩膀僵硬，大肠经、小肠经、三焦经都很痛。她告诉我，她月经不调，有些便秘，失眠多梦。我为她刮了一下这 3 条经从脖子到肩膀的位置，出的痧又紫又多。第三天碰到她时，她脸上的痘痘已经明显小了下去。她说，刮完痧当晚睡得非常香甜，第二天大便也非常通畅，感觉浑身都轻松了。我告诉她，治痘痘有两件法宝，一要健壮脾胃，消除生痰之源；二要打通经络，给湿毒以出路。

二十、胸腹的众多毛病就靠公孙穴摆平

公孙穴在人的足内侧缘，第一跖骨基底的前下方。或于第一跖骨基底前下缘，赤白肉际处取穴，距太白穴后1寸。或在第一跖骨基底之前内侧下缘凹陷中，赤白肉际处取穴。实际上，这个穴位之所以叫“公孙”，是有其深义的。《史记·五帝本纪》一开头就说：“黄帝者，少典之子，姓公孙，名曰轩辕。”公孙就是黄帝，黄帝居中央而统治四方，正如公孙穴总督脾经和冲脉，统领全身。这个统领全身的穴位，最直接、最明显的效果体现在胸腹部。胸部、腹部的一切问题，比如腹胀、不明腹痛、心痛、胃痛、胸痛，都可以通过公孙穴来治疗或缓解。平时为调节身体而找公孙穴，没有必要按照治疗用的位置去找，以自己的压痛为准。我一般把公孙穴看作一个区域，在脚拇趾跟后，有一块很大的脚掌骨，在脚内侧沿着这个骨头按压，压到最有酸胀或酸痛感觉的那一点，就是属于你自己的公孙穴了。

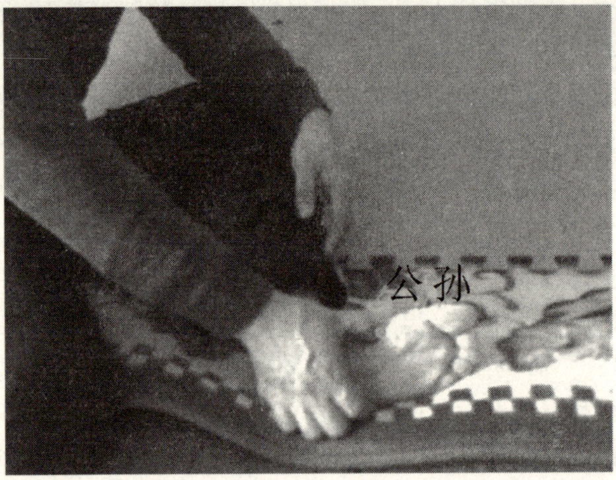

在为病人进行治疗时，我有一个缺点，就是不喜欢在病人脚上取穴，更不喜欢在别人脚上进行按摩足底之类的手法。公孙穴，在脚内侧，大拇趾根后约2寸左右的地方。曾经有一个患者，经常感觉有个拳头大小的东西从小肚子那里冒出来，咕嘟咕嘟往上窜，一直窜到嗓子眼儿，非常难受。每当发作的时候，她会感觉心慌意乱，烦躁不安，甚至有自杀的冲动。这是奔豚病。她还不仅仅是简单的肝肾之气上逆或水寒之气上逆的奔豚，她肚子里有一大堆莫名的损伤和淤滞。

怎么办呢？我决定先打通她腹部的经络、气血，于是自然就想到了公孙穴。它是足太阴脾经上的重要穴位，同时又与冲脉相通，所以它既能调治脾经，又能调治冲脉。脾属土，在人体居正中，主管运化水谷精微，输布周身；而冲脉则从上到下贯穿人体，与任脉并行，又与督脉相通。所谓“冲”，就是要冲、要道的意思，《灵枢》说，冲脉是“十二经之海”，是“五脏六腑之海”，是“血海”，说白了，冲脉之气既能上贯于头部而为阳，又能下渗于下肢而为阴，是十二经脉和五脏六腑气血的要道。公孙穴是脾经和冲脉的能量的汇集点和调控中心，其作用之大，自不待言。

我让她脱下鞋子，在她公孙穴上试探了一下，感觉那一块很僵硬。我每只手按住她的一个公孙穴，突然间用力按下去！这位女士疼得在椅子上缩成一团，过了好一会儿才缓过神来，对我说："谢谢您，大夫！我舒服多了。"我也很高兴，说："刚才按的这个穴位就足以治你的病了。这个穴在你身上的地位，也就相当于你在你们公司的地位，就是每一个部门的气血调度都由它管。以后你自己按吧。如果嫌力度不够，可以用一只脚的脚跟去踩或者顶这个位置，适可而止，有酸胀感就行。这样一直坚持。"鉴于她发病的时候容易出现心烦、心慌，我又教她按压内关。内关在手臂内侧，手腕上方两寸左右的地方，她在此处也有明显的压痛。内关是治心养心的，她是个经络敏感的人，手指一按上去，她就觉得心中有说不出的轻松。

"这样就完了？您不开点药吗？"她又问。我给她开了点生甘草，让她平时泡在杯子里当茶喝。因为她此前吃了数不清的各式各样的药，应该清洗一下，解解药毒了，如此而已。她的体内也有湿气，于是我又建议她在饮食方面多喝薏米红豆粥。

在治病方面，公孙穴通治人的胸腹部。后来我将此穴引入养生实践，又体会到了它更多的妙用。有经验的古代良医总是说："治病要抓主证。"在养生方面，我们也可以仿效这句话，说："养生要抓核心。"人体的核心在哪里呢？有人说是脑，有人说是心，有人说是脾，有人说是肾。其实哪个都非常重要，哪个都不能少。但有一点是不容置疑的，人体的胸腹部，是人体的相对中心位置，是我们养生的核心。怎么养这个核心呢？方法太多了，可以扩胸，可以揉腹，效果都是有的。但我还是要追问：有没有更核心的方法？当然有，那就是按揉公孙穴，一个穴就有扩胸、推腹等一竿子的作用了。

我们平时为调节胸腹而找公孙穴，没有必要按照书本规定的位置去找，要以自己的压痛为准。我一般把公孙穴看作一个区域，在脚拇趾跟后，有一块很大的脚掌骨，我们在脚内侧沿着这个骨头按压，压到最有酸胀或酸痛感觉的那一点，那就是属于我们自己的公孙穴了。如果要做养生保健，这就是核心。

按摩照海穴可治疗咽痛和失眠

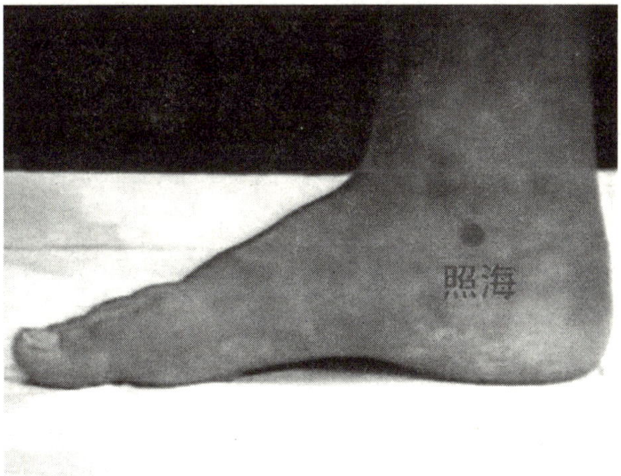

照海最早见于《针灸甲乙经》，《千金要方》称“漏阴”，属足少阴肾经，是八脉要穴之一，通阴跷脉，有滋肾清热，通调三焦之功。照海穴在内髁尖正下方凹陷处。适用人群：主持人、广播员、歌唱演员、教师、公司领导、肩周炎、失眠患者。主要功效：可缓解胸闷、嗓子干痛、声音嘶哑、慢性咽炎等症状，对肩周炎、失眠有辅助作用。现代常用于治疗尿道炎、肾炎、神经衰弱、癫痫、月经不调、功能性子宫出血等。配列缺主治咽喉肿痛；配中极、三阴交主治癃闭；配肾俞、关元、三阴交主治月经不调。

为什么嗓子疼点揉照海穴就会有这么好的效果呢？因为照海穴在奇经八脉中属阴跷脉，与足少阴肾经交会，为八脉交会要穴之一，有滋肾清热、通调三焦之功，既补益又清热。点揉这一个穴位既可以调理阴跷脉又可以调理肾经，可谓一举两得的妙法。

孙思邈在《千金要方》里称此穴为“漏阴”，就是说这个穴位出了问题，人的肾水减少了，会造成肾阴亏虚，引起虚火上升。像胸膈满闷、嗓子干疼、慢性咽炎、声音嘶哑等临床症状都属于这个穴的治疗范围之内。所以按摩此穴往往会收到立竿见影的功效。这里可以透漏一个小窍门给大家，以便于更好地使用照海穴来保养自己的身体，就是在按摩这个穴位的时候，要闭口不能说话，感觉到嘴里有津液出现，一定要咽到肚子里去。一般来说，点揉 3 ~ 5 分钟后就会感觉到喉咙里有津液出现，疼痛也会马上随之缓解，古代修炼家都讲究炼津化精，津液生发多了，人体的肾精自然充盈，客观上也起到了滋阴固肾的作用，是真正调动了人体的大药。闭口不说话，并没有什么玄机，只是为了使生发的津液易于滋润喉咙，这也就是古人所说的吞津法。阴跷主人一身的水液，交会于照海穴，既滋肾清热，又能通调三焦，所以揉按照海穴会激发肾中精气，引水液上行，滋润喉咙，虚火得到肾水的滋润则下行，嗓子疼痛自然就“水到病除”了。但如果已经溃烂发炎比较严重的，还要及时到医院就诊以免贻误病情。在以后的临床中发现，按揉照海穴不仅能治疗嗓子干痛，还能治肩周炎。一位五十多岁的一个老大姐，刚退休，本来想可以好好休息休息了，结果退休不到两个月，忽然觉得肩膀疼得很厉害，到门诊一检查是肩周炎，除了按照常规治疗以外，还有一个治疗和预防肩周炎辅助窍门。就是让她回家后坐在床上，屈膝，足掌平踏床面，自己用双手拇指分别揉摁两侧内踝下的照海穴 2 ~ 3 分钟，刺激量以自己有酸胀的得气感觉为宜。每日 1 ~ 3 次，坚持一段时间会有很好的效果。没想到，这位大姐一周后不仅肩周炎好了，多年的失眠症也好了。由此，在临床中有意无意地使用这个穴位治疗一些经久不愈的失眠患者，居然取得了意想不到的效果。建议有被失眠困扰的朋友，在睡觉前点揉照海穴几分钟，不仅可以滋阴降火，补肾益气，而且还可以让你舒舒服服地睡个好觉，何乐而不为呢？

二十一、养颜养心的内关穴　瞬间恢复听力：外关穴

内关最早见于《黄帝内经·灵枢·经脉》，为手厥阴心包经之络穴。有益心安神、和胃降逆、宽胸理气、镇定止痛之功。

适用人群：渴望延缓衰老的女性、中老年朋友；心情抑郁、烦躁、紧张的朋

友；冠心病等急性心脏病患者。主要功效：可缓解打嗝、手心发热、肘臂疼痛、腋下红肿等症状；主治孕吐、晕车、腹泻。对治疗心脏病、肺脏疾病、乳腺疾病有辅助作用。《黄帝内经》里记载说：“女子五七阳明脉衰，面始焦黄，发枯萎，六七三阳脉衰于上，面皆焦，发始白。七七任脉虚，太冲脉衰少，天葵竭，地道不通，形坏而无子耳。”女子的衰老首先从阳明经开始，慢慢地导致三条阳经气血逐渐衰退。头为诸阳之会，气血不能上达于面部，皱纹和斑点就产生了。所以从养生和美容的角度讲，中国古人讲究心灵美，是很有深意的。人的美实际上与气血息息相关。心主神，其华在面。心之神主要靠气血来充盈，气血充足，自然反映到脸上，为什么女孩子在十八九岁的时候最漂亮呢？就是这个道理。所以女人养颜首先要养心。养颜美容的小窍门：平时多按揉内关穴，坚持下去，自然会有奇效。

内关穴的真正妙用，在于能打开人体内在机关，有补益气血、安神养颜之功。内关穴也很好找，在手臂内侧，腕横纹上两寸，取穴时手握虚拳向上平放，另一手食指、中指、无名指三指以腕横纹为准并齐，食指点按的地方就是内关穴。这个穴位在养生上的好处是：随时随地都可以点揉，以略感酸胀为宜。内关穴自古就是中医用来治疗心脏疾病的必用穴，在临床上也经常使用。对某些心脏病有立竿见影之效，比如说冠心病、心绞痛、心律失常发作时，用力不停点按内关穴，每次 3 分钟，间歇 1 分钟，就能迅速止痛或调整心律。但重症急性发作的心脏病患者，病情发作时应立即服药或去医院，以免耽误病情。妙招能控制打嗝，打嗝是因为气逆造成膈肌痉挛引发的。打嗝算不上病，但是嗝起来还是挺难受。想必大家都受过打嗝之苦。这就关系到内关穴的另外一个妙用了，我们知道内关穴有益气安神、治疗心脏病的功效，却往往忽略了和胃降逆宽胸理气之功。这也是内关穴治打嗝灵验的奥秘所在。

外关最早见于《黄帝内经·灵枢·经脉》，为手少阳之络，八脉交会穴之一。通阳维脉三焦经。有清热解毒、解痉止痛、通经活络之功。

适用人群：经常坐飞机或动车组出差、旅行的人；急性腰扭伤、关节炎、肩周炎患者。

主要功效：可预防老年人听力下降、耳鸣、耳聋、腰背酸痛等症状。

按摩外关穴具有充实三焦的元阳之气，并引导元气出纳运化于一身的效果。这个穴位淤阻的时候，会引起耳膜弛缓不收，塌陷的耳膜无力恢复常态。

外关穴在临床上还有另外的妙用，用于治疗急性腰扭伤。双外关穴针刺，同时让他做腰部前后左右扭转活动，十几分钟后腰痛完全消失，活动如常。有人觉得很奇怪，腰痛却从手上来治，其实这正是我们祖先高明的地方。外关为三焦经之络穴，它在腕背横纹上 2 寸，尺桡骨中间。与内关相对的地方。外关通于阳维脉，具有解表祛风、活络止痛的作用，所以不仅对急性腰扭伤有奇效，还对关节炎、颈椎病等有很好的效果。

二十二、对心脑血管疾病釜底抽薪——再探合谷穴

穴位功效：此穴的主治疾病为：牙疼痛、牙龈疼痛、青春痘、赘疣、三叉神经

痛、眼睛疲劳、喉咙疼痛、耳鸣、面部神经麻痹、口眼歪斜、打嗝等。该穴为人体手阳明大肠经上的重要穴道之一，由此穴的主治疾病即可看出本穴道的治病效果非同一般。这里顺便提及一下该穴指压的小窍门：指压时应朝小指方向用力，而并非垂直手背的直上直下按压，这样才能更好地发挥此穴道的疗效。头痛，目赤肿痛，鼻出血，牙痛，牙关紧闭，口眼歪斜，耳聋，痄腮，咽喉肿痛，热病无汗，多汗，腹痛，便秘，经闭，滞产。治病的方法是多种多样的。高手治病，就像把玩一件艺术品，心之所致，意之所及，境随心转，时时自得，处处如意。我虽非妙手，却也能把玩一二。但如果要问最快意的治病方法是什么，我会说："釜底抽薪。"妙用合谷，把疾病扼杀在萌芽阶段，就是这样！

有很多脑中风病人，治疗起来颇费工夫。自然就有人问："脑中风太可怕了，中风前有没有什么先兆？有什么方法可以预防吗？"

当然有！中风前最明显的征兆是在大便上。如果你心脑血管存在问题，或者血压偏高，忽然有一天，又出现了大便干燥，或者干脆就便秘了，这时就得非常小心，因为中风很可能马上就要光顾了，遇到这种情况千万不要惊慌，咱们有防患于未然的办法，那就是：按揉合谷穴，也就是我们常说的"虎口"。至于原因，那就说来话长了。

我们知道，大便是从大肠中排出来的，大肠中的津液能起到润滑剂的作用，使大便软硬适度，顺利畅通地排出来。一旦大肠中有多余的热，热盛伤津，这层津液就少了或者没有了，于是大便就变得干燥，甚至秘结在大肠中，排不出来了。大肠中有热，其实就是手阳明大肠经上有热。大肠经与肺经相表里，大肠经有热上冲，肺气势必不能肃降，于是，一股热气上冲脑门，脑必然出问题。最严重的就是上面说的脑中风，头脑对身体的一部分控制功能直接失灵；比较轻微的呢，就是头晕、头痛、头脑昏沉。合谷穴是手阳明大肠经的原穴。原穴就是原气出入之穴，按揉大肠经的原穴就能激发大肠经的原气，原气足了，病气就消除了，大肠经上的实热也就随之慢慢退去，这么一来，脑门子就会清凉下来，头脑也变得清醒而理性了。

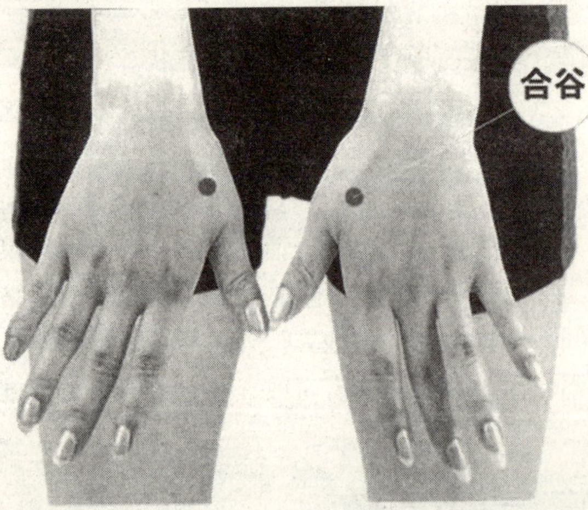

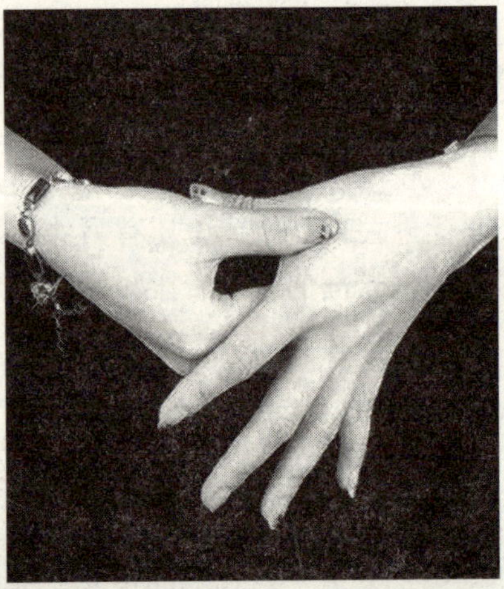

再进一层，从五行的角度看，肺和大肠属金，金克木，肝属木。当肺和大肠功

能失调的时候，肝木失去约束，进而产生与肝相关的病证，如中风、抽搐、口眼歪斜、头晕、眩晕等。《黄帝内经》中说“诸风掉眩，皆属于肝”，就是这个意思。因此，大肠经有热必然导致肝火旺，金不能克木，所以肝火得不到控制。肝主筋，肝火得不到克制，人体的筋就会松的松、紧的紧，松紧不均，自然就歪到一边去了。所以，就会产生病人脑中风后经常出现的口眼歪斜、偏瘫等症。因此，手阳明大肠经上有热，是大多数脑中风病的根源。

中老年人应该随时注意观察自己的大便，从中获得人肠经上的消息。一旦有干燥、便秘的预兆，马上揉合谷，是完全可以补救的。揉合谷会泻掉大肠经的热，肺和大肠的气机顺畅了，肝火就会平下来，就不会出现与肝相关的那一系列病证了。

当然，人体是有一定的反应速度的，这种连锁反应的快慢因人而异，在有的人身上会慢一点，这时候，我推荐合谷配上太冲，两对穴同时用，仍采取按揉的方法，既清大肠之热，又泻肝火，首尾夹击，效果更为迅速。太冲在脚拇趾与脚食趾间向后的位置，肝火旺者压上去会有酸胀疼痛的感觉。

其实，大便干燥或便秘，不仅是脑中风的前兆，而且也是小儿惊风、精神病等症的前兆，这些疾病无不与阳明有热相关。无论如何，方便时，花一两秒钟观察一下自己的大便，实在应成为我们每天养生的必做功课。当发现大便干燥或秘结的时候，用合谷或者合谷配太冲来帮忙就可以了。当然，这时候更应该调整好自己的心态，不要见风就是雨，实际上，很多难愈的慢性疾病都可以通过我们的手消解于无形之中。

除了穴位调节，还得注意饮食。大便跟饮食的关系最密切。首先，不要吃油炸食品，要多喝热粥，以确保肠胃中的津液。其次，要多吃水果蔬菜。在所有的水果中，我最推崇香蕉和柚子。香蕉可以软化大便，是通便的佳品；柚子的力量更强大，它甚至有催泻的功能。不过，不用害怕，柚子在这时候是不会泄掉人体原气的，而它泄掉的不仅是体内的粪便残渣，而且还是大肠里面的燥热。

二十三、阳虚的年代湿邪在作祟

如何自我判断体内是否有湿呢？在这里我推荐给大家一个非常简单的方法，我把它称为“晨起三部曲”。

起床时——看感觉：如果每天早晨起床的时候觉得特别疲劳，头发昏，打不起精神来，或是像穿了一件湿衣服一样，浑身不清爽，人也懒得动弹……那么可以肯定你体内有湿了。

如厕时——看大便：清晨方便后，可以观察一下大便。是不是粘在马桶上了，一箱水还冲不净。不方便观察马桶的，也可以观察手纸，正常的话一两张纸就够了，如果三五张纸反复擦也擦不净，也说明体内有湿了。大便的颜色和形状也可以帮助判断体内是否有湿。正常的大便是金黄色香蕉形的，但现在很少有人是这种健康的大便。体内有湿的情况下，大便的颜色发青，溏软不成形，总有排不净的感觉。时间长了，宿便产生的毒素积留在体内，则百病丛生。

洗漱时——看舌苔：上完厕所后我们通常就开始洗漱了，刷牙前我们不妨抽出几秒钟，对着镜子看看自己的舌头。“舌为心之苗，又为脾之外候”，舌头是可以敏感地反映出我们身体状况的。

健康的舌淡红而润泽，舌面有一层舌苔，薄白而清静，干湿适中，不滑不燥。如果舌头达不到这些指标，那说明身体机能已经出现问题了。如果舌苔白厚，看起来滑而湿润，则说明体内有寒；如果舌苔粗糙或很厚、发黄发腻，则说明体内有湿热；如果舌质赤红无苔，则说明体内已经热到一定的程度伤阴了。用双承山配双肩井，治疗由疲劳引起的腰酸腿疼，有很好的效果。下班累了的时候，我也会用这两对穴位，为自己消除疲劳。承山穴是我迄今为止发现的去除困扰现代人健康的最大顽症——人体湿气的最好的穴位，其效果跟薏米红豆粥有异曲同工之妙。这是为什么呢？承山在足太阳膀胱经上，膀胱经主人体一身之阳气。承山穴一方面是全身承受压力最多筋、骨、肉的集结之处，另一方面又是人体阳气最盛的经脉的枢纽，所以，它能通过振奋太阳膀胱经的阳气，排出人体湿气。大多数人，只要轻轻一按他的承山穴，都会有明显的酸胀痛感，这都是因为体内有湿的缘故；而按揉承山一段时间后，我们会感觉身上微微发热，这就是膀胱经上的阳气在起作用了，身上的湿邪，正随着微微升高的体温向外散逸。如果觉得身体哪块有损伤，首先要少活动，先按摩再活动。按摩也不要按摩痛点，比如说我这个关节有问题了，不要直接按摩关节点上的痛点，先转动一下，看您出问题的地方到底是在哪条经上，然后按摩这条经络上痛感明显的穴位。有时候手腕痛了，千万不要按摩手腕的关节；手指头痛了，不要直接按摩手指头，可以按摩它相对应的位置。比如说我左脚脖子有问题，可以按摩左手腕子；我脚指头有问题，就按摩手指头；手指头有晨僵，早上起来僵硬，您就按摩脚指头，临睡觉的时候先按摩，第二天晨僵问题就解决了。

第五节　经脉大药房

一、督脉大药房

督脉的穴位虽然多，但如果我们掌握了主要的一些穴位使用法后，就能从根本上保护好我们的身体了。督脉强壮，我们才可以顶天立地。

（一）紫气东来，万象更新——品味背部的督脉大药

咱们通过陶道穴，要想到人生的很多味道，而通过按揉一个穴位，就可以达到精神的愉悦，这难道不是一种最好的追求吗？

1. 防治脱肛、痔疮、大补腰肾：搓长强穴

长强是督脉的第一个穴位，它在臀部的尾骨尖上。这个穴位是治疗脱肛、痔疮的要穴。古人通常用一种方法，不仅能防治脱肛、痔疮，还能大补腰肾。这方法就是把手搓热了，然后用热手再搓这个长强，顺着腰椎尾骨这块往下搓，每天搓100回。

2. **治腰痛：在腰俞穴拔罐**

俞是通道、通路的意思，而腰俞就跟腰通着。如果您时不时腰痛，尤其是腰椎这块有问题，那您就要经常多搓搓腰俞，也可以在这拔罐；有人腰痛时有要折了似的感觉，那最好在腰俞到腰阳关这段拔罐，拔10分钟后再活动活动，做做下蹲，觉得腰部发热，腰有劲了，说明气血已到腰这来了。您只要记住：凡是酸，就是气血没过来，缺血了，您赶紧拔罐把气血聚在这里来，血一来就不酸了。

3. **补肾强腰、治腰痛和前列腺方面疾患及妇科病：在腰阳关拔罐**

腰阳关也是一个专门治疗腰痛的要穴。因为督脉是人体诸阳经之总脉，如果人阳气不足就会表现出整天没精打采、容易困倦、虚寒怕冷等症状。所以要振奋督脉，使用腰阳关的效果是非常不错的。

作为强壮体质，我们平常要在腰俞到腰阳关这一块拔罐，拔完罐以后，经常走动走动，或者练跪膝功的时候，也拔上罐走动走动，之后您就会觉得腰这块非常有劲。另外这个方法还对男性前列腺方面的疾患及妇科病有很大帮助。

4. **改变“先天之本”第一步：在命门穴上艾灸或拔罐**

命门，一听这个词就很关键。咱们说肾是先天之本，而命门就是通往先天之本——肾的门户，是人体补肾的大穴。我自己就经常在这里艾灸或者拔罐。

我曾经去过少林寺，它的门口立着一个小铜人，是祛病的。通常，大家都爱用手掌去摸摸它的肚脐眼，结果肚脐眼那块都被人摸白了，但后边的命门很多人却没有注意。小铜人命门的旁边有好多三角形的东西，好多人不知道那是什么，我告诉您吧，那画的是华佗夹脊。什么叫华佗夹脊呢？就是人体中间这根脊柱旁边1厘米处与脊柱平行的两条线，夹住中间的脊柱骨了。但这个夹脊本身只有1厘米宽，可是在少林寺给画也半尺宽了，什么意思呢？这可不是随便画的，它是告诉您这块地方对于人来讲是太重要了。

怎样使用华佗夹脊法来补肾？有一个很简单的方法，就是挤压命门，怎样挤压命门呢？从哪里开始？咱们看看命门旁边是什么吧，是肾俞，我们从肾俞这块往命门挤压就可以达到补肾的功效。有人说我找不准命门，没关系，命门上下都归命门所主。其实您拔罐也拔不准那个穴位，但这一罐下去两穴位都进去了，所以找命门时没必要那么准，只要在这个大概位置往中间推就可以达到补肾的效果。当您每天用手在命门穴搓两三分钟后，您会觉得腰越来越有劲，而腰一旦有劲儿，人的整个精神状态都不一样了。

5. **调节三焦：按揉悬枢穴；补益脾胃：揉脊中穴**

从命门往上的穴位叫悬枢、脊中。有人说，你怎么不讲了，只念一下名字就过去了，其实这些穴位咱们不用管那么多，因为古代医家写的也都是他自己的经验，他能写出一百种效用来，但对于咱们来讲，说得越多越迷糊。所以您只要知道督脉能够振发阳气、通到肾，而肾有什么功效这些穴位就有什么功效这个原则就够了。

再给大家介绍一个快速激发穴位功能的方法。您看命门旁边就是跟肾有关系的肾俞，所以命门跟肾有关系；而悬枢旁边是什么？三焦俞，所以悬枢跟三焦有关系；依此类推，再往上有一个脊中，旁边是脾俞，所以您脾胃不好，点脊中会比较痛。当您把脊中这块痛点给揉散了，脾胃的功能就能大大增强。它们是相对应的，是一条线上同气相求的兄弟。

6. 治胆系统毛病：务必多揉中枢穴

中枢穴旁边通着胆，跟胆关系紧密。而胆经为半表半里之经，连通着内外，像一个枢纽一样，所以中枢穴就起着枢纽和连接内外的功效。当您有胆方面的问题时，请一定要多点揉中枢穴。

7. 治疗腰椎间盘突出、小儿抽动症、癫痫：点揉筋缩穴

凡是腰椎间盘突出的人，筋缩这个点都非常痛。而腰椎间盘突出跟肝肾有很大关系。肾主人体中间这根脊骨，筋主两边的筋，两边筋有一根筋长，有一根筋短，椎间盘就突出来了。通常咱们治疗腰椎间盘突出时，用手法给它按进去，但过两天又突出出来了，总是治不好，这就是两边筋不一样长了，是短的这根筋把椎间盘拽出来了。

为什么这根筋会短？因为里面有瘀血，瘀血会造成肌肉僵硬收缩。其实，用刮痧的方法把瘀血散掉，这根筋就能恢复弹性，跟对侧筋一样长了，椎间盘自己就会自动归位，就像一个弹簧拉伸后，不用给它推进去，也能归位。您要强给它推进去，这根筋还短着，很快又会被拉出来。另外，跪膝法是调节肝肾的，对腰椎间盘突出也有很大帮助。

筋缩的旁边是肝俞，也跟肝有关系，而肝主筋，这个穴叫筋缩，是说筋缩在一起了，证明肝出现了问题。还有什么病跟筋缩有关系呢？抽动症。有的孩子老动脖子，挤眉毛；还有人癫痫病一犯就抽，这时都要好好点揉筋缩穴。

8. 缓解心脏供血不足、心绞痛等心脏不适：多揉神道穴

神道穴旁边是心俞穴，所以神道是通往心脏的，而心脏有问题的人平时一定要多点揉心俞。当心脏供血不足时，容易发生心绞痛，这时点揉心俞肯定非常痛。所以我们平常就要多揉，把痛点揉散了就好了。

9. 让人快乐高兴：按揉陶道穴

陶是高兴的意思，乐陶陶嘛！陶道穴是一个能让人快乐、高兴的穴位。过去古人讲："能者劳，智者忧，无能者无所求，乐陶陶。"能力出众的人操劳一生，智慧超群的人整天忧心忡忡，只有能力、智力都平平的人才是真正高明的人，什么事儿不干，还能丰衣足食，能不高明吗？《黄帝内经》也说过类似这样的话，我觉得这不失为我们日常生活的一种指导。您看，《黄帝内经》说人生是"以恬愉为务，以自得为功"。我们每天的生活其实就是在追求两个字：一个是恬，恬是心里安静，踏实；一个是愉，愉快。恬愉是我每天要完成的任务。凡是跟恬愉有关的事情，我都做；跟恬愉无关的，我就尽量不做。以自得为功，什么是成功的标志？我自己满意自己，我做完这事，心里很高兴，觉得自己成功了，而不是别人说我真成功。别人说您成功，您真棒，但您自己不高兴，没用。只有自己感觉心满意足，才是真正的成功。所以，咱们通过陶道穴，要想到人生的很多味道，而通过按揉一个穴位，就可以达到精神的愉悦，这难道不是一种最好的追求吗？

10. **祛除热毒、抵御风邪：在大椎穴刮痧或拔罐**

大椎穴是针灸的要穴，但凡人发热，针针大椎，或者在大椎放点儿血，拿刮痧板刮大椎，出点痧，热就退了，所以大椎有泄热的功效。还有，风寒很容易从大椎这块进去，我们平常要多用手搓搓大椎，可以免受风邪之害。

（二）勿以善小而不为——品味头部和面部的督脉大药

1. **治疗聋哑：刺激哑门穴**

古人为什么给它起名叫哑门？就是告诉您在这块扎针的时候得小心点儿，揉没事儿，手揉不到那么深，但扎针的时候得小心，弄不好就变成哑巴了。但同时，此穴又能治疗聋哑。哑门穴的作用是双向的，是一把双刃剑。扎针咱们不便操作，也不会拿它去治疗哑巴，我们只要知道这个穴位的意思就行了。

2. **抵御风邪：擦揉风府**

风府就是风的一个房子，风爱在其中堆积下来。我们感冒、头痛、头晕，都是因为风邪从风府这块进来了。所以平常要多擦揉风府，把这块擦热了，就可很好地抵御风邪之害。

3. **治头胀痛、胃下垂、脱肛：针刺或按揉百会穴**

百会就是脑袋正中间这块。有的人经常头胀痛，通常到针灸科，拿梅花针敲两下，出点儿血，当时头目就清爽了，感觉很舒服。百会穴有开窍醒神的功效，而且还可以提升人体的阳气，如果有人胃下垂、脱肛，那平常一定要多揉揉百会穴。

4. **治晕车、胃痛、恶心、过敏性鼻炎：多扣印堂穴**

印堂是经外奇穴，它不属于督脉，但它压在督脉上。并且，印堂治过敏性鼻炎效果很好，当您爱晕车、经常胃痛、恶心时，多揉揉印堂会马上改善。

5. **主治鼻炎：揉素髎穴**

素是开始的意思，古人认为胎儿在母亲肚子里是先长鼻子，鼻子先成形；而髎是骨头、骨节间缝隙的意思，所以先成形的鼻头骨就叫素髎，这个穴位主要功效是治疗鼻炎。

6. **治中暑：掐水沟穴**

水沟就是人中。当人中暑、突然昏迷了就赶紧点人中，使劲掐。因为这个穴位是从古至今的有名急救大穴。

7. **藏在嘴里的穴位：龈交穴**

龈交是督脉上的最后一个穴位。把嘴唇翻起来，它就在牙龈上。这个穴位不好按摩，咱们了解一下就行了。

8. **打通督脉的绝活：在床上踏步摇头**

有人说，这个督脉在后背，我没法弄，我还得求人，别人都不管，我自己怎么办？没辙了。我告诉您，求人不如求己，咱们要自己想办法。有人说了，找个东西敲一敲，可以，拿把痒耙挠都行，但是还可以用一个更好的方法——踏步摇头法，这样每天在床上就可以把脊椎调节了。但这个方法对于有脊椎病的人得慢点儿来，要循序渐进、量力而行。踏步的时候，头要尽量微微抬起来就行，不用抬得太高，年轻人可以抬得高点儿，千万别使劲，脚后跟要贴着床走，不要把脚翘起来。如果翘起来，劲就费大了，变成练肌肉，就练不到腰椎了，所以一定要放松。

揉督脉时，要用掌根从风府穴开始往下揉，动作要柔缓，别上来就使劲。有骨结核、骨质疏松的朋友先别揉，要顺时针划着圈揉，一直揉到长强穴。揉的过程中，您会发现好多地方有痛点，把这个痛点反复揉一揉。这些痛点都连着脏腑，您可以看看到底连着哪条？是在肝俞旁边，还是在胆俞、胃俞旁边，您就知道到底有什么问题了。揉到一定程度，您哪都不疼了，防病治病的目的就达到了。揉的时候，还可以把两个手掌搁在脊椎上，像擀面条一样从上到下擀一擀，给岁数大的老人做时，动作一定要轻柔。另外，这么擀的时候，被擀的人不要在那较劲绷着。这个方法对整个督脉的调节都非常有好处。如果觉得背上痛点很多，还可以用刮痧板沿着督脉从头往下这么轻轻一刮。出痧就出痧，不出痧也别强刮，因为这个痧不是您刮出来的，而是您身体里面的气血推出来的，它想出来就让它出来，不想出来千万别硬刮，硬刮就会有问题。所以刮痧的时候要记住两句话，“抒其所欲发，勿强开其所弊”。痧想从这出来，我就帮助它，就跟挠痒痒一样。挠痒痒的时候，心里很想让挠，刮痧也是。所以后背痒的时候，刮痧效果最好，一痒您轻轻一刮就出痧了。

二、任脉大药房

调理任脉时，只要记住三大要点就够了：第一，拿艾灸灸肚脐眼（神阙），这个有大补的作用；第二，在中脘和下面气海附近拔罐，可以起到调理五脏六腑，调神安心的功效；第三，经常推腹、揉膻中穴就可以打通任脉，可以让我们精神和身体一天比一天好。任脉在我们身体正面的一条中线上。

（一）海纳百川，有容乃大——品味胸部以下的任脉大药

1. 治男性前列腺毛病、生殖系统、泌尿系统疾患以及脱肛、痔疮、妇科疾患，防肠胃疾病：揉会阴穴

会阴穴是任脉的起点，它在前后阴之间。此穴主管男女生殖系统方面的疾患。像男性前列腺方面的问题、生殖系统、泌尿系统疾患以及脱肛、痔疮，还有女性的月经不调、炎症等妇科疾患都要以刺激会阴穴得以改善。另外，会阴穴对防治肠胃疾病效果也非常显著。任脉上还有一个穴位叫阴交，和会阴穴的功效差不多。

2. 专治男性前列腺方面的疾患：揉曲骨穴

我们看耻骨的形状，它是两个圆合在一起的弯曲骨头，所以叫曲骨。曲骨对男性前列腺方面的毛病效果特别显著。有前列腺问题的朋友，在整个曲骨附近也就是耻骨的位置上一定有很多的痛点、结节，只要把这些结节给揉散了，把痛点揉没了，前列腺的问题就解决了。中极穴的功效和会阴、曲骨差不多。

3. 强健身体：艾灸关元穴

元是元气，关元就是把元气关在里面了。古人一直认为关元穴是强身壮体的第一大穴，一般采用艾灸的方法。所以我们在秋冬交替的时候，就要把艾条准备好。

古人为了长寿通常要灸3个月，每天灸，或者隔一天灸一次，能大补元气。有人问我，夏天的时候艾灸关元穴好不好？夏天整个气候是比较炎热的，人体毛孔都张开了，气是往外发散的，因为这个时候需要往外发散。如果此时艾灸，就等于和体内的能量相对立，不会有什么好的效果。当然，体质特别虚寒、经常胃寒或者是来例假的时候经常腹痛的人，在夏天可以艾灸，但对于保健强身来讲，最好在冬天到来之际开始灸，能够很好地增强体质。

4. 避孕、消腹胀、调理月经：按石门穴

石门指的是搬一块石头把子宫口堵住。古人认为，如果经常在这里针灸，就可以避孕。所以，对于正想要孩子的女性朋友来说，这块您就先别针灸了，当然按摩是没问题的。石门也是三焦经的募穴，它主身之气。如果您气不顺，尤其觉得小腹老胀，可以经常点按石门消消胀。它也能很好地调理月经。

5. 治腹泻、体质虚寒：点按或艾灸气海穴

气海穴是调理一身之气的，它是小肠经的募穴。如果您小肠功能不好，老是腹泻，可以经常点按或者艾灸气海穴，对于体质虚寒的朋友来说，效果很不错。

6. 强壮脾胃和体质：艾灸神阙穴

神阙穴也就是肚脐眼。古代历来禁止在此处扎针。有的小孩子爱抠肚脐眼，一定不要让他们抠，这块特别容易感染。

我们可以经常艾灸神阙，对于身体虚寒、肠胃功能弱的人来说，效果非常好，还有，神阙穴离石门比较远，如果想要孩子的话，别在关元附近艾灸，索性艾灸神阙就行了。艾灸神阙穴有几种方法。您可以平躺着，有艾条直接灸肚脐眼，以增强人的先天之力，也就是免疫力。有过敏性鼻炎的，艾灸神阙有很好的防治效果。还可以隔姜灸。就是削一块姜，扎几个窟窿眼，上面用艾条的细末捻成黄豆大的一团，点着就行。隔姜灸是温里通气的，有人肚子里特别胀，大便老下不来，这样的人只要不是热性体质，属于虚寒无力的，都可以用此法。也可以把葱、盐炒热了，分别包在两个布袋里，交替温热神阙。盐有温里的作用，葱能通窍，这两个交替一弄，肚子就舒服了，一会儿就会放屁，便意也来了。

古人经常说要强壮我们的丹田，丹田就是肚脐眼附近，有人说丹田是肚脐眼下三寸，有人说肚脐眼下三寸指的是肚脐眼里边，丹田在深层。咱们也别管丹田在哪儿，反正您灸肚脐眼附近就能强壮先天之本。

您平时还可以拿肚子撞撞墙、撞撞树或家里比较平一点的门垛子，或者经常用手拍打拍打它。撞的时候要放松，由轻到重，慢慢地撞，可以振动里面的脏腑，增强脏腑的功能。不要绷着劲，一绷劲就产生紧张感了，那样撞的就是外面的皮，不会有效果。

7. 分清泌浊、利尿消肿、消除慢性炎症：揉水分穴

水分在肚脐眼上一寸，也就是一大拇指的宽度。

古人说水分穴就是水道在这里分开了，清的东西变成血液重新循环，浊的东西变成尿出来，这块是一个分界点。

腿上经常有水肿的朋友，或者是有糖尿病的人，就是水分这块不利了，好坏东西一块都排出去了。

我们的身体里常会有一些炎症，就是因为体内湿气比较重，里面滋生细菌了。水分穴就是祛湿的，而且，如果您点按水分穴时非常痛，那肯定就是体内有慢性炎症。这时候，您可以顺着经络来找痛点，看到底是哪块炎症没有解决。当然，揉水分穴本身也可以消除慢性炎症，还有利尿消肿的功效。

8. 处理肠胃疾病：找下脘、建里、中脘和上脘

下脘穴在主管小肠方面的问题，比如说肠痉挛、小肠神经功能紊乱、腹泻、便秘的问题。

建里穴是强壮十二指肠的穴位。

中脘在肚脐上四寸（四横指是三寸，再加上一个大拇指的宽度，就是四寸）。它还是胃的募穴，特别善于调理胃。像经常胃痛、胃酸、胃胀的人，在中脘这块肯定有阻塞，用手一点会很痛，或者有胀的感觉。这时，用艾灸的方法效果比较好。

有的人肚子里老不舒服，不管是吃完饭以后还是没吃饭，整天肚胀，就是有气，打嗝儿也出不来，放屁也没有，心里很烦躁；还有人晚上睡不着觉，总做噩梦。这个时候，要在中脘和肚脐眼下边一寸半的气海穴上分别拔一个罐，上下这么一拔，气就理顺了。胃里面一舒服，晚上睡觉就安稳了。有人说："这种方法比较麻烦，我晚上就喝点儿牛奶帮助睡眠吧。"我说："牛奶这个东西有人喝完后很舒服，容易安眠；但有人喝完了反而胃部胀气，老想打嗝儿，安不了眠，这样的人就别拿牛奶来安眠了。"

中脘不仅能调解肠胃功能，还有安神镇静的功效，您看小孩一害怕了，咱们就给他揉揉肚子，摸摸脑袋，说别害怕，肚子揉的这块就是中脘。

上脘也治胃方面的疾病。

9. 调节心脏、治疗胃下垂：按揉或艾灸巨阙穴

巨是大的意思，又是重要的意思；阙就是门户、要道关口、很重要的地方，"一夫当关，万夫莫开"中的"关"也是阙。而什么是人体最重要的地方呢？是心脏。巨阙是心脏的募穴，对于心脏功能的调节非常有好处。

巨阙可以治疗胃下垂，经常按揉或者用灸法效果都很好。

胃下垂的原因就是心脏供血不足了，根源在于心脏虚弱，给胃的供血少了，当胃缺少血液支持后，就会下垂。所以，要想根治胃下垂，就得增强心脏的功能，光增强胃功能没用。只有心脏的气血足了，胃自然就会提上来。胃下垂才能真正得到根治。

10. 排浊清身的养生保健大法：推腹法

大家说我讲这些穴位时都是一带而过，没有仔细讲解，为什么？因为我即使给您说出来二三十个功能，您不过就是用手点按，有的朋友肚子特别大还点按不了，没感觉，只在皮上点按，点着点着您就没信心了，我说得再好您也觉得没用，所以您也甭管它治什么，咱们就用推腹这一招，就能把经络全给推了。

怎么推呢？用10个手指肚，从心窝下（巨阙穴）开始往下推腹，有胃下垂的人在开始推的时候要轻一点，不要上来就特别使劲，每天坚持推，就能帮助您把下垂的胃提升上来。有一个患有胃下垂的70多岁老人，他说开始没敢这么推，只用手掌的大鱼际（拇指下肉厚的部分）顺时针慢慢往下揉，感觉很舒服，不久就发现胃下垂慢慢好转了。

从巨阙穴往下推的时候，您自己会发现许多问题，有人会觉得有气团在运动，浊气慢慢推出去了；还有人一推，咕咕直响，有水声，那是有浊水在里面，一定要把浊水给推下去，因为不推下去，浊水顺着经络一上来，上到头就是眩晕症，中医管这叫水气凌心，所以您就眩晕、恶心、呕吐了，都是这浊水惹的祸。

任脉是非常重要的，但您如果不知道怎么使用，那它就一点不重要了。而您打通任脉的最好方法之一就是推腹，非常简单。您甭管是推上脘、中脘还是气海，都没关系，您就这么往下推，任脉就全通了。

有人大便不好，您就天天推腹，原来两天一次，现在要一天两次，大便通畅了；有人肚子里老胀，就是浊气，您一推腹就爱打嗝儿，打嗝儿、放屁就把浊气散了；有人不爱喝水，有湿气，一推腹把湿浊散出去了。这个湿浊，很多人不是特别注意，有人说我推肚子还能推出水槽来？您回家躺在床上，临睡觉之前您推推试试，尤其在心窝这块仔细推一推，有很多人都能推出水槽来，一推咕咕直响，跟青蛙叫似的。推一个礼拜，当您老打嗝儿以后，把浊气散开以后，这个水就真正地出来了。原来是气裹水，裹在里面。这个时候您再推，就发现肚子变成水囊了，一推哗哗的，那是长期积存在肠胃之间的浊水被您给推出来了。

有前列腺炎等男科疾病和妇科疾病的人，推腹要推到肚脐眼以下，一直推到耻骨；只是普通肠胃方面有问题的，或者只是想养生保健，您就推到肚脐眼那就行了。每天晚上临睡觉之前，推5分钟再睡觉，把一天存的这些浊气、浊水、宿便赶紧通一通，早晨醒来别马上起床，先推推腹，这样，您吃早点就香了。很多人早上起来根本不想吃东西，其根本原因就是肚子里有浊气。所以晚上推一次，早上起来之前再推一次，对身体非常有好处。

（二）壁立千仞，无欲则刚——品味胸部和头部的任脉大药

1. 驱散心中闷气：揉鸠尾穴

鸠一看就是小鸟。什么鸟？布谷鸟，鸠尾就是布谷鸟的尾巴，它挺大的。胸部这块正好有一个骨头叫剑突，就跟布谷鸟的尾巴似的，而旁边的两肋就像张开的布谷鸟的翅膀，所以这个穴位是一个形似布谷鸟尾巴的地方。古人起这个名字就是为了让您记住，而咱们在看穴位的时候，不但要想到穴性，还要知道穴的含义是什么，这样才能让它更好地服务于我们。鸠尾穴，是专门驱散我们心中闷气的。

2. 调节心血管功能、抒发胸中抑郁和不顺之气：揉膻中穴

《黄帝内经》上说，膻中，喜乐出焉，就是喜悦的心情是从膻中这块迸发出来的。膻中穴是心包经的募穴，所以它对人体的心血管有很好的调节作用，有心血管疾患的人每天都要多揉擅中穴。膻中在两乳头正中间。男士比较好找，女士因为不好确定，所以要找两乳之间有痛点的地方。此穴是人体的大穴，过去的说法叫中丹田，气都在这汇集，是气之会穴。

好多人曾经都有过这么一个感觉，就是心里不舒服时就爱捂着胸口这块，比如您一想愁事了，这个时候用中指点按一下膻中穴，心里就会舒服很多。没事的时候就揉它，慢慢人就会变得坚强起来。所以膻中是一个调节情志的要穴。有人说我想哭，但又哭不出来，心里挺难受的，那您就揉这，一想愁苦的事儿就哭了。哭了后对于身体来讲非常有好处，叫一哭解千愁。因为毒素顺着眼泪排出去了，心中的郁结之气也散了很多。还有，如果您生气了，气不顺了，时不时有喘不上气来的情况，还有咳嗽、哮喘、打嗝儿打不出来，赶紧多揉膻中。

3. 紫宫养护心脏，华盖调节肺脏，天突主管咽喉

紫宫跟心脏更有关系，心的颜色为赤红，所以这块是心脏的一个宫殿，它对调治、养护心脏非常好。盖就是伞的意思，华丽的伞指的就是咱们的肺，两块肺在那，像一把华丽的伞一样。所以这个穴是调节肺的，凡是咳嗽、气喘等跟肺有关的毛病，您就多揉揉华盖。

天突主治气阻，就是觉得喉咙这块老有一个东西咽不下去，吐也吐不出来，中医称为梅核气，就是生气造成的。一照片子，什么东西都没有，但就觉得这块老有痰似的。这时，揉天突能很好地缓解。另外，天突对于慢性咽炎、咳嗽、气喘都有帮助。

以上这些穴位，咱们平常的时候可以拿掌根多揉揉，掌根比较有力量。另外，揉这几个穴的时候，会很容易打嗝儿，这就证明咱们的气经常堵在这儿没出去。从天突开始揉，揉到鸠尾，就能起到一个开胸顺气的作用。能够开胸顺气了，心脏血液就能够供应上来了。如果气堵着，心脏的血液老上不来，就会引起头晕、脑部缺血。另外，颈椎的问题也跟心脏供血不足有关，血上不到颈椎这块，颈椎就容易老化，就容易形成瘀血，所以咱们经常揉这块胸骨部分就可以缓解、治疗颈椎病。大家记住，不论是第几节颈椎有问题，您都可以在胸骨这块找到相应的痛点，您把前面的痛点揉散了，后边颈椎痛就缓解了，它俩是相通的。

4. 治喉咙、口腔的毛病：揉廉泉穴

再往上走就是廉泉，此穴主治喉咙和口腔的毛病。

5. 治流口水或口干、六神无主：揉承浆穴

很多人，特别是老年人有一个问题，就是嘴特别干，整天嘴老干，没唾液，可是睡觉的时候又流口水。流口水是什么原因呢？就是脾虚了；没唾液是什么原因呢？阴血不足了，而一个承浆就能把这两个问题都给解决掉。当您一揉承浆，唾液自然就分泌出来了，就好像琼浆玉液出来一样。而且，揉承浆还能镇静，本来心里有点儿恐惧、焦虑、六神无主、没着没落的感觉，而一揉承浆，唾液一分泌出来，好像就给您补充上能量了，这个时候您咽咽唾沫，马止会安静下来。所以我们恐惧的时候，都愿意咽唾沫。但您没唾味可咽的时候，就赶紧揉揉承浆，一揉承浆唾液就分泌出来了，这个时候您再咽唾沫，心神就安定了。

调理任脉时，只要记住三大要点就够了：第一，拿艾灸灸肚脐眼（神阙），这个有大补的作用；第二，在中脘和下面气海附近拔罐，可以起到调理五脏六腑，调神安心的功效；第三，经常推腹、揉膻中穴就可以打通任脉，可以让我们精神和身体一天比一天好。调理任脉用推腹法时还有三个原则大家也要记住：第一，量力而行。这块您一推揉特别疼，您就慢点儿揉，不要一上来就很生硬地做，不要抱着一下就要推开的思想。第二，循序渐进。今天用点劲，明天再加一点劲就行了，逐渐地加大力度。第三个更重要，持之以恒。您别弄两天就停了，那什么作用都没有。持之以恒，每天做一点，也就是每天咱们要健康一点点，比昨天好一点就行，您别每天差一点，那就麻烦了。如果我们嫌打通任脉比较麻烦，那就把它简化成推腹法和壁虎爬行就行了，又省事，还一劳永逸。这里再告诉大家一个绝招，也是调节任脉的。有人不愿意做推的动作，说这个没什么意思，太单调，枯燥。那咱们来点儿有意思的动作，这个动作叫壁虎爬行。虽然叫壁虎爬行，可是不能照猫画虎。如果您爬的时候肌肉胳膊使劲，腿也使劲，那就爬错了。那应该怎么做呢？咱们可以爬在床上，也可以在地板上铺一个垫子，爬在地板上，这个时候我们不用想别的事儿，就把眼睛一闭，把脸贴在床上，非常放松，胳膊一直都不动，是腰在动，是用腰来带动胳膊；千万别爬，一爬就用肌肉的力量了，而且，肌肉自始至终要完全放松，完全靠身体来回自己扭动，想象自己就是一只壁虎，就像壁虎一样扭动身体。记住一定不要用胳膊，不用腿，肌肉也不用使劲。

有人觉得站着做也管用，也锻炼身体，但跟趴着做是两码事。趴着练是为了锻炼脏腑，因为一趴着，您一扭动，肚子自己就按摩上了，都不用您亲自去按摩。您这么一扭动，腰椎也在扭动，腰椎就调节了；肩膀也放松了；而且膝盖往起一抬，连膝盖也活动了，整个全身上下都是和谐共振的感觉。练壁虎爬行有什么好处呢？咱们先举一个例子，有一个西安的朋友告诉我说，听完您讲座以后，我回家后就在床上做这个动作，一个礼拜后我发现我 20 年的慢性胃炎好了，到现在也没再犯过。他说现在我每天都做 60 个壁虎爬行。他是一个厂长，所以他号召厂里的所有员工都练这个，认为对身体特别有好处。

以上只是一个例子，其实我的初衷是说壁虎爬行是调节任脉的，改善更年期综合征是最好的。任脉为阴脉之海，主管人体的阴液不足，而人到了更年期，阴液不足了，有时候忽热忽冷，心里比较烦躁，尤其是晚上心里烦躁睡不着觉，老有火似的，这个时候赶紧趴在床上做做壁虎爬行，做完了心里就清凉了，就好像吃了一个牛黄清心丸似的。而且这么一扭动，腰椎、肠胃、胸这块都按摩了，肩膀也自然地扭动，颈椎也锻炼了。

壁虎爬行法对于小孩尤其好。当孩子脾胃不好、老吃不下东西、面黄肌瘦时，您给他按摩，他可能嫌疼不让您做，而当您说咱俩一块做壁虎爬行的游戏吧，这他愿意，他觉得有意思，而且您再夸他两句，“唉哟！做得真好，比我好多了”，这孩子就可能天天自己要求做了。这么做一些日子后，孩子的脾胃功能就好了。而且小孩正处在生长状态，练壁虎爬行法还可以增加他的协调能力，帮他长个儿。**任脉上有一个胃的募穴叫中脘，是调节血糖的要穴。在中脘那块可以艾灸，也可以拔罐，也可以推腹，都有降血糖的效果。**

三、心经大药房

如何去养心？《黄帝内经》上又进一步地告诉我们如何去养心。它说了三句话，“美其食，任其服，乐其俗”，这就是养心的办法。

第一句什么叫美其食？就是我今天不管吃的是山珍海味还是粗茶淡饭，都津津有味。这就叫美其食，不因为食物的好坏而产生心理上的变化。

第二句叫任其服。比如我今天穿了一件名牌西服，站在那里感觉气宇轩昂，明天我从早市上买了一件粗布衣服，干净利落，穿在身上仍然不觉得自惭形秽，这就是任其服。穿什么样的衣服都感觉到有自信。

第三句叫乐其俗，这个是最难做到的。比如，我上午跟说话很文雅的人在一起很投脾气，很高兴。可是下午碰见某些人很粗俗，说话也没什么礼貌，我打心眼里不想跟他们交流。但我的工作任务和生活环境让我必须跟他们天天去交流，这怎么办？我也能跟他们和其光而同其尘，在一起也能成为朋友，这就叫乐其俗。

心经的功能简单地说，第一可以治疗心脏原发的疾病；第二可以治疗情志方面的疾病，比如精神错乱、癫痫病、抑郁症等；还有人手掌心老是发热，手掌出汗，心经也可以调治。

心经的起点在腋窝下的极泉穴，终点在小指的少冲穴。穴位都是两边对称的，左右两边各有9个。但对于手少阴心经来说，按揉左边的效果比右边好。

（一）心无挂碍，无有恐怖——品味小臂以上的心经大药

1. 治抑郁、心里紧张、经常咽干、烦渴，心火比较旺、淋巴结核、上肢不遂、心律不齐、给心脏供血：弹拨极泉穴

极是高处的意思，泉是泉水，这是说心脏往全身源源不断地供血是以这个穴为起点的，它就像人体的一个泉眼一样。

此穴在胳肢窝中间，就是小时候让您痒痒、逗您笑的那个穴。而人到了中老年，再挠这个胳肢窝就不容易痒痒了。因为心血不足，这块已经不传导了，神经也就慢慢地萎缩了。

当我们用大拇指拨动极泉的时候，能感觉到里边有好几根筋。一拨，有时候手指头就麻了，麻感往上窜。让它经常保持麻，这条经络就通了。所以没事我们要经常拨动它，拨到手发麻、胳膊发麻。

我们平常心里紧张、嘴发干、烦渴、老想喝水、心火比较旺时，或者身上长了淋巴结核、上肢不遂，尤其是得了脑血栓后遗症、胳膊抬不起来的时候，这个极泉穴就能发挥作用了。也就是说，极泉可以调节心血管的功能。如果您心率过快，它能帮您缓和下来；心率过缓，它能让它快一点。另外，它还可以防治抑郁症。

简单归纳一下，极泉穴的功能就是“咽干烦渴淋巴结，调整心率脑血栓，上肢不举抑郁症，腋窝正中找极泉”。

2. 肩臂不举衣难穿，头痛胁痛点即安，青为疼痛灵为验，就在肘上三寸边

顺着心经往下走，在肘和腋下之间，咱们把它分成三份，青灵穴靠近肘这边的

1/3，也就是肘上 3 寸的这个点。

青是痛证，因为人一疼痛脸色会发青，而去医院，中医大夫会让您吐舌头，一看，舌头发青，有瘀血，就有痛证，而身体有疼痛的地方还会发青；灵的意思是很有效果。所以青灵穴治痛证非常好。

中医说，“诸般痛痒皆属于心”，如果您说痒得、痛得受不了，其实不是那个点忍受不了，是您的心脏受不了。

青灵穴能治疗头痛、胁痛等痛证，而这些痛证通常都是着急、上火、气郁引起的，青灵穴治这种类型的痛证效果最好。

用四句话来总结，就是“肩臂不举衣难穿，头痛胁痛点即安，青为疼痛灵为验，就在肘上三寸边”。

3. 降火补肾、夜里比较热燥、出汗、心痛、心脏疼痛、手臂麻、手颤、手痉挛、失眠、两胁痛、牙龈老肿痛、心烦上火、耳朵老响、起急：按揉少海穴

少海穴在肘横纹边儿上这个点上，它的主要功能是滋阴降火。

因为心经属火，而这个穴是合穴，属水，肾也属水，所以少海穴有水火相济的作用。就是说火太旺的人，揉这个穴可以降火，同时又滋阴补肾。有一种病叫心肾不交，就是夜里比较燥热、烦躁、爱出汗、睡不着觉，这时一定要多揉这个少海。少海主治的病非常多，有心脏疼痛、手臂麻、手颤（包括帕金森病的那种手颤）、还有手痉挛，平常都要多揉少海；另外像失眠、两胁痛、牙龈肿痛，也是心火过旺造成的，如果再配合着合谷穴一块儿揉，效果更好。

少海穴更是一个治疗耳鸣的要穴，就是老爱心烦上火、耳朵响、起急的那种耳鸣，少海治疗效果最好。

（二）只要心境转，是人同如来——品味小臂和手掌上的心经大药

这几个穴位就像兄弟姐妹一样，虽然各自有侧重，但总的功用都是调节人的情志和心脏本源疾病的。

1. 治心里老恐惧、爱悲伤、忧虑、癫痫、癔病，还有精神分裂、抑郁症或者房颤、早搏、心动过速、心脏瓣膜疾病：多揉左边的灵道穴

道指道路，灵指神灵，灵道就是通向神灵的道路。古人认为，心是主神灵和情志的，这个道能够通到心里面去，所以叫灵道。顾名思义，灵道穴主治神志方面的疾患。每个人的手掌下面都有一条纹，灵道穴就在这个纹下面的 1.5 寸的位置。摸这块儿有一根筋，它就在筋外侧一点儿，揉的时候要贴着这根筋往里掐着揉。灵道穴除了有宁心安神的作用以外，还有一个重要的功效就是止抽。比如癫痫发作时抽搐的人，平常多揉揉它，就可以防治。还有心里老是恐惧，七上八下的，或者老爱悲伤、忧虑，又或者有心因性、心源性的咳喘，这时一定要多揉这个灵道穴。灵道穴还有化痰开窍的功效。有人患心脏病了，尤其是瓣膜方面的心脏疾病，比如早搏、心动过速、房颤，都会有痰和喘的感觉，多揉灵道穴，就有化痰涎、舒心气、定咳喘的功效。灵道这个穴位还有即时缓解心脏病的效果，前不久有一位 70 多岁的大妈说，她上次房颤后去医院，因为诊室有人要排队，她就在外边等。突然想起

这个灵道穴了，赶紧揉，揉了一会儿，心里便特别平和。她说咱也甭看医生了，我没什么事儿了。对于心脏疾患，咱们最好还是防患于未然。像有房颤、早搏、心动过速、心脏瓣膜疾病的朋友，这个穴非常痛，要多揉。还有就是有心绞痛的人，灵道是一个非常好的防治穴位。别等心绞痛犯了再揉，那阵子就没劲了。另外，左边的灵道穴比右边敏感得多，平常我们要多揉左边。凡是跟情志有关的病，比如癫痫、癔病，还有精神分裂、抑郁症等，都要多揉这个灵道穴。

2. 治受惊造成的突然失音、神经性腹泻、坐骨神经痛、倦言嗜卧、老爱后悔、四肢沉重、热证脸肿：揉通里穴

通里穴在腕横纹上一寸处，紧挨着灵道，下面还有阴郄穴和神门穴。因为它们挨得近，所以咱们揉的时候，没必要非得找这个通里。有时候您揉旁边的灵道更敏感，那您就多揉灵道；而揉阴郄时特别敏感，就多揉阴郄。这几个穴位就像兄弟姐妹一样，虽然各自有侧重，但总的功用都是调节人的情志和心脏本源疾病的。

通里穴有一个最大的功效：比如人受到惊吓了，或者是突然生气了，造成失音，这时赶紧掐这个通里，就能安心和舒解。通里又是心经的络穴，和小肠相络，所以它也能够调节小肠方面的疾患，像神经性腹泻，多揉揉通里就能管用。通里穴还可以治坐骨神经痛，不过揉时要找对侧穴位来揉，比如右侧坐骨神经痛，就揉左侧的通里穴，左侧痛就揉右侧的通里穴。通里穴还能治疗倦言嗜卧（就是懒得说话，整天想睡觉，整天都睡不醒，没精打采）。《伤寒论》上说："少阴病，但欲寐也。"少阴病就是指心经和肾经这两条经上的病，它们通常表现为心气不足，倦言嗜卧。如果您老爱后悔，古人叫后悔为懊侬，索性每天多揉揉通里。它专治这个老爱后悔的病。通里穴还治怔忡，就是心里老不安稳，好像干了什么亏心事，觉得老有人要抓自己似的。这也是心气不足、心血不足造成的，这时，您赶紧揉通里。

另外，如果整天老觉得四肢跟灌了铅似的，也可能是心脏的气血不足，不能供应到四肢，所以四肢感觉沉重。还有就是热证，像脸肿、腮腺炎，揉这个通里也特别管用。

3. 治急性病发作、盗汗、恐惧、忧虑、悲伤、受惊：揉阴郄穴

郄有孔隙的意思，和所有的郄穴一样，治急性病发作效果最好。阴郄主要治疗盗汗，就是夜里睡着的时候不知不觉出了好多汗，醒了就不出汗了。中医管这种情况叫骨蒸，骨头就跟用锅蒸了似的，里面老特别的热。阴郄穴专门治这种骨蒸盗汗。阴郄穴也是治疗惊恐的。心里有恐惧，有忧虑，有悲伤，受惊了，多揉揉这穴就会好。

4. 治疗冠心病、心绞痛、高血压、心源性的哮喘、失眠、受惊后失眠（就是受到惊吓以后，老想睡觉，恐惧了）、癫痫、腕关节炎、饥不欲食、头痛眩晕、血压高：掐按神门

神门穴也是安神定志的。它就在腕横纹线上的骨头下边，通常咱们要把指甲剪平了，使劲掐才能找到这个穴位。中医有一个说法，叫"治脏者治其俞"。神门穴就是一个俞穴，它可以治疗心脏本身的疾病。中医还说"五脏有疾当取十二原"，就是五脏有病要取十二正经的原穴来治。神门穴就是一个原穴，所以这个穴位的功用很强。神门穴多用于治疗心神失养或者心火亢胜、痰蒙心窍所引起的恐惧、失眠、健忘，即主治心脏、脑神经方面的疾患和消化系统方面的疾患。消化系统方面的疾患，就是心里想吃东西，可是一吃就堵在这儿，这叫“饥不欲食”。因为胃里边的血气少，没有动力。而神门穴是一个原穴，它属土，土又是属于脾的；心属火，火生土。所以多按神门穴，让心脏给脾脏多供应一些血液，就能帮助消化了。神门穴治疗关节炎尤其是腕关节炎效果非常明显。而手腕老疼的人，通常痛点是在小肠经的养老穴与神门穴邻近的位置。心与小肠相表里，通过按摩神门穴，就给小肠经补血了。神门穴也是止抽搐的一个要穴，家里有癫痫病人，平常要多揉揉这个穴位，再加上前面说的灵道、通里、阴郄 3 个要穴，没事儿就多揉揉这块，可以调节咱们的情志。

5. 治疗先天心脏不好、头颈痛，还有脑部充血所引起的眼睛红赤、眼睛痛、鼻黏膜充血，以及手脚老爱热，睡觉的时候老爱蹬被子，心痛、心悸、惊恐，小便不利，尿失禁，梅核气（像老有痰似的堵在嗓子这块）：揉少府穴

在我们的掌心上有一横纹，通常我们把这条横纹叫做感情线。少府正好在感情线上。找的时候，咱们握拳，小指所点处就是少府穴。心脏有问题的话，这块会很敏感。少府，少是指手少阴心经，府是心脏。有原发性心脏病，就是先天心脏不好的人，平常一定要多揉少府。

如果您心里特别烦躁，到晚上不想睡觉，就赶紧掐掐少府，清心除烦，相当于吃了牛黄清心丸。头颈痛，还有脑部充血所引起眼睛红赤、眼睛痛、鼻黏膜充血，都可以用少府穴来调治。有的人手脚老爱热、睡觉的时候蹬被子、心痛、心悸、惊恐、小便不利、尿失禁，这样的人也一定要多揉揉少府。

6. 治心火大，特别爱烦躁、老想喝点儿凉的东西：用大拇指往下捋少冲穴

少冲是心经上的最后一个穴位。在小指指甲内侧旁 1 毫米的地方，主要是袪心火的。当您特别爱心烦、急躁、老想喝点儿凉水的时候，只要用大拇指从这块儿往下推推捋捋，就能把心火袪除。另外，有一种心气特别虚寒的人，本身没那么大火气，经常胃寒怕冷，就别推这个穴了，本来您体内火就不足，您再给推光了，那怎么行呢。

心经上的穴位，每天捏的时间不用长，每次 3 分钟，一天捏它 2～3 次，心里边便会觉得很轻松、很清爽。对于长期在电脑前工作的人，尤其是女士来说，可以最有效地防治电脑综合征和减少手臂内侧的赘肉（蝴蝶袖）。

四、小肠经大药房

小肠经上的这些穴位，咱们一定要活学活用，而且一定要记住：哪个穴揉的时候不敏感，这个穴您就不用揉了，您得揉敏感的那个穴。哪种方法对您有用，用起来舒服，就用哪种。比如说刮痧，轻轻一刮很舒服，您就用刮痧。刮不出痧来就别强刮，那样心脏受不了，人就会恶心、先晕了。在中医里面，小肠经有一个主要的功能叫分清泌浊，就是把从胃消化来的食物中的营养东西吸收了，把糟粕的东西排出去。《灵枢·经脉》中说：“小肠经主液所生病。”这个液包括月经、乳汁、白带、精液以及现在医学所说的腺液，如胃液、胰腺、前列腺和滑膜分泌的滑液等，所以，但凡与液有关的疾病，都可以先从小肠经来寻找解决办法。另外，如果产生乳汁不下，或者量少清稀，我们通常会吃一些猪蹄汤、鲫鱼汤以培补气血，如果吃完以后不吸收，不能化为乳汁，那是因为小肠经没有打通。小肠经上左右各有 19 个穴位，其中有 7 个穴位在肩膀上。有人说，这么多穴位找不准怎么办？我说，只要顺着这条经，哪个穴位我不管，哪块痛点比较明显，您就多揉，这样效果最明显。而且像后背这块地方，拿个刮痧板顺着小肠经的走向一刮，痧就出来了，经络就通了，而刮不出痧的地方，拔拔罐，也一样能通。

所以不好找的经络穴位，咱们要用一种一劳永逸的方法来对待，不要不好找却非得去找它，结果弄得最后什么效果都没有，等到再用的时候，还是不知道在哪儿，这时间、精力就白白浪费了。

（一）如无闲事挂心头，便是人间好时节——品味手掌上的小肠经大药

小肠经上的好多穴位都很管用，但用时也要根据每个人身体的不同症状。有的人用这个穴位特别管用，有的人使那个穴位很灵。所以我们要找到适合自己的穴，要在平常的时候多找一找，只要某个穴揉完，身体感觉很舒服，那就把这个穴位当作宝贝，留着，经常用一用。

1. 治乳汁不足、小儿打嗝儿、溢奶：捏捋少泽穴

小肠经的第一个穴位是少泽，在小指指甲外侧旁边一点，这个穴位不好揉，只能拿指甲才能掐到。我提供给大家一个方法：拿指尖捏住它，一捋就行了。当产后乳汁分泌不足的时候，捏少泽穴可以增加乳汁的分泌。如果孩子老是打嗝漾奶，您给他捏捏这个少泽穴，别太使劲，一点点地给他捋捋，孩子就不会发生这种情况了。

2. 治头后部痛、眼睛胀痛、耳鸣、手心发热、手心出汗、腮腺炎等热证以及流黄涕的那种慢性鼻炎、鼻窦炎：揉前谷穴

从少泽穴沿着小肠经往小指根上推，推到有一块骨头处推不动了，卡住的这个点就是前谷穴。前谷穴可以治疗头痛，尤其对后边头痛的效果很好。比如说您受风了头痛，赶紧去揉揉前谷穴。前谷穴还能治疗眼睛胀痛、耳鸣、手心发热、手心出汗、腮腺炎等热证以及流黄涕的那种慢性鼻炎、鼻窦炎。

3. 治耳疾、各种汗证、咽痛、腰痛、脊椎痛，腰扭伤、坐骨神经痛、爱落枕、癫痫引起的抽搐：多揉后溪穴。从掌根向小指根方向推，卡住的地方就是后溪穴

或者您一攥拳，感情线的小指一侧就有一个纹，纹头的点即是后溪。揉此穴时，一定要把指甲剪平了，使劲掐到这个缝里。后溪穴是一个八脉交会穴，是四通八达的一个穴位，哪的病它都能治。而小肠经是通着耳朵的，所以后溪穴能治耳朵上的病，比如耳鸣、耳聋。后溪穴还是调理汗液的大穴，它可以治疗各种汗证，比如盗汗，如果能配上另一个心经的穴位阴郄，那甭管是自汗、盗汗，全治了。后溪还可以治疗咽痛，就是有火的那种嗓子痛。因为后溪是八脉交会穴，与督脉（脊椎）相通，所以脊椎上的病它都管。像腰痛、脊椎痛、腰扭伤，都可以揉后溪。

后溪还能治疗坐骨神经痛。后溪通的地方挺远的，有的人腿窝儿老发紧、睡觉时经常抽筋，睡前一定要多揉揉后溪。爱落枕的人，平日要常揉后溪。因为小肠经正好顺着后肩膀上行到脖子，所以脖子、肩膀有问题都可以通过揉小肠经来缓解，而后溪就是其中一个很重要的大穴。这个穴位也可以治癫痫引起的抽搐。

小肠经上的好多穴位都很管用，但用时也要根据每个人身体的不同症状。有的人用这个穴位特别管用，有的人使那个穴位很灵。所以我们要找到适合自己的穴，要在平常的时候多找一找，只要某个穴揉完，身体感觉很舒服，那就把这个穴位当作宝贝，留着，经常用一用。

4. 祛身体湿热、治疗糖尿病、便秘：揉腕谷穴

在我们的掌根下有一条掌横纹，侧面有一根骨头，这根骨头前边的凹陷就是腕谷穴。揉的时候，要贴着骨头揉才有感觉，功效才能出来。腕谷穴是治疗糖尿病的要穴。因为糖尿病人的小肠功能是紊乱的，而腕谷穴又是小肠经的一个原穴，所以它可以调整小肠功能，对糖尿病有很好的效果。腕谷穴又是祛湿的要穴，如果您觉得身体有湿热，有风湿症，揉腕谷穴效果会很好。实际上，腕谷穴是靠通利二便来祛湿的。腕谷穴还可以治疗便秘。

5. 降血压、治头晕、牙痛、口腔溃疡以及头肿、头胀、三叉神经痛：揉阳谷穴

阳谷穴在腕骨穴后面一横指的尺骨茎突前面的凹陷处，即腕横纹的小指一侧。

阳谷首先是一个降血压的穴位，血压高的朋友每天要多揉一揉。

阳谷还能治头晕、牙痛、口腔溃疡以及头面部的问题，比如头肿、头胀、三叉神经痛。按现在的理论来讲，阳谷是一个增强人体免疫功能的穴位。所以我们平常用手攥着腕子，把腕子一掐，再扭扭，阳谷就通了，很简单。

（二）心是一片田，不长庄稼就长草——品味手臂和肩上的小肠经大药

揉这条经的时候，血液循环会很快加速，因为心与小肠相表里，刺激小肠经上的这几个穴位就等于让心脏给它及时地供血，所以有时候在这块儿揉得过多，有的人会觉得心慌。心慌没关系，咱就多揉揉手心的劳宫穴，赶紧把血给它补进去，还可以试一下人参生脉饮，也是补心血的。

1. 防治所有的老年病：揉养老穴

养老穴是一个对老人特别有好处的穴位。我们把左手手心朝下，平放在胸前，右手食指点在左手腕关节高出的那块骨头上，然后左手往里一翻，右手食指就跑到一条缝里面去了，这个缝就是养老穴。养老穴对所有的老年病都有作用，像高血压、老年痴呆、头昏眼花、耳聋、腰酸腿痛。用现代医学的话来说，就是能够很好地改善身体的微循环。还有，有病的老年人翻身起坐一般比较费力，这养老穴也管。有人说我现在眼睛越来越花了，别的穴也找不着。您就天天揉养老穴吧，又方便又有效。养老穴就是一个预防衰老的穴位。

2. 治头痛、目眩、癫狂、惊恐、手麻、颈椎压迫症、手不能握物、攥东西没劲儿、记性不好、扁平疣、脂肪瘤：按揉支正穴

“支”是支持的支，“正”是正气的正，“支正”就是支持正气。它在腕横纹

上5寸（四横指加两个大拇指的宽度），不在骨头上，在骨头下边往内侧一点的骨缝当中。支正穴可以治疗头痛、目眩、癫狂、惊恐。因为，心经与小肠经相表里，所以小肠经上的好多症状跟心经上的症状类似。支正穴擅治手麻、颈椎压迫症，还有手不能握物、攥东西没劲儿、记性不好、老爱忙事儿，这些病都是正气不足造成的。

3. 小肠经的穴位通常都治热证，就是热而心烦之症

小肠经能治疗扁平疣，因为赘疣跟小肠经的吸收功能有关系。而赘疣在中医里叫痰核，就是脾胃运化湿气的功能差，积湿成痰，有火了。所以调节小肠经有消痰祛火的功效。有人说我长了一个脂肪瘤，小肠经管用不管用？同样也管用。但我们一定要记住，按揉穴位治病，一定不要有急功近利的思想。比如说您长了个东西，是5年长出来的，但您揉一天就想让它下去，这不太容易。但只要每天坚持揉一揉，慢慢就会有效果了，您一定要持之以恒。

4. 治耳聋、耳鸣、牙龈总流血：多揉小海穴

小海穴在小指侧面这条线上的肘尖儿和少海穴中间。一揉里边有一根筋，还发麻，如果不发麻，拿指节敲一下，整个手就都麻了。这根麻筋是很重要的，一麻到底就证明这条经是通畅的。要是不麻这块经络就堵了。一定要多揉揉，让它麻了才行。小海穴是治疗耳聋、耳鸣的要穴，它还可以治疗牙龈肿痛，有时候牙龈总流血，老肿着，就多揉揉小海。

5. 治咳嗽、哮喘、支气管炎、肩周炎：揉肩贞，然后是臑俞、天宗、秉风、曲垣、肩外俞和肩中俞

小海穴以后，胳膊这块就没穴位了，全都跑肩膀后边去了。后边第一个穴是肩贞，然后是臑俞、天宗、秉风、曲垣、肩外俞和肩中俞，对这几个穴位，咱们一般采取一捋而过的方法，这样，所有的穴位都照顾到了。

但有一个叫天宗的穴位我们一定要记住，这个穴是治疗颈椎病的要穴。当我们有颈椎病时，天宗穴上会很痛。另外，经常咳嗽、有哮喘、支气管炎的人，在这几个穴位集中的地方会很痛，肌肉会很紧张，我们得经常把它揉一揉，揉松了。因为我们咳嗽、哮喘的时候这块老用力，长期用力这块就非常紧张，形成瘀血，我们必须把它揉散了。还有，我们后背的小肠经也经常容易堆积很多的瘀血，因为这块儿容易受寒、受伤、多用力和经常保持一个姿势。这时，我们可以找人多按摩这块儿，每天顺着小肠经松一松肩膀。如果能刮一刮痧，把这里边的瘀血刮出去更好。

而刮不出痧还挺痛的地方怎么办？那证明这个瘀血点藏得比较深，我们可以在这条经的穴位上拔罐。把刮痧和拔罐结合起来，再加上揉捏，您边拔边刮再边揉着，这条经络很快就通了。揉这条经的时候，血液循环会很快加速，因为心与小肠相表里，刺激小肠经上的这几个穴位就等于让心脏给它及时地供血，所以有时候在这块儿揉得过多，有的人会觉得心慌。心慌没关系，咱就多揉揉手心的劳宫穴，赶紧把血给它补进去，还可以试一下人参生脉饮，也是补心血的。小肠经中间有一个断点在大臂这块儿，因为大臂到肩膀这块儿没有穴位，直接从小海就到肩贞了，中间这一段都没有穴位，咱们怎么来把它接通呢？攥揉这块儿。

有时候我们肩膀疼，但我们够不到肩膀，没法揉，您就揉这块儿，同样能把肩膀痛的问题解决了。最好同时把心经、小肠经都揉了。因为心经、小肠经是相表里的，心经把血液源源不断地供给小肠经。小肠经气血一充足，肩膀的气血也供应充足了，我们的肩膀就不会感觉到疲劳和酸痛。

（三）防病唯求心淡然，神清可让体自安——品味头颈部的小肠经大药

1. 双向调节血压、明目聪耳：揉天窗穴

俗话说，打开天窗说亮话，天窗穴其实就有这个含义在里面，也就是说它有明目通耳的功效。

天窗在脖子这块儿，有人怕摸，一摸就容易咳嗽，这样的人就别揉这个穴了，捋捋这块儿就行了。其实平常多搓搓脖子，就有降血压的功效，每天捋它 20 下，就可以调节血压了，低血压的人可以升高，高血压的人可以降低。怎么找天窗呢？当我们把头歪向一侧的时候，有根叫胸锁乳肌的大筋就会出现，天窗穴就在与喉结平行的这条肌肉的后边一点儿。天窗穴首先是明目的，然后是聪耳的，所以揉这个穴的时候，我们最好把眼睛闭上，揉 20 下左右，然后再揉另外一边脖子上的天窗穴，最后缓缓地把眼睛睁开，就会觉得眼睛很亮。为什么要闭眼呢？就跟吃药得有药引子一样，明目也得有药引子。比如在明目的时候，一定要闭上眼睛；在聪耳的时候，一定要把耳朵闭上。耳朵怎么闭上？用手掌把耳朵给压起来，然后把眼睛也闭上，这时候拿手掌心对着里边耳朵眼儿那个位置揉。虽然我们不能直接揉到耳朵眼儿，但是我们要揉到外边对着耳朵眼儿的这个位置，感觉好像揉到耳朵眼儿里边了。这是聪耳的最好方法。您揉完天窗以后，得有药引子引过去，这天窗才能打亮。因为这块儿早堵上了，天窗开不了，窗户都生锈了。所以您得把这窗户先给摇摇，摇开了，然后再揉天窗，这两边就通上了。

2. 治耳聋、耳鸣、消梅核气、美容：揉天容穴

天容是一个美容大穴。天指大脑，容是美容的意思，揉此穴可以给头部供血。它正好就在女士的耳坠耷拉下来的位置，离耳朵很近。这块儿一般很酸痛，酸的感觉跟其他地方不一样。天容穴是治耳聋、耳鸣的要穴。另外，爱生气之人的容貌是最容易受到损害的。这样的人通常会觉得嗓子这块儿老有一个痰似的，像一个梅核那么大，咽也咽不下去，吐也吐不出来，这是生气后气郁造成的。天容穴正好给您把气消了。当您心情愉快，自然就美容了。

3. 治耳鸣、耳聋、止牙疼：按揉听宫穴

找听宫这个穴位的时候，我们要先找着耳屏，听宫就在耳屏前边一点儿。最好的方法是一张嘴，找耳屏前凹进去的地方就是了。听宫这个穴对耳朵特别有好处，它是治疗耳鸣、耳聋的首选要穴，而且还能止牙痛。请记住：揉小肠经上的穴位不敏感，就不用揉了，只揉敏感的那个穴。哪种方法对您有用，用起舒服，就用哪种。比如说刮痧，轻轻一刮很舒服，您就用刮痧法。刮不出来就别强刮，那样心脏受不了，人就会恶心、先晕了。

五、肺经大药房

气顺病自消 肺经的穴位都能治疗与肺相关的疾病，肺开窍于鼻，所以鼻子的毛病与肺经有关；还有，肺经与喉咙有关，所以嗓子的问题能从肺经上得到解决；另外，肺经与感冒有关、与皮肤有关……肺经有11个穴位，而且都在胳膊和手上，与下半身的脾经是一条经，非常好找。而且，它们都能治疗与肺相关的疾病，肺开窍于鼻，所以鼻子的毛病与肺经有关；还有，肺经与喉咙有关，所以嗓子的问题能从肺经上得到解决；另外，肺经与感冒有关、与皮肤有关……下面我就为大家详细介绍一下肺经。

（一）会当凌绝顶——品味肘部以上的肺经大药

1. 排除体内浊气：揉云门穴

云门穴是肺经的第二个穴位。为什么先讲云门穴呢？因为它是一个很好的标志，找到这人上标志，其他穴位就好找了。找云门穴有个非常简单的方法，就是只穿背心，两手叉腰，对着镜子，就能看见肩膀的锁骨旁边有个窝，窝的中心点就是云门穴。“云”是流动的气体，“云门”的意思就是这里是一个气体宣发的地方。很多人爱生气，气完就憋在那里了，宣发不出去，于是循着肺经走到四肢，就会造成四肢烦热、特别燥、心里堵闷、掌心热等症状。这时，使劲点揉云门穴，一般就会打嗝，气就发出去了。其实，打通经络，其中的一个主要目的就是排除浊气。好多人一揉这个肺经就老打嗝，这是非常好的现象。

2. 调治中气不足、预防心绞痛、治疗咳喘：揉中府穴

中府穴在云门穴下边1寸处，“中”指中气，就是脾肺之气，脾和肺合起来的气叫中气。如果经常觉得气不够使，喘不上气来，或者大便的时候无力，以及吃一点东西肚子就胀，这就是中气不足了。中府穴就是专门调治中气不足的。中府穴是肺经的一个募穴，也是脾肺两经交会的一个穴，这个穴调气最好。如果人体的气乱了，就爱咳嗽、哮喘、堵闷，会经常觉得上气不接下气，这时一定要多揉中府穴。中府穴可以防治心绞痛。有心绞痛的人按中府穴肯定很敏感，因为这里有淤阻，所以要经常通通中府穴。中府穴还是治疗咳喘的要穴。另外，有心血管方面疾病的人，有个非常简单有效的方法可以调理，就是同时推云门穴和中府穴。那些长期爱咳嗽（很有力量的那种咳嗽）的人，觉得堵闷后马上要咳出来的这种实咳实喘，平常更要多推中府穴和云门穴。推的时候，大拇指按着中府穴，然后向上推云门穴，一般这里会很痛。把痛的地方给推开，浊气就会散掉，您就会觉得胸里面非常舒服。

3. 治过敏性鼻炎、慢性鼻炎、经常流鼻血等鼻部炎症和皮肤过敏：揉天府穴

天府穴属于手太阴肺经，出自《灵枢·本输》。古代取此穴时，多令患者以手伸直，用鼻尖点臂上，到处是穴。而鼻属肺窍，肺借鼻而外通天气，肺为人身诸气之府，所以此穴称为天府。中医讲鼻窍通于天，天府穴暗含着这个意思，就是能治鼻子的各种疾患。像过敏性鼻炎、慢性鼻炎、经常流鼻血等鼻子的疾病，揉天府穴效果非常好。天府穴还有消炎抗过敏的功能，比如皮肤经常容易过敏，也可以揉天府穴。天府穴往下一大拇指宽度的地方就是侠白穴。“侠”是侠客，“白”是白色。肺属金，金在五行的颜色为白，因此，这里“白”代表肺的意思。而“侠白”就是有个侠客在保护肺，给我们补足肺气，让我们无所畏惧。所以它可以治疗肺气不足造成的经常恐惧、心跳过速。为什么人会恐惧呢？就是先有忧虑，忧虑解不开了就会恐惧。而且一忧虑就会气郁，常常气串两肋，所以按揉侠白穴还可以治疗肋间神经痛，即两胁痛。

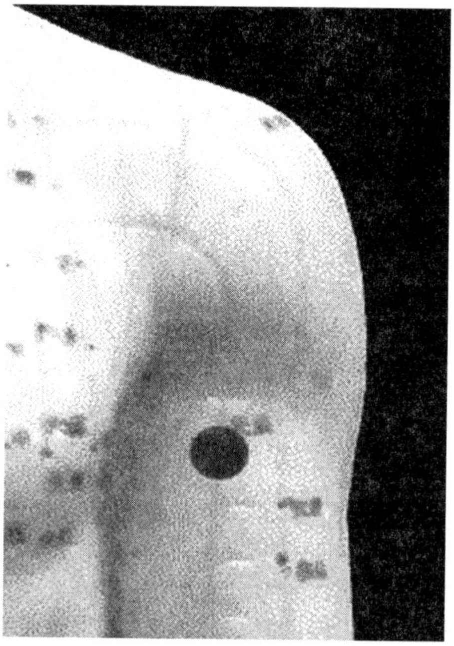

（二）造化钟神秀——品味小臂上的肺经大药

1. 交通肺和肾，调节身体虚实，补肾：揉尺泽穴，对付高血压按摩尺泽穴：胳膊肘处有个窝，就是尺泽穴

医号脉时，三个手指分别摸在腕关节寸、关、尺的位置。尺的位置是在号什么呢？是在号肾功能。所以，“尺”代表肾。“尺泽”是给肾以恩泽，给肾以浇灌，尺泽穴就是补肾的要穴。尺泽穴能补肾，这跟五行有很大关系。在中医里，肺属金，肾属水，而金能生水，就是肺气足了就可以补肾。所以，揉尺泽穴就能把肺经多余的能量补到肾经上去。尺泽穴又是合穴，属水，所以这种补肾方法叫做泻肺补肾法。其实，泻只是能量的一种转化，是把肺经多余的能量转换到肾经上去了，因为上焦的能量过多、淤积住了，反而让人觉得不舒服，老有火气，老想吃点儿凉的或者祛火的东西，而同时却两脚冰凉。这是火气都用到上边去了，没有留些到下面来，形成了上实下虚之症。此时，不能盲目地泻火。而去医院，一般会让您吃点儿苦寒的药祛火，往往用通便的方法。可一吃祛火的药，一通便，上边的火没祛，下边却更虚了。所以我们需要的是把这种能量转化，不要白白地浪费掉。要知道，即使是“火”，也是人体里的一种能量，也是靠气血制造出来的，所以不要把它泻掉，泻掉就等于是把刚生出来的气血又给浪费了。我们要把它转化，而揉尺泽穴就是很好的方法。有的人头重脚轻，有高血压，还有哮喘，也是上实下虚之症，这也需要揉尺泽穴来转化。

2. 治感冒引起的嗓子痛、发热不出汗、痔疮：揉孔最穴

孔最穴在肘横纹的尺泽穴下 5 寸处。“孔”是毛孔，“最”是最大。孔最穴的意思就是身体里所有跟孔有关的问题都归它来管理。上至鼻窍，下至肛门，都跟孔有关，所以孔最穴管的地方特别多，因而不好把握。什么都管好像什么都不管？所以，我们需要具体落实它到底管什么。我有一个同事小杨，她过去感冒的时候老有一个症状——嗓子痛，必须得吃几天消炎药才会好，但自从她知道孔最穴是管嗓子痛以后，每次犯病她就揉孔最穴，只需要两三分钟，嗓子就不痛了。孔最穴治疗感冒引起的嗓子痛最有效，但话说多后引起的嗓子痛它不管。有的人发热不出汗，赶紧揉孔最穴可以帮助发汗。孔最穴还是历代医家治疗痔疮的要穴，有痔疮的人此处痛感明显。平常可以多揉揉孔最穴。另外，每次大便后用温水洗一洗，也是预防痔疮的好方法。

3. 治偏头痛、落枕、小儿尿床、成人前列腺疾病：按揉列缺穴

在我们手腕上拇指这侧的掌跟下有个高的骨头叫桡骨，用大拇指一按有个凹陷（或者将两手虎口交叉，食指所点的窝），这就是列缺。列缺还是一个交会穴，它跟肾经交会，所以还有补肾的作用。还可以治疗遗尿，每天坚持揉就会改善。揉列缺穴还可以通利小便，治疗成人前列腺疾病。

4. 每天都能补充一点精力：按揉经渠穴

“经”是经络，“渠”是水渠。“经渠”的意思是经络到此就水到渠成了。经渠这个穴位也不是非常好找，大家摸着有一个桡骨头，桡骨头叫桡骨茎突。只要记住这儿有一个骨头突起了就可以了。然后侧着往外侧揉，顶着这骨头揉这就是经渠穴。直上直下只能揉在骨头上，它是在骨头边缘，往外推就能揉到这个穴了。揉到这个穴才真正能起效，经渠穴是治疗咳嗽的要穴，它是肺经的经穴，甭管你是虚寒性的咳嗽还是肺热引起的咳嗽，它都可以通治，所以只要是咳嗽都可以揉经渠。按这个穴位的时候不要按到骨头上，而要按到骨头内侧缘。不要往下按，要往外按，搓着按就能找到这个穴位了。经渠穴是治疗气不顺的。好多虚弱体质的人就是因为气乱了，而这个穴是一个慢慢调养的穴，它可以使肺气逐渐增强，最后达到一个水到渠成的目的。也就是说，每天都能给您补充一点点精力，而且对实证、虚证都管用。实证就是呛咳，有肺热的那种咳嗽；而遇点儿风寒、喉咙一痒就咳嗽的属于虚证。经渠穴对这两种症状都管。大家只要记住经渠穴是一个调气的要穴就够了。平常可以经常揉一揉它，觉得气有点儿不太顺或者气接不上来都可以揉，而且无论是热性、寒性咳嗽都可以揉，它是一剂保人生平安的药。

（三）荡胸生层云——品味手掌上的肺经大药

有的人按摩某个穴位不敏感。那么，就不要去按摩。您就找这条经上最敏感的那个穴，把它由疼痛按摩到不痛，症状就减轻了，就这么简单。

1. **心脏跳动异常、早搏、房颤、静脉曲张、脉管炎等血管疾病：按揉太渊穴**

太渊穴正好在腕横纹上，很深。在揉它的时候，一定要把指甲剪平，也可以用大拇指内侧硌它。太渊穴补气效果极佳，如果您总是觉得气不足、气虚，揉太渊穴就能给您补气。什么人需要补气呢？喘气费劲（吸入氧气不够）、爬一会儿山甚至动一动就一头汗或者气不足、大便时老觉得没劲或使不上劲，这样的人就要补气。太渊穴是脉之会，就是体内所胡脉都归它控制。心脏跳动异常、早搏、房颤，只要跟心血管有关系的，都是太渊穴的适应范围。静脉曲张、脉管炎这些跟血管、脉络有关系的病证，按揉太渊穴都有效果。对于太渊穴只要记住两点就行：第一它总管人体各种血管脉络，第二它是一个补气的要穴。

2. **治心里有火、夜间爱咳嗽、比较烦热、睡不着觉、小儿肠胃不好：揉鱼际穴**

大拇指下有一块像鱼肚的地方，鱼际穴就在这里最敏感的那一点。鱼际穴是一个善于退热的要穴。当您心里有火、夜间爱咳嗽、比较烦热、睡不着觉时，按揉鱼际穴特别管用。到此，好多朋友可能会担心：夜里咳嗽会不会有什么大病？是不是肺有什么问题？其实您不用担心。夜里咳嗽，尤其是两三点钟咳嗽、睡不着觉，这种现象非常普遍，通常就是肝火引起的。这时候按摩鱼际穴就会缓解。按摩鱼际穴还可以调节小孩的肠胃功能。在中医院小儿科，鱼际穴又叫板门穴。“板门”就是木板的房门，此穴是专门调理小孩不爱吃东西、肠胃功能不好的，一揉“板门”，胃口的门就打开了。

很多人有一个误区，包括一些专业人士，他们认为经络、穴位必须得强刺激才会有效。实际上不是这样。因为，即使不刺激经络、穴位，但如果气血很充足，经络、穴位都会处于一种活跃的状态。不是刺激完以后它们才起效，而是它们随时随刻都在起效。如果要刺激它才起效，那就完了，那我们天天都得扎针灸去，要不然就百病丛生了。

有的人按摩某个穴位不敏感。那么，就不要去按摩。您就找这条经上最敏感的那个穴，把它由疼痛按摩到不痛，症状就减轻了，就这么简单。

3. **治急性咽喉肿痛：用三棱针点刺少商穴**

少商穴在指甲旁边。“商”是五音之一，属金，这里指肺。

少商穴治嗓子痛效果最佳，尤其是对急性咽喉肿痛有特效。但是这个穴位必须强刺激才行，过去这些井穴（末梢的穴都叫井穴）通常都需要用三棱针来点刺，放一滴血，当时就会见效，但好多人就怕放血，这时不妨用指甲使劲掐一掐。

如果痛点比较多，而且老揉老痛，可以采用刮痧的方法。因为一些瘀血长期瘀在这里，不把瘀血放出去、好血引过来，就会老痛。建议您顺着肺经刮一刮痧，出痧后，再按这个地方立刻就不痛了。如果没有刮出来，那可能是您气血不足，需要补一补气血然后再刮。补气血可以吃一些补血的食物，比如山药薏米粥、大红枣等。但是也要根据体质来补，热性体质就不要吃偏热的，要比较平和。

六、大肠经大药房

肺与大肠相表里，所以肺脏上面有什么疾患，都可以通过大肠经来调理，它主治皮肤病，也管便秘、腹泻等肠道疾病。当然，它也有一些别的神奇功效。

肺与大肠相表里，所以肺脏上面有什么疾患，都可以通过大肠经来调理，它主治皮肤病，也管便秘、腹泻等肠道疾病。当然，它也有一些别的神奇功效，这些，我会在谈到某些具体症状的时候特别说明，但总体来讲，大肠经就是这些功能。大家不要把这些功能记得太复杂，只记对您有帮助的东西就行了，要记得越简单越好，剩下的全给忽略。

大肠经的走向是从手走头，起始于商阳穴，结束于迎香穴。它上边有 20 个穴，这里只讲其中 16 个，因为有几个穴的功能和其他穴位一样。

(一) 按之得喜，不按不得——品味手上的大肠经大药

合谷穴治牙痛是最管用的，而且是交叉治。如果您右侧牙痛，就揉左边的合谷穴；左侧牙疼，就揉右边的合谷穴。揉的时候，最好再加一个压痛点，那效果就太神奇了。通常 80% 的牙痛，都会在一两分钟之内止住。

1. 人体自有开塞露：商阳穴

商阳穴需要用指甲掐才有效果。它是专门治疗便秘的一个要穴，但是它不治疗气虚这种便秘（就是觉得肚子胀却拉不出来）。那它治哪种便秘呢？就是大便已经到肛门，却拉不出来，一揉这个穴就出来了，有点儿像开塞露的感觉。

2. 包治百病的万能穴：合谷穴

合谷穴是被历代医家推崇的一个大穴，可以说是万能之穴，什么病都治。也正因为如此，大家一般不知道它具体能治什么病，所以基本上很少有人会使用它。合谷穴治牙痛是最管用的，而且是交叉治。如果您右侧牙痛，就揉左边的合谷穴；左侧牙疼，就揉右边的合谷穴。揉的时候，最好再加一个压痛点，那效果就太神奇了。通常 80% 的牙痛，都会在一两分钟之内止住。

怎么寻找这个压痛点呢？当您牙痛的时候，却捏耳垂贴近面颊的这个部位，绝对会有一个地方很敏感，这就是压痛点。如果把合谷穴和压痛点同时按捏，会马上止痛。当然这需要别人帮您按合谷穴，您自己按耳垂。

3. 长在手臂上的本草：第二掌骨

合谷穴虽然是祛病的万能之穴，但是功效不确定，所以我们索性改揉第二掌骨全息穴得了。“第二掌骨” 在哪儿呢？我们看，手背上的食指下面有一条骨头，它上面全是穴位，密密麻麻挨着，这就是第二掌骨全息穴。“全息” 就是身体上的信息都在第二掌骨这里汇集齐了。这跟耳朵、足底处有好多反射区是一个道理。

无论身上哪儿有病，都能在第二掌骨全息穴勘查出来。比如您肠胃不好，经常肠胃痛，可以在第二掌骨的正中间找到痛点（肠胃点），揉揉就会缓解。当然，还可以把第二掌骨分成 12 份，该揉哪儿就揉哪儿，腰痛就靠下边点揉，腿痛就靠更下边点儿揉，依此，头痛、脖子痛、肩膀痛以及头部和心脏的问题都可以在第二掌

骨上找痛点去解决。这是一块神奇的人体药田，身体上的很多毛病都可以在这里一并得到解决。而且，第二掌骨全息穴揉起来非常方便，坐在那儿就揉了。揉的时候，最好点按它，点按最疼的点，把痛点揉到不痛，效果就出来了。

4. 改善头部、眼部供血，明目，治疗眼睛酸涩、眼睛胀痛：按揉阳溪穴

“阳”是太阳，“溪”是溪水。顾名思义，阳溪穴是补阳气、提精神的。就是说要把阳气像溪水一样灌注到全身尤其是头面上去。它不仅能够改善头部供血，更能改善眼部供血。所以揉阳溪穴可以明目、治疗眼睛酸涩、眼睛胀痛。

（二）般若般若处处开——品味小臂上的大肠经大药

曲池穴的功效非常多。对于老年人来讲，首先要记住的是它有降血压的功劳；而对于年轻人来讲，它是祛除脸上疙瘩的好药。

1. 治面部神经麻痹、脑中风、前列腺和泌尿系统感染：揉偏历穴

两虎口相交，中指在手臂上所点处就是偏历穴。它有两大功能，其一是治疗和预防面部神经麻痹和预防脑中风。所以要想记住偏历穴，就要先想到人脸偏了，想到它能治疗面部神经麻痹。第二大功能是利尿消肿。平常有前列腺炎、泌尿系统感染的朋友，一定要坚持揉这个穴，要拨动着揉，揉时会发现有好多硬的乱筋在里面，把它们揉松散就好了。

2. 祛除寒邪：在温溜穴刮痧

“温”是温暖，“溜”是水暂时停在这里了。水为什么会停在这里？是体内有风寒，寒凝血滞造成了血流缓慢。温溜穴就是驱寒的，可以把停滞的寒流驱赶出去。所以经常手凉、手心爱流冷汗的人一定要多揉温溜穴。还有一个更好的方法就是刮痧，从肘臂往下刮，一刮过温溜穴，手就热乎乎的了。而且，通常只要多小臂上的大肠经，刮完以后就会觉得浑身发热，好像阳气被调动起来，有一股暖流在体内缓缓流动，特别舒服。

3. 清肠、治便秘：揉上廉穴、下廉穴

“廉”是廉洁，就是要让血液保持清洁。这两个穴位一个在上、一个在下，所以称为上廉穴、下廉穴。这两个穴位是清肠毒的，所以能治便秘。如果手三里、上廉、下廉一起揉，效果最好。

4. 治头面肿、上身肿、腰膝痛、肠胃功能不好、过敏性鼻炎、身体虚弱：常揉手三里

手三里在曲池穴下 2 寸处。手三里主要治肿痛，对头面肿、上身肿疗效最佳。不论是眼睛、鼻子，还是嘴、口腔，只要是头面肿，都是手三里的治疗范围。手三里可以治疗腰膝痛。尤其是慢性腰肌劳损，经常揉揉手三里就会好转。需要注意的是，膝关节有问题，不要经常揉膝关节的痛点，而要揉胳膊肘；胳膊肘痛，要揉膝盖附近的痛点；脚踝有问题，要揉手腕子。比如风湿的人早晨起来有晨僵，手指僵硬了，您千万别揉手指头，越揉它越大、越变形，这是因为本身就缺血，您一揉它，好血没过来，里面的组织液过来了，结果就肿大增生了，这时要使劲多揉脚趾。上述疗法就叫反射疗法。急性腰痛也一样，痛就证明这块儿有瘀血，您去按揉等于是按摩伤口，虽然这个伤口是在里边，但会把旁边本来没损伤的血管给弄破，伤痛就会更厉害。虽然按摩使血液循环加快，感觉腰部热乎乎的，有点儿舒服，但随后会更严重。所以您不能这么揉，要揉与它相表里的经络。手三里穴为什么可以治疗膝盖痛呢？原因就是反射疗法。大家都知道“肚腹三里留”这句话，这个“三里”既包括手三里穴，也包括足三里穴。手三里穴的功效非常巨大，但经常被大家忽视。肠胃功能不好，揉手三里穴同样被利用。尤其是胃寒的人，揉手三里穴的效果比足三里更好。因为大肠经是多气多血之经，是可以补充气血给肠胃的，而胃寒就是胃中缺血，新鲜血液流不过去。血总是热的，如果让血液很充沛地流过去，就不会胃寒了。手三里穴还可以治疗过敏性鼻炎。手三里穴是一个强壮穴，和足三里穴一样，平时多揉，可以增强免疫力。

5. 降血压、祛痘痘、治皮肤病、明目：点揉曲池穴

把胳膊弯曲，肘横纹这条细缝靠近肘尖的部位就是曲池穴。曲池穴的功效非常多。对于老年人来讲，首先要记住的是它有降血压的功劳；而对于年轻人来讲，它是祛除脸上疙瘩的好药。曲池穴还是治疗各种皮肤病的一个要穴。曲池穴还有明目的功效。其实，大肠经上的这些穴位都是相通的，比如说降完压，眼睛自然就明亮了。它是可以推演的，有好多穴位的功能必须自己去触类旁通，要是写出来的话，能写一大堆。但如果会推演，就能发觉、改善一个穴位的功能，人体很多相应的症状都会得到改善。比如曲池穴能治疗皮肤病，它的办法就是增进血液循环，把血液毒素排出去，所以我们说曲池穴还是一个排毒穴。而减肥就需要排毒，因此同时它还有减肥的功效。

6. 治肘部劳损、网球肘：揉肘髎穴

肘髎穴是治疗肘上疾病的，如肘部劳损、网球肘等。揉时要找到痛点，多揉一揉。

（三）曲径通幽，自性自度——品味肘部以上的大肠经大药

1. 治肩膀沉重、肩周炎、颈淋巴结核：按揉手五里穴

手五里穴正好在骨头上，通经活络的效果非常强。它尤其能治肩膀上的毛病，比如肩膀沉重、肩周炎。有的人患颈淋巴结核，脖子上长东西、脖子粗，手五里穴全管。它是专门给肩膀、颈部和头部供血的一个很好的穴位。

2. 治白内障、视神经萎缩、眼睛酸胀、痛痒、迎风流泪：敲打臂臑穴

臂臑穴在肩膀三角肌下缘。这个穴位对眼睛特别有好处，能防治白内障。视神经萎缩是个很严重的病，现在也没有找到好的治疗对策。然而臂臑穴有辅助疗效，能让视力不至于进一步减退。平常多揉揉臂臑穴，对于眼睛酸胀、酸痛、痒痒、迎风流泪，都有很不错的作用。如果有进候觉得它不是特别敏感，可以敲一敲、打一打它，几下就会变得敏感了。

3. 预防感冒、改善头部供血、预防脑中风：揉肩髃穴

肩髃穴是一个预防感冒的要穴。另外，很多人年轻的时候，老爱光着膀子睡觉，岁数一大，就得肩周炎了，什么原因呢？就是寒气顺着肩髃穴进到肩膀里去

了，在那里一点一点堆积下来。所以，平常一定要多搓搓或者点揉肩髃穴，以增强它的防风寒功能。有的人肩膀发硬，躺下觉得枕头不合适，睡眠不好，这时也多揉揉肩髃穴，很快就能有效果。肩髃穴还可以改善头部的供血，所以也是预防脑中风的一个要穴。

4. 根治鼻炎：揉迎香穴

“迎香”意为欢迎香味进来。如果鼻子堵了，闻不见香味，一揉迎香穴，香味就进来了。它能治疗鼻炎，无论是慢性鼻炎还是过敏性鼻炎都有效。迎香穴在鼻了旁边，揉的时候，最好把手指搓热，然后抚摸鼻翼，之后再点迎香穴，就会事半功倍，这时您会感觉迎香穴太能通气了。

七、三焦经大药房

三焦经是人体上一个最大的腑，主一身之气，说白了就是调气的一个通道。好好调一个三焦经，气调顺了，身体就能正常地运行了。按照《黄帝内经》所说，三焦经是主一身之气的。百病从气生，从另一个角度来说，三焦经就是一个出气筒，当人之邪气从三焦经上泄走后，人就不会生病了，怕就怕这个出气筒堵住，问题就全来了。这个三焦经，我要给它翻译过来，否则大家不好理解。“三焦”到底是个什么东西？中医把它当作六腑之一，“腑”就是容器腔。胃是一个容器腔，肠也是一个腔，三焦就是把五脏六腑都包括在里面的大腔。因此，三焦经是人体上一个最大的腑，主一身之气，说白了就是调气的一个大通道。现在西医所说的内分泌系统就相当于三焦经。有人经常说自己内分泌失调，但到底哪里失调，去医院查不出来，自己更说不清楚，吃药也不管用。这个时候，如果能调节一下三焦经就会有效果。像更年期综合征，就是由长期的气郁不疏造成的。心里有郁结之气，三焦经这个出气筒又堵住了，气发不出去，就会产生各种症状。还有好多慢性病，也说不出到底哪里出问题。长期不愈的症状很多，这时好好调一下三焦经，气调顺了，身体就能正常地运行了。

三焦经就这么简单，但也非常重要，为什么呢？生活在这个压力颇大的社会当中，每个人每天都可能要生好多气，那就得及时消掉才行。有好多女士有痛经、月经不调、闭经的毛病，都跟气郁有关，用三焦经来调最好。

三焦经是从无名指外侧 1 毫米处的关冲穴开始，顺着手背、胳膊背部上到头，顺着耳朵转大半圈，到眉毛旁边的丝竹空穴。经络图左边标号为 6 的那个位置就是丝竹穴。

（一）器量宽宏万物容——品味手上的三焦经大药

1. 治心里堵得慌、晕车、咽喉痛、急性咽喉炎：揉关冲穴

关冲穴是三焦经上的第一个穴位。这个穴特别小，要拿指甲掐或用指节硌才能有效果。它是三焦经这个出气筒放气的地方。心里堵闷，就应多揉揉关冲穴，把心中的气给放出去。尤其是心烦意乱但又说不出是哪儿难受的时候，更应该揉揉关冲穴，把里面的气散走。

其实，人体里有好多难受的地方，最主要的是常爱积聚浊气的肠胃。所以咱们一直强调要经常推腹，推完腹后打几个嗝、放几个屁，气血马上就通畅了。气血一通，病就不可能待在身体里了。

关冲穴可以治疗晕车。晕车的时候揉关冲穴，通常很管用。晕车是因为肚子里有浊气上来，但只要打几个嗝，晕车马上就好。这就是浊气堵在那儿让您恶心的原因。关冲穴是排气口，刺激它就能帮助把浊气散一散，虽然散得不是特别多，但散一点儿就会舒服一点儿。接着您再揉揉劳宫穴，晕车就差不多好了。

关冲穴还能治疗咽喉痛、急性咽喉炎。这类病跟气郁有很大关系。生了好多气，气散不出去就会发炎。关冲穴既然能排气，就能去火，因为气有余就是火，当然这个气指的是浊气。

2. 治眼干、嘴干、咽喉痛、嗓子干、身体发热、疲劳：揉液门穴

液门穴在无名指与小指缝间，顶着无名指的骨头，推压时比较痛。“液门”，顾名思义就是液体之门。液门穴的功效非常多：第一，它可以治人体的干燥症，比如眼睛老干涩、嘴老干、咽唾沫都没有，这时揉液门穴就能把液体之门打开；第二，它可以解除热性感冒的症状，像咽喉肿痛、嗓子干想喝水、身体老发热，揉液门穴都很管用。这跟它所在的这条三焦经的性质有关，三焦经是排气的，人气多了会上火，风寒再一来就压抑住，火散不出去，就会在里面产生炎症，液门穴就是散火的。第三，它是一个帮助我们恢复体力的穴位，比如您劳累了，白天眼皮老爱沉，腿也酸，浑身感到没劲，这时候您揉揉液门穴，精神马上就好了。

3. 治眼疾、急性扁桃体炎、咽喉痛、耳痛、中耳炎、上火引起的突发性耳聋、耳鸣等耳鼻喉症状，肩膀痛、腰后面脊椎痛、膝盖痛、肩周炎、头痛、耳痛、牙痛、胃疼等痛证，手指蜷曲不能伸开：揉中渚穴

中渚穴在液门下 1 寸处。按这个穴时一定要把指甲剪平。如果找不准没关系，您就把骨缝这一溜都揉了，哪个地方最痛，就把哪个地方当成中渚穴。

揉中渚穴有个技巧：先掐进去，然后挫着揉，让它发麻，一麻就通了。此穴可以治眼疾，如眼睛痛、胀、酸涩和急性结膜炎。急性扁桃体炎、咽喉痛、耳痛、中耳炎、着急上火引起的突发性耳聋、耳里轰轰响的耳鸣等症状，揉中渚穴也会特别管用，因为它是祛火的。

中渚穴是治疗诸多痛证的要穴。痛证的含义非常广，比如肩膀痛、腰后面脊椎痛、膝盖痛、肩周炎、头痛、耳痛、牙痛、胃痛，中渚穴统统都管。

有的人手老是攥着、不能伸开，有点像脑血栓的后遗症，这就要经常掐中渚穴，一掐手就张开了。除了掐这个穴位，还要掐十指指缝。这几个缝叫八邪，就是有邪气进去了，所以手才攥住张不开。另外，掐的时候不能生扳手指，否则手指马上就会产生抗力。

4. 激发身体阳气：揉阳池穴

阳池穴是三焦经上的要穴。“阳池”就是蓄积人体阳气的池子。一揉阳池穴，身上的阳气就被激发出来，体内的阳气也会运转起来。

有时候人体的阳气运转不起来，那是因为肚子里有浊气，浊气妨碍阳气的运转。有人说想让气血流通加快，那您得先把浊气排掉才行。“浊气不去，新血不生”，记住这句话。排浊气就要多推腹，或者多揉中脘穴。其实推腹时就把中脘穴顺便也推了，而且还推了肚子上的其他穴位。有的人肚子那里老虚寒，您就拿艾条灸，每天灸中脘穴，同时揉阳池穴，这样身体里的浊气才能散，正气才能进去，气血才能运化起来。

另外，如果觉得还有精力，就再去灸气海穴，这样人体的上下气就全通畅了。当您吃东西不消化，那么在吃饭之前您可以先揪揪阳池穴，吃饭马上就香了。这个方法大家一定要记住，先揉阳池穴激活阳气，然后灸中脘穴、推腹，把浊气排出去。

（二）量大自然增福祉——品味手臂上的三焦经大药

1. 打通胆经、缓解坐骨神经痛、腰痛、肋骨痛、肩膀痛、头痛、落枕：揉外关穴

外关穴在腕横纹上 2 寸处。凡是病证堵塞在经络上不能，像腿上的胆经不通、坐骨神经痛、腰痛、肋骨痛、肩膀痛等循经走的病，都可以揉外关穴，它的作用就像一个总闸一样。外关穴是治疗偏头痛的要穴。经常有偏头痛的人，您会发现痛点基本上都在耳朵上面一点儿，而且这块儿的筋全拧在一起了，这时，您先拿大拇指找到痛点，然后边揉边推，先把里面的筋给推开，再赶紧揉外关穴，头痛马上就能缓解。揉这个穴位时一定要跟三焦经结合在一起，必须让经先通了，穴才能通，就像灯泡要亮，必须整个电线都有电才行。电线没电，无论如何灯泡也不会亮。另外，外关穴还能治落枕。

2. 治便秘、肋间神经痛：揉支沟穴

古人认为支沟穴是治疗便秘的要穴。但现在很多人反馈，说光揉这个穴好像没有什么明显效果，这说明不先打通经络，单用一个穴位效果是不大的。支沟穴治肋间神经痛特别有效。比如您某处岔气了，上下窜着痛，揉支沟穴的偏上部分马上就好。如果偏下部分痛，那就归胆经的阳陵泉管，而支沟穴不管。实际上，三焦经在腿上叫胆经，在胳膊上叫三焦经，它们是一条经，都管岔气，但各管一半。

有的人一敲胆经头就胀，这是胆经的浊气跑到三焦经上来了，所以还得把三焦经给揉开，才不会有不良反应。

3. 治淋巴结核：天井穴

在肘尖上 1 寸处有个窝，就是天井穴。

此穴是治疗淋巴结核的首选要穴。淋巴结核就是中医所说的瘰疬，即脖子、腋窝上长出的好多疙疙瘩瘩的东西，中医管这个叫气结血瘀，就是里面有瘀血、浊气，搅在一起了。此病跟爱生气有很大关系，如果您是一个爱生气的人，赶紧就找天井穴解决吧。

4. 治上火而头痛、头胀、发热、心里烦躁：揉清冷渊穴

清冷渊穴在肘尖的 2 寸处，又叫清冷泉。古人起名字绝对不会瞎起的，为什么叫这个名字呢？顾名思义，这个穴位是祛火的。当您心里着急上火，有气出不去，嗓子也痛、牙也痛、眼睛也痛，眼红目赤的时候，一揉清冷渊火气马上就会降下去，等于是让您跳到“清冷渊”（清冷泉）里面洗澡去了，肯定火就没了。尤其是您头痛、头胀、心里烦躁时，揉外关穴不管用，可以揉清冷渊穴和天井穴，效果立竿见影。

5. 祛湿化痰：揉消泺穴

消泺穴在肘窝往上5寸处。“泺”是浅水的意思，把浅水消掉，人体的湿就去掉了。气郁则生湿、生痰，消泺穴就是祛湿化痰的要穴。

当您生气时，气滞了，血不流动了，体内就会有好多湿气产生，形成水肿，所以刚有一点水时一定要赶紧把它消掉，别让它产生湿气，否则祸害无穷。

6. 治肩膀痛：揉臑会穴

臑会穴是专门治肩膀痛的要穴。

7. 治耳聋、耳鸣、肩颈痛、落枕：揉天牖穴

天牖穴在紧挨耳后斜下方1寸处。当您把头往边上一侧，脖子上就会凸起一条大筋，该穴就在大筋的边缘。天牖穴是治耳聋、耳鸣的要穴，还治肩颈痛、落枕，因为这个穴位正好管脖子和肩膀。对于肩膀痛，如果是小肠经这块儿痛，揉三焦经肯定没用；如果是三焦经这块儿痛，在臑会穴、消泺穴、清冷渊穴、天井穴一揉一捋，痛证会马上缓解。

8. 治耳聋、耳鸣、牙痛、头晕、偏头痛：揉翳风穴

翳风穴在耳垂遮住的凹陷处。除了管耳聋、耳鸣（因为该穴挨着耳朵最近）以外，牙痛、头晕、偏头痛它也管。

9. 负责头部供血、预防脑血管疾病：揉瘈脉穴

瘈脉穴在翳风穴的上边，是专给脑袋供血的。当大脑供血充足了，人的神智就会清楚，当然就不会得脑血管病了。

八、心包经大药房

当人体气郁的时候，郁结的闷气、火气就会从肝、胆两经夺路而上，窜到心包经上来。因为“百病由气生”，所以，把侵入到心包经上的浊气消掉了，也就消灭了百病。

心包经循着胳膊的中线而行，也就是中指对应的这条线，笔直的一条，是从乳房旁到中指间的一个走向。

（一）应无所住而生其心——品味小臂以上的心包经大药

天池穴非常重要，它跟肝经、胆经等许多经相通。当人体气郁的时候，郁结的闷气、火气就会从肝、胆两经夺路而上，窜到心包经上来。

1. 治乳腺增生、乳腺炎等乳腺系统疾病和淋巴结核：按揉天池穴

天池穴在乳头旁1寸处。男士一找就能找到；女士先找腋下3寸处，对着乳房旁边的位置即是。天池穴非常重要，它跟肝经、胆经等许多经相通。当人体气郁的时候，郁结的闷气、火气就会从肝、胆两经夺路而上，窜到心包经上来。

肝经和心包经其实是一条经，都属于厥阴经，在腿上为肝经，在胳膊上就是心包经。如果肝经有瘀血，心包经就阻塞不通了。所以心包经有阻塞，都跟肝经淤阻有关。天池穴就是心包经和肝经交接的点，所以非常重要。

天池穴这个点最容易淤阻。现在好多人有乳腺增生、乳腺炎等乳腺系统疾病，都是首先在这里有淤阻。因为“百病从气生”，所以，把侵入到心包经上的浊气消掉也就消灭了百病。我建议女士们平时一定要坚持每天用掌根转着揉它，顺着它捋，可以很好地防治乳腺增生。天池穴还能治一种中医叫“瘰疬”的病，因为它是心包经、肝经的连接点，肝里的浊气在这里行不通，就会形成血瘀痰结。所以，打通天池穴，实为防治淋巴结核的治本之法。

2. 治胸闷气短、咳嗽和理气化痰：多揉天泉穴

天泉穴是心包经上的第二个穴位。胳膊上有一块肌肉叫肱二头肌，天泉穴正好在肱二头肌的正上面2寸处。有好多人长期感到胸闷气短，到医院一查说是心脏供血不足，这时每天就要坚持揉天泉穴。天泉穴专门治疗那种声音很重浊，觉得是从胸里面憋出来的胸闷咳嗽。总之，天泉穴不仅有给心脏补血之效，还具备理气化痰通经络之功。

3. 治经常胸闷、早期心梗、心绞痛：按心包经的淤滞点

“心包经的淤滞点”是心包经上特别重要的一个穴位，但经络穴位图上面没有，这个名字是我给它起的。它在天泉穴下面靠近曲泽穴1/3的位置，如果把天泉穴和曲泽穴之间分成3份，它在下1/3处。这个阻滞点有什么用呢？如果您经常晚上胸闷，有点早期的心梗或心绞痛、冠心病，按这个阻滞点就会非常痛。这时，一定要把这个阻滞点揉开揉散，要经常揉。让心包经保持通畅，您就根本不用担心得什么心梗。选心包经时，我们通常选择左臂，因为左边离心脏近。另外，每个人的阻滞点略有差别，有人稍微往上1厘米，有人稍微往下1厘米。还有的人甚至整条经都很痛，那就要多揉，不需要特别使劲。揉两天以后，有淤阻的地方会揉出一个大青包。这是堵在里面的瘀血被揉出来了。

还有一种人，医院诊断结果都确定了是心脏有问题，但是他哪儿都不疼，这说明气血堵得很严重。这时，每天一定要从天池穴赶紧推，一直推到淤阻点，每天坚持，当有反应的时候，就证明病情缓解了。怕就怕里面很堵而没有感觉，那就是很严重了。我们平时一定要经常用手检查这块位置，及早发现问题并进行推揉。如果觉得这块轻轻一碰就非常痛，您可以用另一种方法，就是拿刮痧板轻轻刮。堵得厉害的人，不用使劲，一刮就会出痧。如果您使劲刮都不出痧，就说明不能刮。

4. 治长期堵闷、急性胃病、急性胃肠炎：按揉曲泽穴

“泽”是灌溉的意思，也就是给心脏以补养。曲泽是心包经的合穴，合治内府，能很好地调节心包经的整个脏器，心脏有损伤，它也能帮助修复。

如果一揉曲泽穴就很痛，那就证明心包经相对来讲还比较通畅。有很多人揉到曲泽穴已经不痛了，但淤滞点还比较痛，说明都在淤滞点这块儿淤着呢。这时候一定要把淤滞点打通，打通以后曲泽穴就开始通了。

心脏供血不足，也叫心血虚，通常有两种情况，一种是肝气郁结，造成气血堵在半路上，过不来，这叫因淤而虚；还有一种就是心脏本身功能虚弱。曲泽穴对这两种情况都适用。

曲泽穴还可以治疗急性胃痛和急性肠胃炎，一揉就会见效。

（二）若要了时当下了——品味肘部以下的心包经大药

1. 治急性乳腺炎、急性心绞痛：按揉郄门穴

郄门穴比较深，在腕横纹5寸处，一般人通常揉不到这个穴。您可以在用右手拇指点揉左侧穴位的同时顺时针转左手腕，一转这个穴位就揉出来了。郄门穴是心包经的郄穴。因为郄穴都是治急性病的，而心包经又通着乳腺、乳房旁边，所以郄门穴能治疗急性乳腺炎。当急性心绞痛发作时，除了吃药，要赶紧去揉左手的郄门穴。如果您有冠心病，也应该坚持每天按揉。有人问："我拿手拍打行不行？"当然，拍也是一种方法。大家都知道刮痧，其实拍打就是"拍痧"，揪打就是"揪痧"。只要出痧，哪种方法都无所谓。我一个朋友的亲戚，有20年心律不齐的问题，心里经常发慌。他每天就是点揉心包经，但他说根本找不准这个穴位，就是"瞎点"。他对我说："离穴不离经嘛，只要在中间我就点，痛点还挺多的。揉着揉着，别的地方都不疼了，就小臂这块儿有一个痛点。"后来，他找了一个火罐自己拔上了，没多长时间，就出来了非常黑紫的血印，拔了一次以后，心律不齐的问题就一直没犯。我通过这个事例很受启发，事实上，很多病的病根就是因为瘀血淤住了，才会造成不通，您把结点找到，把瘢结去掉就行了，这才是最关键的。像我这位朋友的亲戚，他就是每天很随意地敲，然后找到最痛的点一拔火罐，问题就解决了，就这简单。

2. 治老年痴呆、失眠、健忘、神志不清：按揉间使穴

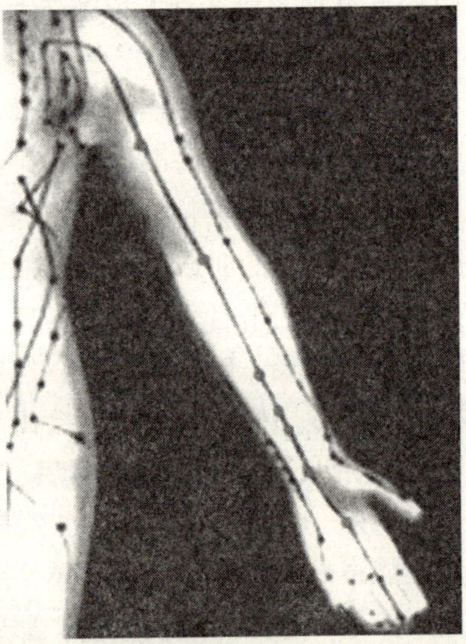

位置：在前臂掌侧面，当大陵与曲泽的连线上，腕横纹上3寸。掌长肌腱与桡侧腕屈肌腱之间。局部解剖：有前臂正中动、静脉，深层为前臂掌侧骨间动、静脉。分布着前臂内侧皮神经，前臂外侧皮神经，正中神经掌皮支，最深层有前臂掌侧骨间神经。

主治：心痛，心悸，胃痛，呕吐，热病，烦躁，疟疾，癫狂，痫证，腋肿，肘臂挛痛。现多用于心肌炎、风湿性心脏病、荨麻疹、癔病、精神分裂症、胃炎、子宫内膜炎等。

刺灸法：直刺0.5~1.0寸。可灸。

"使"是使臣的意思，"间使"是用一个通道传递的意思。心脏在中医里叫做君主之官，它有好多使臣，就是包括间使穴在内的经络穴位，间使穴就是正好能通心窍的一个使臣。如果间使穴跟心脏不相通了，就会产生老年痴呆、失眠、健忘、整天混混沌沌、糊里糊涂、脑中风、神志不清的症状。中医称此病叫痰迷心窍，就是痰把心窍堵住了。间使穴能通心窍、化痰通瘀。过去老年人预防脑梗死、中风，有时候吃一点牛黄清心丸病就缓解了，间使穴就类似这种作用，可以醒神开窍、化痰息风。

3. 治与脏腑相关的病：掐按内关穴

手和手腕之间有一个界限，叫做腕横纹。将右手三个手指头并拢，把三个手指头中的无名指，放在左手腕横纹上，这时右手食指和左手手腕交叉点的中点，就是内关穴。

为说明确切位置，可以攥一下拳头，攥完拳头之后，在内关穴上，有两根筋，实际上，内关穴就在两根筋的中间。内关穴的功效非常强大，凡是跟脏腑有关的病，都可以通过内关穴来解决。它常用的功效有15个：治心源性哮喘、治打嗝、治胃痛、治呕吐、治恶心、治胁痛（肋骨痛）、双向调节血压（高血压降低、低血压升高）、治冠心病、心绞痛、心律不齐（这3种病其实是一个，只不过表现出不同的症状）、治失眠、治抑郁症、治偏头痛、治药物过敏（主要是肠胃不舒服的过敏）、治痛经、治胸口痛、治晕车。

总体来说，内关穴的功效就是心、胃、胸全管。但内关穴不是一个补穴，只是通的效果比较好，有阻滞、觉得不舒服堵了的时候，可以揉内关穴。如果您比较虚弱，没精打采，就别揉内关穴，因为它是用您的气血来通的，一通就要耗费气血。

4. 治失眠、消化不良、急性胃痛、足跟痛：按揉大陵穴

大陵穴位于人体的腕掌横纹的中点处，当掌长肌腱与桡侧腕屈肌腱之间。大陵穴治疗失眠效果最佳，还可治吃完饭不消化。因为大陵穴是心包经的原穴，穴性属土，所以有健脾功效。如果脾虚，它就可以从心包经、从心脏接点儿血过来，帮助运化，有点相当于胃动力药——吗丁啉。该穴还可以治疗急性胃痛以及足跟疼痛。

5. 治上接气喘、中暑、晕车、口臭：按揉劳宫穴

劳宫穴在手的正中心，是人劳累以后去休息的宫殿。它是真正能养气血的大补穴，当您感到虚弱的时候，通常都想吃点儿好的或者补点营养品，揉劳宫穴当时就能补上。爬楼梯、爬山时半截喘上了，这不是哮喘，一般是心脏供血不足，是虚喘，这时揉1分钟劳宫穴就能见效。劳宫穴可以治疗口臭。实际上很多人口臭不是肠胃和牙龈的原因，而是心血管的问题，它的气味是腥味，表明里面有瘀血。这种情况一定要多揉劳宫穴。劳宫穴是心包经上的火穴，就是老给您生着火，给您补足能量。中暑、晕车时，赶紧揉劳宫穴就会有效果。

6. 开窍醒神、祛热清火：推中冲穴

中冲穴在中指指尖上，是专门用来开窍醒神的。它属于井穴，通常到医院针灸科看热病的时候，医生都会在此处点刺放血，祛热清火。

当您心烦有火，或者家里小孩心里有火了，就从中指的指根往指尖上推，这是祛心火的。如果您心急火燎地坐不住时，马上推这里，一会儿就能安静下来。

九、肝经大药房

（一）心火无烟日日烧，足下清静方为道——品味脚上的肝经大药

1. 治崩漏、月经过多等出血症：艾灸大敦穴

大敦穴是肝经的第一大穴位，它在大脚趾内侧的趾甲缝旁边。“敦”是厚的意思，“大敦”就是特别厚。大敦穴又是一个井穴，“井”是源头的意思。

中医讲肝藏血，所以肝经上的大敦穴能治疗出血症，且主要是下焦出血，像崩漏、月经过多等。处理大敦时，经常使用的方法是艾灸。大敦穴旁边有个隐白穴，属于脾经，也是止血的要穴，它们俩通常配合使用，止血的效果最好。灸的时候，先拿指节或指甲掐一下，哪个穴特别敏感就先灸哪个，如果两个都比较敏感就一块灸。

2. 出现牙痛、腮帮子肿、口腔溃疡、鼻出血、舌尖长疱等心火旺的症状：揉行间穴

行间穴在大脚趾和二脚趾缝上。它是一个火穴，肝属木，木生火，如果有人肝火太旺，就泻其心火，这叫“实则泻其子”。行间穴就是一个泻心火的穴位。如果您经常两胁胀痛、嘴苦，那是肝火旺；而像牙痛、腮帮子肿、口腔溃疡、鼻出血，尤其是舌尖长疱，就是心火盛，这时火已经不在肝上，多揉行间穴就可以消火。憋在里面的火，由肝经管；已经发出来的火，则归心经管。大家一定要记住这个。有的人一上火就鼻出血，等于是把火从鼻子里发出去了。但鼻出血也挺吓人的，虽然通过流鼻血保护了身体其他重要的脏器免受损害，但这不是一个正常的通口。这时候就要多揉行间穴，把心火从这里散出去。

3. 排毒：揉太冲穴

太冲穴在大脚趾缝往脚背上 4 厘米处，堪称人体第一大要穴。很多人都认为足三里重要，其实它只是一个保健的大穴。您在什么情况下才能保健呢？得先把体内的浊气、脏东西排出去以后，才能把好东西补进来，如果上来就补是补不进去的。谁是排除体内浊物的最大穴？就是太冲穴。它为什么有此功能？因为肝是人体的解毒工厂，要把体内的毒排干净，想要血清洁，就得把这个解毒工厂建设好，而肝的原穴是太冲穴，是能从源头上解决这个问题的。

中医讲百病从气生，气从哪儿生呢？从肝那儿。气大伤肝，所以您平时一定要少生气，一气病就挡不住了。有时候您不能光解决这个表面的生理症状，真正的病根还在心里结着呢。百病从心生，要想去掉心病，就得去掉肝火，就得增强肝的解毒功能。肝的解毒功能一旦增强了，血液就清洁了，您就不会得高血脂等病了。好多慢性病都出在肝上，只有把肝这个解毒工厂建设好、经营好，人才不会得病。有的人经常头晕，有气无力，心有余而力不足，到医院一查，说是心脏供血不足，但做心电图也没什么事，这其实是肝的功能弱了，肝给心脏补充的气血不足了。中医讲木生火，而肝属木、心属火，木不足火也就不足。当您要补肝，而肝又不受补，一补它就上火时，则说明肝需要调理，调理就是补。肝应该怎么调理呢？别生气就

行了。但现实生活中谁能保证不生气？既然生气避免不了，就要想办法消气，气刚一生出来，赶紧找个通道消出去。这时，就该找自身的消气穴——太冲穴。

当您晚上看电视的时候，把脚抱在怀里，就可以揉太冲穴，一揉气就化于无形之中了。本来有个烦心事，要是以前早跟家人嚷嚷起来了，可是您一揉太冲穴后，突然发现自己的脾气怎么那么好了？甚至有的时候别人存心气您，您都一笑了之。久揉太冲穴后，您会发现自己的心态变得十分平和，看问题和解决问题都跟以前大不相同了。好多人不会揉太冲穴，有的人皮都掐破了，一掐破气更大，把气都撒自己身上了。这就是您的方法不对，您拿指甲掐、搓，肯定会弄破皮。正确的方法是首先把指甲剪平，然后掐进去，仔细找一找最痛的点，把它转移到行间穴上去，因为行间穴是散心火的，一旦火散到行间就基本上发出去了。需要注意的是，揉的时候要从太冲穴揉到行间，可千万别揉反了。

（二）健康有路穴为径——品味腿上的肝经大药

1. 治慢性肝病、肝功能弱等肝病和月经不调：揉三阴交穴

三阴交穴是脾经的穴，但是肝经也从这儿通过。为什么叫“三阴交”呢？因为3条阴经都从这儿通过。所以三阴交穴虽然是脾经的穴位，它也治如慢性肝炎、肝功能弱等肝病。另外，月经不调也可以揉三阴交穴。

2. 治瘙痒、痛经，调和肝胆上的病：揉蠡沟穴

蠡沟穴正好在骨头上，在骨头的正面上，揉到骨头就揉对了。“蠡”在古代是飘虫的意思，“蠡沟”就是有个虫子老在这儿爬。蠡沟穴是治疗瘙痒病的，凡是阴囊湿疹、阴道瘙痒等湿热病，多揉蠡沟穴特别好。月经有问题的女性，蠡沟穴肯定很痛，平常就要多揉揉，把痛点揉散，例假再来的时候就不会痛了。络穴是专治慢性病的，蠡沟穴是肝经的络穴，跟胆经相络，所以它不但能治肝经的慢性病，还可以治胆经上的慢性病，专门调和肝胆。

3. 治急性肋骨痛、急性肝区痛、急性眼睛胀痛：按揉中都穴

郄穴是专治急性病的，中都穴是郄穴，像急性肋骨痛、急性肝区痛、急性眼睛胀痛，一揉中都穴就好。

4. 治肝肾阴虚，祛湿热：揉曲泉穴（杞菊地黄丸与二妙丸的综合体）

“曲”在这里代表肝的意思。有句话叫木曰曲直，说的就是肝。而木的本性是什么？是曲直，就是能直能弯。要是光能直不能弯，这个木头就会折；要是光能弯不能直，这个木头就没劲。肝的习性就像木头的习性一样，是曲直，有曲的习性也有直的习性。想想看，如果光硬不软，有的人就会肝硬化；要是光软不硬，有的人就会一点脾气没有，缺乏阳刚之气。所以，木曰曲直就直接把肝习性说出来了。“泉”是指水，肾主水，水代表肾。因此，曲泉穴是沟通肝肾的要穴。既然能沟通肝肾，曲泉穴就能治肝肾阴虚，相当于杞菊地黄丸。曲泉穴又是祛湿热的要穴，相当于二妙丸。所以揉曲泉穴相当于吃了两味中药，既能滋阴又能祛湿。而现成的中成药里面没有一味药能同时滋阴又祛湿，曲泉穴能一穴两用，功莫大焉。

5. 疏通淤塞气血：揉阴包穴

阴包穴是肝经的一个要穴。有好多人揉了很长时间太冲穴没什么感觉，是什么原因呢？是气血在阴包穴堵住了，没到下面去。所以先要把阴包穴揉开，气血才能抵达太冲穴。

（三）为有源头活水来——品味躯干上的肝经大药

当您不知道五脏该如何调节的时候，就先揉章门穴调节肝脏。把肝脏调节顺了，五脏的功能就都增强了。

1. 总调五脏六腑：揉章门穴

“章”是指贵重的材料，而人体的贵重材料就是五脏。“章门”是脏之会，五脏的气血在肝经章门穴会聚，所以一揉章门穴，五脏的功能都能得到调节。当您不知道五脏该如何调节的时候，就先揉章门穴调节肝脏。把肝脏调节顺了，五脏的功能就都增强了。

2. 心里不舒服、郁闷：揉期门穴

期门穴在乳头之下的位置。如果不好找，可以拿掌根一揉，把痛点给揉出来。如果您心里老是不舒服、郁闷，揉期门穴很快就会好。

十、胆经大药房（上）

说到胆经，先得说一下胆。如果胆有了问题，通常就是胆汁上溢，那早上起来一般会嘴苦。有的人面色看起来好像蒙有一层尘土一样，这就是胆经堵塞了；经常偏头痛、坐骨神经痛或乳腺方面有问题，都是胆经有了毛病；另外，妇科疾病都是胆经所主。有的人一会儿冷一会儿热，也是胆经不调造成的；有的人心里有愁苦的事，经常需要叹气才能缓解；还有的人经常两胁疼痛，这些都跟胆经淤堵有关。

这些症状怎么去治呢？大家要记住：“经脉所过，主治所及。”看胆经的循行位置，它循行到哪里，就治哪里的病。胆经可以治偏头痛、颈椎病、肩膀痛、乳腺系统疾病、两胁痛。另外，股骨头有问题、坐骨神经痛、膝关节尤其是外侧老痛、腿经常抽筋、脚外踝经常扭伤，都是胆经不通造成的。还有，耳聋、耳鸣的位置也是在胆经的循行路线上，胆经也能治。

（一）向上一路，千圣不传——品味头部的胆经大药

1. 治各种眼疾、祛鱼尾纹：按揉瞳子髎穴

瞳子髎穴是胆经的起始点，在眼角旁边一点的凹陷处。“瞳子”就是瞳孔，即黑眼珠；“髎”的意思就是骨头凹陷的地方，即骨缝。由此可见，瞳子髎穴治疗眼睛尤其是眼珠、眼底方面的疾病非常有效，像近视、白内障等跟眼睛有关的问题，都可以经常按揉它来得到解决。经常刺激瞳子髎穴还可以预防鱼尾纹。鱼尾纹增多，原因是胆经气血不足，到不了瞳子髎穴，这里就容易衰老，其表现就是长鱼尾纹。

2. 治耳鸣、耳聋、面瘫：点按听会穴

听会穴在耳垂边、贴着面颊的地方。用食指一点按，这里有一个窝，张嘴时这个窝是凹进去的。“会”是聚焦的意思，“听会”就是把听的注意力集中。有的人因岁数大了，耳聋、耳鸣，这是气血聚不到这里来造成的。每天点按听会穴，气血就会重新汇集到耳朵。气血一充足，原来听不清的声音又能够听清了。还有面瘫，中医一般讲是风证，但这种说法很笼统，我们也不知道这个“风”到底是怎么来的。其实就是人体血少了，上不来了，如果气血能过来，就不会麻痹了。中医有句话叫“血行风自灭”，说的就是这个道理。听会穴既然能把听力聚焦到这里，也就是能把气血调动、聚焦到穴位这块儿，那么平时多揉听会穴，就是把气血引到面部来的一个非常简单有效的方法。一旦气血充足，不光耳朵能听见，面部神经麻痹的问题也能解决。

3. 治头晕目眩：揉悬颅穴、悬厘穴

“颅”就是头颅的意思，“悬颅”就是把头悬起来。什么时候头会感觉悬起来呢？就是头晕目眩的时候。悬颅穴是专门治疗此症的。

“厘”在古代是正的意思。悬颅穴处出现头晕目眩，一揉悬颅穴就正过来了。

4. 治消化不良、酒后头痛、肚子不舒服：按揉率谷穴

率谷穴在耳朵尖上边 1.5 寸处。“率”指直率、率性，“谷”指谷物、粮食。从字面上理解，“率谷”肯定与吃喝有关，比如，吃东西多了会撑着、恶心、呕吐；喝点酒很率性，但醉酒后通常会头痛，痛点就在率谷穴这里。所以，率谷穴专门治疗消化不良、喝酒后肚子不舒服和头痛等症。

5. 治情绪激动导致的头痛、惊恐、癫痫：揉天冲穴

古人把头比喻成“天”，而“冲”是冲撞、矛盾的意思，当人内心矛盾过度就会产生头痛、惊恐、癫痫等问题，这些症状都跟天冲穴有直接关系。所以当心里矛盾激化、有恐惧情绪，到最后出现头痛、癫痫等不适的时候，请赶紧揉天冲穴。

6. 治熬夜、失眠造成的白发：揉浮白穴　浮白穴是专门治疗白发的穴位

人什么时候会长出白发呢？经常熬夜不睡觉或者经常失眠，导致血不养肝、肾阴（肾血）不足的时候就会肝热，肝火就会上来，也就是虚火上来了，头发就白了，这就叫“浮白”。

7. 治各种风证：多揉风池穴

在摸后脑时，会摸到头发边缘有一个凹窝，挺大的，很明显，如果往里一推，就会触到脖子后面的两个硬筋，往上面就是枕骨，用大拇指往里一顶，便会摸到风池穴。“风池”的意思是蓄风的池子。像伤风感冒、头目眩晕、身体发颤、面部抽搐、抽羊角风以及经常扭脖子、眨眼睛等，都属于风证。凡是跟风有关的病证，多揉风池穴就能缓解。

（二）想成将军，先有胆气——品味躯干上的胆经大药

1. 治痛证、乳腺疾病、淋巴结核：按揉肩井穴

将大拇指放在肩上，贴住脖子，中指所点的位置就是肩井穴。“井”字给人的

感觉是四通八达，上下左右全出头。肩井穴也的确是一个四通八达的通经活络之要穴。肩井穴是好几条经循行经过的点，本属于胆经，而后背的三焦经通过这里，胃经从这里穿梭，大肠经也从这里经过，好多经都在此会聚。所以其他经有了问题，揉肩井穴也管用。肩井穴是治疗痛证的要穴，像牙疼、头痛（尤其是属于胆经的偏头痛）都能治。而它又连着胃经，所以胃经眉棱骨痛也能治。肩井穴最能有效治疗的是乳腺炎、乳房痛等乳腺方面的疾病。胆经循行的位置，正好从乳房旁边转一圈，所以女性如果乳房胀痛、乳腺有一些增生，肩井穴应该是比较疼痛的。这时，赶紧多揉肩井穴，把它揉到不疼痛，这些让女性害怕不已的问题就没有了。

肩井穴还是防治淋巴结核的要穴。现在得淋巴结核的人非常多，这是由于肝中的郁结之气顺着胆经宣泄不出去（胆经通肝，肝胆相照）、堵塞在里面形成的。

2. 治乳腺增生、肋间神经痛、腋窝出汗：多揉渊腋穴

先摸到腋窝，向下4个横指也就是3寸处就是渊腋穴。可以用食指或中指来点按。如果揉按没劲，不妨做个“工具”：伸出中指，将食指搁在中指的上面，然后把大拇指搁在中指的下面，这就形成了一个“按摩棒”，用此点按就会特别得劲。渊腋穴是防治乳腺增生的一个要穴。渊腋穴治肋间神经痛特别有效。有的人腋窝老爱出汗，而且汗特别多，那么平常多揉揉渊腋穴，就可以起到止汗的作用。

3. 养筋护肝、行气化瘀：揉辄筋穴

在中医传统文化里面，有时候文字的含义就代表穴位的含义，它们是相通的。如“辄筋穴”，“辄”就是过去马车两边的挡板，您坐在马车上，怕摔着，就得扶着旁边的挡板。我国有一个成语叫动辄得咎，是说稍微动一动就犯错误了，您就在那儿呆着别动，坐在马车上不能扶东西，就算车子把您晃悠出去，您也不能扶，您稍微一扶着，就叫动辄得咎。“辄筋”就是筋的两块挡板，就是护着筋的意思。为什么要护着这条筋？中医讲肝主筋，所以辄筋穴其实就是护肝（防治肝损伤）、养肝、养筋的穴位。有人说，不如直接起名叫“辄肝”不就完了嘛？但“辄肝”太狭隘了，听起来像只管肝的事。而在中医学里，肝的外延很大，它管筋、管风证，管胆，“辄筋”能把肝的外延全包括进去。既然过去有个成语叫动辄得咎，动一点儿都不行，我们现在也可以活用一句“成语”，叫“动辄得健”，即一动辄筋穴就得到健康了。为什么肝和筋会出现问题？关键是气郁不舒。所以为了让自己的肝好筋强，您平常就应该时时把心里的郁结之气给散掉，也就是经常推推这个穴附近有硬筋的地方，把它推散了就好。推的时候要从渊腋穴往乳下辄筋穴的方向推，经常用4个手指肚捋捋。爱生气的人、心里有委屈气郁的人，这里会很痛，您就捋吧。这里是最容易堆积浊气的地方，里面有好多硬筋，好多人一揉就会打嗝，每天坚持揉下去，您想气郁都难。

4. 有胆囊炎、胆结石：多揉日月穴

有人说太阳和月亮是互相对照的，在中医看来，肝就是日、胆就是月。日月穴上边有个期门穴，是肝经的募穴，“募”就是募集、募捐的募，汇集的意思。肝的气血在期门穴汇集，胆的气血在日月穴汇集。胆和肝的关系，就像日月的关系一样，是从属的。而日月穴相对于期门穴来讲，也是一个从属关系。找日月穴时，要先找到心窝下边，乳房旁开4寸就是，它在乳头的内侧。有人说怎么都找不着这个穴位。没关系，您用掌根揉，绝对能揉到一个特别痛的点，痛点就是日月穴。只要是胆经淤阻的问题，像胆囊炎、胆结石等，日月穴都会有很明显的痛点。多揉揉它，就可以防治。

5. 胆经上的补肾大穴：京门

找京门穴的时候，最好用敲打法把它敲出来，用手指骨节硌侧面那个位置，如果很敏感就是该穴。但是要记住，此穴是在骨头的边缘，不在肉上，在对应着大腿两侧的高点处。京门穴虽然在胆经上，但它是肾经的募穴，肾气很容易在这里汇聚。所以肾虚、肾气不足的人，如腰酸、腰痛的人，平时要多揉揉这个穴。揉的时候要用指节骨头来揉，揉之前如果怕找不准穴位，就先敲一下这个位置，一敲就能找到，然后使劲揉，把这个痛点给揉散。

6. 减肥，治前列腺疾患、便秘、偏头痛、乳腺增生、妇科病：斜推腹、敲带脉

带脉、五枢、维道、居髎这几个穴位没有一个是好找的。就像带脉穴在与肚脐眼相平的腰侧位置，有的肥胖者根本找不着，而且它很不敏感，按它的时候只是按在皮上。到了五枢穴、维道穴、居髎穴就不用找了，因为既不好找也不好揉。但有一个方法可以把它们的作用全发挥出来，这就是推腹法。要侧着推，往中间推，往大腿部推。有前列腺病的人，从斜的方向多推是最好的。对京门穴、带脉穴、五枢穴、维道穴、居髎穴这一块儿，还有“敲带脉”的一招可以全部搞定。晚上睡觉前平躺着放松，想象身体如烂泥一样，您就敲肋下两边，除了京门穴边上的骨头敲一敲，肋骨以下、胯骨以上有赘肉的地方（也就是俗称“草帽圈”和“游泳圈”的地方）也要敲。每次敲二三百下，手一酸、浑身都累了，也就想睡了。“敲带脉”一法年轻人特别感兴趣，通常敲两周以后就能看出有明显的减肥效果，原来裤子挺紧的，现在可以塞个拳头进去了。对于老年人来说，“敲带脉”可以增强大肠蠕动，治疗便秘。因为按解剖学来讲，带脉的位置一边是升结肠、一边是降结肠，一敲就能振动大肠使蠕动加快，而且这几个穴位都在胆经上，敲打它们，胆汁分泌得就多，就能够增强代谢，使大便通畅，原来两天一次大便，现在变成一天两次大便了。如果长期便秘，敲带脉穴还有一个即时的效果，就是当您因中气不足而满头大汗、半天也解不出大便时，您就马上开始敲，头两天不会感觉有什么效果，等敲1周以后，敲出一种条件反射来，再敲时大便就会很通畅了。这是老年人防治大便不通的最简捷方法。敲带脉穴还可以马上缓解偏头痛。带脉区上边通着乳房，把此处敲通了，上边的淤阻就化解开了，所以敲带脉可以让人心情舒畅，防治乳腺增生。敲带脉治妇科病也非常见效，可以改善痛经、月经不调等很多女士的难言之隐。

7. 治高血脂、水肿、静脉曲张：多敲环跳穴

环跳穴在臀部上。它不光是胆经的穴位，还通着膀胱经，是膀胱经和胆经交会的穴位。膀胱经是人体最大的排毒通道，敲打时的姿势应该是趴着。您这么一敲就把身体的下水道给弄通了，那些引起高血脂、水肿、静脉曲张的脏东西就排出去了。

十一、胆经大药房（下）

1. 治风证、失眠、腰酸、腰胀痛：风市穴

风市穴跟风池穴有异曲同工之妙：风池穴是蓄集风的池子，各种风在此汇集；风市穴是风的市场，各种风也在此汇集。而且大腿正好是气血最旺、通道最宽的地方，所以敲打风市穴对改善胆经的循环效果非常明显。有人说风市穴不好找。可以用一个简单的方法：取站立姿势，手自然下垂，中指尖对应的大腿外侧位置就是风市穴。风市穴是治疗风证的大穴，诸如伤风感冒、身体抽搐、羊角风、癫痫病、帕金森这些跟震颤、摇动、抽搐有关系的都是风证，还有人老眨眼睛、肌肉老跳动、高血压、身上起疹子、皮肤瘙痒也属风证。有这种情况的人，每天坚持揉揉风市穴，效果会非常好。

老年人手没劲，那就敲打胆经，主要就是敲打风市穴和它下边的中渎穴。您可以从环跳穴以下开始敲到中渎穴，没事儿坐那儿就可以敲。风市穴可以治疗失眠症，但不适合用敲打的方法。因为一敲，胆经的气血就开始流动起来，越敲越精神，您更睡不着了。那用什么方法合适呢？在此处拔一个罐，所有的气血就都汇集到这里了。所以，您要想把血引过来就拔罐，您要想让气血流通起来就敲，效果是不一样的。如果是腰胀痛，就不能拔罐。因为本来气就淤在这里出不去，不是气少而是气多了，您再来一个罐，气都聚在这儿，更直不起腰来了，这个时候您应该把它揉散。总之，如果在风市穴拔罐，过 10 分钟您也许就会犯困，打哈欠了；而如果敲一敲，精神头就来了。这就是方法的重要性。

2. 治胆经淤塞、胆结石、胆囊炎：敲打中渎穴

“中”指中焦，“渎”指水沟，“中渎”是指人体中焦有一个容易形成淤阻的臭水沟，也就是胆囊的位置。如果胆汁流通不畅、堵住了，就会嘴苦、两胁胀痛、头胀、乳房胀痛，有些人甚至出现胆结石、胆囊炎这此症状。中渎穴就是能疏通淤阻的一个要穴。平常如果多敲这个穴位，您肯定不会得胆结石、胆囊炎。而胆囊有问题的人，按这个穴肯定很疼，每天坚持敲打，就可以缓解胆绞痛、胆结石、胆囊炎的症状。有的人胆囊切除了，再敲中渎穴是不是就没用了？正相反，这时候更有用。原因是手术只是把局部有形的病灶切掉了，但不能保证不再形成淤阻，因为淤阻是肝脏里面的毒素排不出去造成的，所以您更应该疏通胆经。还有，胆囊虽然切除了，但胆经还仍然相通，经络并未受到损伤，所以不仅可以接着敲，而且还更应该多敲。

3. 治膝盖痛：敲敲膝阳关

膝阳关，顾名思义，就是专门治疗膝盖痛的。

4. 治抽筋、扭筋、月经不调、岔气、肝胆有郁气：拨动阳陵泉穴

每个人身上都有宝贝，阳陵泉穴就是其中的一个。它是胆经的合穴，合治内府，专门调节胆囊的功能，而且对整个胆经都有很好的调节效果。它又是筋之汇，所有的筋都在这里汇集。抽筋、扭筋，只要跟筋有关系的毛病，都可以揉阳陵泉来解决。阳陵泉实际上相当于一味叫“逍遥丸”的中药。有好多女士月经不调，到医院去了，来点儿逍遥丸一吃就逍遥了、高兴了，其实就是这个原因。病因就在这个名字里，因为气郁才造成月经不调，吃上几粒逍遥丸心里就愉悦，气就散了。拨动阳陵泉穴，就可以起到逍遥丸的作用。这个穴位通常用按摩的方法效果不佳，要拨动才行。首先，在膝盖下外侧旁边有一个高出来的小骨头，往下一摸便能摸到，阳陵泉穴就在这个骨头下缘的边上。用食指按住它，像拨动琴弦一样，此处有一根筋，反复拨动几次，就开始有麻的感觉了，一旦麻感到了脚面，这条胆经就通了，效果是最好的。

举个例子，比如您的肋骨这块儿岔气了，吸一口气都不行，这时赶紧拨动阳陵泉穴，两分钟后就好了。还有抽筋，拨动阳陵泉穴马上就好。

有人早上起来老嘴苦，这是胆经淤阻、胆汁上溢了，那么您应该在睡觉之前拨动阳陵泉两分钟，第二天早上嘴就不苦了，这是治嘴苦最好的方法。

有的人经常肩膀发紧，觉得肌肉都绞在一块，甚至跟绑着似的，这时候需要多拨动阳陵泉穴。有的人经常觉得心里不舒服、老想哭、老有委屈，这是有气结在心里，拨动阳陵泉穴会觉得情绪好很多。有的人敲打胆经以后会睡不着觉，气都往上跑，不往下走，您赶紧拨动阳陵泉穴，胆经的浊气就会直接跑到肠胃上去，而不会顺着三焦经跑到脑袋上。这时您会发现一个情况：肚子突然胀起来。其实这是一个好现象，这是肝胆里面的郁结之气跑到肠胃上来了，您这时就会有一个感觉，要放个屁才痛快。这个时候赶紧推推肚子，或者熬点萝卜汤喝，把屁放出来，然后再接着拨动阳陵泉，里面的浊气就都排出来了。

人生在世，谁都难免一肚子浊气。生了半辈子的气都在肝那块儿藏着呢，藏得太多发泄不出去，到胆那块儿堵住，就成了胆囊炎、胆结石。所以我们一定要及时地把浊气排出去。而且，肝脏跟外界没有通路，它只能借助胆经这条经络，然后顺着肠胃，通过打嗝、放屁的形式出去。阳陵泉就是与胆经和肠胃相通的一个枢纽。拨动阳陵泉穴时，如果开始拨不通、腿脚不发麻也没关系，可以先多敲打小腿部分的胆经后再接着拨动。

5. 头疼、乳腺疼等胆经循行线上的急症：点按阳交穴、外丘穴

阳交穴、外丘穴是两个并排挨着的穴位。有时候点按往往会点错，不过没关系，这两个穴位的性质、效果都一样，您觉得哪个敏感就点哪个。它们都是胆经的郄穴，专治急症，所以凡是胆经走向上的突发头痛、乳腺痛、坐骨神经痛都可以揉阳交穴或外丘穴。

6. 眼病、慢性头痛：揉光明穴

光明穴在脚外踝尖上 5 寸处，是治疗眼睛疾病的要穴，有关近视眼、老年白内障、青光眼、视神经的问题它都管。它还跟痛证有关系，尤其善治头痛。光明穴是胆经的络穴。“络”就是联络，光明穴是跟肝胆经相通的穴位。络穴都治慢性病，久病入络，所以像慢性胆囊炎、慢性肝病都跟光明穴有关系。

7. 头痛、腰痛、颈椎病、关节炎等与骨头有关的疾病：揉悬钟穴

悬钟穴在外踝前缘上 3 寸处。“钟”在古代有两个含义：一个是大钟，还有一个是铃铛。“悬钟”的意思就是古时候给小孩子腿上挂了好多小铃铛，挂的位置就是悬钟穴。悬钟穴是人体的髓之会穴。人体有好多会穴，像阳陵泉穴是筋之会，所以有筋在那里汇集，而悬钟穴是髓之会，骨髓在这里汇集。人体什么地方骨髓最多？是后边的脊椎，所以脊椎痛时要揉悬钟穴。做了腰穿检查后，要揉悬钟穴来赶紧修复一下，它可以调动、增强人体骨髓的储备。而且胆经主骨所生病，头痛或酸胀、腰椎痛、颈椎病、关节炎等跟骨头有关的病，胆经上的悬钟穴都管。其中腰痛有多种，有的是两侧痛、两边肌肉痛，有的是中间骨头痛，悬钟穴专管中间骨头痛，尤其是痛点不在表面，好像是骨头里边的骨髓痛，这个穴就更管用。而腰椎方面的疼痛除了揉悬钟穴以外，还要揉肾经的太溪穴、复溜穴，如此配合起来效果才最好。

8. 治嗓子红肿、咽喉肿痛、牙痛、眼睛发红上为之症：揉丘墟穴

丘墟穴在外踝骨的前缘，它是胆经的原穴。丘墟穴专门治疗各种上火之症，也就是西医所说的发炎症状，比如嗓子发炎、咽喉肿痛、牙痛发炎、眼睛经肿发炎等。在足底反射区，丘墟穴相当于上身淋巴反射点。如果是头痛和乳房痛的炎症，跟它就更有关系了。以上这些穴位都掌握了，基本上胆经的功能就可以熟练运用了。荨麻疹按摩哪个穴位比较好？荨麻疹按中医说跟风有关系，所以要多揉胆经上的风市、风池，然后再多揉揉肝经的太冲穴。

十二、脾经大药房

如何健脾呢？除了采用平常喝山药薏米粥、冬天吃大枣等食疗方法，或吃些参苓白术丸、人参健脾丸、补中益气丸等常用健脾中成药，有没有一劳永逸的好方法呢？通过饮食来健脾，的确是不错的方法，但是有好多人不适应或不吸收，怎么办呢？其实，最安全有效且持久的方法就是揉脾经。在中医理论当中，脾的功能非常强大，被称为后天之本、气血生化之源。所以，运用经络健脾法就可以迅速增强人体的气血，为防病治病储备最大的能量。所以，要想祛除疾病，永葆身体健康，就得随时把新鲜气血输送到身体的各个部位，让血液总是保持一种快速周流的状态。没有瘀血的堆积，身体就不会生病。

其实，任何疾病，都是在人体内有瘀血的情况下生成的，而脾正好具备了生成和运输新鲜气血这两大功能。只要把脾养好了，就可以百病不生，即使有病也会很快痊愈。

（一）气血充盈邪无踪——品味脚上的脾经大药

1. 治各种出血症、慢性鼻炎：艾灸或点掐隐白穴

脾经的循行是从脚到胸，隐白穴是其第一个穴位，它在大脚趾趾甲旁约 1 毫米的位置。隐白穴最主要的功效是止血，对各种出血症状都能有效地缓解。刺激隐白穴，通常是用艾灸的方法，就是拿一个艾条点燃，灸这个穴位。如果没有艾条，也可以用一根香烟来代替，同样有止血的效果。隐白穴还有一个功效，就是通鼻窍、治疗慢性鼻炎、鼻出血。治疗鼻炎的时候可以点按。这个穴位不太好找，因为它特别小，通常要用指甲掐一掐才能掐到这个穴。用指节尖点它，或者找个细一点的按摩棒来点按，效果都很好。

2. 治缺钙引起的肌肉萎缩、骨质疏松、腰腿痛以及颈椎病、糖尿病、消化能力弱：按揉大都穴

从隐白穴往上，大脚趾根的位置就是大都穴。大都穴对于老年人来讲特别重要，因为这是一个补钙的要穴。可能有朋友会说，要补钙，吃点钙片不就完了吗？不错，吃钙片是会有些效果，但是您知道为什么会缺钙吗？不是因为补得少，而是因为体内不吸收，这才是缺钙的真正原因。而您只要揉一揉大都穴，就能帮您吸收钙了。有些朋友喜欢做足底按摩，其实大都穴就相当于足底反射区上的甲状旁腺，而甲状旁腺正是吸收钙的。大都穴除了可以补钙之外，还能治疗肌肉萎缩、骨质疏松、腰腿痛。当然，这些症状也都是因为缺钙引起的，所以您只要记住大都穴是一个补钙的要穴就行了。另外，有颈椎病的人也要经常揉一揉大都穴，再在这个穴的旁边找一找最痛的点去揉，这样珠联璧合地配合起来治疗，效果就会更好。

3. 治睡觉流口水、舌两边有齿痕、消化不良、手脚冰凉、月经淋沥不尽、头晕、糖尿病等脾虚引发的病：用拇指内侧多硌太白穴

太白穴是脾经的原穴，健脾补脾的效果比其他穴位都强。很多朋友都存在脾虚的症状，比如，夜里睡觉老流口水（这叫脾不摄津，就是脾不能收摄这些津液，它自己流出来了）；舌头两边有齿痕；吃完东西不一会儿就腹胀，消化不良；手脚冰凉，血液循环不到末梢；女性崩漏，月经淋沥不尽，不能收摄；因为气血上不到头部而头晕，等等。这些症状都是脾的运化能力差造成的。尽管脾虚的症状有很多，但多揉太白穴全都可以防治。因为它是原穴，是主管脾经上各个问题的。揉太白穴有个方法，就是用大拇指的内侧多硌它，这样健脾的效果才好。另外，揉太白穴还可以调节血糖，治糖尿病。

4. 治消化不良、胃反酸、妇科病：揉公孙穴

从太白穴往上 1 寸就是公孙穴。公孙穴的功能非常强大，既可以调动脾脏、脾经的运血能力，把血液输送到全身去，是一个疏散点、一个枢纽；又可以帮助调节身体上由于气血淤滞造成的各种症状，综合起来，就是通气、活血、解瘀。如果您有妇科方面的问题，请每天揉揉公孙穴。另外，公孙穴可以抑制胃酸，如果您出现出酸水的情况，赶紧揉一下公孙穴，很快就会好转。公孙穴还可以增加小肠蠕动，增强消化能力，如果吃完东西不消化，也要赶紧揉揉它，很快就会往下运化了。

5. 人体自有的消炎大药：商丘穴

在内踝骨的前缘偏下一点，就是商丘穴。该穴正好对应于足底反射区中的下身淋巴反射区，因此可以治疗各种炎症。同时，它又提示了一个医理：炎症一般是由细菌感染引起的。但为什么揉这个穴还能消除炎症呢？这是因为脾是管运血的，它能把新鲜血液运到病灶上去，脏东西被清走后，炎症自然也就消除了。脾经上的穴位都是帮助血液循环的，能把新鲜血液引到病灶上去，所以商丘穴可以消除下身的各种炎症，如膀胱炎、尿道炎、盆腔炎等。我们一定要多揉揉商丘穴，把气血引下来。同时还可以做跪膝法、揉其他穴位，效果会更好。

（二）为先天之本添砖加瓦——品味腿上的脾经大药

1. 治肝、肾、脾上的病证及妇科病：刺激三阴交穴

三阴交穴在脚内踝上 3 寸，也就是四横指的地方。“三阴交”就是肝、肾、脾 3 条阴经交会的点，所以这一个穴位就可以治 3 条经上的病证，真可谓一穴多用。三阴交穴还是妇科病的通治要穴。无论妇科问题是发生在附件、子宫、卵巢还是乳腺，都可以用三阴交穴来治，而且有病时按揉该穴会非常痛、非常敏感。每天多揉揉三阴交穴，就可以解决这些问题。按三阴交穴还可以缓解痛经。

2. 治不消化、男性前列腺问题、腿肚子酸痛：点揉漏谷穴

从三阴交穴贴着脚骨内侧下缘往上 3 寸，就是漏谷穴。漏谷是谷子漏出来的意思，也就是吃下肚的东西，没能得到很好的消化，营养没吸收，又排出来了，这叫做“完谷不化”。而多揉漏谷穴就可以治疗。漏谷穴还可以治疗小便不利，对男性前列腺问题很有疗效。很多朋友整天上完班回到家，觉得腿肚子酸麻胀痛，放到哪儿都不合适，这时您就需要多揉漏谷穴，在白天的时候就点揉，尤其是在上午 9 点到 11 点脾经气血最旺的时候揉。这样晚上回到家时，腿就不酸了。

3. 治慢性胰腺炎、糖尿病：揉地机穴

贴着胫骨往上走，与腿肚子上的最高点正对着的地方就是地机穴。“地机”就是大地充满生机的意思。因为脾属土，土属大地，而且人体的后天之本都靠脾胃来供应，所以揉地机穴可以增强整个肠胃的运化功能。地机穴对胰腺很有帮助，像慢性胰腺炎、糖尿病都可以通过揉地机穴来防治。

4. 祛湿，治各种炎症、水肿：揉阴陵泉穴

顺着胫骨一直往上，捋到膝窝下卡住了、捋不动了，那个地方就是阴陵泉。该穴是一个祛湿的要穴，而人体湿气大就容易滋生细菌，引起水肿，以及各种炎症，包括皮炎、皮疹等。另外，脾是生痰之源，是管湿气的，如果湿气多了运化不出去，就会变成痰饮。所以，要从根本上解决生痰的问题就要健脾，而每天坚持多揉阴陵泉穴就好。

5. 专治瘙痒、调节血液循环：揉血海穴

血海穴又称百虫窝，意思是有一百个虫子在那儿扎窝。它是专门治痒痒的穴。老年人身上经常瘙痒，用艾条灸一灸血海穴就能很快止住。这个方法效果最好，而且很方便。

“男子主气，女子主血。”女子以血为先，所以她们身体里的血一定要充足。血海穴可以调配人体的血液，把多余的血分配到少的地方去，把淤滞的地方给疏散开，其功效相当于足三里穴。只不过一个是补气的，一个是调血的，但都是增强人体免疫力的治本大穴。

6. 胖人减肥，瘦人增肥：推小腿脾经

如果在推小腿的过程中发现痛点正好压在脾经上，那一定要多揉小腿脾经才真正管用，也就是找到小腿脾经上的阴陵泉穴、地机穴、漏谷穴、三阴交穴这 4 个穴位去推。如果找不准，也不想记得那么详细，您就索性顺着胫骨内侧边缘上下推。

哪个穴敏感，哪个穴痛，您就多揉哪个穴。有人不爱吃饭，特瘦，还能揉小腿脾经吗？我说，怎么不能！实际上，揉脾经既管胖也管瘦。揉它可让瘦的人长胖、胖的人减肥。总之，揉完后任何人都会感到欢喜。

（三）不给疾病任何藏身之地——品味胸腹部的脾经大药

1. 推腹法：腹部的脾经穴位一把推

脾经还有好多穴位都在肚子上，推腹就全给推了。它们通常都在人体中线旁开4寸的位置上，如果这个位置上有痛点，您就知道是脾经上的问题了。

2. 治急性扭伤：按揉大包穴

大包穴是脾经的最后一个穴，在肋骨这块儿腋窝直下6寸处。“大包”就是“大包大揽”的意思，比如急性腰扭伤、急性脖子扭伤、急性肋间神经痛，大包穴都能治。长在舌头上的口疮，揉心经上的少海穴可以消除；长在嘴唇上的口疮，多揉小腿脾经上的穴位就可以解决。

十三、胃经大药房（上）

胃经这条经络很长，它从头到胸、腹、大腿、膝盖、小腿，最后直达双脚。如果它畅通无阻，不但能让人睡得香，胃口好，脸色红润，还能让人返老还童。胃经，顾名思义，是管理胃肠功能的。胃肠功能一旦失调，事个人就会虚弱下来。在日常生活中，如果某个人爱吃、能吃，而且消化特别好，大家就会说他有口福。而有的人虽然能吃，吃下去的东西却停在肚子里不消化；有的人吃一点儿就肚子胀；还有的人不论对酸的、辣的、凉的、硬的都非常敏感，沾一点儿肚子就不舒服。这些不仅是肠胃问题，还会影响睡眠，并且最终影响整个人的心情和精神状态。

（一）饮半盏当知江河滋味——品味头部的胃经大药

1. 治迎风流泪、流泪控制不住、青光眼等：按揉承泣穴

承泣穴是胃经的第一个穴位，离眼睛非常近，就在眼眶处。“承”是“承接、承载”的意思，“泣”就是哭泣。当您眼睛累了、迎风流泪、流泪控制不住、有青光眼等毛病，承泣穴就可以向您伸出求援之手。有人眼睛老眨巴，眼皮平白无故地跳。对这种情况，有的人比较迷信，说眼皮跳是有讲究的，“左眼跳财，右眼跳灾”。所以眼皮一跳，心里就嘀咕。如果是左眼皮跳还好，右眼一跳，心里就慌了，总觉得有灾祸要发生。现在知道了这个承泣穴，您就有办法了：如果左眼皮跳，咱甭管它，发财嘛，巴不得呢；如果右眼皮跳，您心里慌，那赶紧揉右眼下边的承泣穴，您一揉，眼皮就不跳了，这灾也就过去了。所以，揉穴位不仅能防病治病，还能消灾，挺好！

2. 治黑眼圈、老花眼、眼睛痒或胀痛、三叉神经痛：每天按揉四白穴

看东西特别清楚，在成语里叫做“一清二白”。“白”是看得清楚，“二白”是看得很清楚，那“四白”就是看得更清楚了，所以四白穴是一个明目穴。记得上小学的时候，课间大家都要做眼保健操，其中一节就是按揉四白穴。因为四白穴对防治近视眼效果非常好。因为近视是眼部气血不足造成的，而胃经本身又是多气多血之经，气血非常旺盛，四白穴又在胃经的上部，所以刺激它能最快捷地调节眼睛周围的气血运行。另外，脸色不好、头部气血不足等症状，都可以通过按揉四白穴来改善。黑眼圈就是胃经气血不足、眼睛周围的陈血没有被及时疏通走、好血没有及时过来造成的，这时候点揉四白穴，把气血引到眼眶四周，黑眼圈就没了。归纳起来，上学的孩子可以用四白穴来治疗近视，成年人可以用来防治黑眼圈，老年人可以用来防治老花眼。如果眼睛老发痒或者胀痛，揉四白穴效果十分好。还有，四白穴正处在三叉神经上，所以还对三叉神经痛有一定的疗效。

3. 治面部神经麻痹、三叉神经痛、中风、嘴肿、嘴破：按揉巨髎穴

顺着四白穴往下走，到鼻翼，也就是鼻孔旁边，有一个穴位，叫巨髎穴。巨髎穴主要治疗面部神经麻痹，而通常的面部神经麻痹就在此处发生。有中风先兆的中老年朋友要常揉这个穴位。按揉巨髎穴还能防治三叉神经痛。有些朋友嘴唇爱肿，还容易破，多揉揉巨髎穴也可以预防。

4. 治牙痛、口眼歪斜（面部神经麻痹）、睡觉爱咬牙、磨牙：按摩颊车穴

使劲咬一下牙，面部会有一块地方凸出来一个包，那是咬肌，咬肌上有个窝儿就是颊车穴。颊车穴与嘴角处在一条平行线上，上边垂直于鬓角。一般人按颊车穴时，都会比较酸痛。“颊车”的意思是面颊处停着一辆车，即古代的那种小推车，而下颌骨侧面的形状就像这个小推车，所以叫做颊车穴。颊车穴可以治疗口眼歪斜，即面部神经麻痹，还能治疗牙痛。如果在治疗牙痛时，再配合手上虎口处的合谷穴，效果会更好。有些朋友夜里爱咬牙、磨牙，那么睡觉前可以先揉揉颊车穴，能很好地缓解“咬牙切齿”的状况。

5. 治耳鸣、耳聋、三叉神经痛及胃经、胆经疾患：按摩下关穴

沿着颊车穴往上，走到耳朵前边，用手摸有一个凹陷，一张嘴这个凹陷里面就有一个包被顶出来，这个包就是下关穴。由于离耳朵比较近，又是胃经和胆经的交会穴，所以下关穴可以通治胃经和胆经两条经上的病，像胆经上最常见的问题——耳鸣、耳聋，按揉它都会有很好的疗效。下关穴还可以治疗三叉神经痛以及牙痛。

6. 快速缓解头痛、头胀、发懵、眉棱骨痛、太阳穴痛：按摩头维穴

头维穴在额头上，距额头角一横指（1.5 厘米）处。“维”是思维的维，在古代意为大绳子。“头维”就是形容头痛的时候，好像有绳子或者布把脑袋裹上了一样，因此这个穴位专门治疗这种头痛如裹的病。很多朋友都有类似这样头痛、发胀、发懵的时候，遇到这种情况，一定要多按一按头维穴，症状会缓解很多。有的人眉棱骨或者太阳穴总是莫名其妙地痛，按头维穴也马上有很好的效果。

（二）无病第一利——品味颈胸部的胃经大药

1. 缓解心理压力、降高血压、祛斑、祛黑眼圈：抚摸人迎穴

人迎穴在喉结旁开两横指（1.5 寸）处。在喉结旁边一摸，有动脉在跳，这个地方就是人迎穴。一般脖子上的穴位我不建议大家去按揉，因为脖子比较稚嫩，而且血管都从这里经过，按摩时压迫它，很容易引起咳嗽，反而会不舒服。那么，真需要在脖子上按摩的时候，应采用什么方法呢？我建议大家用抚摸法。脖子是人体流动比较旺盛的地方，它一般不会有经络不通的情况，所以没必要强刺激它，平常只要抚摸它、捋顺它，帮助它疏通就行了。疏通人迎穴时，不要使劲去点，否则容易咳嗽。要用手轻轻地往下抚摸，抚摸的时候心情要非常放松。然后吸两口气，吐一下，吸一下，再吐一下，一定要保持很放松的状态。人迎穴是缓解心理压力的一个最好的穴位。人迎穴还是防治高血压的一个要穴。每天按摩它几分钟，对中老年人效果非常好。此穴更是一个美容的要穴。如果有人脸上红润光洁，不长斑、没有黑眼圈，是什么大原因呢？就是此人胃经的气血比较旺盛，能上行到脸上去，而人迎穴正好是胃经上很重要的一个通路。经常捋捋这块儿，捋的时候深吸气，非常放松地去做，捋完后眼睛就会感觉明亮。这就是气血循胃经上行补到眼睛这块来了。

2. 开胸顺气，防治乳腺增生：在缺盆、气户、库房、屋翳、膺窗、乳中等穴位上一推而过

在胃经胸腹这块儿的循行路线上，穴位非常多，密密麻麻的。如果单就某个具体的穴位来按摩，根本就不好找。因为有这个麻烦，好多人就知难而退了。当然我们也确实没有必要给自己找麻烦，最简单的方法就是一带而过。因为这几个穴位都在一条线上，而且都紧挨着。缺盆穴往下就是气户穴、库房穴、屋翳穴、膺窗穴、乳中穴，用大拇指从上往下一推就行了。这一推，不仅有开胸顺气的功效，而且还可以防治乳腺增生。

（三）甚爱必大费，多藏必厚亡——品味腹部的胃经大药

1. 无浊一身轻：推揉腹部胃经

从缺盆穴到乳根穴的这段胃经，距离人体正中线是4寸；而从不容穴到气冲穴这段胃经，距离中线是2寸。为什么叫“不容”呢？就是有人吃完饭以后下不去了，所以叫“不容”。从不容穴开始，到肚脐眼下面的气冲穴，这条线上的众多穴位我们都不用去按揉，因为它们都特别的软，按摩不好使劲，不容易按摩在点上，尤其是身体比较胖的人更难。那怎么办呢？可以用另一个方法——推腹。推腹可以把经过肚子的好几条经络都推了，而这其中最主要的一条就是胃经。胃经上的问题最多，推腹时推到的阻滞点通常都压在胃经上。肚子上的胃经怎么推呢？用两个大拇指从心窝下正中线分开2寸往下推。

有人说推不准，没关系，只要您这么一推，阻滞点都能找到。有的地方会很痛，有的地方会很胀，有的地方是一个硬结，还有的地方是一个水槽或者气团，您一推就能感觉到，不用特别用力。以上这些对人体有害的东西，一定都要推散。推了胃经以后通常会很容易打嗝、放屁，尤其是在晚上睡觉之前。

有时候您想打嗝、放屁，但身体没有这个劲，只是觉得肚子胀，气又出不来。这时，您不妨躺下，先从心窝下开始推，因为体内的郁气一般都集结在心窝下，这里的气不出去，时间长了侵袭到胃就是胃溃疡，侵袭到肺就是咳嗽，而且平常睡觉的时候肯定不踏实，夜里还会做噩梦，所以一定要把浊气给排出去。

2. 治肠胃炎、腹泻、便秘：艾灸或按揉天枢穴

因为推腹法能够一次性打通胃经在腹部的所有穴位，因此，我在这里没有一个穴位一个穴位地去介绍。不过，其中还是有几个特别值得我详细说明的，比如天枢穴和水道穴。天枢穴在肚脐眼（神阙穴）旁边 2 寸的地方。“枢”是枢纽的意思。《黄帝内经》中说：“天枢之上天气主之，天枢之下地气主之。”它告诉您这个穴位是一个升清降浊的地方。也就是说，您吸收到肠胃里面的营养物质，就在这里开始分成清与浊，营养的精微物质在这里变成血液被吸收了，糟粕的东西则从此处向大肠排去，此穴是一个中转站。另外，它还可以过滤血液，让新鲜血液重新循环，把剩下的脏东西变成尿液排出去。所以说天枢穴有两个枢纽的功能：一个是排泄大便，一个是通利小便。说具体点，首先，天枢穴是治胃肠炎的一个要穴，而通常有胃肠炎的人最容易腹泻，遇到这种情况，就去找一根艾条来熏熏天枢，如果没有艾条，拿一根香烟也行。其次，这个穴位治便秘十分有效，有便秘的朋友只要每天多按揉或多推一推这个穴位，效果就出来了。

3. 治膀胱炎、前列腺炎、肾炎、小腹胀痛、小便不通：推揉或点揉水道穴

水道穴在天枢穴下 3 寸、关元穴旁开 2 寸的位置。顾名思义，此穴就是排泄水液的通道，也就是利尿的一个穴位。既然能利尿，这个穴位就跟膀胱炎、前列腺炎、肾炎、小腹胀痛、小便不通有很大关系。如果朋友有这方面的问题，每天一定要多多推揉或点揉水道穴，疗效很明显。

十四、胃经大药房（下）

1. 治心跳过快、心慌及调节心脏功能：用掌跟轻揉伏兔穴

伏兔穴是腿上的穴位，在膝盖上 6 寸处。在古人眼里，大腿的肌肉特别多。当人走路的和跑步的时候，这里的肌肉就像一只趴着的小兔子，不过古人这么解释意义不是很大。我这里另有一种记忆的方法，就是平时形容心跳过快、心里慌时，老爱说就像怀里揣着个兔子似的。伏兔穴就是治疗心慌、脉快、脉搏“咚咚咚”猛跳这些症状的。有些朋友有时会莫名其妙地心慌，甚至没碰见什么事或者是稍微遇到一点刺激，心里马上就慌了、乱了，这个时候要好好按揉伏兔穴。按揉时不要点揉和强刺激它，要用掌跟仔细按揉。可以顺时针揉，有重有轻，揉完后便会觉得心里非常踏实，而且对心脏也有一种补血的效果。实际上，正是因为心脏补足了气血，心里才会觉得踏实。

2. 治血糖过高：每天揉阴市穴

把腿伸直，膝盖处会出现一个窝，这就是阴市穴了，它在膝关节上面 3 寸的地方。阴市穴对于老年人尤为重要，它有一个大家都关心的功能——降血糖。所以，血糖高的朋友每天要多揉揉它。

3. 治急性病、胃酸：按揉梁丘穴

阴市穴向下 1 寸的位置，贴着骨头边缘的一个比较敏感的地方就是梁丘穴。梁丘穴治疗急性病效果是最好的。比如急性胃炎、肠胃炎，或者突然肚子痛。再比如急性乳腺炎引发的突然乳房痛，或者突然膝盖痛（这种膝盖痛不是陈旧性的，只是偶尔扭了一下，或者是因爬山等造成连累而膝盖痛），这时赶紧揉一下梁丘穴，马上就会缓解。

梁丘穴的功效很强，除了上面说的那些病证以外，腿痛、脚痛等，它全都管，而且它还能够止胃酸。如果突然胃犯酸了，赶紧揉梁丘穴，很快就会好转。

4. 治膝盖受损、疼痛、膝关节积水、走路不稳、脚冷，以及补脾胃、壮腰肾、瘦腿：每天跪膝走一走，揉犊鼻穴

很多人都知道，膝盖下面内侧和外侧各有一个窝，称作膝眼。其中外侧的窝，就是胃经上的一个穴位——犊鼻穴。“犊鼻”，是说这个穴特别像一个小牛犊的鼻子。其实，古人给穴位起名就是想把好多的含义都灌注进去，他们希望后人把隐藏在里面的深意给挖掘出来。“犊鼻”的深意就是最有力量的，也是气血最盛的，所以犊鼻穴是一个强壮身体的穴位。对于老年人来说，我不是特别赞成做下蹲运动。为什么呢？年轻人做做倒无妨，老年人因为气血不容易下到腿和脚上去，做下蹲运动等于是在气血很少的情况下去磨膝盖这个轴。老年人的膝盖本来就容易受到损伤，再有意识地去磨磨它，那就等于是在生锈的地方进一步地磨损。所以，我建议老年朋友平时多练练跪膝法，这种方法特别能打通犊鼻穴。

（四）长寿三宝，多气多血——品味小腿上的胃经大药

1. 人体第一长寿之药：足三里穴

足三里穴的功能非常强大，既能改善体质，又能治本。可以说，凡是稍稍懂点养生知识的人都知道它是一个长寿大穴。如果说您现在想增强体质，或者说您的病很多，但不知道如何下手，那就按足三里穴，绝对管用。足三里是一个让您身体强壮的穴位，而身体只要强壮一分，疾病就会减少两分。现在，很多人都习惯把目光盯在身体的具体病证上，希望今天把这个症状祛除，明天又把那个症状祛除。可是体质没改善，这些症状还会伴随着您；如果体质改善了，任何症状都会自己慢慢消失。所以说，关注疾病不如关注健康。只要把身体弄强壮了，任何疾病都会最终远离您。我本人接触足三里穴的时间很长，在我的脑子中，足三里穴就是一个“德高望重”的“大慈善家”。有时候您需要精神上的支持，有时候您需要物质上的帮助，足三里就是您身体的“恩人”，您有什么困难它都会出手相助，有它在身边您就特别踏实。如果您的肠胃功能有了问题，肚子中有浊气，老是有腹胀、腹痛等症状，这时足三里肯定会“拔刀相助”。足三里这个穴老年人不太好按，因为这里肌肉特别多。有时您按上去不是很敏感，除非正闹胃病，胃正疼着，平时这个穴很不好找。所以我建议老年人要找个适合自己的工具，比如按摩棒等，在这个穴位上敲一敲、顶一顶都可以。总之，办要刺激到足三里穴就行了。

2. 治肚脐眼边上痛：按摩下巨虚穴

从上巨虚穴往下三横指的地方，就是下巨虚穴。此穴主要是解决小肠方面问题的。您有时候肚子痛，感觉位置在肚脐眼附近，不是胃而是小肠，这时您揉足三里穴效果就略差，而揉下巨虚穴效果会非常明显，也会非常敏感。有时候本来是胃痛，通过按摩，胃痛的那个点会自己下移，或者是有气往下走，之后变成小肠这个

位置痛了，其实就是一股浊气在运行，最后必须得通过放屁排出去才算彻底解决。您按揉的过程也就是排气的过程，这时候您揉下巨虚，小肠会蠕动，咕咕直叫，慢慢气就排出去了，肚子也不痛了。

3. **治肩膀发沉、肩周炎、肩膀痛、食指痛、高血压、心血管疾病：用指关节按揉条口穴**

从下巨虚穴往膝盖方向，即向上1寸的位置有一个穴位，就是条口穴。“条”是好多条胡同的意思，“条口”就是胡同口。把脚往前伸直，迎面骨处正好有一块肌肉，其下缘的点就是条口穴。条口穴又称肩凝穴。当肩膀凝住了，肩膀发沉，或是有肩周炎、肩膀痛，揉条口穴会非常见效。条口穴可以防治脑中风。它通经活络的能力是非常强的，如果您有手麻、胳膊麻、胳膊肘痛等症状，那一定要多揉一揉条口穴。此穴连食指痛都能管。揉这个穴位时，用手指或指关节点着肌肉条口那个位置，脚上下伸动就可以了。有些朋友按揉这个穴时感觉会痛、胀或者是酸麻，这时候我们应该仔细区分。

“麻”表明气能过来而血过不来。麻得厉害了就是木，是气和血都过不来了。所以要赶紧把这里打通，才能让气血重新过来。

“酸”表明经络是通的，但是气血不足。把气血多引点过来，就不会酸了。比如经常不爬山的人，一爬山腿就酸，就是气血不足。相对而言，酸是一件比较不错的事情，证明经络已经通了，就是暂时缺点血，需要补一补。而酸痛是缺血的同时还沉积了一点瘀血，这时拔拔罐最好。

“胀”表明气很足。此类人是爱生气的那种体质，若体内的气出不去就会胀。胀的时候最好别拔罐，否则会更胀，平时应该多揉一揉才好。而产生胀痛的人一般都是火力比较壮的，爱生气，脾气大，表明体内气有余但是血不足，等于血分配得不好。过多的能量变成气出来了，身上就会出现胀痛。如果只是单纯的痛，则是因为有血淤，这种情况也适合拔罐。

另有一种情况是痒，比如有人拔完罐以后，罐底下的皮肤发痒。这其实是一种非常好的情况，它表明气血正在过来。伤口愈合的时候都会发痒，就是气血过来了。而拔完罐的时候发痒，可以拿刮痧板轻轻一刮，马上会出好多痧，这是被体内的气血顶出来的瘀血。所以，刮痧一定不要生刮，如果气血很足，不刮痧也会被顶出来，就是长疙瘩，疙瘩就是痧。其实，我们不应该让过多的毒素通过皮肤来排，从尿液或粪便排出去才是正常的途径。但是身体对内脏有一种保护功能，它为了保护内脏，索性就从皮肤排毒，这样做的结果是内脏受益了，美容遭了殃。

条口穴的功能非常多，再细分一下就是它还可以防治高血压、心血管硬化，很多老年人怕这些病，条口穴就管这些。

4. **化痰强穴：丰隆穴**

从条口穴往外侧旁开1横指，是丰隆穴，它与条口穴并排。

其实，许多穴位无所谓按对按错，您觉得哪个敏感就多按哪个。有时候，您找的是条口穴，但按在这个很敏感的丰隆穴上了，那就证明您应该先按丰隆穴，因为它们都是一条经上的穴。找穴有一个原则，就是离穴不离经。只要经对了，就能起到相同的作用。丰隆穴的主要功能是化痰。当出现哮喘、咳嗽、痰多时，一定要多揉丰隆穴，先从里面把痰化掉。揉完丰隆穴后会有什么感觉呢？有两种情况：一种是痰散了，不知道哪儿去了；另一种是老吐痰，而且很容易把痰吐出来。揉丰隆穴出现的这两种情况，是体质不同造成的，但都对身体有好处。而且中医里的这个“痰”，包括的范围很广，不光是指从肺里出来的痰，还包括脂肪瘤、痰核、血痰（即血脂高）和扁平疣等。

一般来说，痰都跟气有关，气郁则生痰。您一生气，气就停留在某处，气滞则血瘀，血就会流通缓慢，代谢出好多废料堆积，这些东西慢慢就生成了痰。

（五）知足才知福——品味脚上的胃经大药

1. 放松身心、改善脑供血不足：按揉解溪穴或者转脚腕

解溪穴在脚腕上。“溪”是溪流之意，人体里的溪流就是血液。“解溪”就是把腿上的血解运到脚上去，打开一个通道。

解溪穴就在平时系鞋带的那个位置，也就是脚腕和脚背交接的地方。您先用大拇指按这儿，然后一抬脚尖，马上有个硬筋把您的手弹开了，硬筋旁边的窝就是解溪穴。解溪穴是一个让人全身放松的要穴。有人说解溪穴这个窝太深，揉的时候挺费劲，不好着力。我有两个偷懒的方法，一是脚翘一下，二是转脚腕，两个方法都可以活动到解溪穴，而且转脚腕本身就会让人非常放松。解溪穴对老年人尤为重要，它除了能让人放松之外，还是一个治疗脑供血不足的要穴。因为，凡是气血下不到脚上去，也就上不到脑上去。这是什么原理呢？因为人体所需要的大循环是气血先下到脚上然后再上到脑部，反复循环。有人说我脑子经常很胀，脚上却无力，这是不是血都奔脑上去了？不是，这是浊气上去了，真正的血并没有循环，还在里面压着呢。要想血液重新循环，就得血液先到脚，然后才到脑上，它有规定的路线，不可能没先到脚就直奔脑部去了。所以，改善脑供血不足首先要改变脚部供血，只有脚上的供血足了，脑上的供血才能足。而通过刺激解溪穴，就可以得到改善。

2. 治鼻炎、胃下垂、头痛、太阳穴痛：按揉陷谷穴

脚上第二趾和第三趾间有一个缝，从接缝的地方往脚背方向上走 5 厘米的地方，就是陷谷穴。陷谷穴非常敏感，能够直接通到鼻窍，所以它是一个治疗鼻炎的要穴。当鼻子不通气时，揉揉陷谷穴很快就会通。这个穴位里面有个“陷”字，就是下垂的意思。它通常治疗胃下垂很有效果，能够帮助提升人体阳气。另外，它还有一些辅助功能，比如治疗头痛，尤其是对太阳穴痛治疗非常明显。

3. 治牙痛、咽喉痛、鼻出血，祛胃火：按揉内庭穴

内庭穴在第二脚趾和第三脚趾之间的一条缝上。它可以祛胃火，相当于人体自生的牛黄解毒丸。另外，有一味中药叫生石膏，也是祛胃火的，内庭穴的作用与之接近。还有，凡是胃火引起的牙痛、咽喉痛、鼻出血都可以揉内庭穴，它的祛热、祛胃火作用非常好。

4. 如果爱做噩梦：掐厉兑穴

厉兑穴是胃经的最后一个穴位。“厉”是噩梦的意思，“兑”是八卦中的一卦，代表沼泽，“厉兑”的意思就是掉进了噩梦的沼泽中。这个穴对爱做噩梦的人来说特别有意义，另外，对于有神经错乱症状的人来说，厉兑穴能够静心安神。怎么揉厉兑穴才有好的效果呢？有个简单的办法：每天晚上睡觉之前，攥一攥第二个脚趾，这么一攥，厉兑穴就攥住了，再扭扭这个脚趾肚，最后用指甲掐掐脚趾肚。同时，索性把10个脚趾肚都掐一掐，这对于安眠特别有好处，这样晚上就不爱做噩梦，就该做好梦了。其实，没有人愿意做噩梦，而如果天天做美梦，我想大家都会乐意的。

十五、肾经大药房（上）

肾经上的很多穴位都能治同样的病，我们一定要灵活运用。虽说太溪穴治这个、然谷穴治那个、涌泉穴也可以治什么，但用的时候一定要灵活。如果今天管用的这个穴位到第二天揉的时候不痛了，您就换那个最敏感的去揉。记住这一点。其实，我们不要光想着什么穴位能治老年痴呆、治耳鸣、治牙齿松动，只要把肾经打通，这些症状就全没了。

（一）补肾之峻猛，强身之迅捷，无出其右——品味脚上的肾经大药

1. 肾经第一神药：涌泉穴

涌泉穴是肾经的第一穴位。找的时候捂住脚趾肚，把余下的脚底分为3部分，涌泉穴就在上1/3处有个窝的位置。涌泉穴是一个井穴，即源头。把气血引到脚上，实际就是引到涌泉穴去，这叫引血归源。引血归源有什么好处呢？它使人不容易衰老，这是最大的好处。练金鸡独立、坠足功等方法，主要目标就是要把气血引到涌泉穴去。但有时候做的时候会发现，好像气血总不能集中到想要去的地方，这就需要额外地刺激一下它。刺激涌泉穴时，先把大拇指的指甲剪平，然后用力点按。如果很痛，这个穴位就适合每天按摩。一定要坚持，因为补肾是需要用一辈子来完成的任务，肾气强壮就不会衰老。但有的人用力点按后没感觉，穴位还被按下了一个坑，这就是典型的肾气虚弱、气血不足。这样的人即便每天揉，再加大分量，对身体来说也是一种白白的消耗。所以这个时候要先做跪膝法、金鸡独立，把气血引下来，再刺激涌泉穴。涌泉穴是最终要打通的穴位，但在人体气血不足的情况下不要去刺激它。

有人说：“我按涌泉穴也凹陷下去了，也很痛，这种情况我能不能再按呢？”能！它只要痛，就可以每天按摩，这说明气血能够冲击到涌泉穴这儿来。每天按摩3分钟，坚持1个月，您会发现脚底有弹性了，再按的时候就不会凹陷下去，肾气就归源了。其实，把涌泉穴按摩通了，就证明把整个肾经都给打通了。这是一个非常省力和快捷的方法。还有人说：“我天天都按摩涌泉穴，非常痛，按了差不多1个月，痛老也不减。”这肯定是气血在流经肾经的其他穴位时，中途被堵塞住了，而且堵得比较厉害。这时，我们要先在肾经上找其他的痛点按，依次把这些堵塞的

地方按通了，然后再去按涌泉穴，就会逐渐不痛了。当按到非常有弹性而且又不是很痛，只有一按酸胀感觉的时候，您将会发现身体和整个精神状态有了一个显著的变化。这就是引火归源的巨大好处。一旦您把涌泉穴揉通了，就会对这个穴位充满深深的感激，原来经络穴位有这么神奇，可以让您产生一种源源不断的汹涌动力。涌泉穴可以治疗足寒证。如果您身上怕冷，脚心老是冰凉，而且按的时候凹陷不起，这时候最好用艾灸法。但如果火气比较大，这种方法就不适合应用。有的人不足寒，但脚心总发热，这样的人最需要揉涌泉穴。因为他们的体质是肝火过旺，但受到了抑制，火气没有宣发出去，而肾阴又不足，所以就会脚心发热。这时，需要向肾要点水，来浇灭体内的火。

涌泉穴是肾经的井穴，井穴是属木的，通着肝，水又生木，所以可以从这里挖掘能量补肝。当脚心发热的时候，就是肝在向肾求救了，要求肾经一点肾阴（水）来降低肝的火气。这时候一定要揉涌泉穴，几天后脚心发热的问题就会缓解。涌泉穴的作用和功效非常强大，但使用它时有一些禁忌，需要看好时机再用才会有好的效果，否则容易适得其反。使用涌泉穴时一定要知道它的原理，才能游刃有余，因为它的功效是随着疾病的变化而变化的。涌泉穴可以治呃逆（打嗝不止）。如果肾气不足，气就不往下走，不能归源，而往上走就会产生呃逆。您只有把气弄顺了，它才不会往上走，这就是灵活使用涌泉穴的原理所在。涌泉穴可以治疗虚寒性呕吐。虚寒性呕吐就是吃点凉的东西就反胃呕吐，这是肾气不足造成的。肾经的循行是从脚底开始的，它一直通向肠胃，最后通到俞府。

中医讲，经络循行到哪里就治哪里的病。它循行到胸口，像胸闷什么的问题它就治；它挨着支气管，正好管辖着这一块儿，那么咳嗽、哮喘的问题它也能治；它还能管着肠胃，所以也能治肠胃不舒服等毛病。涌泉穴可以治疗耳鸣、耳聋。因为肾开窍于耳，肾气不足耳朵就会出现问题。涌泉穴还可以治疗高血压，但光靠揉是不行的。古人通常用一些药敷的方法，比如把吴茱萸这味中药打成粉，然后调点醋，和成泥状糊在脚心上，这样就能很好地稳定血压，其实这也是引火归源。有人采用金鸡独立，效果也一样。每天搓脚心 100 次，也是为了引火归源。还有如果鼻出血了，赶紧拿一瓣大蒜，捣碎糊在脚心上。左鼻孔出血糊右脚心，右鼻孔出血糊左脚心，两侧同时出血就一边糊一个。糊的时间别超过 10 分钟，因为时间长了脚底下容易起疱。有人就是因为糊了一宿，第二天没法走道了。古人说此法是敷上以后立马就好，如果不好，则说明身体可能有别的病。只要是肾经上的穴位，您就没有必要记住它是专管什么的，只要把经络打通，这些穴位自然就起作用了。整个经络通了，那它的每个穴位都是通畅的。如果每个穴位反反复复地刺激，但整条经络还是堵着，那么穴位还是没有用。

2. 治糖尿病、烦躁口干、咽喉肿痛、遗尿、遗精：按揉然谷穴

找然谷穴时，可以先摸一下脚的内踝骨，往前斜下方 2 厘米处有个高骨头，然谷穴就在高骨的下缘。这个穴非常实用，尤其对糖尿病很有效。古人称糖尿病为消渴，其实消渴和糖尿病有一定的区别，只是类似。然谷穴便是专门治消渴症的。然谷穴是肾经的荥穴。荥穴属火，肾经属水，然谷穴的作用就是平衡水火。如果心火太大，就拿这个水给浇一浇，使身体不致太热也不致太冷。如果总想喝水，心老起急，就是心火比较旺，一揉然谷穴就可以用肾水把心火降下来。如果夜里心烦睡不着觉，伴口干，然谷穴就派上用场了。在睡觉之前揉揉然谷穴，不一会儿就会感觉嘴里有了好多唾液，不那么想喝水，也没那么烦躁了，自然也就能睡得踏实了。所以然谷穴相当于一味专治阴虚火旺的中药大补阴丸。其实，中成药大补阴丸的补阴效果不是特别强，只是去火的效果还行。不过，人岁数越大，越不能去火，因为他就仗着这点火气，他这个火全是虚火，所以用穴位来灭虚火就可以了。心烦的时候，人容易上火，有时候会咽喉肿痛、发炎、不能咽唾液，这时您按然谷穴同样有效。肾经是通着咽喉的，虽然经络图上到俞府穴就结束了，但肾经“上咽喉辖舌本”，所以咽喉、舌头的问题它全管。当您突然失音，说不出话来，有两种情况：一种是咽喉特别干燥，另一种是有气无力。然谷穴适合第一种情况。然谷穴还能治疗男科的专病——遗尿、遗精。对小便短赤（即尿少、很热、颜色发黄）等症状治疗效果也特别好。

3. 益肾平喘、通调二便、强腰壮骨、清脑安神、治疗足跟痛、胆小怕事等情志病：按揉大钟穴

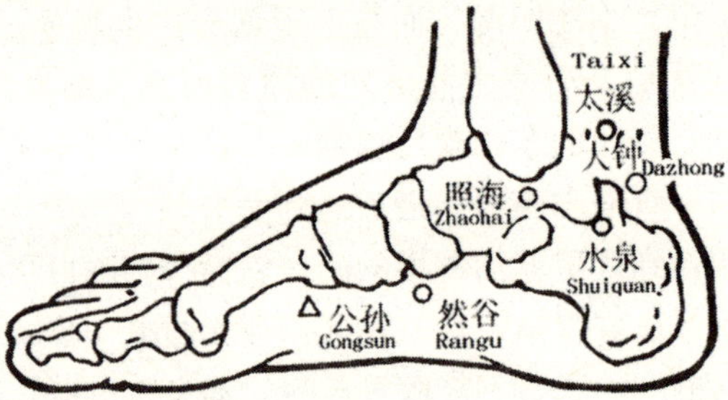

大钟穴在脚内踝后缘的凹陷往下约 1 厘米处，肾气不足的时候按下去肯定很痛。大钟穴有益肾平喘、通调二便的功效。由于肾经连着支气管，所以大钟穴能治疗支气管哮喘方面的疾病。此穴还有强腰壮骨、清脑安神的功效。大钟穴是肾经的络穴，络膀胱经，主要的功效是排毒和御寒。络穴都是治慢性病的，而恐惧这种病就是肾上的慢性病之一。恐惧不是一天两天形成的，它可能会伴随人的一生。有人从小就胆小怕事，到老了也如此，而且因为肾虚、气不足，比原来还胆小。所以，一旦意识到自己有这种情绪上的病，要赶紧多揉大钟穴。如果总想睡觉，整天没精神，本来晚上睡了 8 个小时，但白天不到 10 点钟又困了，而且吃完饭后总觉得没精打采的，这肯定是肾虚不足了。另外，虽然脾经不通、脾湿，也会容易困倦，但脾虚引起的这种症状和肾虚不一样。脾虚导致的困倦是有阶段性的。比如，早上起来后，到了九十点钟脾经所主的时候气血不足，就想睡觉；而肾虚则是早上起来也想睡觉，下午还想睡觉，整天有气无力的样子。肾是藏精的。没有精，就没有气，更谈不上神了。所以要想精气神好，就得先从补肾开始。中医说“久病入络”，生病久了，自然会在络穴上产生一种虚弱的感觉。要想补肾，平常就要多揉大钟穴。

还有一种“心有余而力不足”的人，心里想得都挺好，可老没劲干，没有动力，更没有持续力，这也是因为肾气不足。有这种情况，就不要老想着是不是意志力不强，因为这不是意志力的事。就算您意志力再好，而身体不行，那您也干不好事情，所谓坚强的意志力也维持不了多长时间。身心是连在一起的，身体强壮了，您自然就干劲十足。大钟穴还是治疗足跟痛的一个要穴。当嗓子老说不出话来，也是肾气不足或肾阴不足的表现。大钟穴，古人起这个名绝不是瞎起的，为什么叫“大钟”？钟不敲不鸣。所以它专门治疗失声的，一失声就鸣不了，敲敲大钟又能出声了。一个案例，是说一个人说不出话了，我就给他按大钟穴，他当时说了一句“好痛啊”。可见穴位这个东西只要让它通，马上就起效；它要不通，也许一辈子都没用。这就跟我们家里的灯泡一样，如果没有接通电，把它插到哪儿也不会亮，而一旦接通电则瞬间即亮。所以经络穴位起效不是很慢，中医也不是很慢，相反它的调养方法是最快的，关键是您没让它通上。有人说身体的问题都3年了。您甭说3年，如果10年您没接通，这个问题也还会搁在那儿。

4. 治膀胱炎、小便不利、前列腺疾病、月经不调：按揉水泉穴

水泉穴是肾经的郄穴。郄穴都治急性病，什么是肾经上的急性病呢？比如泌尿系统感染，就是突然有膀胱炎等方面的问题了，就需要赶紧去揉水泉穴。“水泉”的意思就是让尿流通畅，一通畅，体内的毒素就能排出去。水泉穴是专门消水肿，治小便不利的。小便不利就是刚上完厕所，还没两分钟又想上，每次就撒一点。这是典型的肾气不足，医院通常诊断为泌尿系统感染。老年男性一般都有前列腺的问题，每天也要坚持多揉水泉穴。

水泉穴还有活血通络的作用。它通月经的效果很好，尤其是女性月经量特少、肚子胀得特别难受，但经血就是下不来，这时要赶紧揉水泉穴。水泉穴可以治疗足跟痛，特别是对突发的足跟痛疗效好，一揉就能缓解。如果长期足跟痛，那就需要改揉大钟穴或太溪穴。

水泉穴还能缓解脚踝酸痛。比如刚爬完山发生脚踝酸痛，赶紧揉水泉穴。

5. 治咽喉痛、慢性咽炎：按揉照海穴

照海穴在内踝的下缘，您贴着内踝一按就行。从古至今，它治疗咽喉方面的疾病如咽喉痛、慢性咽炎等最有效。

实际上，肾经上的穴位都能治咽喉疾患，因为肾经本身就是通咽喉的。打个比喻，这些穴位都是治咽喉病的能工巧匠，它们一般没有侧重，但照海穴偏重于专门治疗咽喉疾患，且效果极佳。

6. 全身第一大补药：太溪穴

太溪穴在脚内踝后缘的凹陷当中。揉太溪穴时，很多人根本没反应，尤其是身体虚弱的人，什么反应都没有，而且一按就凹陷下去了。这时，不痛的一定要把它揉痛，痛的要把它揉得不痛。归根结底，就是要把气血引到脚底的涌泉穴去。

太溪穴是肾经的原穴。原穴能够激发、调动身体的原动力，但调动起来后一定要把它储藏起来，即储藏到涌泉穴，这样您就有健康的根基了。所以像每天搓脚心、做金鸡独立、泡脚之类的保健方法，其目的就是为了打通肾经，引火归源。

有人经常足跟痛，这就是肾虚。您应多揉太溪穴，顺着太溪穴把肾经的气血引过去。只要太溪穴被激活了，新鲜血液就会把瘀血冲散吸收，然后再循环带走。为什么会痛？痛就是有瘀血停在那里不动了，造成局部不通，不通则痛。您把好血引过去，把瘀血冲散，自然就不痛了。揉太溪穴就是帮助冲散瘀血。

有人经常咽喉干，喝水也不管用，没有唾液，这是肾阴不足。揉太溪穴就能补上肾阴。太溪穴是原穴，原穴的意思是既补肾阴，又补肾阳。有很多女性朋友来月经的时候肚子痛，这时揉太溪穴很管用。有的人肾绞痛，尤其是体内有肾结石的时候肾绞痛，那么平常多揉太溪穴就能防治这种症状。有人痛风、尿酸过高，这是尿里毒素太多了，每天揉太溪穴能从源头把这个问题解决。有人得了肾炎，排不出尿来，揉太溪穴也能帮助把尿毒解掉。太溪穴还可以治先天性抽搐。如果大脑受伤，它还有辅助调养的功效。因为脑髓是肾所主，跟肾经有极大关系，所以要想调养后天受伤的大脑，就要好好刺激太溪穴。有人因家属出了车祸老是哭，哭了一段时间，眼睛越来越看不见东西了，还有个人经常想起点什么事就哭一鼻子，这时我都劝他们要多揉太溪穴。有的人患有厌食症。古人管厌食症叫饥不欲食，看到吃的东西虽然饿，可就是吃不下去，这也是肾虚造成的。因为肾经的循行路线是从喉咙直接通着肠胃，所以太溪穴还能治疗厌食症。还有像胸闷、支气管炎、哮喘等，太溪穴都可以治。因为肾经都经过这些病所发的位置。老年痴呆也是肾虚的一种表现。而打通肾经就可以防治包括老年痴呆在内的各种老化症状。

其实，我们不要光想着什么能治老年痴呆、治耳鸣、治牙齿松动，只要把肾经打通，这些症状就全没了。

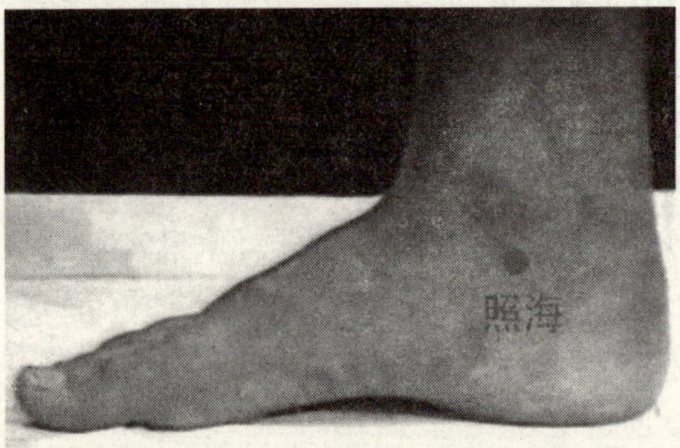

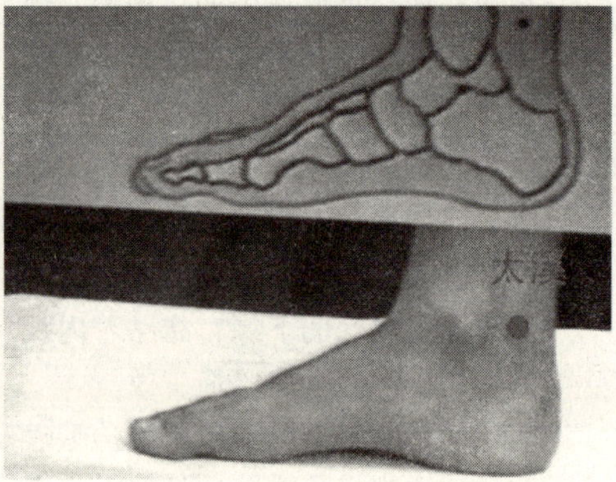

十六、肾经大药房（下）

1. 调节肾经的杠杆之药：复溜穴

从字面上的意思讲，复溜穴就是要让停留下来的水又重新流动起来。当人体内有瘀血时，尿液、汗液和痰湿这些脏东西就会停留在体内不流动了。

当人体的某一部分肿起来了，比如说膝盖肿，就跟复溜穴有关系。实际上，身体凡是有肿的地方都跟复溜穴有关系。因为肿的意思就是有水液在那里停滞不流，淤住了，而刺激复溜穴就能让它重新循环起来。

静脉曲张就是血液长期淤在那里没有回流造成的。如果是在刚淤的时候刺激复溜穴，效果会很明显；如果静脉曲张已经形成了大疙瘩，揉几天复溜穴是不会好的，必须从整个身体来慢慢调节。所以当疾病刚发生苗头的时候就要给它消除掉，等到严重时就不好弄了，一定要防患于未然。

复溜穴的功效是补肾滋阴、利水消肿，改善整个肾功能，解除肾功能失常所产生的各种症状。肾功能失常会造成人体水液代谢失常，而复溜穴专门治疗水液代谢失常。水液代谢失常会出现水肿腹胀，不但是腿上有水、肚子里有水，而且腰脊强痛，这看起来是膀胱经的问题，但揉膀胱经却没有什么效果，此时一定要揉肾经。首先揉复溜穴，让瘀血重新流动起来。

另外，为什么会腿肿？那是有积液不流动了。如果排尿很通畅，尿路就不会感染，更不会水肿。其实，只要知道一个症状，这些相应症状的原因您自己都可以想象出来。

复溜穴能治疗自汗、盗汗之症。自汗就是待着地静休就出汗；盗汗是睡觉的时候在不知不觉中出汗，一睁眼就不出了。出汗不出汗都属于代谢的问题。说到这里您会发现，人的身体不是功利的，它不会让您光出汗或者不出汗，它总要达到一个平衡，即该出多少汗就出多少汗，该不出汗就不出汗，所以，为了健康，身体总是任劳任怨地在朝着平衡状态努力。

复溜穴能治疗腹泻腹痛。腹泻是因为膀胱受堵，水液不走膀胱，而是走大肠的结果。中医有句话叫“水液别走大肠”，走错地方就造成了水泻。当您揉复溜穴之后，尿道一通，腹泻自然就好了。肾还有一个“司二便”的大功能。大便无力跟肾有关，小便无力也跟肾有关。有好多人尤其是老年人，半天解不出小便来，这就是肾气不足，气血不往下走。为什么说最后气血得重新归到脚上去？因为只有到脚上去才证明您的气血可以进行全身的大循环，但现在气血不循环，半路上又回来了，所以撒尿就没有劲了。尿失禁也是这个问题。一个是撒不出来，一个是尿失禁，都是肾气不足的表现。这些问题都可以通过揉复溜穴得以解决。

复溜穴和肺经的尺泽穴配合使用是最补肾的。常吃中药的人都知道，中药需要配补，就是把一些同类型的药互相搁在一起用，效果才更好。经络也一样，经络穴位要想产生最好的效果，也要配合使用。

复溜穴有降高血压的功效。但是您得先揉尺泽穴，再揉复溜穴，降压的功能才更确切。这是最好的降压方法。揉尺泽穴是为了把上面的气降下来，揉复溜穴是为了把降下来的气给接收住，让它固定下来。最后再揉太溪穴，才能真正把肾给补上，这是一步一步逐渐起效的。如果您一天到晚总是腿脚酸胀，甚至需要别人给踩踩腿，或者脚老得抬着高放在桌上才舒服，这是气血下不去了，这个时候您每天要多揉揉复溜穴。复溜穴是治眼疾的要穴。当您有白内障、青光眼、飞蚊症、眼睛胀痛、上眼皮无力（扒拉开阖还得使劲睁开，睁开一会儿又搭拉下来）等问题，揉复溜穴都管用。如果您手指端或脚趾端总是麻木，就是气血过不去，原动力不足，每天要多揉复溜穴。

复溜穴能治疗哮喘。偏于虚寒的就去灸复溜穴，偏于实热证的揉揉即可，最好也配上尺泽穴。两个穴一降一补才能最好地达到平衡身体的效果。但身体特别没劲、有气无力的人，本来气就上不来，使用尺泽穴就不适合。复溜穴是调节肾经的一个杠杆，它是一个枢纽。当您想补肾的时候，如果有脏东西堵着，真正的气血生成不了，那就补不上。这时您需要先揉复溜穴，让它通一下之后再补，最好是揉完复溜穴后马上再揉太溪穴，把好血赶紧引过来，打好这个基础。

2. 治月经不调、崩漏：按揉交信穴

交信穴在内踝上2寸（相当于两个半横指）的位置。“交”是指跟脾经的三阴交穴相交，“信”是指月信（月经），交信穴是专为调理女子月经准备的一个大穴。当女性月经到期不来或者有崩漏、淋沥不止等情况时，揉交信穴可以得到很大改善。

3. 治痛风、结石、抑郁、癫痫：常揉筑宾穴

筑宾穴在内踝上5寸和，是补肾不可或缺的穴位。

当揉太溪穴和复溜穴不敏感的时候，通常是筑宾穴处有淤堵，您一定要先把筑宾穴给揉通。这里的“筑”是建筑房屋的意思，在古义里跟“杵”相通。杵是生活中捣蒜、捣米用的工具，相当于现在砸夯时用的大木墩子。“宾”字加上月字旁是通假字，专指膝盖骨。“筑宾”就是在膝盖骨旁边再搭个柱子，给这块儿补上劲，即强腰健骨的意思。当膝盖发软、没劲、心里有恐惧的时候，按揉筑宾穴就可以给人增加底气。筑宾穴的主要功效是清热利湿、化痰安神、理气止痛。在人体内，毒素最喜欢生长在有湿、瘀血、痰浊多的地方，而筑宾穴就是一个去毒的要穴。它既然可以排毒，就证明它可以祛湿、化痰、活血，只有这3个方面都成功了，毒才能排出去。筑宾穴最能排除人们平常最担心、最常见的那些毒，像烟毒及油漆味等污染空气的气毒，还可以解吃药后淤积在身体内的毒。对于那些长期吃西药的朋友，平时一定要多揉筑宾穴。太冲穴也是一个解毒的穴位，但它是从肝上解毒，即把肝毒给排到肾脏了，所以需要再排毒。揉筑宾穴就是再解一遍毒，把体内的毒素统统都给排出去，不让毒素损伤肝肾。损伤肝的时候可以用太冲穴解毒，损伤肾的时候可以用筑宾穴解毒。筑宾穴还可以解尿酸过高。尿酸过高会产生痛风、结石症，揉筑宾穴可以治疗这些病。

人体内的毒素很多时候还会伤害到神经，让人产生一些神智上的错乱，比如抑郁症、癫痫等，常揉筑宾穴可以有效地防治。当您把种种毒素排走了，脏血被过滤了，新鲜血液才能产生，这样才叫真正打通肾经，才是真正的补肾。

4. 治颈椎病、生殖系统疾病、腹痛、腹泻：按揉阴谷穴

阴谷穴在膝窝处、委中穴的内侧。和委中穴距外侧委阳穴的距离差不多，只不过一个在外，一个在内。阴谷穴是治疗颈椎病的一个好穴位。中医常说“肾主骨”，颈椎和椎体都是骨头的一部分，所以揉阴谷穴可以治疗颈椎病。阴谷穴还能治疗生殖系统病证。

阴谷穴治肚脐周围的腹痛效果也很好。如果跟胃经上的下巨虚穴配合起来使用，祛腹痛的效果会更快。《难经》中说：“合治逆气而泻。”就是说浊气逆流而上会造成腹泻。阴谷穴是肾经的合穴，能阻止逆气上行，治腹泻。如果再加上排浊气的推腹法，疗效既快又好。

5. **鸟因迁徙而羽丰，兽恃蛰伏而体壮：品味胸腹部的肾经大药**

推揉胸腹部肾经，心脏、肠胃、生殖系统、泌尿系统的众多疾病会迎刃而解。

6. **治心脏、肠胃、生殖系统、泌尿系统、情志等疾病：推揉胸腹部肾经**

推揉胸腹部肾经，心脏、肠胃、生殖系统、泌尿系统的众多疾病会迎刃而解。肾经从大腿根一直往上走，分两条线：第一条是从人体下面的中线旁开0.5寸处从横骨到俞府，第二条线是顺着脊椎上去。所以，脊椎和肚腹上面的所有毛病都跟肾经息息相关。先看第一条线，从横骨一直往上走，经大赫、气穴、四满、中注，最后到肓俞，而肓俞正好在神阙穴（肚脐眼）旁边。从横骨到肓俞之间的穴位都是治疗生殖系统、泌尿系统方面的，包括妇科、男科的很多疾病。所以推腹的时候，如果能推到肚脐眼以下的耻骨（也就是相当于横骨旁边曲骨穴处），这些问题将统统迎刃而解。从肓俞再往上走，就是商曲、石关、阴都、腹通谷、幽门，这块区域正好都在心窝以下，所以推这块正好可以治肠胃方面的问题。再往上走，是步廊、神封、灵墟、神藏、彧中、俞府，肾经这条线上的穴位专治支气管、乳腺、心脏方面的毛病，包括咳嗽、胸闷、憋气、恐惧等方面的问题。

所以在推腹的时候，肾经可分为3个部分来推：第一部分从俞府推到步廊。在这一段，您会推到痛点，特别是您心里有恐惧的时候，而且恐惧的时间越长，这些痛点就越敏感。把这些痛点都给揉散了，您就会觉得心里非常舒服，恐惧不知不觉就消失了。而且诸如心里郁闷、胸闷、咳嗽等毛病，都可以在这里找到原因并得以解决。第二部分从中线旁开0.5寸的幽门开始，一直推到肚脐眼旁边的肓俞穴。推这块是为了达到排出腹中浊气、调节肠胃功能的目的。第三部分从肓俞往下推到横骨。能防治生殖系统方面的疾病。

打通身体正面的肾经，可以通过以上介绍的推腹法来办到。如果您觉得身体哪方面问题最严重，就着重从管哪块区域的经络开始推就可以了。

十七、膀胱经大药房

膀胱经上的穴位最多，有67个，而且，膀胱经的主要部分都在人体的后部——后背和腿后侧。古人把膀胱经比喻成人身体的樊篱，说它是抵御外界风寒的一个天然屏障。而风寒之邪通常从后背侵入人体，膀胱经就是人体在后背的一个大栅栏，能防止病魔入侵。同时，膀胱经又是人体最大的一个排毒通道，也就是说我们通过刺激膀胱经，就可以增加全身的血液循环和新陈代谢，把人体的废物从尿液中排出去。

人体有三大排毒途径，第一条是通过输尿管把尿液排出的通道。这是排出体内毒素的最大一条通道。第二条是通过大便把体内脏东西排出去的通道。其实毒素从尿中排出去对人体来讲更为重要，因为，人就是10天不大便，对生命也没有什么影响，但若3天不小便，那这人就比较危险了。第三条排毒通道是毛孔，通过发汗把体内的毒素排出去。

人体的主要排毒通道就这3个，当然通过咳嗽、流鼻涕、流眼泪也能排出一些毒素，但排毒主要还是依靠这三大通道。

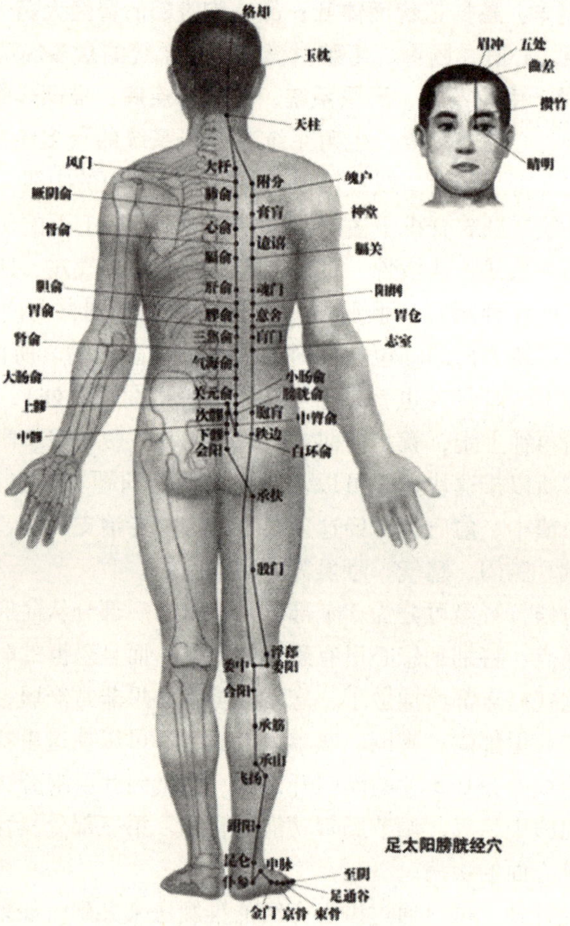

足太阳膀胱经穴

足太阳膀胱经预防和主治的疾病

呼吸系统：感冒、发热、各种急慢性支气管炎、哮喘、肺炎。
消化系统：消化不良、腹痛、痢疾、胃及十二指肠溃疡、胃下垂、急慢性胃肠炎、肝炎、胆囊炎。
泌尿生殖系统：肾炎、阳痿、睾丸炎、闭经、月经不调、痛经、盆腔炎、附件炎、宫颈糜烂。
其他疾病：失眠、腰背痛、坐骨神经痛、中风后遗症、关节炎，经脉所过的肌肉痛。

膀胱经是掌控尿液和汗液这两条通道的，所以膀胱经一定不能被堵塞住；另外，膀胱经是直接连接脏腑的，能够把脏腑的毒通过膀胱经后背的俞穴及时排出来，所以膀胱经还是排毒最简单、有效的一个通道。知道膀胱经是人体抵御外邪的一个天然栅栏后，我们就要把它加固完善，什么时候风寒进来了，就证明这个栅栏不坚固了，也说明这条经络流动的气血少了，而要让它充沛起来就要多刺激它，打通它，这样膀胱经才能固若金汤，外御寒邪，内疏体毒。膀胱经上的 67 个穴位没必要都记住，咱们只掌握那些使用很方便、确实有效果的东西就够了。

（一）一阳高照，有凤来仪——品味头部的膀胱经大药

1. 治包括近视在内的各种眼疾：按揉睛明穴

膀胱经的走向是从头开始的，然后沿着头后边一直到脚外侧小趾边缘的至阴穴，睛明是它的第一个穴。过去很多人都做过眼保健操，而此操的第一个动作就是揉睛明穴。睛明穴是防治眼睛疾病的第一大要穴，但它一直被人们忽略，因为，大家按这个穴的时候，并没有真正感觉到它有这么大的神奇效果。原因就是这个穴大家没有按对，因此，作用没有显示出来。按此穴时，咱们要把所有的指甲剪平了，先用两手大拇指指肚夹住鼻根，不要特别使劲儿，然后垂直地往眼睛深部按，按的时候把眼睛闭上（凡是明目的穴，按的时候都要把眼睛闭上），然后按一下松一下，再按一下再松一下，如是做9次，这个穴位就能真正起作用了。为什么我们先要用拇指把鼻根夹住呢？因为这个穴特别小，如果您很随意地去揉，很容易就杵到眼睛，而且还可能把旁边的皮都杵破了，只有这样按起来才非常安全，而且对眼睛的诸多疾病都有效果。揉睛明穴对眼睛昏花、胀痛、青光眼、白内障、角膜炎、结膜炎等诸多眼疾都有效果，尤其对近视的孩子效果特别好。但通常孩子揉的时候一般不太认真，这时我们一定要告诉他怎么揉才行。

2. 治眼睛方面的疾病和热证：揉攒竹穴

攒竹穴在眉毛边上。为什么叫攒竹呢？因为这个穴是在描述人的一种表情，我们如果经常有什么愁事，眉头就会攒在一起，眉头上就有好多纵纹，就像竹子立起来一样，所以我们平常不要老皱着眉头。

3. 通鼻窍，治眼疾、头痛、癫痫：用10个手指肚每天梳头上的膀胱经50次

膀胱经在头部的穴位有眉冲、曲差、五处、承光、通天、络却等，这些穴位都在头部中点旁开1.5寸的一条线上，拿10个手指肚顺着这条线使点儿劲一梳头，梳到后脖颈子这块儿，就能把头上膀胱经的这些穴位全给调理了。梳的时候，哪儿的痛感明显就要多梳揉，因为头上这些穴位都非常重要，有的是通鼻窍的，有的是治眼睛的，有的是治头痛的，还有的是治癫痫的。找不准穴位没有关系，每天用10个手指肚梳50次头，就能达到很好的效果。

4. 明目醒神、降血压，防治颈椎病、感冒：揉天柱穴

天柱穴在后脖颈子这块儿入发际0.5寸处，揉的时候不用多想，揉到酸痛点就行了。天柱穴，第一是有明目醒神、防治感冒的效果；第二还有降血压、预防颈椎病的功效。

（二）不让外邪前进半步——品味背部的膀胱经大药

1. 治咳嗽老不好，心里发憋，心血管问题，胃痛，肝、胆问题、腰酸腰痛：按后背膀胱经上的相应位置

往后背上走，有大杼、风门、肺俞、厥阴俞、心俞、肝俞、胆俞、脾俞、胃俞、三焦俞、肾俞、大肠俞、小肠俞、膀胱俞等众多穴位，它们都在后背中线旁开1.5寸和旁开3寸的地方。后背这些俞穴太多，我们用不着去仔细地区分，先找最

痛的点多揉就行了。举例来说，您最近老咳嗽，老不好，后背上的某块儿一揉就会很痛，这时，您对照图一看，痛处就是肺俞。另外，心血管有问题，心里发憋，有冠心病、心绞痛的，通常厥阴俞这块儿会痛，即使您不按它，疼痛有时候也会反射过来，有时候会反射到右侧的厥阴俞，有时候会反射到左边的厥阴俞。只要您揉时觉得痛，就知道心血管有问题了；而如果是心俞这块儿痛，一般就是心脏供血不足。还有，揉这些俞穴的时候，一定要把它旁边的俞穴也一起揉了，比如揉厥阴俞的时候，要把旁边膏肓穴也揉了，它们俩都管心血管的事；另外，揉心俞时就把旁边这个神堂也揉了；揉肺俞呢，也揉旁边的魄户；揉胆俞要揉阳纲；揉肝俞呢要揉魂门。这样，就能举一反三，而且，有病时，旁边的俞穴肯定也会痛。后背的这些俞穴就是一个通道，直接跟里面的脏腑相通。所以咱们一揉这些俞穴，就可以很好地调节脏腑。

有人说："我现在胃痛。"那您就要看腰这块胃俞在什么地方，如果您还找不着，没关系，您只要在后背正中间旁开1.5寸这条线上去点，最明显的痛点就是胃俞。如果您长期有这慢性胃病，您就把胃俞当作灵丹；另外，平常肝有问题的，比如脂肪肝什么的，按肝俞肯定会疼；胆囊有问题的，在胆俞这块儿就会很痛。所以，犯病的时候您找这些穴位最容易。正常的时候您去找，哪个穴位都差不多，您也不知道到底是哪个穴位有问题。而当您有问题的时候，它就表现出来了。当您知道了脏腑毛病出在哪里，就要去找相应的俞穴按揉，或者在相应的这个痛点刮痧，很快瘀血（痧）就会出来。很多人经常会腰酸背痛，酸的地方往往就是肾俞那儿，这时，把手握成空拳往后敲打，每天坚持，会收到很好的效果。还有，在肾俞处拔罐对腰酸腰痛最管用，还能补肾，直接就补进去了，还不上火。

拔罐还有一个好处，一拔就好几个穴位都拔到了。为了方便起见，我建议大家用真空罐，因为火罐稍微麻烦点，拿下来后，还得重新点火才能拔第二个，而真空罐随时拔随时都可取下来。另外，在后背上艾灸肾俞，也是补肾的；把手搓热了在肾俞上捂一捂也能补肾；还可以从肾俞开始往中间脊椎骨揉或推按，把我们的气血多补到肾俞这个位置，存储起来就是补肾了。后背督脉向两边分开各1厘米处是一个夹脊，这叫华佗夹脊，就是把脊椎夹在中间的意思，平常我们一定要多按揉夹脊，这是真正的补肾大法。由此可见，平常我们一定要多做腰部的运动，比如有一个叫"两手攀足固肾腰"的动作，就是坐在那儿把腿伸平了，然后拿手扳着两脚，有点伸筋的感觉，这个动作就能固腰肾。

2. 治疗生殖系统方面的疾病：揉八髎

腰部往下还有好多髎，上髎、次髎、中髎、下髎，左边4个，右边4个，共8个，通常叫八髎。主要是裤腰的下缘和尾骨尖中间这一段旁开2~3厘米处。八髎是专门治疗生殖系统方面疾病的，各种男科、妇科疾病都归它那儿管。如果有痛经、子宫肌瘤、前列腺方面毛病的人在八髎这几个穴位上肯定痛点很多。您在这附近找到痛点按揉，就能起到很好的疗效。

（三）神通广大，一叩百应——品味腿上的膀胱经大药

1. 排毒减肥：拉伸或敲打承扶穴到委中穴一段

这个地方的穴位不太好按揉，肉太多，所以，我们用一个抻筋的方法，就是在床上把腿伸直了，腰往下弯一弯，抻完后，再多敲打一下大腿后边，尤其是承扶到委中这一段，把痛点都敲得不痛了，膀胱经这块儿就疏通了。因为这块儿最容易积攒毒素。

有人敲这里的时候觉得很松软，没什么感觉，这是因为毒素都积攒在臀部了，所以您要多敲打，多用空拳循序渐进地打，根据身体的感受量力而行。有人一打前面就疼，这证明脏腑里面有地方已经生病了。经常敲打臀部和大腿后侧，不但可以减肥，而且还能排除体内的寒气，对身体是一个非常好的保健方法。

2. 降血压，治腰背痛、脑后头痛、足跟痛：压委中、委阳穴

委中穴在膝盖窝里这块儿。中医有一句俗语叫"腰背委中求"，说凡是腰背痛都要去求委中来解决。揉委中时，要用大拇指点到穴上去，另一只手攥住脚腕往下压它，不用使劲揉，点住它就行了。我们平常只要有腰痛，压委中效果就会特别明显。还有一种腰胀痛的，您千万不要用拔罐的方法，会越拔越痛，因为胀是表明有浊气在冲撞，而这时您得把气给疏导出来，也就不要揉委中，揉委中感觉不明显，要揉旁边的委阳穴。委阳是三焦经的下合穴，而三焦经是主一身之气的，所以揉它能够把气给疏散。有气结时，委阳穴最管用。这两个穴位，大家可以参照着用。委中是一个大穴，过去通常都是用点刺放血的方法把体内毒素从这个排毒口排出去，但对于一般人来讲，就别用这个方法了，这方法还是找专业的医师来做才安全有效。委中穴还能降血压，治脑后头痛和足跟痛。

3. 治腰痛、坐骨神经痛、痔疮：揉承山穴

腿肚子上还有合阳、承筋、承山三个穴位，功能都差不多，咱们说一个承山穴就行了。承山穴在小腿肚子下缘，找的时候，要把脚后跟翘起来，这个，小腿肚子那儿就开成一个窝，这个穴位就在窝儿里。咱们平常谁经常有腰痛、坐骨神经痛、痔疮方面问题的，一定要多揉这个穴位。

4. 治慢性腰痛立竿见影：揉飞扬穴

飞扬穴在承山穴斜下方 1 寸的位置，它是治疗慢性腰痛（慢性腰肌劳损）的首选穴，比承山穴效果还明显，是可以立竿见影的。另外，此穴和通治慢性腰病的委中穴配合着用，效果更好。

5. 治感冒、膝盖发凉、血压高、眼睛酸涩、老花眼、腰腿痛、足跟裂、足跟痛：从飞扬穴一直推到昆仑穴

昆仑穴在外踝骨后缘这块儿，是一个非常好用的穴位，对于老年人来讲，效果就更明显了。它和手上的养老穴有着几乎一样的效果，而且更为强大。像老年方面的问题，比如高血压、眼睛酸涩、老花眼、腰腿痛、足跟裂、足跟痛，昆仑穴全管了。昆仑穴是引血下行的一个重要穴位，而血压为什么能降下来？就是因为昆仑穴能把上边的血引到脚底去。由于昆仑穴有这个引血下行的作用，所以，像头胀痛、

哮喘它都能治。揉昆仑穴时，有时感觉不明显，觉得里边有好多筋，这时可以用拨动的方法，会很有效。另外，如果想要长久地把血压降下去，可以在昆仑穴这块儿拔两个小罐，如果刚一拔，这罐自己就掉了，说明这块儿没劲，气血不足。抹点油，或者和一块面把罐边封严再拔，当罐越来越紧的时候，血压就降低了。还有一个最简单的方法，就是把小腿上的膀胱经全部推完，从飞扬穴一直推到昆仑穴，用大拇指肚来推，别用指节推，否则容易推破皮肤。

（四）浊气入地，清气长存——品味脚上的膀胱经大药

1. 治腿抽筋、癫痫、身上老发紧：揉申脉穴

申脉穴在脚外踝下缘，不太好揉，但用食指指节硌的方法一下就容易找到。申脉，顾名思义就是让您身体伸展、伸开的意思，比如腿抽筋、癫痫，腿、腰都老发紧的时候人就蜷缩了，这时揉申脉就可以起到防治的作用。

2. 治脑鸣、头痛，防感冒，通鼻窍，防止脚寒凉：揉金门到足通骨这一段膀胱经

其实膀胱经在脚这块儿挨着一大堆穴位——金门、京门、束骨、足通骨和至阴。

束骨治疗什么呢？曾有人问我，说他脑子里边老响、头痛，我告诉他，束骨对脑鸣是最管用的。不过，束骨虽然最管用，但在脚上这块儿不好找，我们干脆用大拇指顺着脚外侧的骨头这么一推，就把这几个穴全推了。哪块儿敏感，就多揉哪块儿，这对您最管用，您也甭管它是束骨、京骨还是能骨，只要一推这几个穴，就可以治感冒，通鼻窍，防止脚寒凉。

3. 正胎位：艾灸至阴穴

至阴穴在小脚指旁边，是膀胱经上的最后一个穴位，平常一般也用不到。古代记载，如果胎位不正，灸这个至阴穴就能正胎。

第六节　时间养生法

一、日养生——十二时辰养生法

现在我们把一天分为 24 个小时，而在古代人们则把一天分为 12 个时辰，也就是两个小时相当于一个时辰，所以日养生也叫 12 时辰养生。12 时辰和我们的五脏六腑以及经络密切相关，在这 12 时辰当中，每一个时辰都有一个经、一个脏腑值班，所以，我们要针对每一个不同的时辰来保养其相对的脏腑。下面，我们了解一下依照怎样的次序锻炼经络才能符合气血盛衰和经络运行的规律。

子时——睡觉保护阳气：半夜 23 点到 1 点的时候叫子时，这个时候是一天当中太极生命钟的阴极，按照阴阳消长的规律，这个时候阴气是最重的，而阴是主睡眠的，那么我们就要遵从这个阴阳的消长规律，在这个时候我们要处于熟睡的状

态。大家注意，不是这个时候我们才上床，而是这个时候我们应该已经处在熟睡状态了。那么什么时候该上床呢？应该在10点半左右。子时的时候，是胆经值班。胆气在一阳生的时候，是刚刚长出来的阳气，还很微弱，我们要特别保护这个阳气，应该怎么保护呢？最好用睡觉来保护，所以夜半的时候，我们就不要再去跳啊唱啊的，而应该睡觉。这时候要开始养阳气，而养阳气要从微小的时候就要保护它。

丑时——肝经造血时间：丑时是1点到3点的时候，是肝经值班。肝经是主生发的，这个时候的阳气比胆经值班的时候要生得大一点了。肝脏要解毒、要造血，就是在这个时候进行，所以半夜里，千万别去酗酒，千万别沉迷于游戏了。这个时候人体得休息，肝还要工作。有肝病的人多是爱熬夜的人，因为半夜肝要造血、要解毒，如果不给它喘息的机会，自然就容易发病。

寅时——号脉的最好时机：夜里3点到5点是什么时候呢？这时候叫做平旦。因为此时天气要开始平衡了，阴阳开始平衡了。此时肺经值班。此时，天刚刚亮，这时候中医号脉是最准的时候。我们可以看你的脉硬不硬，脉硬呢，40岁以上的人要考虑是否得了高血压；二三十岁的如果脉紧，可能是工作压力太大，还可能是有焦虑症。又紧又硬的脉叫做弦脉，如果是弦脉就要考虑你是不是有高血脂、动脉硬化了。

卯时——空腹喝水，排出毒素：卯时是大肠值班的时候，它是早上5到7点钟。12时辰养生有个重点，就是卯时起床后要喝一杯空腹水，有便秘的人这样做就可以帮助你减轻便秘。因为大肠在此时精气开始旺盛，大肠一鼓动，再加上你的水的帮助，大便就下来了，就能帮助你解毒。要知道大便里的毒占人体所有毒的50%。卯时气血流注于大肠经，卯时在天地之象代表天门开，代表二月，万物因阳气的生发冒地而出，故是排便的最佳时机。中医认为“肺与大肠相表里”，寅时肺气实了，卯时才能正常地大便。

辰时——早餐营养要均衡：到辰时的时候，是胃经值班了。这个时候是7到9点，7点钟我们要吃早饭了，而这个时候是胃经值班，所以，胃在此时是最容易接纳食物的。早餐一定要有动物蛋白，要有一味荤，比如说你咸菜就泡饭就不行，得加上一点有动物蛋白的东西，要有一点肉，或者鸡蛋。

巳时——工作学习的第一个黄金时间：接下去上午9到11点是巳时，这时是脾经值班的时候。脾经是主消化的，这个时候，它要吸收营养。而这个时候也是大脑最具活力的时候，是人的一天当中的第一黄金时间，是老人锻炼身体的最好时候，是上班族最出效率的时候，也是上学的人效率最高的时候。所以，我们必须吃好早饭，保证脾经有足够的营养吸收，这样，大脑才有能量应付日常的运转。

午时——睡好午觉养阳气：午时13点到1点的时候，是心经值班。这个时候大家要注意，心经值班的时候我们要吃午饭、睡午觉，因为按照太极阴阳气化规律，这个时候阳气最旺。《黄帝内经》说，阴是主内的，主睡觉；阳是主外的，主苏醒。午时是阳气最盛的时候，我们吃完午饭稍事休息继续工作，这个时候也出效率。阳虚的人这个时候就要好好地睡上一觉，最养阳气。那么阳气不虚也不盛，正常的人怎么办呢？我们午时只需休息半小时到一小时，养养我们的心经。因为我们的心脏很累，除非你身体很强的人，你可以不睡午觉，一般的话我们还是要睡午觉。睡午觉要平躺，这样可以让大脑和肝脏得到血液，有利于大脑养护。《黄帝内经》有一句话，叫做“卧，则血归于肝”。你要平躺，这样血液才养肝。肝脏对人体有个重要的分布血液的作用，你睡午觉起来以后，肝脏就可以把血液输送到你的大脑，保证你的工作效率，所以午觉最好要平躺。平躺还有一个什么好处呢？就是保护你的颈椎、你的腰椎。人的骨架就像房子的柱梁，一天到晚地撑着身体，何其累也，所以你看年纪老的人，骨头的病就多。午睡躺下，颈椎可以得到休息，腰也可以歇一会儿，长此以往，你就不会得腰椎增生、颈椎病，也不会得坐骨神经病等病，所以午时午休是很重要的。

未时——保护血管多喝水：午时过了以后，1 点到 3 点，就到了未时，这时小肠经值班。小肠经把食物里的营养都吸收得差不多了，都送到了血液里边，血液里边就满满当当的，就像上下班时候街上的车，十分拥挤。这个时候我们必须要喝一杯空腹水，或者是茶也行，这是用来稀释你的血液。因为人体这个时候血液营养很高，很黏稠，所以要稀释血液，这样才能起到保护血管的作用。

申时——工作学习的第二个黄金时间：未时过了就到申时了。下午的 3 点到 5 点之间，大家要注意了，这是我们的第二个黄金时间。这个时候小肠经已经把中午饭的营养都送到大脑了，大脑这时候精力很好，要抓紧工作，提高效率。

酉时——预防肾病的最佳时期：那么到了酉时，也就是傍晚的 5 点到 7 点，这时候是肾经值班，我们要再喝一杯水。这一杯水非常重要，它可以帮我们把毒排掉，还可以清洗你的肾和膀胱，让我们不得肾结石，不得膀胱癌，不得肾炎。

戌时——工作学习的第三个黄金时间：再往下，到了 17 点到 19 点，此时是心包经值班。心包经值班的时候呢，我们的心气比较顺了。这个时候是我们一天当中的第三个黄金段，这个时间你可以学习，可以去散步去锻炼身体。但是，当心包经值班时间快结束时，可能是你散步回来以后，你需要再喝一杯淡茶水或者是水，让你的血管保持通畅。

亥时——准备休息：然后就到了亥时，亥时就是晚上的 9 点到 10 点，这时候应该休息，准备睡觉，或者是夫妻融洽等等，这都是最佳时间。到 10 点半你就一定要上床了。到此为止，12 时辰养生就全部介绍完了。它的规律就是要按照经络和脏腑，还有阴阳气化来进行养生。我总结了一首歌诀，有助于您更好地遵照 12 个时辰来养生。

寅时天亮便起身，喝杯开水楼下行；定时如厕轻如许，卯时晨练最宜人；辰时看书戏幼孙，巳时入厨当灶君；午时进餐酒少饮，未时午休要抓紧；申时读报写诗文，酉时户外看流云；戌时央视新闻到，闭目聆听好养神；亥时过半快洗漱，子时梦中入画屏；丑时小解一时醒，轻摩“三丹”气血盈；脉络通畅心如水，一觉睡到金鸡鸣。

二、什么时辰吃什么药

前面我们讲了在一天当中应当怎样结合十二时辰安排我们的养生活动。这里，我们再来结合十二时辰的规律讲一讲疾病的防治，主要是按照怎样的时间吃药的问题。上午是阳长阴消，阳气是升的时候，我们借助这个天机，补给温阳的药，就比在其他时候给药效果要倍增；相反，在傍晚气降的时候，阴长阳消，我们补给养阴的药，效果就比其他时候好。十二时辰养生，可以帮助我们解毒，可以帮助我们养生，帮助我们预测疾病，帮助我们医疗，还可以帮助我们吃药。子午这两个时间，是阴阳偏执的时候，午时是阳气最重的时候，还是气机升得最高的时候，这个时候要注意什么呢？在这个时候患有高血压病的人，不能喝酒，不能生气，也不能用重力。因为这个时候是阳气之极，也是药之极、气升之极。要是违反了这个规律，很容易得中风以及出血的病，比如鼻出血、眼角出血、脑出血。所以上午 10 点钟的以后，尤其在夏至前后，有高血压的人必须要吃降压药。在子时的时候恰好和午时相反，这时是阴极的时候，是气机降得最低的时候。子后则气升，午后则气降，从午时开始气就降了，降到阴极的时候是降到最低的时候。那么有气虚的人，容易在这个时候气透；肾病不好的人，容易在这个时候出事；心脏不好的人，容易在这个时候猝死；低血糖的人，容易在这个时候发病。所以，我们在子时，有上述病证的人就该提前吃药，这样才能安然地度过子时。

另外，在卯时和酉时这两个时辰，按理来说，是阴阳平衡的时候，应该没有什么大问题，但是有阳虚病人和阴虚的病人，这两个时候就容易出问题。有这么一个案例，曾经有一个人来我这看病，他面黄肌瘦，说拉肚子，断断续续的有半年了。我问他："你什么时候拉？几点钟？是不是每天天刚亮你都是要拉肚？"他说："是，就是每天早不拉晚不拉，天刚刚亮的时候就拉肚子。"于是我给他的诊断是"五更泻"。卯时的时候会拉肚子，这是阳虚的表现。我给这个病人开了一副附子理中汤，吃了以后就好了。这是为什么呢？因为在卯时的时候是早晨 5 点到 7 点钟的时候，是天刚亮的时候，本来应该是阴阳平衡的，但是这个病人阳虚，这时阳不能跟阴平衡，所以卯时的时候他的阳虚就表现出来了，就会拉肚子。这叫"五更泄"，就是每天早晨天未亮之前即肠鸣泄泻，也叫"晨泄"。致病原因主要是肾阳虚，命火不足，不能温养脾胃，所以也叫"肾泄"。平时饮食也可适当补充改善畏寒体质的食物，如羊肉、狗肉、鹅肉、鸽肉、虾、枸杞、韭菜、羊肾、核桃、黑豆、栗子。与此同时，煲汤时适当放一点胡椒、炒菜稍微放点辣椒和生姜，这都有利驱寒保暖。我开的药把他的阳补上来了，阳和阴平衡了，他就不拉肚子了。而且我给他开的这副药附片用得很重。因为附片这个药，是我们中医养阳气的冠军。附子生长在高寒山区，因此它具备有抗寒的能力，有温正阳气的能力，温正阳气就能抗寒，这味药可以说，凡是阳虚的人吃下去，效果一定是最好。但是有一点，附子有毒，不过有毒也不怕，我们只要掌握一个问题就可以避免中毒了。这就是，在煎药时，你要先煎这味药。我们去正规药店买药时，附子这药也是单独装包的。买回来，把它先煮一个小时，煮到用筷子一夹就烂，一尝不麻，这时就没毒了。这时再加入其他药方，一起煮二三十分钟就可以喝了。如果附子药量在10克以内，就煮一个小时，而如果是30克以上，则一定要在开水里先煎两个小时以上，才能放其他的药。酉时的时候又是什么情况呢？酉时本来也应该是阴阳平衡的，但是很多阴虚的病在这个时候发作。

曾经有一个病人来找我，这个人的脸瘦瘦的，红得像涂了胭脂，还在不停地咳嗽。一把脉，细瘦无力。舌头有点红，还口干。他自己描述说，他一到傍晚这个时候就发热，手心脚心很烫。我怀疑他是肺结核，让他去化验，结果果然是肺结核。我的根据是，酉时这个时候阴阳应该平衡，他却是阴虚，而肺结核的表现就多为肺阴虚，所以，他八成就是得了肺结核。这就是根据十二时辰给药的科学。

三、节气也是指导我们养生的秘宝

一年四季阴阳消长变化是万物生、长、化、收、藏的根本，因而养生要做到春夏养阳，秋冬养阴。四季的寒暑交替会引起人的生理和心理机能的不适，我们非常有必要顺从24节气的更替，进行养生与保健。24节气在我国的发祥极为久远，它不仅是农业生产的指南针，更是指导人们养生、保健的秘宝。

24节气大家都很熟悉，一个季节有6个节气，一年就是24个。“春雨惊春清谷天，夏满芒夏暑相连，秋处露秋寒霜降，冬雪雪冬小大寒”，这是24节气歌。在24节气里边，有8个节气至关重要，我们讲的24节气养生里面，重点讲的就是这8个节气：二至，即夏至、冬至；二分，即春分、秋分；四立，即立春、立夏、立秋、立冬。之所以要挑这八个节气，是因为这八个节气代表了四季中最具代表性的气候变化。在这几个节气到来的时候，气候该变化就会变化，该冷就冷，该热就热，该下雨就下雨，该刮风就刮风；春天刮春风，夏天刮夏天的风，冬天刮的就是冬天的风。如果我们的身体顺应四时变化，就像春天是温暖的气候，夏天是炎热的气候，冬天是寒冷的气候，秋天是凉风，那人就不容易生病。如果反过来，如果春天刮的是反冲的风，或者叫做对冲风，就像冬天刮夏天的风，应寒反热，夏天刮冬天的风，应热反凉。有这种气候变化的时候，你就要注意养生了，因为这种时令不正常的气候是疾病最有可能会发生的时候。天气暴热或者暴寒，而你的身体也或寒或热，身体的虚实加上天时反常，你就容易得病，此时就要注意保养。《易经》中讲的天人合一的养生，告诉我们人的气是天地所赐，那么人的养生也就应该要根据天地阴阳之气的变化来进行。这种养生哲理可以简单地概括为一句话：顺应自然则养生成功，违背自然则百病丛生。

四、年养生——顺应四季的三个规律

人有万物之灵的尊称，但人也时时刻刻都在受大自然的影响。宇宙阴阳运动，形成四季变化，从而影响万物，也影响着人。所以养生的原则当然要顺应天时气候的变化，四季养生就是顺时养生的精髓。我们了解了在一天当中怎样养生的方法，那么一年当中我们应该怎样养生呢？一年四季的养生也同样掌握三个规律：阴阳消长运行的规律、气机升降的规律、天气地气开阖的规律。掌握了这三个规律以后

呢，我们就可以养生长、化收藏，养阴阳、养五脏。“春夏养阳，秋冬养阴”，这是《黄帝内经》里关于四季养生最出名的两句。下面，我们来具体了解一下四季养生的方法。

1. 春夏养阳

春夏怎么养阳呢？春天主生发，气生发而阳光开始明媚，万物复苏。《黄帝内经》就告诉我们“无厌于日”，就是不要讨厌阳光，这个时候要夜卧早起，去晒太阳，让我们抒发肝气，让我们的生机和气机随着春气来运转，这就叫做四气调神。所以，春天养生的重点是怎么样把你的肝气和五脏气与春气来合拍、来协调。春季气机以生发疏畅为特点，我们的养生要注意使体内的阳气渐旺起来。春天的气候促使人血液循环加快，与肝脏的生理机能相关，若肝脏失常，就会出现一系列病证，因而春天宜养肝的道理就在于此。

夏天的时候，万物茂盛，阳气旺盛，这个时候就要充分地利用阳气的生机来保养我们的身体，来维护我们的生命。夏天重在养心，要多吃一点苦的东西，因为苦入心，对清我们的心火、体热都很有好处。还要多吃一点清暑利湿的东西，比如西瓜、绿豆汤等。关于肉，我们就多吃一点性寒的、性凉的，比如鸭子肉，而应该少吃一点鸡肉等性温的东西。另外，我们尽量要吃夏天成熟的食品，比如夏天成熟的瓜果和蔬菜。这样吃东西对我们的心和脾胃都很有好处。夏天的最后30天，是养脾的时候，脾主运化，在这个时候我们要养化，就是要把东西煮熟了再吃。而且这个时候，大地要进入到成熟的阶段了，谷子在灌浆了，瓜果差不多也快熟了。这个时候是我们养脾健脾效果最好的时候。夏季天气下降，地气上升，天地之气相交，人们的情绪应该保持愉快，使气机宣畅，精神外向。如果违背了这个道理，就会损心伤气。还有夏季宜大量出汗，中医又有“汗为心之液”一说，所以心气也最易耗伤，所以最要注意保养心气。

2. 秋冬养阴

秋天的时候是“入地户”的时候，我们常说春分开始“开天门”，秋分开始则“入地户”。入地户时，万物要开始收藏，我们人体也要养“收”。天地经过了春夏以后，似乎也累了，万物该长的已经熟了，果子、庄稼都收获了，这个时候呢，人也应该转为休息了，这叫做“收”。

秋天主要养肺。肺经过了夏热的燥，到这时就要多吃润的东西，比如梨、藕、杏仁、贝母、百合这些东西，都有助于养我们的肺、润我们的肺，收敛我们的肺气。秋天湿度下降，是容易感冒的季节。秋天天气干燥，燥易伤肺，使气宣发的功能受影响，从而引起干咳少痰等症。所以要“无外其志，使肺气清”就是秋养肺的理论依据。

到了冬天以后，就主藏了。这个时候万物都闭藏，动物去冬眠了，花也凋谢了，树叶也落光了，那么人呢，人跟着万物歇歇也是应该的。前面我提到冬天第一要务要养藏，藏什么呢？藏精，藏好了精则来年不会生病，所以说“冬不藏精，春必病瘟”。曾经有一个患者来找我看病，他老感冒，到春天他就不停地患感冒。我说你冬天干嘛了，他说这个冬天他一直在出差，累得一塌糊涂。其实这就是他在冬天没有藏精补养身体而造成的后果。我告诉他现在补一补吧，赶快来个“春眠不觉晓”，通过睡眠保养好精气。

第七节　“全息思维”看待疾病

宇宙是什么？

《易经》说宇宙是个大黑箱，我们一般的人，只知道显露出来的东西，不显露的我们不知道；而像伏羲这样的聪明人，显露出来的他知道，不显露的他也知道。所以，我们尽量要能够知道不显露的情况。如何知道不显露的情况呢？《易经》教我们一个方法，这就是：观象取义。观象取义是一种重要的预测思维，就是说你通过观现象，发现事物的实质。观象取义的思维也叫“全息思维”。这个全息思维帮助我们从明处发现暗处的东西。因为在古代的时候没有解剖学，人身体里边是什么，人们根本就不知道，只能从外边来看。但这也促使我们的祖先发明了这种全息原理。这个原理教给我们从一个小的局部，看到一个大的整体；而一个大的整体，又包含着若干个小的局部。这个原理也教给我们要整体和局部相结合地来预测诊断疾病。比如，从观察我们的面部，就可以得到我们五脏的信息。两眉之间叫做印堂，它可以看肺。如果这个部位苍白无光泽，可能是肺虚；如果两个眼睛之间发青（对于小孩就叫山根青）就要考虑这个人是不是心阳虚或心气虚。如果两个眼睛之间发淤，那就要考虑是不是心有淤阻的情况；另外再看这个鼻子，鼻子是看脾胃的，如果鼻子萎黄，那么就要考虑脾阳是不是虚了。鼻子两边的下面叫颐，这个地方是看肾的，这个地方颜色发暗、发黑，就要考虑肾是不是有问题了。

我们再来看手，手相当于一个正立的人，不同部位对应着人体的胃、肝、脾、肺、肾、生殖器等各个脏器器官。所以看手掌也反映一个人全身的信息。耳朵也是如此，耳朵好似一个倒立着的人，两个耳垂对应着眼睛，经常按摩刺激耳垂上的穴位对眼睛有好处。而我们的脚掌呢，它就像一个躺着的人，脚掌的不同部位也同样分别对应着全身的脏器。这些经验告诉我们，用《易经》教给我们的全息思维，可以观察到我们人体的健康信息。这也是中医当中“望诊”的重要部分。内脏的活动我们看不见也摸不着，但“有诸于内，必形诸于外”。中医可以通过“望、闻、问、切”以外测内，用外部的观测来作为诊疗的依据。“以外测内”，这个思维相当高明。为什么高明？因为它代表着东方思维的特点。一切物质，它存在明的结构，也存在暗的结构，你不能说我显微镜下看不见，我就不承认它的存在。比如说我们号脉，用三个指头看一下脉气，这也是个全息——脉全息。我左边寸关尺是看心肝肾，右边的看肺脾肾。那么西医用刀划开，奇怪了，既找不到肺的组织，也找不到脾的组织，也找不到肾的组织，于是它就说中医不科学，我认为其实这两种都是科学的，只不过是运用不同的思维方法罢了。所以，《易经》和医学的关系，实际是哲学和自然的关系。通过哲学和自然关系的一个代表——望、闻、问、切四诊合起来，那我们就得到全面的信息了，我们就可以掌握疾病的早期信号，所以掌握五脏反映在体外的藏象是非常重要的。

1. **心的藏象**

中医的心与神志、舌、脉、面部是一家，心是主宰。面色异常，要先考虑心。因为人的心气在外反映于面，所以根据面部的状况我们便可对心进行保健。如发现面色苍白无华，气短乏力则是心气、心血虚的反映；而发现面色发青或紫、胸憋气闷、心慌，那你就应考虑是否会患有冠心病；而面色红润，血脉充盈，精力充沛，这当然就是心力充足的表现。舌头不灵活了，要检查心脑。因为心开窍于舌，心脑有病，可先反映于舌，比如出现舌不灵、舌麻等，所以舌的保健对心有一定的好处，闲时我们可以做舌保健功。方法是：闭目养神数分钟后，做伸缩、左右摆动及在口腔内做顺逆时针画圆各 10 次。然后搅拌舌下廉泉穴的津液徐徐咽下，收功。舌保健功的目的是通过舌对心的良性刺激，促进心的功能保持良好的状态。我们还有人经常容易出大汗，这就要先考虑心。因为汗为心之液，和血汗同源，大汗可亡心阳，也可亡心阴，所以如果不是为了运动的目的应尽量减少出汗，如夏天应避免因热出汗，平时不要捂得太多以免出汗过多；心气虚、心阳不足的人，更应避免大汗以致心气暴脱而出事。

2. **肺的藏象**

皮毛、鼻与肺是一个藏象整体，肺是主宰，所以皮毛与鼻有毛病，当然要从肺考虑。

养皮肤要先养肺。因为人的肺气合于体表的皮肤，其华在毛。皮毛是人体的屏障，人的肺通过卫气循于皮毛。肺气虚，卫气不足则皮毛失濡而屏障功能减弱。所以要保养皮毛首先要养肺，增强卫气。反之，如果善于保养皮毛，也可反馈于肺，辅助增强肺的功能。

介绍一种皮毛与肺合养的闭气功，此功记载于《黄帝内经》。方法是："闭气不息七遍"，再引颈以气顺之，饵（咽）舌下津无数，然后意念引到面部就可养面，引到脖颈就可养脖颈皮肤。在保养食品方面，可常服炖烂带细毛的猪皮、鸡皮，可防止皱纹出现。鼻子出问题，你也要查查肺。因为肺开窍于鼻，所以鼻的嗅觉和肺有密切关系。要保护嗅觉，首先要增强肺气，因为"肺气通于鼻，肺和则鼻能知其香"。所以嗅觉减退的人，可以吃猪肺炖山药。喉能发音，声音的大小也与肺有密切关系，所以发音无力同样应该益肺。宗气虚（心肺气虚）的人，言语无力的原因就在于心阳虚、肺气不足，这种情况应服人参。

3. **脾的藏象**

另外我们看这个脾的藏象，它主那几个部位呢？嘴唇、口、四肢，还有肌肉。所以唇、肌肉的保养，要从脾着手。人这个大阴阳里面包含着许多小阴阳。通过面的气色、舌头的颜色等人体小阴阳的变化，我们可以了解人体的疾病和生命的信息。

阴阳是个全息，天地有若干个阴阳，人体也是一个个阴阳。人的这个大阴阳里边，又分有许多个小阴阳，所以我们的气色，它也是一个阴阳的一个小单元。通过面的气色、舌头的颜色，都可以反映人体的阴阳状况；通过声音、气息也都能反映人体的阴阳变化。所以我们通过阴阳变化，通过各样的变化，都可以了解人的这个气息。我们太极有阳极和阴极。通过阴气和阳气的变化，我们可以预测生死，这是《易经》告诉我们的。什么时候我们应该抗衰老了？什么时候我们要预防？在阳极和阴极，这两个极端的时候水火不竭，气息难续，这时很容易出现问题。所以很多死亡，就是在这两个极端的时候出现的，在阴极和阳极的时候出现。根据五行，我们也可以预测生死，因为五行有相克的规律。《黄帝内经》说："肝在庚辛死。"什么意思呢？庚辛属金，就是当金克木的这个时候，肝死。所以五行相克，也可以告诉我们疾病的生死。还有经络，同样可以告诉我们生死。我们的经络，它里边的也是个全息。一个穴位和一条经络的变化，就包含着许多体内其他部位的重要病变信息，它们个个都是微小的全息窗口。经络，它也有集中的窗口。比如说经络的一些原穴，分布在肘膝关节的这些穴位，还有一些部位，如肘、腋，还有股——大腿根部的这个窝，关节里面的这个窝，经常要拍打它，这些都是一些精气汇集的地方，所以《易经》告诉我们，很多的方法我们都可以预测到生命的信息。

两千多年前，《黄帝内经》中提出"上医治未病，中医治欲病，下医治已病"，也就是说医术最高明的医生并不是最擅长治病的人，而是能够预防疾病的人。可见，中医历来防病是重于治病的。古代名医扁鹊大家都知道，他给齐桓侯诊病的故事还上了学校课本。但是，你不知道扁鹊在谈到自己医术时，他却说他不如两个哥哥。魏文王曾向扁鹊求教："你们家兄弟三人，都精于医术，谁是医术最好的呢？"扁鹊说："大哥最好，二哥差些，我是三人中最差的一个。"魏王这就不明白了："但是为什么你却名扬天下了呢？"扁鹊解释说："大哥最好，医在病情发作之前，病人未觉其病已除去病根，所以他的医术难以被人认可；二哥次之，医在病初起之时，症状刚显已药到病除，所以乡里人都认为二哥只治小病；我最差，给那些人治的时候，病情已很严重了。那个时候不仅病人痛苦，而且下大力用针放血或手术直指病灶才得病除，所以我名闻天下。"这个故事说明了什么？它告诉我们中医追求的最高境界是"治未病"，在疾病未严重、未发展之前就下手医治。面对现代五花八门的疾病，利用中医进行养生保健无疑是最合适的方式。

第八节　十种亚健康的症状及解决方案

一、头痛

症状：头左侧或者右侧某一点，无来由地疼起来，类似脉搏跳动，"一跳一跳的疼"。除了头痛。做事打不起精神，思维迟钝，爱钻牛角尖。解决方案：偏头痛的人，多半是有气郁积在心，没有抒发出去。如果右边头痛，先在右边找到头痛点，用大拇指轻揉。发现疼痛的地方，通常有一些结节状的东西，你需要耐心把它揉散，然后找到右侧手腕背面戴手表的地方，就在手表上弦的钮下方，叫"外关"，揉搓它专治偏头痛。（揉搓外关穴）

二、胃酸

症状：因为经常吃饭不规律。以及大量喝咖啡等刺激性饮品，感觉胃不舒服，明明很饿，又不想吃东西，而且胃酸很重。解决方案：取坐姿，用全掌用力摩擦大腿正上面，由大腿根到膝盖这段的肌肉。反复摩擦3分钟。以打嗝为佳，这一段肌肉上有许多穴位，可以调节胃的功能。

三、乳腺增生

症状：现在，白领女性大多年纪轻轻就患上乳腺增生的毛病。具体症状大同小异。解决方案：用敲打经络的方法，只敲“胆经”就行，胆经是中医经络中治疗乳房疾病的。胆经的路线正好是裤子外侧的裤线。用拳头的指节由大腿外侧腰下方。一直敲打到小腿外脚踝上方的位置。每天不定时敲打3分钟。

四、便秘

症状：好像不用过多描述吧，大家心知“肚”明。由于这个问题。还会造成小腹赘肉、肤色不均。解决方案：肠道动力不足。就会造成便秘，所以，需要给肠道以外来的“助力”。用“推腹法”，就是用手推肚子。每晚临睡觉前。用两手指肚从心窝推到肚脐，然后从心窝两侧推到肚脐两侧。都是从上到下推，每晚推5分钟。便秘严重的，早上起床前再推一次。

五、时差混乱

症状：明明身在中国，却似到了美国，有一个时差。白天犯困，效率极低，越晚越精神，自己也知道这样不好，想调节过来，却无可奈何。晚上早睡，仍睡不着，非要熬到凌晨三四时；早上想早起，闹钟上了两三个，结果，关上闹钟继续睡。解决方案：失去平衡状态，一切都会显得混乱。还是先让您的心平静下来，这样，生物钟才会重新恢复自然的节奏。提供一个简单的静心之法，不但能调节身体的平衡，还能调节心理的平衡，就是“金鸡独立”。您直立，然后抬起一只脚，看看站得是不是很稳，然后把眼睛闭上。只要每天坚持练习几分钟，一周后，您的“时差”就倒过来了。

六、掉发

症状：每天大把掉头发不说，发色干枯，毫无光泽，很像缺钾的植物叶子，用再好的护发素也不管用。解决方案：用手指肚敲打头部，古人叫“鸣天鼓”，是很好的健脑护发方法。你可以用手指肚来梳头，也是养发的妙法。每次只需两分钟，一天两次，坚持两周，就会有效。

七、倦怠

症状：每天也没做什么事情，只不过是坐在电脑前、打电话、开会、见客户，但是，总觉得很累，容易倦怠，下班后连饭都懒得吃。解决方案：如果缺乏做事情的动力和兴趣，自然容易疲劳。这不是身体的问题，不是吃营养品、睡觉和锻炼能解决的。要清楚工作对您的真正意义。不然，您永远都是被人驱使的马车，疲于奔命，碌碌无为。

八、虚胖

症状：整体不胖，局部却显臃肿，尤其是大腿、臀部和腰部，要想每天都做运动减肥，根本就是“口头保证”，就算说得到，因为加班、疲劳、懒惰等种种原因，一再停止，于是，眼睁睁看着这些部位的“尺度”越来越宽。解决方案：臃肿虚胖的部分，是身体的“赘肉”，它不是身体的能量，而是“垃圾”，需要急早清除。你要调动新鲜的血液。把它们“清运”出去。要消除腰部的“游泳圈”，我们只需每晚睡觉前，平躺着，用空拳同时敲打腰两侧的赘肉，每次三百下。要想减腿上和臀部的赘肉，方法更简单，在地板上铺个软垫子，然后在垫子上跪着爬，坚持一个月，效果很明显。

九、视力下降

症状：每天盯着电脑；为赶时间，在车上看书，一段时间后，发现看东西模糊，眼睛容易干涩、发酸眼里经常有浅浅的红血丝。解决方案：耳垂上带耳环的小孔，其实是个穴位，叫“明目穴”，平常，我们可以多用手指揉捏这个穴位，每次两分钟，注意揉的时候，要闭上眼睛。揉完，你顿时感到眼睛明亮许多。

十、烦躁

症状：烦躁和牙疼一样，犯起来要命，尤其是事情多、任务重的时候，容易心神不宁、血气上涌，明知道此刻自己需要平心静气，却越想越着急。解决方案：对付烦躁最好的方法就是宣泄，宣泄最好的方法就是敲手指。中医叫做“十宣”，是专门宣泄心中郁结之气的。

第九节　有效就是硬道理——6个穴位包治众病

一、足三里，上中下一起理

足三里，上中下一起理，足三里可以写作“足三理”，意思是可以通过这个穴对身体进行多种多样的调理。“三理”到底是哪三理呢？就是理上、理中、理下。胃处在肚腹的上部，胃胀、胃脘疼痛的时候就要“理上”，按足三里的时候要同时往上方使劲；腹部正中出现不适，就需要“理中”，只用往内按就行了；小腹在肚腹的下部，小腹的病痛，得在按住足三里的同时往下方使劲，这叫“理下”。

二、人体老生寒，太溪定生暖

人体老生寒，太溪定生暖。凡是寒凉体质的人，都不妨通过常灸太溪穴，让温暖的生机进入寒体之内，让“体内的冰雪”变成春天的涓涓细流……太溪，是肾经上的穴位，在脚踝内侧后跟骨上动脉凹陷处，当我们用手指按在这个位置上时，马上可以感觉到这里动脉的跳动。古代很多大医面对病垂的病人，就是用这个穴“补肾气”、断生死。如果在这个穴位上仍能摸到跳动的动脉，说明病人肾气未竭，还可救治；如果这里没有跳动，就说明病人阴气缠身，比较危险了。太溪穴，它是人体阳气汇聚的一个重要之地。

关注疾病不如关注健康。而关注健康就是关注先天之本，也就是激活肾经。从哪里着手激活肾经呢？从太溪穴激活。因为太溪穴是肾经的原穴，也就是源头。肾经的原发力、原动力都在这里。肾经上的每个穴位就像一个多米诺骨牌一样，通过按这个穴位，让它再撞击、再通别的穴位，最后整条经都通了，这叫牵一发而动全身。到最后，您会发现整个身心在不知不觉中全改善了。当穴位一个一个地被打通，人体的气血就开始自行调节，哪里虚弱了，有需要帮助的地方，气血就从充足之地奔赴过来，予以补给。经过这么一个良性循环，气血集中到了太溪穴上，储备的过程就完成了。最后，您要把这些储备好的东西通过涌泉穴来好好利用。因为涌泉穴是通肝的，用在肝处，就开始变为后天所用了。肾是我们先天的本，它得通过肝的生发疏泻才能用。我们一生当中损耗最大的是肝，所以我们一定要保肝。谁给肝供应营养？就靠肾。所以要想肝源源不断地为我们的后天提供保障，就必须让肾功能正常，也就是让肾经的气血周流通畅。有人本来就虚怎么办？一定要先补到太溪穴去，补完以后是为了用，就像挣来钱是为了花的。谁是帮我们花钱的？是涌泉穴。当太溪穴气血备足之后，这时候您打通涌泉穴，您的精力就源源不断地被激发起来了。您会发觉身心突然进入一种很自在的境界，有一种莫名的轻松和欢喜。我建议大家在揉肾经的时候，最好把心经同时揉一揉，因为心肾是相通的，效果能达到极致。肾经叫足少阴肾经，心经叫手少阴心经，其实它们是一条经：在胳膊上叫心经，属火；在腿上就是肾经，属水。如果肾虚，那就是有虚火上来，为了不使上面的心火太大，就要让下面的肾水再多一点，所以这两条经要同时调节。比如，然谷穴可以治疗失眠，就是阴虚火旺那种，这个时候您同时揉一揉心经的少海穴，去去心火，上下同治，效果更佳。

我国有一本最好的方剂书《伤寒论》，是医圣张仲景所写，他非常强调打通心肾两经。书中有一段话是“少阴病，但欲寐也”，就是说肾上有病，心上有病，这个人就老爱犯困。《伤寒论》实际上是一本经络书，讲的是如何用药物来打通经络，结果后人把它当作一本药物方剂书了。其实用药也是为了打通经络，只是从脏腑里面打通经络。但不管怎么说，经络是贯穿中医的一个主线，甭管是用药物、针灸、拔罐、刮痧等六大法中的哪一种，所有的目的都是为了打通经络。用药是从脏腑里把经络打通，而按摩是从外面打通经络，它也是一种药，只要您达到打通经络的目的，用什么都无所谓。即使现在什么都没有，赤手空拳，也照样可以把这些病治好，因为药就在您自己身上。其实吃药只是为了打通经络，不是药单独在起作用。所有这些都是外来的东西，我们最后真正能依靠的只是我们身体固有的经络。我们记住一句口诀就够了："腰背委中求。"腰背上的病痛，要到委中穴那里去求。求什么呢？我们看一个健康的小孩，或者是腰很正常的人，你让他趴下来的时候，摸他那个委中的部位，会发现它是凹陷的，这是正常状态。如果这个部位有一个凸起的，或者有条索状物，或者有一个小包，或者有一处压痛点，这才是你所要"求"的东西。用针把这个凸起或小包扎下去，或者用手指揉它，让它自行消失，这样委中才能治你的腰背。有腰椎病以及一部分颈椎病时，主要用这个委中穴就够了。委中穴很好找，就是在窝里面，这个穴在一个岔路口上，在背部分为两支的膀胱经在这里汇合为一支，继续下行。因此，刺激这个穴位，能振奋整个膀胱经的活力，尤其是疏通腰背部的气血。我在平时嘱咐病人自己调养的时候，常常建议他们"以指代针"，用按压的方法。而通常我用这个穴，一用就有疗效，病人的痛苦即使不会马上消失，也会大为减轻。一般说来，对于十二条经脉以及任督二脉，我们都可以根据这个思路，用它的起始穴和终止穴就能解决很多问题了。如果能再在这条经的其他部位取 1 ~2 个穴，那就更加得心应手了。好比用膀胱经治疗腰背病痛，我们用睛明、至阴和委中 3 个穴，就足够了。

第十节　手腕部位三个重要穴位

一、手太阴肺经　太渊穴

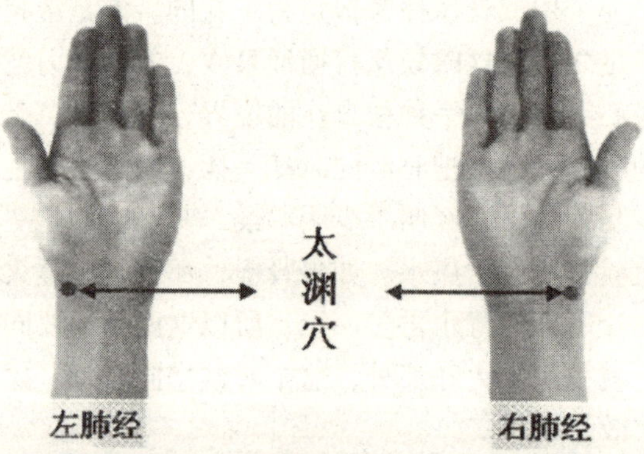

太渊穴归属于手太阴肺经，位于腕横纹桡侧端，桡动脉桡侧凹陷中。肺之原穴，百脉之会。击中后，阴止百脉，内伤气机。

主治病证：指压太渊穴，对于腕部疾病有疗效。该穴为人体手太阴肺经上的重要穴道之一。

1. 穴名析

太渊穴又名大泉(《千金翼方》)，"太"者"大"也；"渊"者"深谷"也。言太渊说明此处为肺经经气甚为博大而且深也。在中医的四诊中，脉诊由三部九候法发展成为独取寸口法，也正说明了太渊在人体气血循行中的重要性。

2. 穴性析

太渊穴属于手太阴肺经腧穴。肺朝百脉，脉会太渊；肺主气、司呼吸，气为血帅，本穴开于寅，得气最先，故在人体穴位中占有重要地位。

（1）输穴

太渊在肺经的五输穴中居于第三位，位于腕关节部位，属肺经，为肺经经气渐盛之处，五输穴中“输主体重节痛”，故而本穴对于因肺经或肺脏病变所导致的肢体沉重，关节酸痛等证有良好疗效，如外感风湿肢体酸困疼痛，咳嗽气喘所致的胸胁胀满疼痛。

（2）原穴、肺经母穴

原气是人体生命活动的原动力，原穴是指脏腑元气经过、输注和留止的部位；太渊为肺经原穴，故而是肺经维持其正常生理功能的动力之所在。

另外，根据五输配五行，阴经以输代原，可以推出，太渊在肺的五输穴中性属土，而肺在五行中属金，故太渊又可称肺经母穴，根据“虚则补其母”的基本原则，凡是对于肺脏或肺经的虚损性疾患，如久病体虚易感，肺虚流涕，久咳所致的胸胁隐痛气喘卫外不固，汗出畏风等具有良好的疗效，中风患者气息微弱或声鼾并有间断。

（3）八会穴

在八会穴中，脉会太渊。脉象为气血在脉中运行时的外在表现，肺朝百脉，主人一身之气，气为血帅，故而本穴对于无脉证以及由于气血不足所致的疾病，凡表现为脉象细、微、弱等均有一定疗效。

3. 临床应用

（1）针法析：关于太渊穴的针刺方法，鉴于局部解剖情况，比较适合采用指切进行法行捻转补泻法，尤其对于脉象微弱的患者，在进行捻转补法的同时，以左手食、中、无名三指在局部体验脉象的变化情况，从临床观察来看，脉象虚弱无力者，在连续施以捻转补法 3～5 分钟，脉象均会变得粗大有力，而对于因体质虚弱者，如中风患者属本虚标实，脉象表现为洪大有力但中空的患者，经用捻转补法后，脉象会变得虚、细、弱，而伴随着患者呼吸变得平稳深沉。

（2）典型病历

黄某某，男，59 岁，曲阜市人，2006 年 9 月份住院，时见抬入病房，生活不能自理，言语不清，睡眠时声高声粗，喉中痰鸣如窒，鼻吸口出，神志尚清，舌淡苔白腻，脉洪大有力而中空，此属本虚标实之象。在针药并用治疗过程中采用针太渊持续施以捻转补法 5 分钟，患者当即呼吸微弱，几乎不可闻，但比较平稳，脉象沉弱，随后未再出现身高细粗，喉中痰鸣音。

张某某，男，67 岁，郑州人，2003 年冬，因不习惯北方生活，而出现鼻流清涕不止，但无发热恶寒等症状，经补太渊 5 分钟，患者脉象由细弱变为实而有力，一次而愈。

二、手厥阴心包经　大陵穴

大陵穴归属于手厥阴心包经，位于腕横纹中央，掌长肌腱与桡侧腕屈肌腱之间。大陵穴为十三鬼穴之一，通过临床实践观察总结出此穴除具有镇惊安神、清心通络的功能外，还具有理气止痛、舒筋活络、祛风止痹的作用。

［主治疾病］心痛，心悸，胃痛，呕吐，惊悸，癫狂，痫证，胸胁痛，腕关节疼痛，喜笑悲恐。

［人体穴位配伍］配劳宫穴治心绞痛、失眠；配外关穴、支沟穴治腹痛、便秘；配水沟穴、间使穴、心俞穴、丰隆穴治癫、狂、痫、惊悸。

三、手少阴心经　神门穴

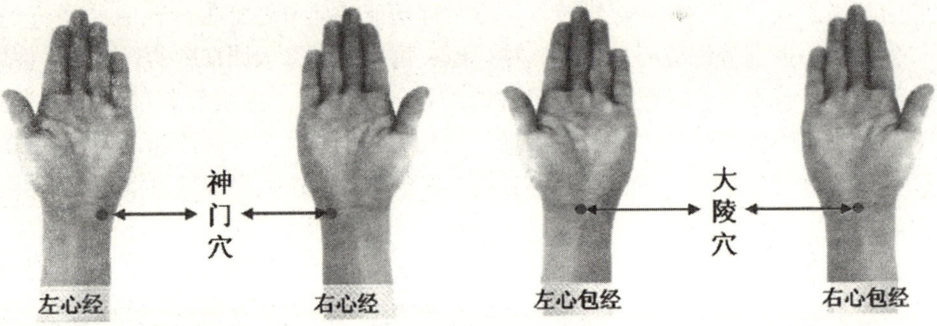

神门穴归属于手少阴心经，位于腕横纹尺侧端，尺侧腕屈肌腱的桡侧凹陷中。

【主治】

（1）心痛、心烦、惊悸、怔仲、健忘、失眠、痴呆、癫狂痫等心与神志病证。

（2）高血压胸胁痛。现代常用于治疗心绞痛、无脉症、神经衰弱、癔病、精神分裂症等。配支正主治健忘失眠、无脉症；配大椎、丰隆主治癫狂。

双手握拳，拳心虚空（如图1），贴在肾俞位置（如图2），利用膝关节的上下抖动进行反复摩擦，双拳不动，双脚随着身体抖动轻微起踮，感觉到腰部轻微发热为止。对过度疲劳、精神不好、睡眠不足的人效果好。现在大多数人连休息的时间都没有，更不用说保持充沛的精力了。前苏联有一位生理学家，经过多年的研究，发现人的疲劳并不能单纯靠休息来缓解，也就是说休息不是恢复疲劳的最好方法，也就是说单纯的运动，只能缓解疲劳，并不能补充精力，最好的方法是通过运动来恢复，而我们这个方法，不仅能缓解疲劳，还能在短时间内补足肾气。在过去，这种运动被誉为中医里的金匮肾气丸，有温补肾阳的功效，是最有效的补肾方法。对肾虚，慢性腰脊劳损，腰间盘突出的病人非常实用。我之所以能够在忙碌的生活工作当中保持旺盛的精力，就是掌握了这个奥秘。从道家医学的观点来看，这正是启动了人体自身的大药的结果。

图1

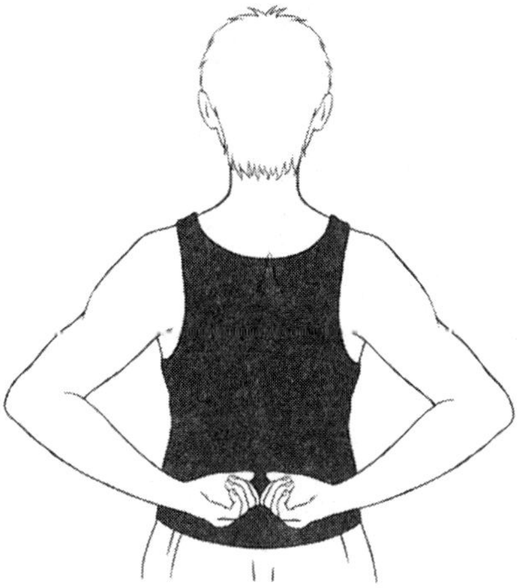

图2

第十一节　五行八卦与体质养生之秘

八卦五行各有其相对应的人体部位和穴位。我们用八卦之象来探寻人类的体质，事实上是在先觉先知人体的身体素质和健康状况。其价值也就体现在：由认识到应用，学会自我调治，真正做到把健康长寿的主动权掌握在自己手中。

乾卦人就要凉润养生，而坤卦人就要注意风温养生以应对脾湿，尤其在夏天的时候，一定要多开窗，以便让湿气从房间跑出去；离卦人则要低温养生，离卦是阳火、阳热，热就容易伤阴，导致阴虚，所以在冬天进行养生的时候，离火之人就要注意节能。

《易经》作为一门严谨的哲学著作，它对人体生命之谜的阐释主要体现在五行八卦的学说之中，通过对八卦象数和义理的结合，我们就能更全面地知道一个人的精神和他身体的各方面素质。《易经》八卦人的分类比《黄帝内经》的五行人更要全面，因为每一个卦象后面都有独特的义理。

根据五行八卦的理论，我们可以确定八卦对应的人体部位和穴位，具体来说，乾卦对应的部位在首，也就是人的头；坤卦对应的则是人体的肚子和腹部；震卦在足；巽卦在臀、股；艮卦则在手；坎卦是耳朵；离卦是眼睛；而兑卦则对应了嘴。我们也就可以据此具体分析五行八卦对人体的体质、养生的影响，以及他的特征、他的阴阳、他的气质、他的寿夭等等。

我们先来看一个历史人物的例子，他就是开创汉朝的汉高祖刘邦。在刘邦还是一个小芝麻官——小亭长的时候就被一个颇有眼力的人看中了，这个人就是吕雉的父亲。他发现刘邦当时虽然很穷，又没什么官位，但是很有气魄。从外相上看，他面白而且体格非常魁梧，骨大体宽。吕雉的父亲眼光很犀利，他认为刘邦很有帝王之相，就把自己的女儿嫁给了他。

当然，这只是一个故事，刘邦的面相不是他成事的主因，更不是既定的，这只是一个参考。而且这八卦人也不都是典型，每个人的身上并不只是具备了单一的八卦人的特性，他可能有交叉、融合，然后组成了不同类型的八卦人。

1. 阴阳平和的乾卦人

所谓“达于上者谓之乾”。八卦之首乾卦，象征纯粹的阳和健，代表兴盛强健。乾卦的卦象为天，如果作为领导者，通过这个卦象，自然会推天道以明人事，把天道的刚健有力转化为自己的主体精神和内在品质，自强不息，以便发挥自己的才能。

乾卦在五行中代表了“金”，乾卦人也就代表了一种阴阳平和的状态。乾卦代表的部位除了头还有胸肺和大肠，所以乾卦人的胸廓一般都很发达，头既圆且大。我们过去说一些孩子头型真好，一看就很有活力、很健康；说谁胸廓发达、骨骼好，就是说这个人在身体方面给人一种能够担重任的印象。《易经》中讲乾为首，乾为君。这也就表示，乾卦人通常组织能力比较强，领导能力比较强，具备领导者的素质。这样的人在公司、团体中往往会成为领袖。但是这种人的弊端也很显著，他容易唯我独尊。从阴阳学的角度来说，乾金体质的人的特点就是比较平和，通常他的寿命也偏长。在了解乾金体质之人的特点后，我们再来看一下这种体质人易患的疾病。乾金体质的人被称作乾金之人，我们知道，在五行中，金属于燥，所以乾金之人容易患肺方面的病，比如肺燥；肺又和大肠相表里，因此也容易得肠燥、便秘，甚至哮喘病、糖尿病。我们观察一下就会发现，乾卦人中患糖尿病的比较多，得气管炎的也比较多，他们爱抽烟、爱喝酒。乾金之人因为容易患燥热，因此在养生时就要注意多吃一些清凉润肺的食品，比如银耳、藕、百合、杏仁等等，像杏仁做的露露就很适合这类人食用。此外，因为乾金之人还易患便秘，因此就要多吃一些润肠的食物，如木瓜。木瓜属于《易经》中的象意食品，对乾金之人很有益处。另外，对于这类人还要让他们少抽烟、少喝酒，这对解决他们身体中的燥热有很大好处。乾金之人尤其要注意秋天的养生，因为秋天比较燥，外燥引动内燥，如果再抽烟喝酒，不吃凉润的东西就容易得病。

2. 多阴少阳的坎卦人

第二类人是坎卦人，他们在五行中代表了水。水性偏寒，寒气通于盛，坎卦人的特点就是多阴少阳，表现在面相上就是面青，偏黑，脸长且瘦。另外一个显著的特点就是耳朵偏大，这是因为坎卦是主耳的。

坎卦人的特点就是城府比较深，非常内向，但是他们长于心计，很善于出谋划策。这类人在开会的时候，如果没人点到他，他绝不会主动站出来说话，他就是用耳朵在听，在他们看来，这就叫耳听八方。这类人的寿命是偏长的，因为他们阳气耗得少。坎水之人容易患的疾病往往和肾脏相关，因为坎属水，水气通于肾。此外，水性寒且阴，所以坎水之人也容易得寒病，患阳虚方面的病，甚至抑郁症，这是因为他极端内向，不愿意把自己的话说出来，总是憋在心里就容易得抑郁症。坎水之人在养生方面应注意“三防”，即防肾病、防寒、防阳虚；在饮食方面应该多吃一些温补的、温阳散寒的东西，少吃一些寒凉之物。

3. **稳重敦厚的坤卦人**

我们在前面已经说过，坤卦代表了地，坤卦的部位在腹部，他们一般个子不高，比较矮壮，头偏大，腰粗，肚子偏大，四肢很结实。

坤土之人的显著特点就是非常敦厚老实，非常稳重，他们是实干家。在个性上坤卦人比较偏内向，但又没有坎卦人那么内向。他们的一个缺点就是比较缓慢，不仅是动作缓慢，其自身气血的流动也比较缓慢，比其他人都更加缓慢，这也导致他们的反应稍微比其他人要慢一些。他们不会是冲锋陷阵的人，但绝对是最好的实践者。

坤土之人通常容易患脾方面、湿气方面的病，比如说痰饮、水肿之类的症状，或是肚子疼、腹泻等等。因为坤属土，土是湿气，湿气则通于脾。

坤土之人因为湿气比较重，在养生时就要注意用燥，用温燥的食物来克制体内的湿气，可以多吃一些羊肉、辣椒、生姜之类的食物；另外还应多吃一点豆类，可以有效帮助健脾利湿。如果是妇科方面的病证，还可以多吃一点牛肉，这对肌肉是最有利的。此外，在三伏天，在最重的时候一定要更加防范，在饮食上少食瓜果，多吃一些健脾的食物，如煮出来的肉、粥都有助于克制脾湿。

4. **多阳少阴的离卦人**

离卦在象数中属火，其义理代表了丽，象征了太阳和火，所以说这类人的火气非常重。上面我们说到了坤土之人，他们沉稳得就像一座山，没人能扳倒他们，反而要时时刻刻依靠他们，每个单位都需要这样的人。但是离卦人呢？他们是多阳少阴的，也可以说他们是太阳之人，这类人的阳气很旺，也就是火气旺。所以他们的外形特征往往是面色偏红，头偏小，但是他们最大的一个特点就是眼睛非常厉害。

这是因为在八卦中，离卦是在眼睛，因此离卦人是眼睛很厉害，看什么东西只要他一扫，心里就全明白了。通常离火之人的思维是非常快的，就像闪电般，是爆发式的。他们善于创新，什么事情总是想在前、做在前。但是这类人的缺点也十分明显，有时候会过于自信。

在疾病方面，离火之人易得口疮这类火气重的疾病，这是因为他们急心好动，火性上涌；同时火气又通于心和脑，心又主脑，所以容易患脑抽动一类疾病。我们发现，医院里脑出血的病人大部分都是性子急的，这类人平常也是火体热体，爱生气，而且一生气就控制不了，容易造成气上到脑，导致脑出血。因此，这类人一旦患了高血压，就更要注意脑中风。除此之外，离火之人还容易得眼睛方面的疾病，如眼底出血什么的。因为火越上涌，气血也跟着上涌，然后就引发眼底出血，有时一下子一只眼睛就看不见了。

离火之人的养生要注意静养生，要少生气、多安静，少吃动火的东西，少喝酒，平时不要轻易动火，也不要食用过于辛燥的食物，以此来维持体内水火阴阳的平和。

5. **敏感善变的巽卦人**

《易经》中说：“巽为风，君子以申命行事。”巽卦柔而又柔，因而，“巽”又派生出顺从、谦逊的含义。但顺从非盲从，谦逊也不是优柔寡断。那么，巽风之人究竟有哪些性格特点，他的养生奥秘又是什么呢？巽卦的象数是风，是木卦，这类人的特点就是敏捷、灵巧、善变，但是他们也有一个特点就是忽冷忽热，因为风是时而狂风暴雨，时而又和风细雨的。巽卦是多阳少阴的，所以巽卦人的寿命也要稍微偏短一些，但是比离火之人要长。巽属风，风气通于肝，巽卦人通常易患外风引动内风的症状，以及过敏方面的病；因为他的善变和敏感使得他们容易得神经方面的病证，如神经官能症、癔症这一类的病证；同时，也容易得高血压。巽卦人在平时要注意少食发物，如芽类食物，比如豆芽、香椿、蒜苗等等；同时也不要吃腐乳、猪头肉等；羊肉和海鲜不是不能吃，而是应该少吃，这样才能调补体内的阴阳平和。巽木之人还要注意外风的影响，在大风天来临时更要注意养生。有许多高血压的病人，在大风天还没有来临之前头一两天，就感到眼睛斜了、头晕了，他们去医院看医生，说自己降压药也在吃，又没有动怒，没有劳累，怎么血压就不对了？这就是因为外风影响了体内的肝风，肝脏发出的警报。等到大风过去了，一切就都好了，所以说巽木之人尤其要注意大风天前后的养生。不能生气，不能酗酒，也不要吃动风的药。

八卦人和五行相联系，也和阴阳相联系，同时和风寒暑湿燥火也密不可分，所以我们在养生时应十分注意。乾卦人就要凉润养生，而坤卦人就要注意风温养生以应对脾湿，尤其在夏天的时候，一定要多开窗，以便让湿气从房间跑出去；离卦人则要低温养生，离卦是阳火、阳热，热就容易伤阴，导致阴虚，所以在冬天进行养生的时候，离火之人就要注意节能。这不仅帮助了我们自己养生、节能，也有助于国家的总体节能，是一举两得之事。

一、震卦体质之人养生方案

1. **性格特点**　易怒之人，属于震。震为雷。做事雷厉风行，果敢。

2. **易患疾病**

一般说来，震人较容易出现心系统的疾病，比如舌头肿痛或溃疡，在情况严重时，则可能直接表现为心脏的本病，如心跳过快，心前区憋闷、刺痛，心肌缺血等。

在人体脏腑之中，震卦对应于人的心系统。

心脏在人体中的地位不言而喻，心系统是人体健康的主宰。

心主血脉，其华在面，开窍于舌：平时如果出现了面色晦暗，没有光彩、脉象细弱、唇舌青紫等情况，往往意味着心系统出了问题。

心主神志：如果出现心慌失眠、多梦、神志不宁、谵语狂言，或者反应迟钝、健忘、精神萎顿，甚至昏迷等，也往往意味着心神被扰，失去正常的功能。

心藏神：即喜与悲都属于心，“神有余则笑不休，神不足则悲”。

心在液为汗：有的人出汗过多，有的人出汗过少，都要问问心呢。

既然心脏属于“震卦”，按照同气相求的原则，我在这里为大家介绍一些常见食物和保健品，他们得震卦之气较多，对心脏有很好的补养作用。

《易经》和《黄帝内经》将人体的五脏六腑分属八卦，我们这里讲的不同体质的人易患的疾病，并不是说震卦体质的人一定会得心系统的疾病，正确的理解是，对震卦体质来讲，心在五脏六腑当中的地位是最重要的。心系统不生病，其他疾病一般来讲比较好治愈。而心脏一旦生病往往是大病。所以震卦体质之人一定要加强心系统的保养。

心：属于震卦，心主喜，也可以说，对于震人来说，让自己感觉开心的事情，都具有延年益寿的绝佳保健功效。所以一定要保持自己愉快，乐观的心情尤为重要！

（1）神门穴是手少阴心经原穴，它对震卦体质之人而言，可谓第一养生，保健，祛病大穴，对于震卦之人而言，这个穴是最需要小心守护的。它可是震人不折不扣的保命要穴，震人最好每天按揉3~5分钟作为日常保健，益处多多。

（2）就运动而言，跑步，尤其是慢跑，对于震人的保健功效尤其好，其他的踢毽子，跳绳等运动也很适合震人。

（3）每天晚上用温水泡脚半小时，同时喝一些温水或者生姜红糖水，泡到微微出汗。可以稳定血压。

（4）金鸡独立法：这种方法可以使意念集中，将人体的气血引向足底，对于足寒症更是效果奇佳。

（5）震卦体质之人，一定要多吃震卦食物来调补。能让人活命的高粱，能够补益人体的五脏六腑，阴阳气血，尤其适宜于震人！

（6）震卦体质之人平时在选购日常粮食时，要多花点心思，尽量去选择带有胚芽的粗粮才好，菠菜，还有如秋冬的青蒜、荠菜等都得震之气，特别宜于震人。

（7）荷叶，震人用来解暑最好。

（8）凉粉、藕粉、何首乌粉、椰汁西米露，都可以作为震人的日常保健品。

（9）绿豆芽、小油菜、豌豆苗、黑豆苗，震人平时最好有意识多吃些。

（10）震人还要多吃以下食物：

①猪蹄得震气较多，功效可以直接深入人体的心系统，震人可以将其作为日常保健品食用！（也可以用猪蹄煮汤作为调补）

②鸡爪含有丰富的钙质及胶原蛋白，对身体有很好的补益作用。最简单的方法还是直接去卤肉店买来卤好的，又省事又好吃，震人平时常吃好处多多。

③芦荟作为天然的美容保健品而备受推崇，其实，它本性大寒，并不适合所有的朋友用来养生保健，不过对于震人来说，芦荟却是一种无可挑剔的养生保健品，尤其是体质偏热的震人，更是要经常吃一些。

（11）震人不宜过量吃属于坎水的食品，如大量喝水，喝酒，喝饮料、牛奶、豆浆等。因为吃坎水的食物过多会导致震人气郁，容易使震人生病或发脾气。当然了，所谓多与少的标准，指的是不要把牛奶、豆浆等当作早餐的饮料天天喝，那样就多了，假若一周喝一二次，一次100毫升就是少了。

（12）震人也不宜多吃葱、姜、辣椒等散气的食物。

（13）在所有卦象的人中，震人和玉心心相印，所以震人倘若喜欢佩带饰品，最好挂玉，各种各样的玉制品，都特别适合于震人！

3. 主要震卦食物

谷物：高粱，西米。

蔬菜：菠菜，上海青菜，芥菜，发芽豆，黄豆芽，绿豆芽，豌豆苗，黑豆芽，小油菜，韭黄，竹笋，芦荟，麦芽，黄花菜，香椿苗，荠菜，小白菜。

肉类：鹿肉，鸽子肉，猪蹄，蹄筋，鸡爪。

水果：桃，石榴。

药材：荷叶，鹿茸，鹿筋，鹿鞭，鹿角，生脉散，芦荟，麦冬，玉竹。

饮品：莲心茶。

其他：凉粉，蜂花粉，藕粉。

二、离卦体质之人的养生方案

按《易经》的理论来看，胆属于离卦。您使用离卦的食物、保健药物以及经络原穴来调养，相信会有不错的效果。

1. 性格特征

离卦在象术中属火，其义理代表了丽，象征了太阳和火，所以说这类人的火气非常重。他们的外形特征往往是面色偏红，头偏小，但是他们最大的一个特点是眼睛非常厉害。这是因为在八卦之中，离卦是在眼睛，因此离卦人的眼睛很厉害，看什么东西一扫，心里全明白了。通常离火之人的思维非常快，就像闪电般，是爆发式的。他们善于创新，什么事情总是想在前、做在前。但这类人缺点是过于自信。

2. 易患疾病

胆是人体六腑之一，《黄帝内经说》它是“中正之官”，主决断，所以，胆气豪壮者，可以不受突然变化的环境的影响，始终保持理智；而胆气怯懦者，常常因为惊恐而得病，表现出失眠、多梦、神经衰弱等症状。

脏腑之中，胆与同属木行的肝关系最密切，它们一阴一阳，互为表里。贮藏于胆腑的胆汁，在肝的疏泄作用下，会排入肠中，促进食物的消化。如果肝胆功能失常，胆汁的分泌与排泄受阻，不能进入肠道，则脾胃的消化功能会受影响，出现厌食、腹胀、腹泻等消化不良的症状。这些不能进入肠道的胆汁在腑脏中乱窜，最终必然外溢到肌肤，就会出现目黄、小便黄为特征的黄疸症状。此外，离火之人易得口疮这类火气重的疾病。

离卦体质之人容易得的疾病，与别的类型体质的人看上去症状差不多，但治疗方法却几乎有着天壤之别，如果您是离人，治疗时一定要特别留神。

另外，胆气以下降为顺，如果气机上逆，就会出现口苦、呕吐黄绿苦水等现象。

按《易经》的理论来看，胆属于离卦。如果您的不适症状和上面列举的有几分相似，那么根据同气相求的原则，不妨采用下面我推荐的属于离卦的食物、保健药物以及经络原穴来调养，相信会有不错的效果。

面瘫的治疗，很多时候并不复杂，有的人休息两周，不加治疗也会自然恢复原状；有的人经过简单治疗就会很快好转；但是，离卦体质之人若生此病，往往没那么容易痊愈。

除了面瘫，离人还比一般人更容易出现头闷、记忆力下降、失眠、胸胁胀痛等症状。

3. **用离卦食物来提升离人体质**

何首乌是离人的特级保健品，又当食物又当药，两全齐美。

据《本草纲目》记载，何首乌味甘，性温，无毒，能治“五痔腰膝之病，冷气心痛，积年老瘦痃癖，风虚败劣，长筋力，益精髓，壮气驻颜，黑发延年，妇人恶血痿黄，产后诸疾，赤白带下，毒气入腹，久痢不止，其功不可具述”。

何首乌能够让您神清气爽，头脑清明。

在各类干果之中，葵花子得太阳离火之气最多，对于离卦体质之人而言，是不可多得的休闲、保健佳品。离人完全可以把它当作日常保健品经常食用。

荔枝，它最能补益离人。离卦体质之人的上火症状是人体离火受损造成的，所以治疗时需要补益离火，而不能按照常规方法用苦寒之药来清火。

再者，常见的粮食类作物中，玉米对离人是最有益的，它可以最快改善离人的体质和精神状态。

红薯也是很快能提高离人体质的东西，您吃的时候请一定不要去皮。

4. **离卦体质之人的养生注意事项**

离卦体制之人，最容易被一些属于坎水的食物所伤，如螃蟹、贝类和各种各样的鱼等，一些离卦体质的朋友在吃过之后容易出现不舒服的症状，所以一定要在家里备一些紫苏，用紫苏煮水喝，很快就可以消除不适。

（1）离人不可以经常吃虾：体质偏热的人，即使是成人，也不可以经常吃虾，包括离火之人。

（2）离人要少吃苦味的东西：苦味泻火，对离人有损无益。

（3）离人要少吃山药、豆浆、牛奶等食品。山药、豆浆、牛奶等食物属于坎水，水过多则伤火，所以离人不宜多吃这些食物。

5. **丘墟是离人第一保健大穴**

丘墟是足少阳胆经原穴，它对离卦体质之人而言，可谓第一保健大穴，离人最好每天按揉3~5分钟作为日常保健。

三、坤卦体质之人养生方案

如果你生日的“日”的天干属于下述中的一个：甲、丙、戊、庚、壬；
如果你生日的“月”的天干属于下述中的一个：甲、丙、戊、庚、壬；
如果你生日的“年”的天干属于下述中的一个：甲、丙、戊、庚、壬。
坤卦之人，或坤土之人，简称为坤人。

1. **性格特征**

包容一切，默默奋斗之人，属于坤。坤为地，厚德载物。坤卦代表了地，坤卦的部位在腹部，他们一般头偏大，腰粗，肚子偏大，四肢很结实。坤土之人的显著特点就是非常敦厚老实，非常稳重，他们是实干家。在个性上坤卦人比较偏内向，但没有坎卦人那么内向。他们的一个缺点就是比较缓慢，不仅是动作缓慢，其自身气血的流动也比较缓慢，这也导致他们的反应稍微比其他人要慢些。他们不会是冲锋陷阵的人，但绝对是最好的实践者。

2. **易患疾病**

坤土之人易患脾方面、湿气方面的病，比如说痰饮、水肿之类的症状，或是肚子疼、腹泻等。因为坤属土，土是湿气，湿气则属于脾。人的脾容易被过多的思虑所损伤。

《易经》和《黄帝内经》将人体的五脏六腑分属八卦，我们这里讲的不同体质的人易患的疾病，并不是说坤卦体质的人一定会得脾方面的疾病，正确的理解是，对坤卦体质来讲，脾系统在五脏六腑当中的地位是最重要的。脾系统不生病，其他疾病一般来讲比较好治愈。而脾系统一旦生病往往是大病，所以坤卦体质之人一定要加强脾系统的保养。

3. **最佳养生方案**

坤卦食物是坤人的绝佳补品。

坤卦体质之人是大地的宠儿，所有产于黑土地上的食物都对坤人有很好的补益作用。

坤卦食物当首推莲藕。莲藕，大补我们脾胃的灵根。莲藕能消积食、止腹泻、开胃口、清湿热。生连藕汁治贫血特别好。莲藕治崩漏效果特别快，对乙肝有辅助治疗作用，还可以治手脚冻疮、解蟹毒。

莲子作为莲藕的果实，也得坤土之气，对于坤人而言，养生保健作用非常好。

大米得坤土之气和坎水之精，对于坤卦体质之人而言，可谓绝佳补品。平时煮大米粥尽量不加入黄色的食物，比如甘薯、板栗等。

芡实、芋头、扁豆、荸荠、黑木耳、泥鳅等食物也得坤土之气，坤卦体质之人要多吃。

面粉制品对于坤人而言有双重补养功效。

人参对于坤卦体质的朋友来说，不管是作为日常保健还是治疗顽疾，都是相当安全的，无须多虑，可以放心使用。

人参得坤土之气，主入脾土。另外，从本质上来说，人是倮虫，属于坤土，人参之所以像人形，正是得了较多的坤土之气。所以不论从哪方面讲，人参都可以补益人体元气，更是补脾的大药。历代医家都将人参作为补益之极品，它所具有的保健功能也令人叹为观止。

对于人体而言，三七不仅与脾土有关，还与肝木有关，也就是说三七不仅可以补脾，还可以养肝，用来治疗与脾、肝有关的任何疾病，效果都出人意料的好。

4. **养生注意事项**

坤人不宜多吃黄鳝，特别是体质偏热的坤人，更要忌口。

坤人不宜多吃烤制和煎炸的食品。因为坤为湿土，烤和炸的食品吃多了，容易伤坤土之湿，致人生病。

坤人不宜多吃黄色和紫色的食品。

坤人不宜多吃甜食和酸味的食品。

日常做菜使用的调料之中，生姜、葱、醋、糖、茴香、花椒等香料，坤人也不宜过多食用。

坤人适宜吃赤色、褐色或黑色的食品。

坤人大多能言善辩，语言表达能力好，而且还很喜欢音乐。所以，坤人的最佳保健生活方式之一，就是听自己喜欢的歌曲、哼唱自己喜欢的歌，让自己身心愉悦。

至于其他运动，如果喜欢的话，可以适当做些，只是不要过量；如果不喜欢，绝对不要刻意强求。

脾主思，也可以说，人的脾容易为过多的思虑所损伤。同样程度的思虑，对其他类型体质的人可能构不成伤害，或者受伤害后人体也能够很快自己恢复，但对于坤人来说很可能会使身体就此一蹶不振，所以，坤人特别需要一些强大的外来力量的帮助。

太白穴是足太阴脾经的原穴，可以说是坤人的第一养生祛病大穴，对于坤土之人而言，这个穴位是最需要小心呵护的。它可谓是坤人不折不扣的保命要穴，坤人最好每天揉上3~5分钟，作为日常保健，益处多多。另外用人参或三七片外贴在穴位上，补养效果最快最强，坤人一定要坚持使用。

四、乾卦体质之人的养生方案

按照《易经》的说法，脑部在人体这个小宇宙中属于乾卦。

很多人的脑部不适治不好，常常是因为没有用属于乾卦的食物和穴位来调理。

对于乾卦体质之人来说，脑部保养是最重要的，因为乾人一旦头部出现问题，一般的常规治疗方法就不那么容易奏效了，而且还会反复发作。

1. 性格特征

乾卦在五行中代表了“金”，乾卦人也就代表了一种阴阳平和的状态。乾卦代表的部位除了头还有胸肺和大肠，所以乾卦人的胸廓一般都很发达，头既圆且大。我们过去说一些孩子的头型真好看，一看就很有活力，很健康；说谁胸廓发达，骨骼好，就是说这个人在身体方面给人一种能够担重任的印象。

《易经》中讲乾为首，乾为君。这也就表示，乾卦人通常组织能力比较强，领导能力比较强，具备领导者的素质。这样的人在公司、团体中往往会成为领袖。但是这种人的弊端也很显著，他容易唯我独尊。从阴阳学的角度来说，乾金体质人的特点就是比较平和，通常他的寿命也偏长。

2. 易患疾病

在了解乾金体质人的特点后，我们再来看一下这种体质人易患的疾病。乾卦体质的人被称作乾金之人，我们知道，在五行中，金属于燥，所以乾金之人容易患肺方面的疾病，比如肺燥；肺又和大肠相表里，因此也容易得肠燥、便秘，甚至哮喘病、糖尿病。

3. 乾卦食物是乾人的灵药

素有“仙草”之称的灵芝，有扶正固本、滋补益身的极佳效果，是从古自今中医公认的补品。据医书记载，灵芝分为青、黄、赤、黑、白、紫六类，不过现在大家见到的，多是紫色、赤色和黑色的。灵芝，对人的脑部非常好。中医认为，脑部失常不仅与脑有关，而且与脾有关。我自己用灵芝和清水一起煮的，煮好之后，入口味淡却清香四溢，非常好喝。一杯喝下去后约 10 分钟，就感觉有一股清气直冲头部，人顿时变得清爽无比。又比如失眠，失眠的原因有很多，治疗也需针对病因才能奏效。灵芝，补人的脑部，特别是对乾人来说，更是至上的保健佳品，乾人在思虑过多、用脑过度的时候服用灵芝水，效果非凡。属于乾卦，然后仔细考虑，给出了他以下建议：灵芝 30 克、红枣 6 颗，每天煮水喝。益智膏由桂圆肉、桂圆核、核桃仁和优质的紫云英蜂蜜熬煮而成。您不必对孩子的智力发愁，桂圆和核桃，它们都是能健脑补脑的佳品，常服益智膏，有利于孩子的通脑益智。乾卦体质之人，头痛、头晕，用桂圆水治顽疾。乾卦食物对于乾人来说，意义非同一般，不仅有普通的补养功效，在祛除疾病，尤其是多年顽疾时，往往有着诸多药物都无法媲美的神奇作用。

4. 乾卦体质之人的养生注意事项

对于乾人而言，所有能够给人体头部之气带来负面影响的食物、药物都不要多吃。

（1）叶类的蔬菜和各种花茶，乾卦体质之人不宜过量食用。

叶片和花的功效都是使气发散的，容易气郁的人平时经常食用，可以有助于人体气机的顺畅运行，对健康有很好的作用。

（2）每天喝几大杯水的保健方法同样也不适用于乾卦体质之人。

水性本下，喝水太多会使人体之气更多地向人体下部运行，从而影响头部之气的正常供应。对于乾人来说，人体之气集中在脑部才是正常情况，喝水太多当然对健康没有益处了。

（3）生姜红糖水本是受寒感冒时服用的祛寒茶，可是对于乾卦体质之人来说，最好什么时候都不要喝。

（4）乾人要特别注意保护自己的头部。乾人一定要注意：绝不要用冰冷的水洗头；不要在洗头后头发未干之时去寒冷或者有风的地方；不要用电风扇对着头吹；不要做用头部顶球或其他可能伤及头部的运动。

另外，常揉百会穴，对防治乾人的头部疾患效果特别好。

五、兑卦体质之人的养生方案

兑卦之人或兑泽之人，简称为兑人。

兑人的疾病，兑应于肺，如果你是兑人，而出现了与肺系统有关的疾患，那么就要相当地注意了，没有合适的治疗，它们很难会自行痊愈。

肺系统在人体之中具有种种重要的功能，罗列于下：

1. 主气、司呼吸。呼吸一出问题，自然首先会想到肺出问题了。

2. 主宣发和肃降。这条大家都很熟悉了，咳嗽和哮喘，就是这个功能的失常。其实，有一种腹泻，也是肺的肃降出错所致。

3. 主通调水道。水肿，常要治肺。水肿的治疗方法，有个著名的“提壶揭盖”法，就是从肺来论治水肿，用得对证，可收奇效。

4. 朝百脉、主治节。这“治节”还真的与关节有关的。某日给一严重颈椎病患者切脉，发现其肺脉狂跳两下，再突然歇了一下。因而发现，颈椎病竟然是肺气不足，并因此处方顺利让患者痊愈，以后多年也未听说发作。又有人逛街后膝关节疼痛，也是肺脉异常，仍然治肺，药到而病除。

5. 在志为忧。“悲则气消”，“肺主气”。忧愁和悲伤，对肺系统造成的伤害不可小瞧。所以，兑泽之人，平时不可常常观看让人悲伤的影视剧或小说散文等，没来由让自己受伤害。

6. 在液为涕。流鼻涕，大多属于肺系统受邪。

7. 在体合皮，其华在毛。憔悴枯槁、易感冒等，常要责之于肺。

8. 在窍为鼻。《灵枢》说：“肺气通于鼻，肺和则鼻能知香臭矣。”所以，嗅觉失灵，属于肺系统的故障。肺气和，音声能彰。音哑、失音也常与肺有关。

兑人的热病良药　芦苇根

过食烤鸡、烤肉、炒花生、炒葵花子等，兑人的肺容易受伤，易生肺炎、哮喘等等疾患。

新鲜的芦苇根生于水泽中，得兑泽之气，兼得坎水之气。兑泽和坎水，构成卦象名为水泽节。水泽节，互卦为震，这震，与离火构成火雷噬嗑卦，具有良好的散火清热之效。从而新鲜的芦苇根，治疗热性的喘息性肺炎有奇效。新鲜的疗效要远甚于干的。芦苇根还可治疗咳嗽，效果也很不错。当然，这咳嗽也需要是热性的才效果好。

芦苇根虽能泻肺火、清肺热，却并非苦寒的药物。平和之品也能清热，这里又是个例证。其实，不用等到咳嗽或哮喘之时才想到芦苇根的。如果兑人的舌尖明显比舌的其他地方红，那么便意味着肺热了，这时就可以用新鲜的芦苇根煮点水来喝，以消除这肺热，预防疾病的发生。果蔬之中，西红柿非常寻常，却很有益于兑人。西红柿的药效，用现代人的说法是可以减肥，除雀斑，抗衰老，抗癌，治牙龈出血、口腔溃疡等等的。是否确实具有上述的种种药效，我只能说，对于兑人，很可能是有的，其他卦象的人就不敢乱说了，因为既不能从理论上作推导，又没有见到临床的实例。毕竟西红柿性质平和，口味良好，价格便宜，实在是值得开发的良药。

花生，又称落花生，别的物种都是花开在哪里果就结在哪里，此物却颇为奇特，花开在土的上面的空气里，却落到土壤的表面长出丝来伸到土壤下面去结果。此物还不怕水淹，一般的农作物，被水淹后，即使不死，也恐怕结不了果的，此物却在遭水淹时照长不误，还长得挺好。神奇之物必有神奇之效，花生与众不同的生长特征，也决定了它的与众不同的特殊的药效。它可以解除坎水对于兑泽的影响。——这句话大家可能很难理解，理解不了也不要紧的。它可以治疗关节痛。用花生、赤豆、糯米等一起用芦苇叶包粽子作早餐，持续一段时候后，治关节痛有效。花生，其实不仅仅具有兑泽之气，确切地说，它还具坎水之性。可以交通人体的肺肾。花生之中，属于兑泽更多的是花生衣，所以大家在食用之时，千万不要丢掉花生衣，而且，要得到花生的兑泽之气，不能够用炒制或油炸的方法，只能清煮。如果有新鲜带壳的花生出售的话，那么买这带壳的花生更好些。花生衣可治疗白血病。从中医的理论上，也确实很有道理。患者若是有耐心，剥大量的花生衣坚持食用，至少作为辅助的治疗会很有益处的。

浓米汤，兑人的绝佳补品小儿补养良方：浓米汤。原料：东北大米二两。

制作：先将东北大米洗净，放入平常使用的锅中，加适量清水，先大火烧开，然后转小火慢熬，大约40分钟，米粥即成。米粥上层的米汤即是浓米汤，也有地方称为米油。现在人时间紧张，也可用高压锅熬制，转保压状态时，只需保压8分钟，米粥即成，浓米汤也随之而成。男子精清不孕，浓米汤能治疗。这事实上是说，浓米汤具有孕育生命的能力，能够促进男性精子的产生。

坎水，是人先天之本；坤土是人后天之本。大米兼得先天坎水之气与后天坤土之气，用之熬制成米粥，其最上层的米汤，又具兑泽之性，所以，对于兑泽之人，是绝佳的补品，胜过任何其他食物药物。熬制米汤，一般需要较多一点的大米，这样熬得的米汤才浓些。

如新收获的大米、玉米等等。也都有益于兑人。新鲜的粮食之中，首推鲜玉米棒子，此物最为好吃，可做的花样也多。可以整根棒子直接扔到清水里煮，也可以取下粒来与其他粮食一起熬粥或煮饭，甚至当饺子的馅的成分，也可以用来炒菜、煲汤，怎么样作都味美可口。

粮食类作物中，还有一种糯高粱，其生长时的穗是赤色的，也宜于兑人，只是此物市场上可能很难买到。植物之中，产于水泽地里的得泽之气更多些，如新鲜的莲子、莲藕，也宜于兑人。总之，兑泽之人平时尽量多以新鲜的食物为主就是保健了。

枸杞子，宜于兑人，并且也是传说中的中医的延年长生的药物之一；枸杞子，能补益人体精气，去虚劳病。“坚筋骨，耐老，除风，去虚劳，补精气。”枸杞子，能除咽喉干、口渴、小便频数。“主嗌干心痛，渴而引饮，肾病消中。”枸杞子的服食方法，简单地就是泡在开水里，当茶饮用。稍复杂的是加清水煮，然后连水带枸杞一起吃掉。如果平时喜欢喝酒，那么可以用枸杞泡酒饮用。方法是：“用生枸杞子五升捣破，娟袋盛，浸好酒二斗中，密封勿泄气，二七日。服之任性，勿醉。”枸杞酒可以“补虚，去劳热，长肌肉，益颜色，肥健人，治肝虚冲感下泪”。另一种服食枸杞的方法名为金髓煎。“金髓煎，枸杞子逐日摘红熟者，不拘多少，以无灰酒浸之，蜡纸封固，勿令泄气。两月足，取入沙盆中擂烂，滤取汁，同浸酒入银锅内，慢火熬之。不住手搅，恐粘住不匀。候成膏如饧，净瓶密收，每早温酒服二大匙，夜卧再服。百日身轻气壮，积年不辍，可以羽化也。”羽化之说，当然是古人的美誉，不过此种服法，对人体好倒是真的。

兑人，不宜多食烤制的食品，尤其是烤鸡烤鸭。

兑人，不宜多吃梨和苹果。不多吃梨可能大家还能理解，也不介意；可不能多吃苹果，恐怕要惹起众怒了。某次我让一忧郁的人不要吃苹果，竟然引得她很气愤，并责问我如果每天不吃苹果维生素从哪里来等等。其实，苹果只不过是苹果，一种水果而已，有益于一些人，有害于另一些人，并无任何特殊之处，至于抗癌、补维生素之类，更多是商家的花言巧语。苹果能够收敛人的肺气，使肺气更多的偏向于收敛、沉降，所以一般的人，秋冬可以食用；春、夏不宜食用；食用过多或不分季节地食用，很容易让人气郁。忧郁症患者已经气郁了，所以任何时候禁止食用苹果。

兑人，不可多喝冷饮。自然也是因为，寒冷最容易伤兑泽之气。

开心的兑人　开心，是兑人的天性。所以，作为兑人，所有让自己感觉开心的事情，都具有保健的功效，没有必要为追求保健，尽管并不喜欢，却强行让自己实行一些据说能够保健的种种方法。作为小辈的尤其要注意，不得让兑人的长辈，实行种种你所认为的好的而他却并不喜欢的保健方法。任何方法，如果兑人自己心生不愿，那么绝不会有益，而且必然有害。有人说，不是“肺在志为忧”吗？你为何强调要让兑人开心？肺在志确实为忧，然而这句话的准确含义却是指忧伤悲愁，比别的情绪更容易伤肺。其他“脾在志为思”、“肝在志为怒”等等，准确的含义均是如此。兑人的天性是开心，所有让兑人不开心的事，对于兑人的健康而言，都是莫大的伤害。

太渊穴，兑人的保健穴

太渊穴，位于手太阴肺经之上，是手太阴肺经的原穴，它是兑人良好的保健穴位。

太渊穴的位置也很容易找，它位于掌后内侧横纹头动脉中。就是中医平常切脉时的寸脉所在处。

《针灸大成》记载：太渊主胸痹逆气，善哕呕，饮水咳嗽，烦闷不得眠，肺胀膨，臂内廉痛，目生白翳，眼痛赤，乍寒乍热，缺盆中引痛，掌中热，数欠，肩背痛寒，喘不得息，噫气上逆，心痛，脉涩，咳血呕血，振寒，咽干，狂言口噼，溺色变，卒遗矢无度。太渊穴的作用也很多吧，平日作为兑人的保健穴，或作为说话过多之人如教师等的保健用穴，效果也还好。处理太渊穴的保健方法是：①按摩；②用穴位膏贴。没有穴位膏，可用黄芪、人参一起做点细末，贴于此穴位处，外用医用胶布和医用纱布固定，也有一定效果。上述两项，选一样就行。如果确是肺受寒的咳嗽，那么用驱寒的药物贴于此穴位处，效果也不错的。有一小儿冬日受寒后咳嗽，让其用太阳膏和穴位膏混合后贴于两侧太渊穴，咳嗽随即消失，后来也未复发。没有上述膏药可以直接摘一小片雪莲花贴于此穴，应该也有效果。

兑人要学会用兑卦食物来养生祛病

兑人适合吃任何红色的食物，枸杞子外表鲜红，又含有兑泽之气，兑人把它作为日常保健品来吃，简直是太理想不过了。枸杞子能补益人体精气，强壮筋骨，去虚劳病，自古至今作为延年益寿的佳品而受人喜爱。对于易患肺系统疾病的兑泽之人来说，浓米汤是绝佳的补品。如果兑泽孩子的体质差，浓米汤很快就能补上。果蔬之中，西红柿非常普通，却很有益于兑人。酒，以八卦给予分类，属于兑卦，如果少量饮用，宜于兑人。芦苇生长在水沟的旁边，得兑泽之气，用芦苇根来清兑人的肺热，几乎可以说有神效，胜过诸多药物。花生具有兑泽之气，因而特别适合兑人食用，但请一定不要去掉花生衣，因为那才是满怀兑气的宝贝。

兑卦体质之人的养生注意事项

（1）兑人不宜多吃烤制的食品，尤其是烤鸡、烤鸭。

（2）兑人不宜多吃梨和苹果。

（3）寒伤兑泽，兑人尤其要注意保暖。

六、巽卦体质之人的养生方案

1. 性格特征

敏感善变的巽卦人：《易经》中说："巽为风，君子以申命行事。"巽卦柔而又柔，因而，"巽"又派生出顺从、谦逊的含义。但顺从非盲从，谦逊也不是优柔寡断。巽卦的象数是风，是木卦，这类人的特点就是敏捷、灵巧、善变，但是他们也有一个特点就是忽冷忽热，因为风时而狂风暴雨，时而又和风细雨的。巽卦是多阳少阴的，所以巽卦人的寿命也要稍微偏短一些，但是比离火之人要长。

2. 易患疾病

肝脏按《易经》推理，属于巽卦，在五行里属木，在阴阳中为阴中之少阳，外与春色、青色、酸味相应。主疏泄：是指肝对人体之气具有疏通发泄、通达条畅的作用，它主要取决于肝气生发、主升的生理特性。主藏血：是指肝有贮藏血液和调节血量的功能，由于肝脏的这种功能，所以人体各部分的生理活动，都与肝有密切关系。与胆相表里：肝为脏，属阴；胆为腑，属阳，主表。在体合筋：肝的血液充盈，筋才能得其所养，这样人体才能运动并且灵活有力。在志为怒：肝的刚强之性，主要体现在肝气上，如果肝气生发太过，则人急躁易怒，肝的阴血不足，也会导致肝的阳气疏泄太过，稍有刺激，人也容易大怒。在液为泪：肝开窍于目，泪从眼出，如果肝的阴血不足，就会两眼干涩；而在肝经湿热等情况下，很容易出现迎风流泪、眼睛肿痛等疾病。其华在爪：肝血充足，指甲坚韧明亮；肝血不足，则指甲软薄，脆裂变形。在窍为目：肝的经络上连于目，人的视力有赖于肝气之疏泄和肝血之营养。巽人所生的疾病如果与肝脏、筋、怒、泪、爪、目有关，那么意味着常规的治疗不那么容易起效，而且也容易发展成慢性病。尤其需要说明的是"肝主疏泄"和"肝主藏血"，这两个功能如果失常的话，就容易出现很多疾病，比如肝气犯肺，导致咳嗽长久不愈；肝气郁结，导致扁桃体炎长久不愈；肝郁化火，导致口腔溃疡反复发作；暴怒之后，导致闭经；肝风上扬，导致头晕……这些疾病的病根在于肝的疏泄与藏血功能的失常。对于巽人来说，只要肝脏不生病，基本上就会健康一生了。

3. 巽人要学会用巽卦食物来养生祛病

巽人在日常保健之外，尤其要注意肝脏的保养，大家平时一定要多采用巽卦的食物，保健药物和经络原穴来保护自己。三七花色青，补肝脏，更补益巽人，巽人平时把三七花茶作为保健茶喝，养肝作用十分好。三七花泡茶能治愈肝风上扬引起的心脏不适。巽人是最受大地宠爱的孩子。巽为风木，气色青，所以一切适合人类日常食用的粮食、蔬菜、水果，无一不带有巽木之气，都能补益巽人；所有动物都有益于巽人。鸡汤专治巽人的虚劳之症。

4. 巽卦体质之人的养生注意事项

巽人的饮食几乎是百无禁忌的，只除了一样——不能过量食用属于兑泽的食品，但也只是很过量的食用才有害，一般的量是不会有问题的。像我在书中推荐过的浓米汤等食物，巽人就尽量不要用了，但平时喝粥无妨。巽人也不宜常吃茯苓。对巽人来说，太冲是他们的保健大穴，常按揉它可以消很多病于无形，比如降血压、降血糖、补心血、防治很多心脑血管疾病等。

七、坎卦体质之人的养生方案

在人体脏腑之中，坎卦对应于肾系统。《黄帝内经》上讲，肾主藏精，主水液，开窍于耳，司二阴，主骨，生髓，通于脑，其华在发，在志为恐。

1. 性格特征

坎卦人在五行中代表了水。水性偏寒，寒气通于盛，坎卦人的特点就是多阴少阳，表现在面相上就是面青，偏黑，脸长且瘦。另外一个特点就是耳朵偏大，这是因为坎卦人是主耳的。坎卦人的特点就是城府比较深，非常内向，但是他们长于心计，很善于出谋划策。这类人在开会的时候，如果没有点到他，他绝对不会主动站出来说话，他就是用耳朵在听，在他们看来，这就叫耳听八方。这类人的寿命是偏长的，因为他们阳气耗得少。

2. 易患疾病

肾是我们的先天之本，它不仅决定了我们寿命的长短，还收藏着生殖之经血和五脏六腑的精微。坎人总是忙忙碌碌的。我有几个坎卦体质的朋友，他们没有一个能够静得下来，好像总有无数的事情等着他们去做。坎为水，水多是流动不息的，所以，忙碌也许是坎人的天性吧。然而，人的元气、宗气、营气等终究是有限的，每天忙碌不止，事无巨细都要亲力亲为，必然会过度消耗人体的正气，如果不能及时地补充，天长日久，对坎人的健康肯定有不小的影响。坎卦在人体对应的是肾脏，所以与其他类型体质的人相比，坎卦体质之人更容易出现肾系统的疾病。有的坎人在运动后容易漏尿；有的坎人患有慢性肾炎；有的坎人总是尿频、尿痛、尿急；还有的坎人耳朵里面好像总有东西在堵着。此外，水性寒且阴，所以寒水之人也容易得寒病，患阳稀方面的病，甚至抑郁症，这是因为他极端内向，不愿意把自己的话说出来，总憋在心里就容易得抑郁症……这一系列难以治愈的、反复发作的慢性病，很少与肾系统没有关系，所以，坎人一定要特别注意肾系统的保健，要多选用我在书中介绍的坎卦食物和穴位来保养。坎人一旦出了肾系统方面的毛病，用常规方法治疗很难起效，就算一时治好，也很容易常常复发。

3. 坎人要多吃坎卦食物

白茯苓为延年益寿的保健佳品，它深得坎水之气，坎卦体质的朋友一定不要错过了。茯苓的功效十分多：健脾、安神、镇静、利尿，可以说是能全方位增强人体的免疫能力，被誉为“四君八珍”之一。在古代，人们对茯苓推崇备至，因为他们认为那是大树之精化生的奇物，有十分好的养生功效，据说慈禧太后长年内服的13个保健长寿方中，约有一半的药方中都含有茯苓。对于中老年人，茯苓具有补益的功效，但对于处于生长发育期的儿童与青少年就不太合适了。山药、豆浆都为坎卦，是坎卦体质之人的天赐养生之物。猪为水畜，属坎水。所以，它是格外适合坎人的保健食品。但需要注意的是，坎人不能经常吃烤制的猪肉，那对健康是有害的。另外，红烧肉因为在制作过程中要加入大量的糖和酱油，影响了猪肉的功效，所以也对坎人无益，不宜常吃。

对坎卦体质的女性朋友来说，用黄豆、赤豆、绿豆、黑豆、大米熬的五色粥身心双补，可谓养颜上品。青豆、虾仁都具有坎水之气，茭白兼有坎水和坤土之性，坎人应该常吃。

4. 太溪，坎人的保健大穴

太溪是足少阴肾经的原穴，它是坎卦体质之人的养生要穴，有时候用它来治疗坎人的一些常见小病，效果非常神奇。

5. 坎人的养生注意事项

（1）尽量不要去做桑拿。因为桑拿热气蒸腾，形成兑泽之象，和坎水之人恰好构成泽水困卦，此卦是河中无水之象，基本主凶。从这个意义说，坎水之人也不宜从事室内总是热气腾腾的工作。

（2）坎人要尽量少吃小米、板栗、土豆、南瓜、狗肉、饴糖、黄芪等艮卦食物。

（3）坎人无论什么时候都不要过多吃烧烤的、油炸的、酸味的食品以及糖果等甜食。

（4）坎人不能过多喝酒。因为酒属兑，兑和坎在一起，构成卦名“泽水困”，单单这“困”字，就足以说明坎人喝酒过多的危害。

（5）补中益气汤对鼻炎有十分好的疗效，但需要说明的是，由于土克水，对于坎卦体质之人，即使患有鼻炎，也不宜大量使用补中益气丸或补中益气汤。坎人若患有鼻炎，得另寻治疗方法。

八、艮卦体质之人的养生方案

胃是人体的六腑之一，它对应八卦中的艮卦，与脾相表里，功能强弱直接影响人的生存质量，因而又被称为“后天之本”。胃为燥土，属于艮。所以，胃对于艮人来说尤其重要，因为与其他类型体质的人相比，艮人的胃一旦受伤，则很难自动恢复。即使暂时治好，也很容易复发。我曾为很多个艮人治疗过胃病，他们的症状一般表现为胃痛。轻者仅感觉胃胀，重者肉眼就能明显看到胃部凸起。胃痛，吃饭自然难以下咽，一般要设法嗳气后才能缓解。很多艮人只要平时稍微受点儿凉、受点累，胃胀立即就会出现。胃痛，一天要发作好多次。呕吐，一般人感冒后感觉头疼，很多艮人在感冒后往往出现呕吐、腹痛。胃堵，总觉得胃里有东西堵着，仿佛气不流通一样。艮人的胃病不仅表现为胃腑自身的症状，而且还会引起其他与胃经有关的症状出现，如咳嗽、腰痛、耳鸣、小便频繁、遗精等，它们不像胃部症状那么容易判断。大家只要记住，作为艮卦体质之人，无论出现什么症状，只要是求医多年仍不能治愈的，不妨试下艮卦的保健食物或药材。

1. 用艮卦食物来培补艮人的胃土

党参，可谓养生佳品。《本草正义》记载："党参能补脾养胃，润肺生津，健运中气，本与人参不甚相远。其尤可贵者，则健脾运而不燥，滋胃阴而不湿，润肺而不犯寒凉，养血而不偏滋腻。"如果用易理来看，党参主要产于西北黄土地，得先天艮气较多，胃为艮土，党参的功效可以直接作用于胃，是补益胃气的佳品。党参、黄芪一起煮水喝，可治艮人入睡困难。而且，对于艮人来说，胃部特别容易出现不适，平时若作为日常保健品使用，党参效果其实比人参好。玉竹，古名葳蕤，能降血糖、护胃，和艮人更是天作之合。在中医里一向被当作滋阴的药材，能够治疗胃热炽盛、津伤口渴、消谷易饥等症。

小米色黄，得艮土之气较多，与艮人体质一脉相连，在粮食里面，是最体贴艮人的一种。板栗色黄、味甜，得艮土之气多，是艮人的吉祥养生食品。

土豆有养胃之功，艮人要把土豆作为日常保健食品。饴糖，治艮人的胃疼很快起效。如果艮人喜欢甜食，不妨用它来代替普通的白糖、红糖等。艮土之人的胃比一般人的胃更容易受伤，所以，以补中益气丸（由补中益气汤制成的中成药，药店有售）作为日常保健品，有百益而无一害。

2. 艮卦体质之人的养生注意事项

艮人平时最好要少吃牛奶、豆浆、西红柿、生地、山药等属于坎水或兑泽的食品。

冲阳穴是足阳名胃经的原穴，对于艮人来说，它养生祛病之功非同一般。艮人平时一定要经常按揉或外敷这个穴位。

3. 制作养骨膏需要的原料

黄土 2 斤、生白术 1 斤和优质纯蜂蜜 2 斤。这个方子里的黄土需要的是地面 3 尺以下的洁净黄土。现在城市里有许多高层建筑，在打地基时会挖得很深，从那里挖出来的就是我所说的洁净黄土。这种深层的黄土质地致密，是很好的药材，也是养骨膏的主要原料。注意：必须是黄土，不要用颜色发黑、质地疏松的土。养骨膏的制作过程如下。

（1）准备稍大些的铁锅一只。

（2）把黄土敲碎，和白术一起放入铁锅中翻炒，要用小火，炒到白术微微发黄就行了。

（3）从锅里去掉大约 2/3 的黄土，把剩余的黄土和白术一起用粉碎机打成末状。有一些药店有加工中药粉末的服务，如果您家中没有粉碎机，去药店粉碎也是很方便的。

（4）准备稍大些的不锈钢锅一只，将 2 斤蜂蜜倒进去，加 100 毫升清水，用大火烧开，直至翻泡，然后把火逐步调小，保持锅里有大量密密麻麻金黄的小泡翻来涌去的状态。注意小泡上方的水汽——刚开始水汽较多，然后会逐渐减少。在减少到一定程度的时候，用碗盛一些清水放在旁边，然后用筷子在锅里搅一搅，再把筷头上的蜂蜜滴入碗内清水中，如果立即散开，那么继续熬煮；如果入水不散，那么熬制成功。

（5）把前面制得的黄土白术粉末放入熬制成的蜂蜜中，搅拌均匀，膏药即成，冷却后收于瓶中备用。

养骨膏的起效原理：中医理论认为，肾主骨，而肾与坎水相对应，因此骨头也与坎水相关连。在五行关系里，土克水，属于坎水的骨头之所以能维持致密的原状、不变得疏松，就是因为有艮土之气的制约。在人体里，艮土对应胃，那么，骨质疏松等骨头上的毛病就是胃气亏虚的缘故，所以，我用白术和黄土补益艮土之胃就会有非常好的治疗效果。有朋友可能会问：水不是流动的吗，骨头那么坚硬，怎么会属于坎水？我说，这是水的结构的问题，就像坚硬的金刚石和松软的石墨实质上都是碳原子构成的一样。骨头在胃气（艮土之气）的制约下，能够保持致密、坚硬的特性，而一旦失去胃气的固束，骨质疏松等一系列骨头上的毛病就都来了。说到底，这些都不是骨头本身的问题，而是胃气亏虚造成的。因此，养骨要从补胃开始。

养骨膏的使用方法：每次取适量膏药，放在医用纱布上，然后贴在骨头病变的部位，再用医用胶布固定。12个小时后揭下，休息12个小时继续敷贴。10天为一个疗程。至于具体要用多少疗程，则要根据病情自己掌握。

羊肉，可以治疗慢性的腹泻伴虚胖。慢性结肠炎辨为寒证，让其用羊肉、当归，多加生姜、小茴香等一起煮来吃，结果腹泻当时很快即愈。“产后虚羸，腹痛，冷气不调，及脑中风汗自出。白羊肉一斤，切治如常，调和食之。”“五劳七伤，虚冷。用肥羊肉一腿，密盖煮烂，绞取汁服，并食肉。”“头上白秃，羊肉如作脯法，炙香，热塌上，不过数次瘥。”“仲景治寒疝，羊肉汤，服之无不验者，一妇冬月生产，寒入子户，腹下痛不可按，此寒疝也。医欲投抵挡汤。予曰：非其治也。以仲景羊肉汤减水，二服即愈。”——现在白癜风的患者好像不少，从理论上看，与白秃的形成机理相似，不妨试试此方法，并煮羊肉食用作辅助的食疗。另外，白癜风患者应该禁食属于震的食品。

4. 糖尿病虽然是顽疾，健好脾就可以控制

药物：白参片　穴位：左侧极泉穴

方法：取一小片质量好的白参，贴在左极泉穴上，用医用纱布和医用胶布固定。晚上睡觉前贴，早晨取下。也可以用大拇指按压，每天至少20下。

心火为脾土之母。按照“虚则补其母”的中医理论，治疗脾虚当然要先补益心气。极泉穴是手少阴心经的起点，在此穴上外贴大补元气的白参，就能促使心气尽可能多地回归心脏。心气充足了，脾自然就不虚了，这样也就达到了益气健脾的目的。

5. 治脂肪肝有一个很巧妙的方法

药物：桑椹子　穴位：两侧太冲穴

方法：取一粒桑椹子（新鲜的或药店买的都可以）捣烂，贴在两脚的太冲穴处，用医用纱布和医用胶布固定。每天晚上睡觉时贴上，早晨起床后取下。

脂肪肝，源于肝脏元气不足。桑椹子具有巽木之性，能滋补肝肾、收敛肝之元气。巽木对应人体的肝脏，而肝经的原穴是太冲穴，说白了，太冲穴就是肝脏中元气集中的地方，就像火车站专门为特殊人士准备的绿色通道一样，通过它，桑椹子的补益功效就能在最短时间内到达肝脏之中。

6. 治高血压，除服药外另有好法

穴位：两侧三阴交穴、悬钟穴

方法：患高压高的高血压时，用小保健锤敲击两侧三阴交穴；患低压高的高血压时，用小保健锤敲击两侧悬钟穴；若血压急剧升高，则立即在两耳尖放血。

7. 痰多不要怕，此处有真法

药物：甘草　穴位：右侧丰隆穴

方法：先用手按揉或用小保健锤敲击右侧丰隆穴 5 分钟，然后把从药店买回的甘草锤扁、锤烂，外敷在此穴上，用医用纱布和医用胶布固定。百病皆因痰作祟，祛痰就找丰隆穴，每次贴 12 个小时，取下休息 12 个小时再贴。甘草生长在沙土里，味甜，色黄，从《易经》的角度来解释，恰好就是补脾益气、祛痰止咳的上上之选。

痰是人体水液代谢出现故障的产物，它的产生主要与肺、脾、肾三脏关系密切，而其中又与脾关系最密切，所以中医有“脾为生痰之源”、“脾不留湿不生痰”之说。而丰隆穴是足阳明胃经的络穴，别走于足太阴脾经，可以同时治疗脾胃二经上的疾患，所以，按摩这个穴位就能健脾和胃，使湿痰自化。

古人说，“痰多宜向丰隆寻”、“丰隆、肺俞，痰嗽称奇”。是的，丰隆历来就被医家奉为祛痰至宝，我们怎可因穴小而不为呢，所以，但凡与痰有关的病证都应该通过丰隆穴来治疗。

8. 急慢性胃痛的外治祛根法

药物：甘草　穴位：右侧梁丘穴，神阙穴（肚脐）

方法：从药店买些甘草，取一小截捣碎，贴在右侧梁丘穴处，或者直接按摩右侧梁丘穴，每次 5 分钟。慢性胃痛，去药店买些甘草，取一小截捣碎，填在肚脐内，再用医用纱布和医用胶布固定。晚上贴，早上取下。

极泉穴是一个消化大穴，使劲按它，可以促进体液循环，增强消化能力，对任何原因引起的胃胀都有效果。

药物：白参片　穴位：左侧极泉穴

方法：用大拇指指肚使劲按压左侧极泉穴，连续按 20 下，胃胀很快就会得到缓解。然后把捣碎的白参片贴在此穴上，再用医用纱布和医用胶布固定，贴 12 个小时，休息 12 个小时。

9. 胃病从治肺开始

药物：白参片　穴位：两侧太渊穴

方法：先在两侧太渊穴按摩，然后贴上白参片，或者直接就把白参片捣碎，敷在两侧太渊穴上，外面用医用纱布和医用胶布固定。晚上贴，早晨取下。

日常生活中，很多人都有过“烧心”的体验，就是总感觉胃中有一股酸水往上泛，严重时，酸水还会直冲喉部、口腔，非常不好受，这种现象中医通常称为“泛酸”。在劳碌焦心的人身上，泛酸这种症状出现得比较多。这时，用以上的方法治疗泛酸比较好。

10. 腹中电闪雷鸣，药到清凉无声

药物：清艾条　穴位：神阙穴（肚脐）

方法：清艾条点着，对着肚脐灸，以温热为度。每天一次，每次一根清艾条，多则三五次，少则一次，肚子就不会怪叫了。

如果您肚子里经常咕噜咕噜地响，感觉有点像打雷，这就是中医所说的腹中雷鸣之症。

11. 吃桂圆能根除头晕、头胀、头痛

在学医的过程中，我自然也找到了根除自己头晕、头胀、头痛的好方法。桂圆能治长期失眠、高度近视，还能提高人的智力。您可能想象不到吧，我苦苦寻找了那么多年治头部不适的灵丹，竟然是桂圆。高度近视的患者，每天用桂圆肉、桂圆核、枸杞一起煮汤喝，坚持一年，结果800度的近视降到了200度。《易经》说：南方是先天乾卦、后天离火之地，由此，我推算出桂圆对我的头部有益。我买来一斤干桂圆，取30颗，剥去外壳，把桂圆肉（带核的）加水煮，水开后继续煮20分钟，然后把桂圆水倒出，放温后喝下。不到2个小时，人就觉得特别神清气爽。

12. 核桃仁还可以治疗胆结石，核桃最善治咳嗽、痰多、哮喘

曾经有一位患者告诉我一个民间偏方：用核桃仁打粉后，拌麻油服下，可以治疗胆结石。核桃，在古代常被称为胡桃。《本草纲目》中记载："石淋痛楚，便中有石子者。胡桃肉一升，细米煮浆粥一升，相和顿服即瘥。"《本草纲目》中还记载了核桃治愈疾病的两个例子。一个是《容斋随笔》的作者洪迈，他曾经被痰疾所困扰，皇帝得知后，派人赐他一方：临睡前吃3个核桃仁、3片生姜，再喝两三口水，然后睡觉。洪迈遵旨服用，第二天早晨就不咳嗽了，痰也没了。还有一个例子，说溧阳人洪辑的小儿子患了痰喘之症，越来越严重，后来，当地一位名医传授给他一个方子，说服用人参胡桃汤可以奏效。洪辑听说后，赶忙找来人参寸许，核桃一枚，煎成人参胡桃汤给孩子喂下去，孩子一会儿就不喘了。第二天煎药时，洪辑不慎把核桃的壳给去掉，结果孩子喝药之后哮喘再次发作，洪辑吸取经验，再煎药时就连壳一起熬，不几天孩子的病就全好了。

13. 莲子可以治疗热性湿疹，莲子治顽固热性便秘特别快

莲子的功效，是治疗热性湿疹的良药。莲子性质平和，老少皆宜，却具有极好的清热除湿效果，真是神奇。用莲子煮汤后兑入蜂蜜，治好了一个3岁孩子的顽固热性便秘。

14. 黑木耳可以治疗红眼病，黑木耳对乙肝有很好的辅助治疗效果

用黑木耳、白木耳一起煮汤喝，持续半年之后，疾病痊愈了。黑木耳对乙肝有很好的辅助治疗效果吧。有些朋友们平时总是爱发脾气，有些朋友会出现月经不调，这些都是与肝系统有关的症状，平时都可以用三七切成片或打成粉，外贴于两侧太白穴，方法同上，也可以同时用使人参和三七，一起外贴穴位，补脾又益肝。

15. 申脉穴——体贴身寒多病者的纯阳大药

申脉别名阳跷，属足太阳膀胱经。八脉交会穴之一，通阳跷。在足外侧部，外踝直下方凹陷中，布有腓肠神经和外踝动脉网，有补阳益气、疏导水湿之功效。申脉穴是阳跷与太阳膀胱经交会的重要穴位，它的取穴法也很简单，在外踝内向下凹陷处。灸一灸申脉穴，既可预防流感，还可以增强免疫力，尤其是老人或者体质偏寒的人更应经常地灸一灸此穴。

适用人群：寒性体质；中老年朋友；经常伤风感冒、腹泻、怕冷的人。主要功效：可缓解眩晕、双眼发红肿痛、腰酸背痛、足踝关节痛等症状，对腹泻、消化不良有辅助作用。

睡觉时，你的脚不能对着门和窗，否则不病则短寿。

16. 过敏揉“止痒穴”

专治瘙痒、调节血液循环：揉血海穴，血海穴又称百虫窝，意思是有一百个虫子在那儿扎窝。它是专门治痒痒的穴。老年人身上经常瘙痒，用艾条灸一灸血海穴就能很快止住。这个方法效果最好，而且很方便。

第十二节　十二时辰和人体经络走向示意图

（一）手太阴肺经　寅时（3 点至 5 点）——肺经旺

寅时睡得熟，色红精气足。“肺朝百脉。”肝在丑时把血液推陈出新之后，将新鲜血液提供给肺，通过肺送往全身。所以，人在清晨面色红润，精力充沛。寅时，有肺病者反应最为强烈，如剧咳或哮喘而醒。养生之道：此刻人体需要大量呼吸氧气，进行深呼吸，所以要求较深的睡眠。在这个时候，如果您咳醒的话，最好是喝杯温开水，能够缓解一下，还可以去肺燥。建议饮食多选择：白菜、梨子、豆腐、豆浆、牛奶。

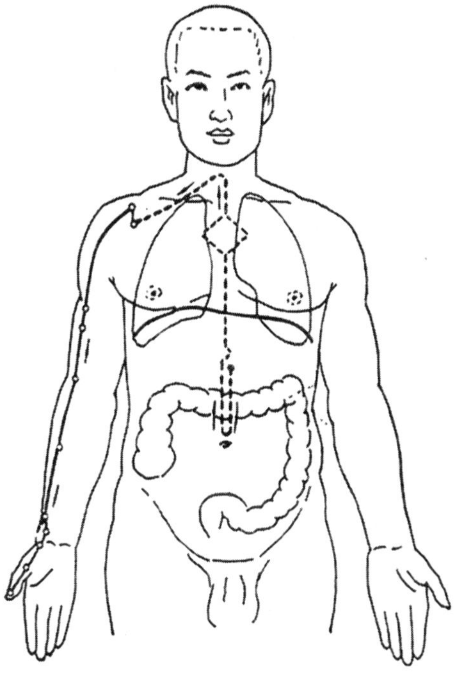

虚证：皮肤免疫力下降，天寒手足冰冷、麻痹、咽喉干、咳嗽等。

实证：呼吸不畅、咽喉异常、胸闷、气喘、扁桃炎、咳嗽、肩背酸痛易患痔疮等。

（二）手阳明大肠经　卯时（5 点到 7 点）——大肠经旺

卯时大肠蠕，排毒渣滓出。“肺与大肠相表里。”肺将充足的新鲜血液布满全身，紧接着促进大肠进入兴奋状态，完成吸收食物中的水分和营养、排出渣滓的过程。清晨起床后最好排大便。

养生之道：赶紧起床，起床后喝杯温开水，然后奔进厕所把一天积攒下来的废物都排出体外吧！不过上厕所不要太赶，很多老年人中风是因为这样引起的。我们不如休息10~20分钟清醒清醒头脑再去。建议饮食多选择：茄子、菠菜、香蕉、蘑菇、木耳、玉米、扁豆、豌豆等。

虚证：腹痛、腹鸣腹泻，大肠功能减弱，肩膀僵硬，皮肤无光泽，肩酸，喉干，喘息，宿便等。

实证：腹胀、易便秘、易患痔疮、肩背部不适或疼痛、牙疼、皮肤异常、上脘异常等。

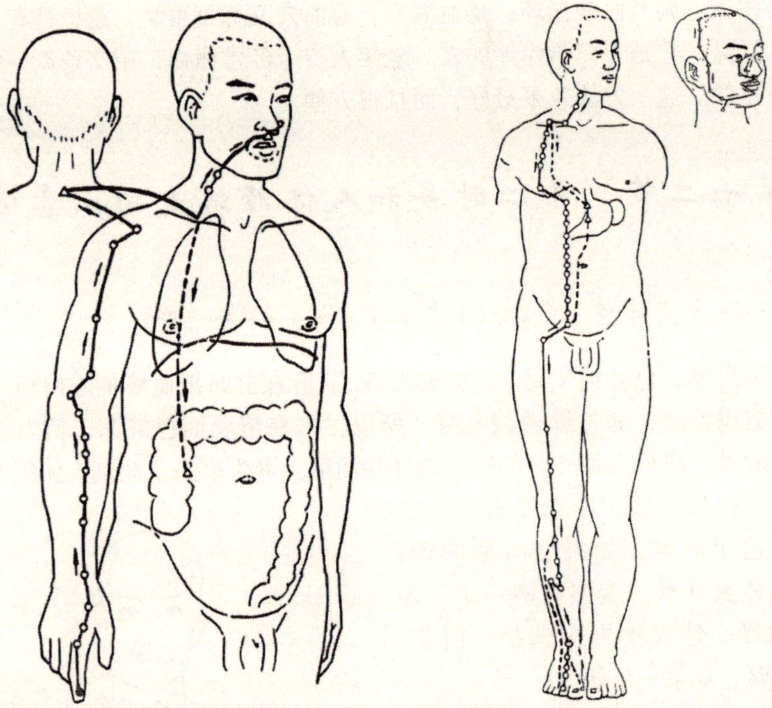

(三) 足阳明胃经　辰时（7点到9点）——胃经旺

辰时吃早餐，营养身体安。人在此时段吃早餐最容易消化，吸收也最好。早餐可安排温和养胃的食品如稀粥、麦片、包点等。过于燥热的食品容易引起胃火盛，出现嘴唇干裂、唇疮等问题。不吃早餐更容易引起多种疾病。

养生之道：此时要吃早餐。如果你不给它东西填饱，它就一直分泌胃酸。饿久了，就会有胃溃疡、胃炎、十二指肠炎、胆囊炎等危险！饭后一小时后按揉胃经可调节胃肠功能。

虚证：消化不良、易胃胀气和食欲不振、颜面浮肿、易打嗝、饭后容易胃痛、腹泻或呕吐。

实证：容易饿、胃弱、关节异常、食欲异常、口干、易便秘。

（四）足太阴脾经　巳时（9点至11点）——脾经旺

巳时脾经旺，造血身体状。“脾主运化，脾统血。”脾是消化、吸收、排泄的总调度，又是人体血液的统领。“脾开窍于口，其华在唇。”脾的功能好，消化吸收好，血液质量好，所以嘴唇是红润的。唇白标志血气不足，唇暗、唇紫标志寒入脾经。

养生之道：脾胃不和，消化吸收不好，脾虚会导致记忆力卜降等。这段时间是脾经开穴运行的时间，也是护脾最好的时间段，已经要吃中午饭了，有条件的建议在家做饭多选择牛肉、羊肉、猪肉、扁豆、番薯、马铃薯、豆腐、芹菜、玉米、大米等。水果可以选择苹果、橘子、柠檬、柳橙等。茶水可以选择绿茶、花茶、蜂蜜水等。

虚证：内分泌失调或分泌不足、胃弱、膝异常、易失眠、疲劳、食欲不振、大便异常、腹胀等。

实证：脾胃不和、消化吸收不好、易腹胀气打嗝、头疼、疲倦乏力、膝关节异常、排便异常等。

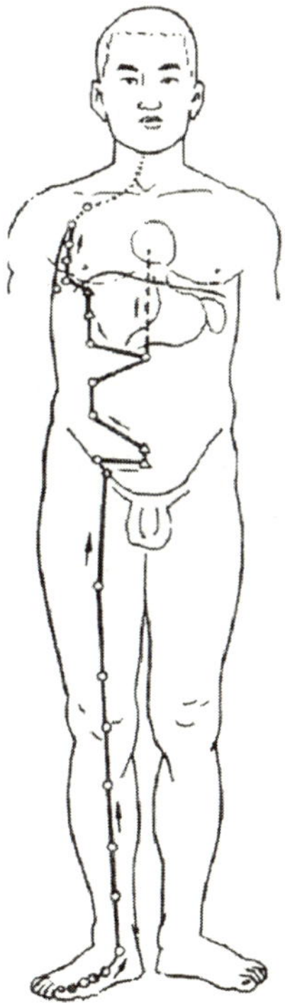

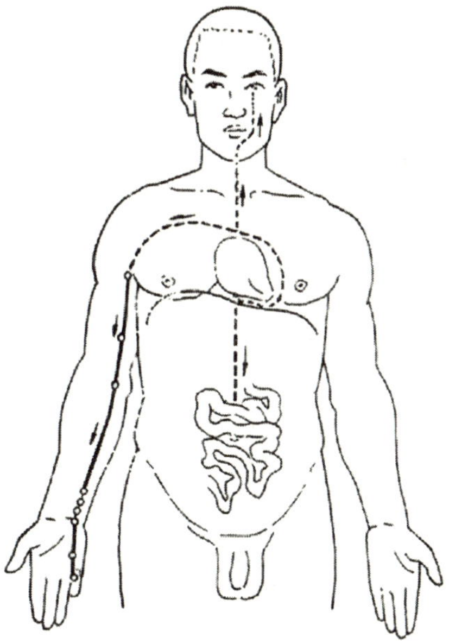

（五）手少阴心经　午时（11点至13点）——心经旺

午时一小憩，安神养精气。“心主神明，开窍于舌，其华在面。”心气推动血液运行，养神、养气、养筋。人在午时能睡片段，对于养心大有好处，中使下午至晚上精力充沛。

养生之道：此时是心经开穴运行的时间，我们饭后都想睡一会但是由于种种原因克制了这种欲望，如果有条件只要稍微地睡 10 分钟也会对我们的心脏有很大的帮助，也不要担心会发胖因为时间很短，还可以帮助肠胃蠕动减少负担。

另外在饮食上也可以选择对我心脏有益的食物，如饭前吃个番茄，水果可选苹果葡萄，茶水可选红茶、绿茶、花茶，其他还有红豆、番薯、金针、红枣、鸡肉等。

虚证：胸闷、脸发红、四肢沉重、易疲倦、气血不良、胸痛、心悸亢奋、语言障碍等。

实证：呼吸不畅血液循环不良引起的头痛、口干口苦、掌心发热等。

（六）手太阳小肠经　未时（13 点到 15 点）——小肠经旺

未时分清浊，饮水能降火。小肠分清浊，把水液归于膀胱，糟粕送入大肠，精华上输于脾。小肠经在未时对人一天的营养进行调整。如小肠有热，人会干咳、排屁。此时多喝水、喝茶有利小肠排宿降火。

养生之道：小肠经在运行的时间段，小肠亚健康多表现为：腹泻、吸收功能下降，易颈部疼痛、头部头痛、耳鸣、风湿等，如出现下腹部胀气或疼痛、易出汗和便秘、严重风湿病等现象那就要注意自己的身体。在饮食上可以多选择红豆、西瓜、南瓜、冬瓜、鸡肉等。

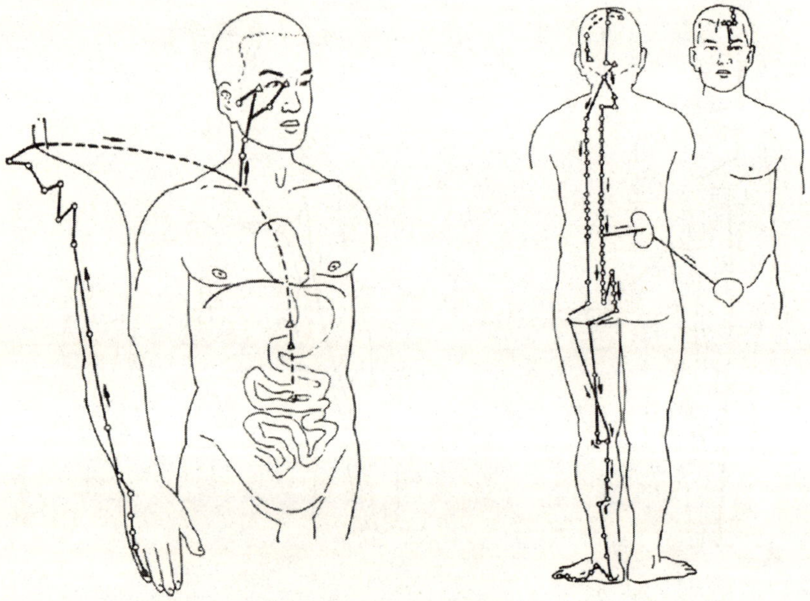

（七）足太阳膀胱经　申时（15 点至 17 点）——膀胱经旺

申时津液足，养阴身体舒。膀胱贮藏水液和津液，水液排出体外，津液循环在体内。若膀胱有热可致膀胱咳，且咳而遗尿。申时人体温较热，阴虚的人最为突出。此时适当的活动有助于体内津液循环，喝滋阴泻火的茶水对阴虚的人最有效。

养生之道：膀胱最活跃的时候，适合多喝水。要想尿尿，这个时候一定不要总是憋着，否则久了，就会有“尿潴留”等情况发生。即是说膀胱括约肌出现没有弹性的状况。饮食建议：木耳、黑芝麻、黑豆、胡椒、羊肉、鸡肉、牛肉。

虚证：多表现为背部异常、腰痛、脚神经异常、腿酸、痔疮尿频等。

实证：后颈部疼痛、坐骨神经痛、腰痛、头疼、流泪、流鼻血等。

（八）足少阴肾经　酉时（17点至19点）——肾经旺

酉时肾藏精，纳华元气清。“肾藏生殖之精和五脏六腑之精。肾为先天之根。”人体经过申时泻火排毒，肾在酉时进入贮藏精华的阶段。此时不适宜太强的运动量，也不适宜大量喝水。

养生之道：对于肾功能有问题的人而言，在这个时候按摩肾经的穴位，效果最为明显。此时是肾经开穴运行的时间，在饮食上可以建议选择芝麻、香蕉、花生、海带、金针、韭菜、黄豆、木耳、螃蟹、乌贼、牛肉、羊肉、鸭肉、鸡肉、羊乳、番薯等。

虚证：耳鸣、健忘、尿频、腿酸、性欲减退、便秘、元气不足、易疲劳、骨质疏松，天寒手脚冰冷、脚气等。

实证：耳鸣、月经不调、口干舌燥、血压异常、小便量少、色深、浑浊、性欲减退、神经衰弱、足发热发汗、生殖器病变等。

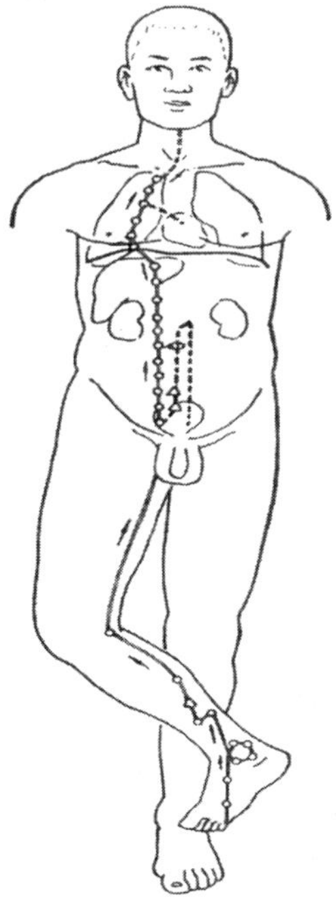

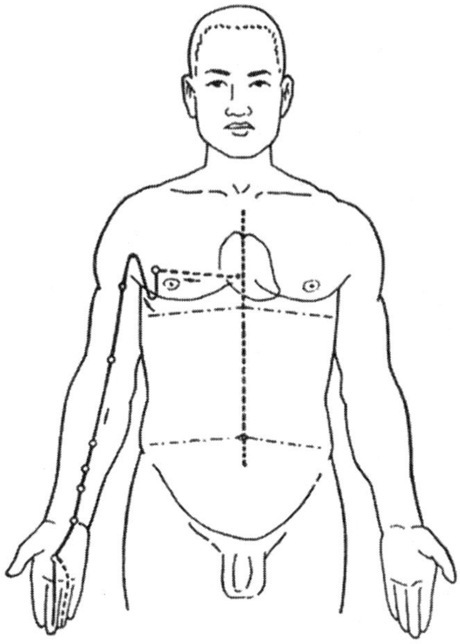

（九）手厥阴心包经　戌时（19点至21点）——心包经旺

戌时护心脏，减压心舒畅。“心包为心之外膜，附有脉络，气血通行之道。邪不能容，容之心伤。”心包是心的保护组织，又是气血通道。心包经戌时最兴旺，可清除心脏周围外邪，使心脏处于完好状态。此时一定要保持心情舒畅：看书听音乐，或做SPA、跳舞、耍太极……放松心情，释放压力。

养生之道：现在是心包经运行的时间，心包经的虚证大多表现为润滑液分泌不足、心跳异常、气喘、失眠多梦、心悸亢奋、语言障碍、手掌发热等。心脏不好的人最好在这个时候敲心包经，效果最好。此刻应该给自己创造安然入眠的好条件。最好不要剧烈运动，否则容易失眠。所做的运动最好是散步。建议食疗法：番茄、莲子、金针、红枣、苹果、葡萄、红茶、绿茶、花茶、番薯、土豆、鸡肉等。

实证：心包发炎、胸闷、心痛、上脘异常、喜欢睡、心血管病变、易头昏、头痛等。

（十）手少阳三焦经　亥时（21点到23点）——三焦经旺

亥时百脉通，养身养娇容。三焦是六腑中最大的腑，具有主持诸气、疏通水道的作用。亥时三焦能通百脉。人如果在亥时睡眠，百脉可得到最好的休养生息，对身体对美容十分有益。百岁老人有个共同特点，即在亥时睡觉。现代人如不想此时睡觉，可听音乐、看书、看电视、练瑜伽，但最好不要超过亥时睡觉。

养生之道：此刻要保持心境平静。不生气，不狂喜，不大悲。如果你跟老婆夜里吵架，而且赌气很严重，夜里11点气都还没消，那你第二天一定精神萎靡不振。

虚证：免疫力下降、易疲劳、上肢无力、腹部堵胀、体毛变浓、呼吸困难、胃寒等。

实证：淋巴发炎、偏头痛、肩膀酸痛、颈侧酸痛无力、发热、耳鸣、小便异常等。

（十一）足少阳胆经　子时（23点至1点）——胆经旺

子时睡得足，黑眼圈不露。中医理论认为，“肝之余气，泄于胆，聚而成精。”人在子时前入眠，胆方能完成代谢。“胆汁有多清，脑就有多清。”子时前入睡者，晨醒后头脑清晰、气色红润，没有黑眼圈。反之，常于子时内不能入睡者，则气色青白，眼眶昏黑。同时因胆汁排毒代谢不良更容易生成结晶、结石。

养生之道：临床证明，心脏病患者大多数在夜间发病和死亡。家里如果有心脏病人，要加强观察，备好救心丸。这时要上床睡觉，有利于骨髓造血。凡在子时前入睡者，晨醒后头脑清晰、气色红润。

食疗法：花生、芝麻、核桃仁、葡萄、香蕉、番茄、莲藕、韭菜、木耳、螃蟹、鸡肉、牛肉、海带等。

虚证：头昏、眼睛发黄、视力下降、皮肤灰暗、无光泽、体力差（休息不好压力大）等。

实证：偏头痛、胸口胀、口苦、易失眠、食欲不振、血压异常、右上腹疼痛等。

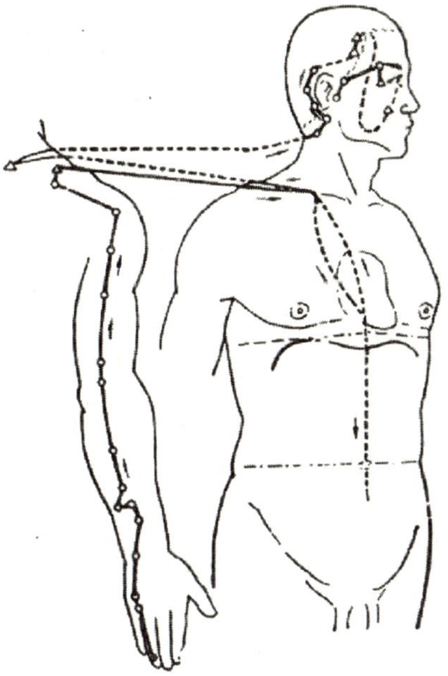

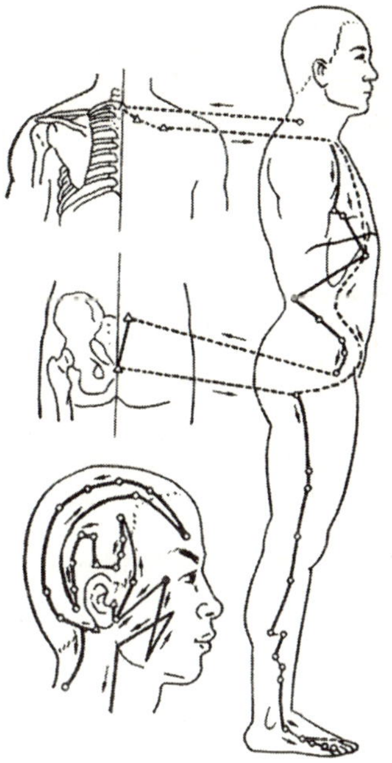

(十二) 足厥阴肝经　丑时 (1 点至 3 点) ——肝经旺

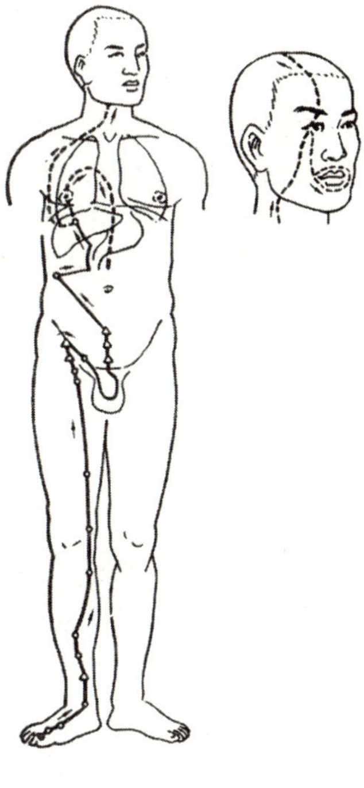

丑时不睡晚，脸上不长斑。中医理论认为：“肝藏血。”“人卧则血归于肝。”如果丑时不能入睡，肝脏还在输出能量支持人的思维和行动，就无法完成新陈代谢。所以丑时前未能入睡者，面色青灰，情志怠慢而躁，易生肝病，脸色晦暗长斑。

养生之道：必须进入熟睡状态，让肝脏得到最充足能量。如果丑时不入睡，肝还在输出能量支持人的思维和行动，就无法完成新陈代谢。虚火旺盛的人，在这个时候睡着，还能够降虚火。建议饮食多选择：花生、芝麻、核桃仁、山楂、葡萄、香蕉、李子、番茄、莲藕、韭菜、木耳、牛肉、鸡肉、海带等。

虚证：易疲劳、视力减退、性功能减退、头晕眼花、皮肤枯黄等。

实证：肝火旺、脾气不好、头晕腰痛、月经失调、失眠、肋间神经痛等。

其歌诀：寅时气血注于肺，卯时大肠辰时胃，巳脾心未小肠，膀胱申注酉肾注，戌时包络亥三焦，子胆丑肝各定位。

关系表

经络	时辰	走向	经络	时辰	走向
肺经	寅时 3~5	胸→手	大肠经	卯时 5~7	手→头
胃经	辰时 7~9	头→足	脾经	巳时 9~11	足→腹
心经	午时 11~13	胸→手	小肠经	未时 13~15	手→头
膀胱经	申时 15~17	头→足	肾经	酉时 17~19	足→腹
心包经	戌时 19~21	胸→手	三焦经	亥时 21~23	手→头
胆经	子时 23~1	头→足	肝经	丑时 1~3	足→腹

十二经脉表里属络关系：十二经脉在体内与脏腑相连属，其中阴经属脏络腑，阳经属腑络脏，一脏配一腑，一阴配一阳，形成了脏腑阴阳表里属络关系。即手太阴肺经与手阳明大肠经相表里，手厥阴心包经与手少阳三焦经相表里，手少阴心经与手太阳小肠经相表里，足太阴脾经与足阳明胃经相表里，足厥阴肝经与足少阳胆经相表里，足少阴肾经与足太阳膀胱经相表里。互为表里的经脉在生理上密切联系，在病理上相互影响，在治疗时相互为用。

十二经脉的循行走向：手三阴经从胸走手，手三阳经从手走头，足三阳经从头走足，足三阴经从足走腹（胸）。十二经脉的交接规律：阴经与阳经（互为表里）在手足末端相交，阳经与阳经（同名经）在头面部相交，阴经与阴经在胸部相交。十二经脉的流注顺序：十二经脉的流注是从手太阴肺经开始，阴阳相贯，首尾相接，逐经相传，到肝经为止，从而构成了周而复始、如环无休的流注系统。将气血周流全身，起到濡养的作用。了解人体经络一日之中循行运转规律，把握生命中的每一刻，从呼吸做起，以经络为据，洞悉太极之理，尊阴阳之纲纪，诸十二经脉者，皆系于生气之原，气者生之本也，时者生之用也！

1. 列缺穴——专治落枕、偏头痛的随身医师

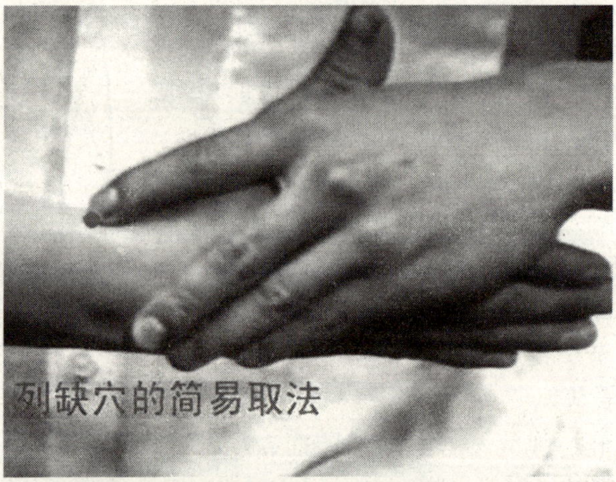

列缺最早见于《黄帝内经·灵枢·经脉》，为手太阴肺经的络穴，八脉交会穴之一，通任脉。有宣肺散邪、通调经脉之功。适用人群：头部、颈部经常出现病痛的人。主要功效：可迅速缓解颈椎突发性疼痛；主治落枕、偏头痛、口歪眼斜，对感冒、哮喘、咳嗽、牙痛等有辅助疗效。经常落枕的人，如果不及时调理预防，多半会导致颈椎病。列缺穴对于预防颈椎病有独到的效果。

2. 生气过度的处理方法

穴位：左太冲穴、左阴包穴、右光明穴；方法：按摩或者扎针。

太冲穴，是足厥阴肝经的原穴。太冲穴，在足背侧，当第 1 跖骨间隙的后方凹陷处。

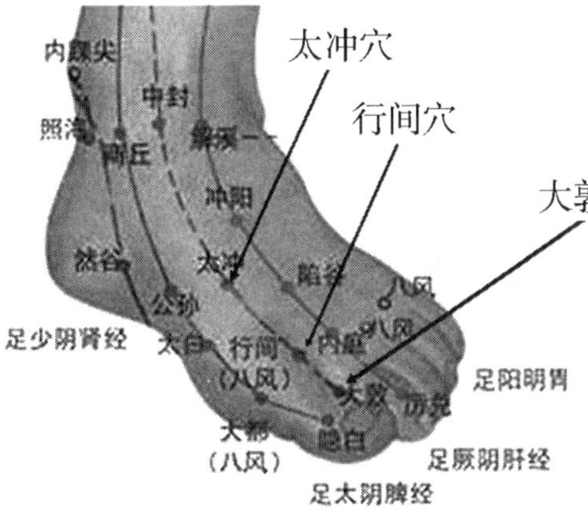

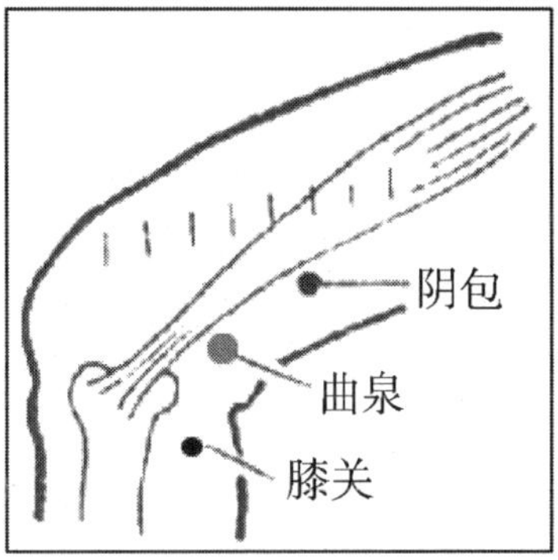

阴包穴，足厥阴肝经上的穴位，它在大腿内侧，当股骨内上髁上 4 寸，股内肌与缝匠肌之间。光明穴，是足少阳胆经的络穴。光明穴，在小腿外侧，当外踝尖上 5 寸，腓骨前缘。

如果敢在穴位扎针的话，那么，生气后用针灸针在上述穴位扎，效果会很好；如果不敢扎针，那么就用按摩或者揉揉按按的方法也行。"脾气大，爱生气，最易引起脾胃受伤，按西医说就是胃或是十二指肠溃疡。还有就是你夜里两点钟左右经常醒来，再也睡不着，白天 9 点钟到 11 点钟又困得不行，并开始头痛，但 11 点一过到晚上又会精神抖擞。"

生气之后，为什么取上述的穴位呢？这是因为生气，影响的是肝。

确切地说，生气是一种情绪，它首先影响的是心。足厥阴肝经的经别，"循胸里，属胆，散之上肝，贯心，以上挟咽，散于面，系目系"。这经别也是主要的经络的。它直接把胆、肝、心等联系到一起。

当外界的一些诱因作用于心，导致生气这种情况发生的时候，其实，它是作用于经过心的这条足厥阴肝经的经别的。你可以这样来想：肝脏，有一条经通于心，它就像一条导火索。当外界引发生气的情绪作用于心时，就相当于点燃了这条导火索，受这诱因的作用，肝脏中的肝气大量急剧涌出，一部分沿这肝经的经别入心，继而继续上头上脑，一部分则涌向与肝脏密切联系的其他经络中去。肝脏中的肝气，在健康时，是接受人体智能系统的有序调度的。一般是，一部分在肝经中运行，一部分则在肝脏里储存，供应肝脏本身的各种功能活动。生气，能够一下子把原本在肝脏储存的肝气激发出来，突然地涌入与肝脏密切联系的经络中去。

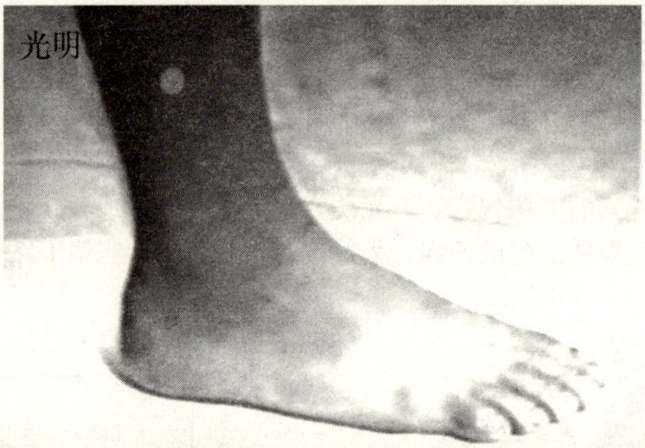

肝脏，与哪些经络有密切联系呢？

第一，是足厥阴肝经的经别，前面提到过，这经别实质上也是正经的。或者说，与十二正经的性质一样，是主要的经络通道。在一些大众健康类的书籍里，极少提到这经别——唉，说到一些有名的大众健康书籍，很遗憾的是，写书的人常常自己都没搞清楚人体的经络情况，就到处宣扬。以至于很多人，对经络存在着严重的误解。

第二，是足厥阴肝经本身，之所以叫肝经，正是因为它经过肝脏。

第三，是足少阳经的一部分，足少阳经络于肝。

其实，对于人体，每一段经络或者每一种功能，都与穴位有关，可以说，穴位可以调控这些经络的功能活动。调控足厥阴肝经的经别的穴位，是这条经的井穴：大敦穴。调控肝脏与足厥阴肝经本经联系的穴位，是阴包穴。调控肝脏自身的气的穴位，是肝经的原穴：太冲穴。调控胆经在肝脏的络脉的穴位，是足少阳胆经的络穴：光明穴。

多数经络都是对称的，因此，同名的穴位往往有两个，左侧的经络上一个，右侧的经络上一个。这同名的左右穴位，它的功效有差别吗？有的！可能有人知道，中医里向来有“左升右降”的说法。这个规律其实在经络中同样适用的。以肝脏为着眼点。能够让肝脏中储存的肝气的量增加的，可以称之为“升”能够让肝脏中储存的肝气释放到经络里，从而导致储存的肝气减少的，可以称之为“降”。这样来理解“升”和“降”，可以有效地更精确地选择穴位。

仍然来看生气导致的影响。生气使得肝脏中原本储存的气急速地释放出来，而且是属于那种失去人体智能控制地释放。

这突然蜂涌而出的肝气，当然，大部分会涌向足厥阴肝经的经别，沿这经别上到心，继而上到面、头，导致脸红脖子粗、头昏、头胀，严重的甚至会导致脑出血，出现中风，甚至猝死。这突然大量涌出的肝气，也会涌入足厥阴肝经本经中，表现在右阴包穴上，使得右阴包穴壅塞，从而导致穴位处轻按即酸痛。这突然大量涌出的肝气，当然也会沿胆的络脉，进入光明穴，导致左侧的光明穴轻按即酸痛。光明穴有负责眼睛的光明的含义，此穴位出问题，会导致眼花等。生气后，有这么多的穴位受影响，当然调整它们就可以消除不是很厉害的生气对人造成的伤害，解除一些相应的症状。如果发生中风或猝死，不再是经气运行的失常，而是有实质性的损害，那时候，这种方法是无效的。生气后，取左太冲穴：促进肝气回归肝脏，在肝脏储存。左阴包穴：促进足厥阴肝经本经中的经气回归肝脏潜藏。

对于这左阴包穴，有人可能要问：不是右阴包穴堵了吗，为什么不取右，而要取左呢？

回答是：取右阴包穴也完全可以，揉揉按按或下针，使得该穴位的酸痛消失，那么，一部分症状也会解除。只是，在这种情况下，取右不如取左更迅速和容易些。原因是：右，本来就是潜藏的肝气外出的通道，而左，却是外出的肝气回归潜藏的负责穴位。取左阴包穴，促进外出的肝气回归潜藏，效果当然更好。右光明穴：调整足少阳胆经络脉中经气的运行。

有上面的三个穴位，调整一般的生气的后果，也就够了。当然，还可以增加处理：左大敦穴，方法也是揉揉按按捏捏。

太冲穴什么人用好呢？最适合那些爱生闷气、有泪往肚子里咽的人，还有那些郁闷、焦虑、忧愁难解的人，但如果你是那种随时可以发火，不加压抑，发完马上又可谈笑风生的人，那么太冲穴对你就意义不大了。揉太冲穴，从太冲揉到行间，将痛点从太冲转到行间，效果会更好一些。

3. 常见肾经病及其中医对治

肾病经常会表现在哪些方面？所谓肾经的毛病都有什么？

第一种，叫"饥不欲食"，即虽然人感觉很饿，但并不想吃东西，吃不下。因为人元气不足，没有力量去消化食物，所以，人饿了也不想吃，吃了以后反而要多调元气上来，更加损伤身体。

第二种，叫"面如漆柴"，即人脸上像漆柴一样。中国古代，家里一般有年纪很大的老人时，都会准备一口棺材，这个棺材每年都要上一遍漆，要不断地打磨，不断地上漆，最后，棺材就会油光锃亮，能照出人来。所谓"漆柴"，就是指人的脸像柴只被一层油漆刷过一样，没有光泽，发黑，因为肾属黑色，所以，如果人"面如漆柴"，就表明肾有毛病。

第三种，叫"咳唾则有血"，即人只要一咳嗽或者吐唾沫，咳出来的东西或者唾沫里边就有血，这是肾精不再收敛的象。因为肾精是主变的，而唾是肾液的外现，唾是肾精的精华，就像云雾一样，就像肾水气化以后的雾一样，所以唾是很宝贵的。但是如果唾里边含有血丝，那就代表肾主藏的功能已经很弱了。

第四种，叫"喝喝而喘"，实际上是指哮喘，特别是指肾精大虚的哮喘。这种哮喘会让人"坐而欲起"，即人坐下之后就觉得气被憋住了，总想站起来。

第五种，是一种精神症状，叫"目如有所见，心如悬若饥状，气不足则善恐"。指人会惊恐，总担心害怕事情的发生，什么事都担心。比如下了楼以后，又跑上来开门，看看屋里怎么样，然后重新锁上，再下楼，再上楼……这都是肾虚的一种象，是一种抑郁的前兆。

第六种，如果肾病更加厉害，会出现口热舌干等现象，还会咽喉肿痛，气往上涌。因为肾不藏精了，所以气也不能收敛。而且肾不藏精还会使肝也生发不起来。还有心痛、黄疸，都同肾生病有关。

第七种，是“痿厥嗜卧”，即人特别爱躺着。为什么爱躺着？因为人的精不足，全身无力。有一些老人，白天总是躺着，就说明他的气和精不足。小孩子很少有喜欢躺的，他们只要会走路，好像永远在走，永远在跑着，而且是跳着跑。而人年龄大一些之后，肾气缺失，只喜欢慢慢走路。过了四十岁以后，人就喜欢坐着。六十岁之后，人就喜欢躺着了。这都是肾精缺失的象。

第八种，是“但欲寐”。即人会隔一会儿就会睡一小觉，但每一个小觉睡得不踏实，这都是老人的象。人老了以后，白天总会昏昏欲睡，这实际是肾精不足、阳气不足的象。为什么晚上反而不睡？其实，这也是肾精不足的象，因为肾精不足，人没什么可收敛的，所以晚上反而会精神，而年轻人往往头一挨着枕头就会睡着。什么叫健康？什么叫亚健康？健康就是在生活当中没什么心事，躺下就能睡着。现在很多人躺下反而睡不着，这实际上就是亚健康。过去有一句话，叫“圣人无梦”，如果有人夜里一个梦接一个梦，甚至是今天做完的梦明天接着做，那就说明这个人真的没有得到很好的休息，久而久之会疲惫不堪，慢慢地就会失眠。所以人能不能好好睡觉，是一个健康的大问题。

第九种，是“足下热而痛”，即脚底下很痛。这个是足下的病，因为脚底有一个涌泉穴，是肾经的发源地，所以脚下的痛也同肾经有关系。像老人的病情会加重。

九、八卦体质的计算方法

还有一种简单的“卦象计算法”，用这种计算法，不论您的出生日期是阴历还是阳历，都可以直接算出来自己的卦象，有兴趣的朋友不妨动手一试，十分有趣，而且，还可以和上面《卦象查询表》中的卦象相互印证：

具体方法如下：

1. 使用“周易万年历”把自己的出生日期换算成天干地支的形式。比如说，某人出生于阳历2006年11月10日，那么换算成天干地支就是：丙戌年、戊戌月、癸卯日。

2. 在天干里，我们取阳干代表阴爻，阴干代表阳爻。也就是，凡是出现甲、丙、戊、庚、壬的，以阴爻代替。凡是出现乙、丁、己、辛、癸的，以阳爻代替。

3. 以年干为最初爻、月干为中爻、日干为最上面的一爻作一卦，即是此人的属性卦（由下往上：最下方为年干，中间为月干，最上方为日干）。如上面的例子中，年干为丙，月干为戊，日干为癸，年干、月干为阴爻，日干为阳爻，用它们组合得到的卦就是艮卦，即此人的属性卦为艮卦体质：

下面是八个卦象的具体定义，请将您出生日期的天干依次与之对照，这样，您就可以知道自己的卦象了：

（1）乾卦☰

如果您生日的“年”的天干属于下述中的一个：乙、丁、己、辛、癸。

如果您生日的“月”的天干属于下述中的一个：乙、丁、己、辛、癸。

如果您生日的“日”的天干属于下述中的一个：乙、丁、己、辛、癸。

那么，您的生日便属于乾。在本书中将称您为乾卦体质之人，简称为乾人比如说某人出生于：丁亥年、乙巳月、己巳日。这个生日中日天干为“己”，月天干为“乙”，年天干为“丁”，所以这人属于乾人。

(2) 坤卦☷

如果您生日的“年”的天干属于下述中的一个：甲、丙、戊、庚、壬。

如果您生日的“月”的天干属于下述中的一个：甲、丙、戊、庚、壬。

如果您生日的“日”的天干属于下述中的一个：甲、丙、戊、庚、壬。

那么，您的生日便属于坤。在本书中将称您为坤卦体质之人或坤土体质之人，简称为坤人。比如说，某人出生于：戊子年、庚申月、丙子日。这出生日期中的日干是“丙”，月干是“庚”，年干是“戊”，所以这人属于坤土之人。

(3) 坎卦☵

如果您生日的“年”的天干属于下述中的一个：甲、丙、戊、庚、壬。

如果您生日的“月”的天干属于下述中的一个：乙、丁、己、辛、癸。

如果您生日的“日”的天干属于下述中的一个：甲、丙、戊、庚、壬。

那么，您的生日便属于坎。在本书中将称您为坎卦体质之人或坎水体质之人，简称为坎人。

比如说，某人出生于：戊子年、辛酉月、庚戌日。这出生日期中的日干是“庚”，月干是“辛”，年干是“戊”，所以这人属于坎人。

(4) 离卦☲

如果您生日的“年”的天干属于下述中的一个：乙、丁、己、辛、癸。

如果您生日的“月”的天干属于下述中的一个：甲、丙、戊、庚、壬。

如果您生日的“日”的天干属于下述中的一个：乙、丁、己、辛、癸。

那么，您的生日便属于离。在本书中将称您为离卦体质之人或离火体质之人，简称为离人。

比如说，某人出生于：丁亥年、戊申月、乙巳日。这出生日期中的日干是“乙”，月干是“戊”，年干是“丁”，所以这人属于离人。

(5) 艮☶

如果您生日的“年”的天干属于下述中的一个：甲、丙、戊、庚、壬。

如果您生日的“月”的天干属于下述中的一个：甲、丙、戊、庚、壬。

如果您生日的“日”的天干属于下述中的一个：乙、丁、己、辛、癸。

那么，您的生日便属于艮。在本书中将称您为艮卦体质之人或艮土体质之人，简称为艮人。

比如说，某人出生于：戊子年、壬戌月、辛巳日。这出生日期中的日干是“辛”，月干是“壬”，年干是“戊”，所以这人属于艮人。

(6) 震卦☳

如果您生日的“年”的天干属于下述中的一个：乙、丁、己、辛、癸。

如果您生日的“月”的天干属于下述中的一个：甲、丙、戊、庚、壬。

如果您生日的“日”的天干属于下述中的一个：甲、丙、戊、庚、壬。

那么，您的生日便属于震。在本书中将称您为震卦体质之人或震雷体质之人，简称为震人。

比如说，某人出生于：丁亥年、戊申月、丙午日。这出生日期中的日干是“丙”，月干是“戊”，年干是“丁”，所以这人属于震人。

(7) 兑卦☱

如果您生日的“年”的天干属于下述中的一个：乙、丁、己、辛、癸。

如果您生日的“月”的天干属于下述中的一个：乙、丁、己、辛、癸。

如果您生日的“日”的天干属于下述中的一个：甲、丙、戊、庚、壬。

那么，您的生日便属于兑。在本书中将称您为兑卦体质之人或兑泽体质之人，简称为兑人。

比如说，某人出生于：丁亥年、己酉月、戊申日。这出生日期中的日干是“戊”，月干是“己”，年干是“丁”，所以这人属于兑人。

(8) 巽卦☴

如果您生日的“年”的天干属于下述中的一个：甲、丙、戊、庚、壬。

如果您生日的“月”的天干属于下述中的一个：乙、丁、己、辛、癸。

如果您生日的“日”的天干属于下述中的一个：乙、丁、己、辛、癸。

那么，您的生日便属于巽。在本书中将称您为巽卦体质之人或巽木体质之人，简称为巽人。

比如说，某人出生于：戊子年、辛酉月、乙卯日。这出生日期的日干是“乙”，月干是“辛”，年干是“戊”，所以这人属于巽人。

第十三节　五运六气

五运六气，是中医学阐述“天人关系”的一套理论，除了能够比较准确地预测气候、预测疾病，而且以此辨证施治卓有成效。然而，对其起源与本质却是千古之谜，特别是反对中医的人士，以毫无科学根据为由，把中医学化为巫祝一类。通过我们的探究，证明五运六气不但具备科学的基本属性，而且极具前瞻性。五运六气揭示了人体的生理、病理与太阳系天体运动引发太阳特别是太阳黑子对地球气候影响有着紧密关系，是一门科学严谨的“气候医学”。

(一) 五运六气的起源与本质

五运六气包括六气的主气、客气及司天与在泉，五运的岁运、主运、客运及太过与不及等主要概念。

六气是以大寒为开始，把一年分为六步，每部四个节气（两个月），依次称为初之气、二之气、三之气、四之气、五之气、终之气，这六步的每一步都有主气与客气共同管理。主气的次序是厥阴、少阴、少阳、太阴、阳明、太阳，年年不变。客气的次序是厥阴、少阴、太阴、少阳、阳明、太阳（注意：客气是三阴三阳次序，而主气是少阳与太阴易位），客气的位置是一年向左移动一个位置，所以，同一气（步）在不同年份主气是一样的，客气则不同。

（二）中医气候医学模型

随着五运六气（天干地支）千古之谜的破解，我们就会发现：

五运六气是通过综合太阳系天体运动因素，来把握其对地球气候影响规律，从而对疾病加以防治的一套中医学理论。它属于中医“四部五论”框架结构藏象论的一部分，当然与经络论、形器论、阴阳论紧密结合。

从藏象论角度把人体视为一个气候系统，并与地球气候系统相关联。所谓的气候就是风热（火）湿燥寒，其气象基本要素是气压、温度、湿度，“故其生五，其气三”（《素问·六节藏象论》），具体应用则“六气标本所从不同”（《素问·至真要大论》）。

中药的应用，并不像西药一样取其“有效成分”，而是从形器论出发取其象，结合藏象论取象比类，结合经络论归经。在五运六气气候医学模型中，六气的主气与客气少阳与太阴易位，这是客观规律造成的，通过这一模型“开阖枢”、“参数”调整完成易位（因不涉及该文主题则另文叙述）。气候医学构建了一个以十天干、十二地支组成六十甲子的数学模型，不仅用来纪年，也用来把握地球与人体气候。

人是自然的一部分，必然遵循着自然的规律，这才是“天人合一”的真正内涵。它与系统论共同奠定了中医学基础。

（三）气候医学未来展望

1. 随着五运六气（天干地支）千古之谜的破解，我们就会发现，五运六气作为医学理论模型，通过临床实践验证是准确、有效的，是符合客观规律的。那么，这一符合客观规律的模型背后必然蕴含着一个机理。这一机理应该是，太阳在其耗散过程中有自组织行为，太阳系所有事物包括行星与地球上的生命都是太阳自组织存在形式。

2. 随着五运六气（天干地支）千古之谜的破解，我们就会发现，太阳黑子的起因与周期蝴蝶图虽然至今仍是个未解之谜，用流体力学并不难解释。它为什么要产生，正是太阳需要自组织来调整其耗散进程以不至于使其迅速崩解。经络的足六经、手足十一经、从手足十一经分出手足十二经以及经络随时间浮沉现象与太阳黑子周期惊人的巧合，预示着经络这个个体进化（发育）的路线图正是太阳混沌化中的秩序化过程在生命上的转录。也就是说，人体的经络是太阳黑子蝴蝶图的“象”，太阳黑子蝴蝶图是太阳的经络，一个自己秩序化的路线图。

3. 随着五运六气（天干地支）千古之谜的破解，我们就会发现，既然太阳系所有事物都是太阳自组织存在形式，那么，必然刻录了太阳秩序化的痕迹，即信息，也就是中医的“象”。中医正是把中药的信息，依据控制论同构对应性原则加以利用的，绝不像西药停留在化学反应低级肤浅层次上。作为中医形体论一部分的基因学说，遵循生物全息律，不仅反映了个体生物全部信息，也势必反映太阳秩序化信息。用基因组学来研究中草药，正是作为战略科学家陈竺院士的高瞻远瞩。

4. 随着五运六气（天干地支）千古之谜的破解，我们就会发现，社会是人类活动的综合表现，必然遵循从混沌化向秩序化发展进程。从五运六气我们看到的是秩序、是和谐，五运六气的数学模型，也正是构建和谐社会的数学模型。和谐就是，既不要“胜”则无序，也不要“负”则无序；既不要“太过”，也不要“不及”；即不要“不迁正”，也不要“不退位”，而使社会的每一组成部分都得以均衡发展。新医学的模式必然是“气候、社会、心理与生物医学模式”。

5. 随着五运六气（天干地支）千古之谜的破解，我们就会发现，五运六气与混沌学结合，加入偶然参数如彗星掠过势必更加准确预测气候灾难，其研究前景非常广阔。

6. 随着五运六气（天干地支）千古之谜的破解，我们就会发现，气候医学紧紧是《黄帝内经》构建的中医学体系的一小部分，也就是说，《黄帝内经》将在未来相当历史时期内是我们取之不尽的宝藏。仅对五运六气千古之谜的破解，就足以证明中医学的科学性与前瞻性，它决不是不懂装懂反中医人士说的，是什么封建迷信。“废医验药”更加不可能，因为，西医尚没有发展到有这个本钱。反过来看，西医发展到现在，也不过是必须纳入中医海洋的一条河川，而且，必须进行无公害化处理。用中医方法来研究西医，才是未来新医学发展方向，每一个中医工作者都做着这项研究，并卓有成效。一切对中医行政打压、舆论攻击的行为，都是对人类的犯罪，余岩之流必然得到历史公判。

什么是运气？在古今汉语词典中找不到统一的定义，大概与英文的“luck”相似。是偶然还是必然？只当是一种非人力所能控制的未来际遇吧。俗话说：“穷人求财，富人卜灾。”人们期盼的 Good luck 无非是平安、健康、富裕。但是人们往往更想知道的是，未来有没有 Bad luck，以及如何避免其发生。“运气”真的存在吗？有人信其有，有人斥其无。

我从小受无神论教育，学西医以后更把一切找不到科学证据的东西都鄙为“封建迷信”。随着年龄的增长，经历的坎坷多了，慢慢地对“运气”产生了敬畏之心。我总想弄明白，早年算命先生的寓言为什么会一一兑现？一个盲人怎么能算出我的未来？我曾去学习四柱算命、易经、风水、梅花易数等，绕了一大圈儿也没找到现代人能够认可的“科学依据”。

直到我潜心于《易经》和《黄帝内经》，才知道中医也讲究“运气”，那是“五运六气”学说的简称。是专门讨论“天体运动→气候→物候（生态）→证候（人体）”的连锁感应规律，就是中医基础理论的核心——“天人相应”，也叫“天人合一”。它是中医科学性的根本所在，靠了它，中医才能千年不衰。

人与天怎么相合？有过请人算命、看风水经历的人都知道，首先要报出被测者的生辰“八字”。八字就是年干支、月干支、日干支和时干支八个代表符号。这四组干支又称为“四柱”，代表着一个人的生命信息密码。中国文化上下五千年，派生出许多占卜

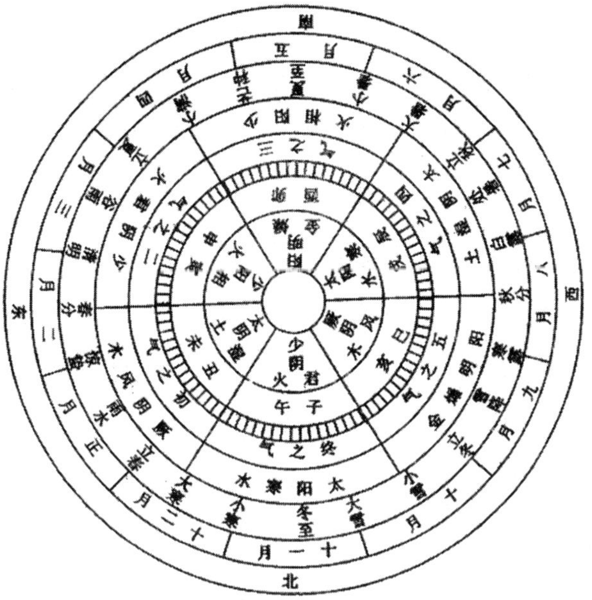

为可以转动的部分

客主加临图

方法，但是各家各派都离不开四柱信息密码。我认为，中医“运气学说”是在古代天文科学达到顶峰的基础上，用看得见的气候周期性变化规律，正确解释看不见的人体生命密码，人一生的健康、寿数与疾病发生的规律就含在其中。高水平的中医师诊病用药时，一是根据个人体质（运气造人时的季节、地理、气候影响），二是根据当前气候对个体的作用力，导致疾病产生的原因，这就是“天人合一”。中医之所以被人攻击为“不科学”，正是因为现代中医脱离了“天”的科学基础，只从“人”症而论疾病的结果。丢掉了生命信息的根本来源（体质因素和当前气候）的“辨证论治”，就成了和西医检验学对等的诊疗层次，中医孤立地看待“人”的征象，如病象、舌象、脉象等，怎么比得上西医化验检查的指标更据客观性、科学性？殊不知，被现代中医丢掉的“天”——五运六气学说，是更高层次的医学。如同一盏灯塔，在茫茫海洋里照亮现代DNA生命科学的航向，也是引领西医走出预防医学的瓶颈，打开人体遗传规律、疾病发生规律、中医药的作用原理的金钥匙。

运气学说是中国古代研究气候变化及其与人体健康和疾病关系的学说，在中医学中占有比较重要的地位。运气学说的基本内容，是在中医整体观念的指导下，以阴阳五行学说为基础，运用天干地支等符号作为演绎工具，来推论气候变化规律及其对人体健康和疾病的影响的。在现存中医书籍中最先论述运气学说的见于《黄帝内经》的“天元纪大论”、“五运行大论”、“六微旨大论”、“气交变大论”、“五常政大论”、“六元正纪大论”、“至真要大论”等七篇。他如六节藏象论，《黄帝内经·素问遗篇》的“刺法论”、“本病论”等也有论述。运气学说涉及到天文、地理、历法、医学等各方面的知识。“运”指木、火、土、金、水五个阶段的相互推移，“气”指风、火、热、湿、燥、寒六种气候的转变。

一、一年六气的六个阶段

从大寒至春分为初之气，从春分至小满为二之气，从小满至大暑为三之气，从大暑至秋分为四之气，从秋分至小雪为五之气，从小雪至大寒为终之气。五运的五个阶段分别延长近一个节气。何谓节气？节为月之始，气为月之终。在一年的时间中定出二十四个点，每一点叫一个节气。节气表明地球在轨道上的位置。通常指每一点所在的那一天。

由于太阳自旋，行星都在运动。地球每年公转所处的空间位置都会逐渐推移，所处空间态势也会发生变化。每年常规的五运六气变化称作主运、主气，每年不同的五运六气变化称作客运、客气。客运、客气影响主运、主气称作加临。影响全年的最大客运称作大运。影响上半年，特别是三之气的客气称司天之气。影响下半年，特别是终之气的客气称在泉之气。

五运木、火、土、金、水，六气厥阴风木、少阴君火、太阴湿土、少阳相火、阳明燥金、太阳寒水，相当于序号。

从经络里的人体信息，阐述“运气”存在与否，运气与人的关系。看来要破解运气之迷，了解真正的中医“天人合一”是怎样回事，非要从认识“干支”说起。

古代医家据甲、乙、丙、丁、戊、己、庚、辛、壬、癸这种十天干以定“运”；子、丑、寅、卯、辰、巳、午、未、申、酉、戌、亥这十二地支以定“气”。前人结合五行生克理论，推断每年气候变化与疾病的关系。

中医界内有一句话可说明其重要性：不通五运六气，遍读方书何济？

二、中国古人建立天干地支的意义

（一）（天干配五行）

甲、乙——木
丙、丁——火
戊、己——土
庚、辛——金
壬、癸——水

（二）（地支配五行）

寅、卯——木
巳、午——火
申、酉——金
亥、子——水
辰、戌、丑、未——土

（三）（天干化五运）（中运）：（《黄帝内经》内容）

甲、己——土运
乙、庚——金运
丙、辛——水运
丁、壬——木运
戊、癸——火运
其中单数（甲、丙、戊、庚、壬）为中运太过之年
双数（乙、丁、己、辛、癸）为中运不及之年

（四）（地支化六气）（司天之气）：（《黄帝内经》内容）

子、午——少阴君火司天　阳明燥金在泉
丑、未——太阴湿土司天　太阳寒水在泉
寅、申——少阳相火司天　厥阴风木在泉
卯、酉——阳明燥金司天　少阴君火在泉
辰、戌——太阳寒水司天　太阴湿土在泉
巳、亥——厥阴风木司天　少阳相火在泉

五运六气，五运者，地之五行：木火土金水。六气者，天之六气：风寒暑湿燥火。而在运气时六气就有另一种代号：厥阴风木、少阴君火、少阳相火、太阴湿土、阳明燥金、太阳寒水。五运由天干定：甲乙丙丁戊己庚辛壬癸，甲己化土，乙庚化金，丙辛化水，丁壬化木，戊癸化火。大家留意一下规律，它们的序号 1～6，2～7，3～8，4～9，5～10。然后由土起运，按照相生规律排列。

三、六气由地支定：颜色相同的为一对，每对就代表一气

寅申——少阳相火，卯酉——阳明燥金，辰戌——太阳寒水；
巳亥——厥阴风木，子午——少阴君火，丑未——太阴湿土。

首先，1 甲，2 乙，3 丙，4 丁，5 戊，6 己，7 庚，8 辛，9 壬，10 癸。单数的为阳，双数为阴，单数的太，双数的为少。例如：甲己化土，甲为单数为太，即土运太过。己为双数为少，即土运不及。大家根据续二的天干化合试着划分它们的太过与不及吧。如甲 X 年，就是土运太过之年。庚 X 年就是金运太过之年，庚是单数哦！又如丁 X 年，就是木运不及之年了，丁是双数。这就决定了一年的岁运了。

1 寅申——少阳相火，2 卯酉——阳明燥金，3 辰戌——太阳寒水，4 巳亥——厥阴风木，5 子午——少阴君火，6 丑未——太阴湿土。1 与 4 为一对，2 与 5 为一对，3 与 6 为一对。何为一对呢？就是当一个地支决定了司天的时候，和它一对的就是在泉。（司天为主管上半年的气，在泉为主管下半年的气）

例如：X 寅年，寅为少阳相火，即少阳相火司天，和它一对的厥阴风木就是在泉。X 午年，午为少阴君火，即少阴君火司天，和它一对的阳明燥金就是在泉了。

例如：2005 年是乙酉年，乙庚化金，乙是双数，即金运不足；酉对应的是阳

明燥金，即阳明燥金司天，2 卯酉——5 子午，所以少阴君火在泉。总之，2005 年就是金运不足，阳明燥金司天，少阴君火在泉。例如：2006 年是丙戌年，丙辛化水，丙是单数，即水运太过；戌对应的是太阳寒水，即太阳寒水司天，3 辰戌——6 丑未，所以太阴湿土在泉。总之，2006 年就是水运太过，太阳寒水司天，太阴湿土在泉。以上就是构建每年五运六气框架的方法。

四、五运六气意义

上次讲完年的五运六气的框架的构建，整体框架出来了，它反映了什么呢？

首先，它就是反映了这一年的运气的大势，至于更细的一步就在主运客运，主气客气，以及主客加临里体现了。这次先讲大势。凡是岁运太过，这一年就体现它的性质。

土运太过，湿气流行；金运太过，燥气流行；水运太过，寒气流行；

木运太过，风气流行；火运太过，暑气流行。

凡是岁运不及，这一年就体现克它的那一行的性质。

土运不及，风乃大行；金运不及，炎火乃行；水运不及，湿乃大行。

木运不及，燥乃大行；火运不及，寒乃大行。

而岁运的太过与不及也不是绝对的，当其太过而受到司天之气克制时则为平年，气候平和。

当其不及的时候，若得到年支的相助，也为平年。

何为得到年支的相助呢？寅卯——木，巳午——火，申酉——金，亥子——水，丑辰未戌——土。

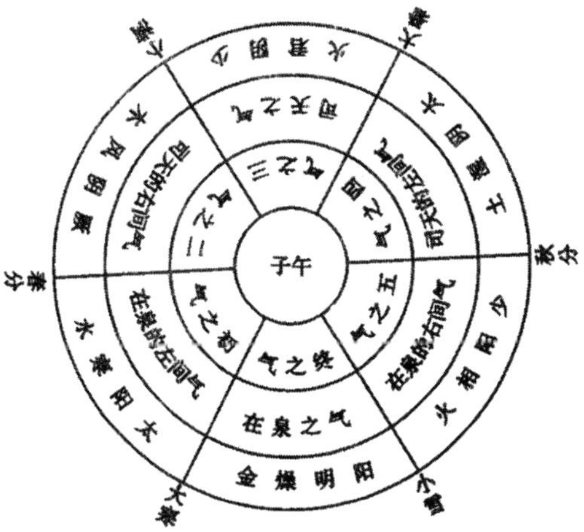

子午年司天在泉左右间气图

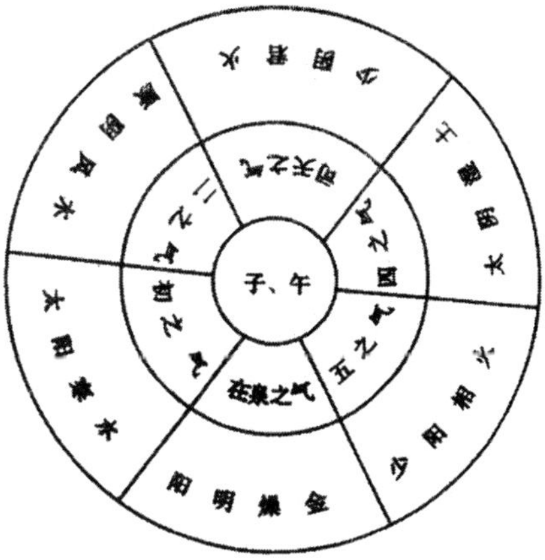

子午年司天在泉图

甲子年的五运六气（简表）

四季	节气	方位	月建	五运（地有五制）中运	客运	主运	交司开始
孟春	立春	艮	丙寅	土运大过	太宫	太角	去年大寒寅时初刻
	雨水	寅					
仲春	惊蛰	甲	丁卯				
	春分	卯					
季春	清明	乙	戊辰				
	谷雨	辰			少商	少徵	春分后13日寅正一刻
孟夏	立夏	巽	己巳				
	小满	巳					
仲夏	芒种	丙	庚午				
	夏至	午					
季夏	小暑	丁	辛未				
	大暑	未			太羽	太宫	芒种后后十日卯初二刻
孟秋	立秋	坤	壬申				
	处暑	申					
仲秋	白露	庚	癸酉				
	秋分	酉					
季秋	寒露	辛	甲戌		少角	少商	处暑后七日卯正三刻
	霜降	戌					
孟冬	立冬	乾	乙亥				
	小雪	亥					
仲冬	大雪	壬	丙子				
	冬至	子			太徵	太羽	立冬后四日辰初四刻
季冬	小寒	癸	丁丑				
	大寒	丑					

六气（天有六气）客气	主气	交司开始
司天	初气	
少阴君火	厥阴风木	去年大寒寅初
左间	二气	
太阴湿土	少阴君火	春分子正
右间	三气	
厥阴风木	少阳相火	小满亥初
在泉	四气	
阳明燥金	太阴湿土	大暑酉正
左间	五气	
太阳湿土	阳明燥金	秋分申正
左间	六气	
少阳相火	太阳寒水	小雪午正

天干五运与公历年尾数对照

五运	阴天干		阴天干	
	大运太过（+）	年尾数	大运不及（-）	年尾数
土	甲	4	己	9
金	庚	0	乙	5
水	丙	6	辛	1
木	壬	2	丁	7
火	戊	8	癸	3

天干五运与公历年尾数对照

主气	厥阴风气	少阴君火	少阳相火	太阴湿气	阳明燥气	太阳寒气
每年气位公历月日	初之气→	二之气→	三之气→	四之气→	五之气→	终之气→
	2/4～4/5	4/5～6/5	6/5～8/5	8/5～10/5	10/5～12/5	12/5～2/4
	风季（木主）	热季（火主）	火季（火主）	湿季（土主）	燥季（金主）	寒季（水主）
气象	风化	热化	火化	湿化	燥化	寒化
令行之常	挠动，迎随	高明焰，曛	光显，彤云，曛	沉阴，白埃，晦暝	烟埃，霜，清劲，凄鸣	刚固，坚芒，立
作用所归	施于太阴	施于阳明	施于阳明	施于太阳	施于厥阴	施于少阴少阳
德化之常	风生，终为肃	热生，中为寒	为生，终为蒸褥	湿生，终为注雨	燥生，终为凉	寒生，中为湿
	毛化	羽化	羽化	倮化	介化	鳞
布政之常	生化	荣化	茂化	濡化	坚化	藏化
下承之气	金气承之	阴精承之	水气承之	风气承之	火气承之	土气承之
气胜发病	风邪肝病	热邪心病	火邪心病	湿邪脾病	燥邪肺病	寒邪肾病

例如：2005年乙酉年，金运不足，酉属金则助金运，为平年。

所以，当岁运太过的时候，要多留心司天之气是什么；当岁运不及的时候，要多留心年支的五行属性是什么。

这样大家就能确定一年的大势了。但是如果像2005年乙酉年这样，金运不足，酉属金，照上面的说法应该是平年，但司天之气为阳明燥金，三金相加气象单一，反而容易给人们带来较大的危害。但这类特殊情况并不影响大家对上面运气大势的学习，先掌握了一般的情况，以后再说特殊的就会容易了解多了。

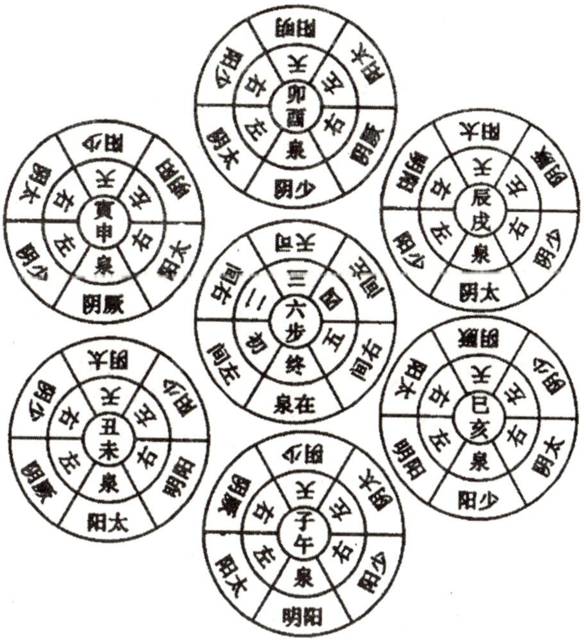

司天在泉左右间气位置

五、五运六气的运用

因为岁运所规定的一年的气候特征范围太大了，它只能说明了一年的大势，但是细分到一年五季：春、夏、长夏、秋、冬的气候又如何呢？这就由主运和客运负责支配了。

每年的主运是固定不变的，见下表。

五运次序	五运名称	起运日期	止运日期	主运天数	所主气候
初运	木	大寒节当日起	春分后 13 日	73 日 5 刻	风温
二运	火	春分后 13 日	芒种后 10 日	73 日 5 刻	火热
三运	土	芒种后 10 日	处暑后 7 日	73 日 5 刻	暑湿
四运	金	处暑后 7 日	立冬后 4 日	73 日 5 刻	凉燥
终运	水	立冬后 4 日	小寒节末日	73 日 5 刻	寒冷

然后根据当年岁运的太过与不及决定主运的太过与不及，如果火运太过，就把上表中的火运定为太过，然后按照**太少相生**的规律确定另四运，如：少木、太火、少土、太金、少水。

又例如岁运为金运不及，就定金为少金，少金生太水，什么生少金呢？是太土，什么生太土呢？是少火，自然再上面的就是太木了。就是这样太少相间地排列。

主运讲完，到客运了，客运就是把岁运摆在初运的位置，然后按照五行相生，太少相生的规律排列。例如：今年乙酉年，金运不足，客运的排列次序就是：少金、太水、少木、太火、少土。

六、五运六气主气与客气的关系

五运出地，静而少变，六气出天，动而多变。

所以，影响人类健康的因素以六气的变化为主。今次就和大家谈谈主气和客气的问题。

主气是主时之气，用来说明一年中24节气气候的正常规律，每年都固定不变，如下表。

六气次序	六气名称	起始日期	终止日期	所主日期
初之气	厥阴风木	大寒节	春分节	60日87刻半
二之气	少阴君火	春分节	小满节	60日87刻半
三之气	少阳相火	小满节	大暑节	60日87刻半
四之气	太阴湿土	大暑节	秋分节	60日87刻半
五之气	阳明燥金	秋分节	小雪节	60日87刻半
六之气	太阳寒水	小雪节	大寒节	60日87刻半

客气是指时令气候异常变化，每年不同，如客之往来无常。

客气如何排布呢？这里先要复习一下之前的东西：1寅申——少阳相火，2卯酉——阳明燥金，3辰戌——太阳寒水，4巳亥——厥阴风木，5子午——少阴君火，6丑未——太阴湿土。1与4为一对，2与5为一对，3与6为一对。何为一对呢？就是当一个地支决定了司天的时候，和它一对的就是在泉。（司天为主管上半年的气，在泉为主管下半年的气）

客气就是把当年的司天之气放在上表三之气的位置，把在泉之气放在上表六之气的位置，然后按照上面蓝色字的先后关系，把司天在泉前前后后的气分别放在初、二、四、五的位置。这四个位置的气有个统称叫四间气。下面举个例子：

比如乙酉年，阳明燥金司天，少阴君火在泉，所以客气的排布是：三之气是阳明燥金，六之气是少阴君火。然后对着上面的蓝色字，燥金之前是相火，之后是寒水，所以二之气是少阳相火，四之气是太阳寒水。

同理，君火之前是风木，之后是湿土，所以五之气是厥阴风木，六以下就回到初之气为太阴湿土。

说到底就是只要懂得把司天在泉分别安放在三之气和六之气上，然后前后一推就行了。

七、五运六气　主客加临

上次谈到主气和客气的排布，现在讲主客加临就简单得多了。

主客加临主要就是看主气与客气是相得还是不相得。

凡是主气生客气、主气与客气相同、客气生主气、客气克主气四种情况为相得。

相生者相得就是当然的了，主气客气相同者为同气相求，也是相得的，是好的。客气流变，如客之往来无定，主气固定而少变对人类的影响较大，如果能得到客气的克制而趋向平和，客气又不会留守太过。这就是好的现象。

换句话说，主气克客气称不相得，你想，主气本来就是坐庄的，够大的了，还要克制客气，无人可以干预，所以这是一种不好的情况。

主客加临讲完了就顺便讲讲运气同化的问题吧。

岁运与司天之气相同的年份称天符年，天符年气盛于上半年。

岁运于岁支五行相同的年份称岁会年，岁会年气盛于下半年。

逢岁运太过之年，岁运与在泉之气相同称同天符，同天符气盛于下半年。

逢岁运不及之年，岁运与在泉之气相同称同岁会，同岁会气盛于下半年。

岁运与司天之气及岁支三者皆相同的年份称太乙天符年，太乙天符年全年运气偏盛。

（一）出生年大运与疾病

出生年是指每个人自己所出生的那一年，如张三于 1952 年 12 月出生，他所出生的那一年便是 1952 年。又如李四于 1957 年 8 月出生，他所出生的那一年便是 1957 年。大运又称中运，是主管每年全年的岁运，即用来说明每年全年气候变化的特点。大运的推算方法就是天干配属五运，也称天干化五运，即每两干化一运，其结果是：凡是逢甲年和己年，大运都属于土；乙年和庚年，大运都属于金；丙年和辛年，大运都属于水；丁年和壬年，大运都属于木；戊年和癸年，大运都属于火（见图 13）。出生年大运是指每个人自己所出生的那一年所属的大运，如上述的张三于 1952 年出生，按年干支推算法推算出公元 1952 年是壬辰年，按大运的推算方法是凡逢丁年和壬年大运都属于木，因此便得出，张三的出生年大运是木运。又如上述的李四于 1957 年出生，按年干支推算法推算出公元 1957 年是丁酉年，按大运的推算方法是凡逢丁年和壬年大运部属于木，因此便得出，李四的出生年大运是木运。出生年大运既然已说清楚，下面就进一步叙述出生年大运与疾病的关系。

五行的特性与五种运的特点是相同的。大运值年，有大过不及之分，天干单数属阳为太过年，天干双数属阴为不及年。大运的太过不及反映气候偏盛偏衰的特点，太过是主岁的本运气盛，不及是主岁的本运气衰，当岁运的太过或不及的气候影响人体时，脏腑经络就会出现与之相应的变化，人体就可能发生疾病。大运太过之年是岁运本身偏盛影响人体致病，大运不及之年是岁运本身偏衰及克制其之气偏盛影响人体致病。出生年大运太过不及能对胚胎的生长和发育造成影响。临床上许多疾病是由于平素某脏腑机能的偏盛偏衰而引起的，而这种某脏腑机能的偏盛偏衰是否与出生年大运的太过不及密切相关，我们认为这是值得研究的。根据病人出生年大运预测疾病，还需掌握平气之年。五运之气，既非太过，又非不及，叫做平气。凡是运太过而被抑或运不及而得助的就是平气。如戊辰年，因戊为阳干，故火运太过，辰为年支，凡辰年总是太阳寒水司天，水能克火，戊年火运太过被司天的寒水所抑，使火不会太过，便是平气之年。又如癸巳年，因癸为阴干，故火运不及。巳为年支，但巳在南方属火，火运不及的癸年得到年支巳火的帮助，变成平气之年。另外，当该年的大运与交运的日干或时干相合，也是平气之年。如丁亥年为木运不及，如交运的第一天的日干为壬，或者交运的时干为壬，都是平气之年。平气之年，气候正常，对人体影响不大。

以壬年为例，凡是丁年和壬年，大运都属于木。壬是天干单数属阳为太过年，那么，壬年为岁木太过。在壬年，因为气候变化是风气偏盛，“气有余，则制己所胜而侮所不胜。”（《素问·五运行大论》）那么，风气偏盛就去乘其所胜的气候，使湿气发生异常现象，风气偏盛也可反侮其所不胜的气候，使燥气发生异常现象；在人体，肝气偏盛就去乘其所胜的脏腑，使脾土发生病理变化，肝气偏盛也可反侮其所不胜的脏腑，使肺金发生病理变化。所以，当肝气偏亢时，患者可出现胁肋胀痛，头痛眩晕，急躁易怒等症状；当肝气偏盛，便去乘脾时，使脾气受损，正如《素问·气交变大论》指出那样，“岁木太过，风气流行，脾土受邪”，患者可出现脘腹疼痛，纳食减少，腹胀泄泻等症状；当肝气偏盛，反侮肺金时，患者可出现胸胁胀痛，咳嗽气喘，烦热咳血等症状。然而，在自然气候变化过程中存在着相互制约的关系。偏盛之气称为胜气，“胜”指胜过之意。由于风气偏盛，克制其之燥气就来制约它，这种能制约风气偏盛之燥气称为复气，“复”指复原之意。《素问·至真要大论》说：“胜至则复……复已而胜，不复则害。”即有胜气就有复气，如有胜气无复气就会造成灾害。

因此，风气偏盛而可出现燥气偏盛的现象，在不同气候的影响下，脏腑之间同样存在着相互影响和自调能力，当燥气偏盛又可影响人体的肺气而使之偏盛。从上述可归纳为：风气偏盛，其所胜被乘，其所不胜被反侮，其所不胜来复。在人体，当肝气偏盛脾气偏衰时，又可导致肺气偏盛或偏衰的病理变化。治疗则以泻肝（经）补脾（经）之法为主，当出现肺虚证则应兼以补肺（经），肺实证则应兼以泻肺（经）之法。如在丑时取肝经子穴行间针用泻法；在午时取脾经母穴大都针用补法；肺虚证在卯时取肺经母穴太渊针用补法；肺实证在寅时取肺经子穴尺泽针用泻法。

以丁年为例，凡是丁年和壬年，大运都属于木。丁是天干双数属阴为不及年，那么，丁年为岁木不及。在丁年，因为气候变化是风气偏衰，“其不及，则己所不胜侮而乘之，己所胜轻而侮之”（《素问·五运行大论》），那么，风气偏衰就被其所胜的气候反侮，使湿气发生偏盛的异常现象，风气偏衰还被其所不胜的气候所乘，使燥气发生偏盛，即气候偏凉的异常现象；在人体，肝气偏衰就会被其所胜的脏腑反侮，这样不但肝木本身而且也使脾土都发生病理变化，肝气偏衰也会被其所不胜的脏腑所乘，这样不但肝木本身而且也使肺金都发生病理变化。所以，当肝气偏衰时，患者可出现“中清，胠胁痛，少腹痛，肠鸣溏泄”等虚寒的症状；当肝气偏衰，脾反侮肝时，患者可出现脘腹痞闷，呕恶厌食，肌肤发黄等症状；当肝气偏衰，肺气偏盛，肺来乘肝时，患者可出现咳嗽、胸胁胀痛等症状。然而，在自然气候变化过程中存在着相互制约的关系。偏盛的燥气为胜气，克制其之火气为复气，燥气偏盛，火气就来制约它，因此，燥气偏盛而可出现火气偏盛的现象，在不同气候的影响下，脏腑之间同样存在着相互影响和自调能力，当火气偏盛又可影响人体的肺气和心气而使之偏盛，患者可出现咳嗽、“寒热疮疡痱胗痈痤”（《素问·气交变大论》）等病候。从上述可归纳为：风气偏衰，其所胜来反侮，其所不胜来乘，其所不胜之所不胜来复；在人体，当肝气偏衰时，又可导致脾气、肺气、心气偏盛的病理变化。治疗则以补肝（经）泻脾（经）、肺（经）、心（经）之法为主。如在寅时取肝经母穴曲泉针用补法；在巳时取脾经子穴商丘针用泻法；在寅时取肺经子穴尺泽针用泻法；在午时取心经子穴神门针用泻法。以上是丁年、壬年的大运与疾病的关系，其余甲年、己年、丙年、辛年、乙年、庚年、戊年、癸年均按此类推。临床上观察到，根据病人的出生年大运来预测疾病和辨证论治，能够取得良好的效果。现举例如下。

【例一】中风（中经络）　李××，男，工人，有高血压病史。一个月前出现左上、下肢软弱无力，右面部板滞、麻木，左掌心、脚心发麻发热，伴有乏力、头晕、咳嗽痰多、心烦、失眠、多梦、口干等症状。曾在某医院用上海降压片和维生素 B_1 片等药治疗月余，自觉症状未见好转。检查：舌质暗红，舌苔薄黄，脉弦细。血压 20/13.3kPa（150/100mmHg）。左上、下肢Ⅲ级肌力。患者于 1940 年 10 月出生，该年为庚辰年，庚年为岁金太过。金运太过，肺气偏盛，金胜乘木，肝气偏衰，金胜木衰时火气来复，使心气偏盛。病位在肝、肺、心（经）为主。证属肝（经）虚，肺、心、（经）实。治以补肝（经），泻肺、心（经）之法。取肝经母穴曲泉（双）针用补法，取肺经子穴尺泽（双）、心经子穴神门（双）针用泻法。共治疗 30 次，症状基本消失，查见血压 18.7/12.8kPa（140/96mmHg）左上、下肢正常肌力。

【例二】胃痛　瞿××，男，干部，1986 年 5 月 2 日初诊。自诉胃脘部胀痛反复发作已 8 年，饥饿时疼痛加重，伴有乏力、易怒、嗳气、纳少、大便微溏等症状。近半年来上述症状加重，曾服中药和胃仙 U 片（当地药品）未见明显好转。诊见舌质淡红，舌苔薄白，脉弦。查到患者于 1952 年 11 月出生，该年为壬辰年，壬年为岁木太过。木运太过，肝气偏盛，木胜乘土，脾、胃气偏衰。病位在肝、脾、胃（经）为主。证属肝（经）实，脾、胃（经）虚。治以泻肝（经）、补脾、胃（经）之法。取肝经子穴行间（双）针用泻法，取脾经母穴大都（双）、胃经土本穴足三里（双）针用补法，足三里加温和灸法。共治 40 次，诸症基本消失。

（二）一年中运气与疾病

运气，是五运六气的简称。五运，是指木、火、土、金、水五行之气的运行。六气，是指风、寒、暑、湿、燥、火六种气候的变化。在中医学理论中，五运六气是研究气候变化规律及其与人体生理功能、病理变化、临床诊疗疾病关系的一种学说。每年都有运有气，前面着重叙述了出生年大运与疾病的关系，这里则要把一年中的五运和六气结合起来，综合分析一年中气候的正常和异常情况及其与疾病的关系，以之作为诊疗疾病时的参考。首先扼要介绍五运六气的基本内容。

五运，一年中有大运、主运、客运三种情况。大运，是主管每年全年的岁运，即用来说明每年全年气候变化的特点。具体内容在前面已经介绍，此免重述。主运，是指分主于一年中五个运季的五运之气，说明一年中五个运季的正常气候变化，年年固定不变。主运分五步，每步一个运季，每个运季的时间是七十三日零五刻，即初运属木，相当于春季；二运属火，相当于夏季；三运属土，相当于长夏；四运属金，相当于秋季；终运属水，相当于冬季。主运还有五音建运、太少相生和五步推运等内容。五音是角、徵、宫、商、羽。五音建运是角为木音建于木运；徵为火音建于火运；宫为土音建于土运；商为金音建于金运；羽为水音建于水运。太少相生是太为阳，少为阴，五运的十干分阴阳，阳干为太，阴干为少，即甲己土宫音，甲为太宫，己为少宫；乙庚金商音，庚为太商，乙为少商；丙辛水羽音，丙为太羽，辛为少羽；丁壬木角音，壬为太角，丁为少角；戊癸火徵音，戊为太徵，癸为少徵。按五行相生规律来决定太生少、少生太，便是太少相生规律。如甲己宫音，甲为阳土太宫，阳土太宫生阴金少商，阴金少商生阳水太羽，阳水太羽生阴木少角；阴木少角生阳火太徵；己为阴土少宫，阴土少宫生阳金太商，阳金太商生阴水少羽，阴水少羽生阳木太角，阳木太角生阴火少徵。五步推运是始于木角音，终于水羽音，究竟是始于太角还是少角？则根据该年干属太或属少，按五步顺序逐步上推至初运木角便知。如甲年为阳土，运属太宫，即从太宫本身逐步向上推，生太宫的是少徵，生少徵的是太角，便得出甲年的主运是起于太角，按太少相生而终于太羽；己年为阴土，运属少宫，即从少宫本身逐步向上推，生少宫的是太徵，生太徵的是少角，便得出己年的主运是起于少角，按太少相生而终于少羽。其余乙、庚、丙、辛、丁、壬、戊、癸年按此类推。客运，是指一年中五个运季的异常气候变化，它以该年的大运为初运，其五行相生的顺序、太少相生，分五步运行及每步的时间等与主运是相同的道理。

客运运行10年一周转，年年变换不同。如甲年大运为阳土太宫，因此甲年客运的初运便是阳土太宫，接着按太少相生规律推运，即太宫生少商，故二运为阴金少商，少商生太羽，故三运为阳水太羽，太羽生少角，故四运为阴木少角，少角生太徵，故终运为阳火太徵；己年大运为阴土少宫，因此己年客运的初运便是阴土少宫，接着按太少相生规律推运，即少宫生太商，故二运为阳金太商，太商生少羽，故三运为阴水少羽，少羽生太角，故四运为阳木太角，太角生少徵，故终运为阴火少徵。其余乙、庚、丙、辛、丁、壬、戊、癸年按此类推。

上述三运都是运用天干配合五行来推算气候变化规律及其与人体的关系。大运是说明全年的气候变化情况，主运是说明一年中五个运季的正常气候变化，客运是说明一年中五个运季的异常气候变化，因此，在分析这三运时，应以大运为主，客运次之。

六气，一年中有主气、客气两种情况，把这两种气相合推算气候变化规律，称为客主加临。主气，是指主时之气，共有六步，一岁一周，年年不变，其分别主一年中六段时间的正常气候变化。即：初之气为厥阴风木，节气是大寒、立春、雨水、惊蛰，气候变化以多风为特点；二之气为少阴君火，节气是春分、清明、谷雨、立夏，气候变化以渐热为特点；三之气为少阳相火，节气是小满、芒种、夏至、小暑，气候变化以暑热为特点；四之气为太阴湿土，节气是大暑、立秋、处暑、白露，气候变化以雨湿为特点；五之气为阳明燥金，节气是秋分、寒露、霜降、立冬，气候变化以凉、燥为特点；终之气为太阳寒水，节气是小雪、大雪、冬至、小寒，气候变化以寒冷为特点。各气的特点也用五行来归类，其说明气候变化规律及其对人体的影响与主运的意义基本相同。如每年终之气为太阳寒水，其所主的那段时间，气候变化以寒冷为特点，人体以肾、膀胱、骨节等部位的疾病多见。客气，是指各年时令气候的异常变化，它同主气一样也分六步，但主气年年固定不移，客气却年年有转移。客气按厥阴（一阴）→少阴（二阴）→太阴（三阴）→少阳（一阳）→阳明（二阳）→太阳（三阳）三阴三阳先后次序推移。客气六步为司天之气、在泉之气和上下左右四间气，司天之气主管每年上半年的客气，在泉之气主管下半年的客气，四间气指司天两旁的左右间和在泉两旁的左右间。各年的司天在泉根据各年的年支确定，即：子午年少阴君火司天，阳明燥金在泉；丑未年太阴湿土司天，太阳寒水在泉；寅申年少阳相火司天，厥阴风木在泉；卯酉年阳明燥金司天，少阴君火在泉；辰戌年太阳寒水司天，太阴湿土在泉；巳亥年厥阴风木司天，少阳相火在泉。司天总是位当主气的三之气，在泉总是位当主气的终之气，四步间气则按三阴三阳的顺序，随司天在泉的变动而变动。如子午年少阴司天，其位当主气的三之气，其左间气为厥阴，其右间气为太阴；阳明在泉，其位当主气的终之气，其左间气为太阳，其右间气为少阳。其余丑、未、寅、申、卯、酉、辰、戌、巳、亥年均按此类推。客气六步各代表一步的气候变化，但司天可主管上半年的气候变化，在泉可主管下半年的气候变化。如子年或午年是少阴君火司天，故上半年热气偏盛，人们患热病、心病较多；下半年是阳明燥金主管，故燥气偏盛，人们患燥病、肺病较多。客主加临，是指把主气和客气结合起来进行比较分析气候变化的规律及其对人体的影响。其推算方法，是把客气的司天加临在主气的三之气上面，其余五气按顺序相加临。如子午年少阴君火司天，阳明燥金在泉。主气的初气为厥阴风木，客气则为太阳寒水；主气的二气为少阴君火，客气则为厥阴风木；主气的三气为少阳相火，客气则为少阴君火；主气的四气为太阴湿土，客气则为太阴湿土；主气的五气为阳明燥金，客气则为少阳相火；主气的六气为太阳寒水，客气则为阳明燥金。其余丑、未、卯、酉、巳、亥、辰、戌、寅、申年，均按此类推相加。分析客气与主气相加临，是以五行生克规律为原则，如客主之气相生、客气克主气为相得（顺），说明本步所主的气候异常变化不大，影响人体发病时病情轻而缓。由于“主胜逆，客胜从”（《素问·至真要大论》），如主气克客气时则为不相得（逆），表示气候变化很大，影响人体发病时病情急而重。如出现客主同气，仍属相得的范围，但须防其亢盛。

一年当中运和气是相互影响、相互制约的，要了解一年中的气候变化，必须将运和气结合起来分析。运气相合是以干支运气的五行相生、相克关系来推演。运生气或者运克气为运盛气衰，如辛亥年的年干是辛，辛年的大运是水运，年支是亥，亥年是厥阴风木司天，水能生木，故为运生气，那么，该年便是运盛气衰。又如己亥年的年干是己，己年的大运是土运，年支是亥，亥年是厥阴风木司天，木能克土，故为气克运，那么，该年便是气盛运衰。根据运气的盛衰来推演一年中气候变化的主次，在运盛气衰之年，以运为主，以气为次。在气盛运衰之年，以气为主，以运为次。从运气相临的顺逆来看，气生运为顺化之年，气克运为天刑年，这两种年份均属顺。运生气为小逆之年，运克气为不和之年，运气相同为天符之年，这三种年份均属逆。顺化之年的气候变化不大，对人体影响也不大。天刑之年的气候变化较为剧烈。小逆、不和、天符之年的气候变化较大，对人体影响也较大。根据运气的结合情况，在六十年中，还有属于运气同化的年份，即指运与气属于同一类而化合的年份，它们是：凡是值年的大运与司天之气的五行属性相同者，称作天符；凡是值年的大运与年支的五行属性相同者，称作岁会；凡是年干与年支都属于阳，同时值年的大运与在泉的五行属性相同者，称作同天符；凡是年干与年支都属于阴，同时值年的大运与在泉之气的五行属性相同者，称作同岁会；凡是既逢天符，又为岁会，称作太乙天符。这些运气同化的年份，进一步说明了不同年份的气候常变及其对人体的影响。如运气相同的天符年，气候变化专一，多发生危重的疾病。又如太乙天符年，气候变化更专一，多发生暴发性疾病，死亡率也高。上面扼要地介绍了五运六气的基本内容，下面以一年为例，推演一年当中运气与发病、诊疗的关系。

例如，1989 年是己巳年。先看五运：从大运来说，己巳年的年干是己，甲己化土，凡是甲年和己年大运都属土，天干的双数属阴为不及，因此，己巳年为土运不及之年，土运不及是主岁的土运气衰，克制其之气偏盛，则出现木乘土的情况。那么，从气候变化来说，以雨水不足，偏于干燥，风气偏盛为特点。从人体疾病来说，以肝脾病变为多见。从主运来说，初运少角为木，主春，多风；二运太徵为火，主夏，多暑热；三运少宫为土，主长夏，多湿；四运太商为金，主秋，多燥；终运少羽为水，主冬，多寒。其五步推运始于少角，终于少羽，是由于己年大运为阴土少宫，即从少宫本身逐步向上推，生少宫的是太徵，生太徵的是少角，便得出己年的主运是始于少角。按太少相生规律，少角生太徵，太徵生少宫，少宫生太商，太商生少羽而终。从客运来说，其五步是以当年的大运为客运的初运，己年属阴土为少宫，按太少相生规律，少宫生太商，太商生少羽，少羽生太角，太角生少徵。因此，己年客运的初运为少宫，二运为太商，三运为少羽，四运为太角，终运为少徵。从一年中主运和客运五步来说，主运的初运为少角，客运的初运为少宫，是主运木克客运土，“主胜客为逆”，故本时节风气偏盛，发病以肝病多见；主运的二运为太徵，客运的二运为太商，是主运的火克客运的金，为主胜客，故本时节火气偏盛，发病以心病多见；主运的三运为少宫，客运的三运为少羽，是主运的土克客运的水，为主胜客，故本时节湿气偏盛，发病以脾病多见；主运的四运为太商，客运的四运为太角，是主运的金克客运的木，为主胜客，故本时节燥气偏盛，发病以肺病多见；主运的终运为少羽，客运的终运为太徵，是主运的水克客运的火，为主胜客，故本时节寒气偏盛，发病以肾病多见。

再看六气：从主气来说，初之气为厥阴风木，多风；二之气为少阴君火，转热；三之气为少阳相火，多暑热；四之气为太阴湿土，多雨湿；五之气为阳明燥金，多燥；终之气为太阳寒水，多寒。从客气来说，巳年为厥阴风木司天，少阳相火在泉，四步间气则按三阴三阳的顺序，随司天在泉的变动而变动，便得出巳年厥阴司天，其左间气为太阳，右间气为少阴；少阳在泉，其左间气为阳明，右间气为太阴。上半年是风木之气主事，下半年是相火之气主事。从气候来说，上半年是风气偏盛，下半年是火气偏盛。从人体疾病来说，上半年风木之气流行必乘湿土之气，故以肝实证和脾虚证较多，治以补脾、肺（经）和泻肝（经）之法，如在卯时取肺经母穴太渊针用补法，补肺金以制肝木之胜；在丑时取肝经子穴行间针用泻法；在午时取脾经母穴大都针用补法。下半年火气流行，以燥热病证多见，治以清热、润肺、滋肾等法，如在卯时取肺经母穴大渊针用补法；在戌时取肾经母穴复溜针用补法。从上述情况看出，己巳年的年干是己，己年的大运是“岁土不及”，年支是巳，巳年厥阴风木司天，少阳相火在泉，司天风木克大运湿土，即气克运，因此，本年份是气盛运衰，在分析一年中气候变化时，应以气为主，以运次之。气克运为天刑年，天刑之年的气候变化较为剧烈。可知全年总的气候变化是雨水不足，风气偏盛，偏于燥热，气候变化较为剧烈为特点。人体疾病以肝、脾、肺等发病多见。

从客主加临来说，己巳年为厥阴风木司天，少阳相火在泉。把主客气六部相加临的情况是：在大寒、立春、雨水、惊蛰时节，主气初之气是厥阴风木，客气则为阳明燥金，是客气克主气为顺，说明本步所主的气候异常变化不大，影响人体发病的病情轻而缓，但肝病还是受到金气的克制，对于肝虚证，应当补肝（经）、泻肺（经），如在寅时取肝经母穴曲泉针用补法；在寅时取肺经子穴尺泽针用泻法，以防金乘木。对于肝实证和脾虚证，虽然肝木被肺金克制，但还应当泻肝（经）补脾（经）。如在丑时取肝经子穴行间针用泻法；在午时取脾经母穴大都针用补法。在春分、清明、谷雨、立夏时节，主气的二气是少阴君火，客气则为太阳寒水，是客气克主气为顺，但上半年是司天厥阴风木主管，对于肝实证和脾虚证，治仍需以补肺脾（经）、泻肝（经）之法，如在卯时取肺经母穴太渊和在午时取脾经母穴大都针用补法；在丑时取肝经子穴行间针用泻法。在小满、芒种、夏至、小暑时节，主气的三之气为少阳相火，客气则为厥阴风木，是客气生主气为顺，因木能生火，火能生土，故有利于心、脾虚证的治疗，如用针灸治疗，则在未时补心经的母穴少冲；在午时补脾经的母穴大都，其病证好转或痊愈有望。由于此时风气和火气偏盛，对于心、肝实证和肺虚证不利，治疗应以泻心肝（经）、补肺（经）之法。如在午时取心经子穴神门针用泻法，泻火以防火乘金；在丑时取肝经子穴行间针用泻法，泻木以免木侮金；在卯时取肺经母穴太渊针用补法。在大暑、立秋、处暑、白露时节，主气的四之气为太阴湿土，客气则为少阴君火，是客气生主气为顺，因火能生土，有利于脾胃虚寒证。如用针灸治疗，则在午时补脾经母穴大都；在巳时补胃经母穴解溪，其病证好转或痊愈有望。因本步巳属在泉少阳相火所主，须防火气之亢盛。对于心、肝实证和肺虚证，治以泻心肝（经）和补肺（经）之法。如在午时取心经子穴神门和在丑时取肝经子穴行间针用泻法，泻心火和肝木，同时以防火乘金和木侮金；在卯时取肺经母穴大渊针用补法。对于脾胃实热证，治以泻脾、胃（经）之法。如在巳时取脾经子穴商丘针用泻法；在辰时取胃经子穴厉兑针用泻法。在秋分、寒露、霜降、立冬时节，主气的五之气为阳明燥金，客气则为太阴湿土，是客气生主气为顺，因土能生金，金能克木，故此时不但有利于肺虚证的治疗，也有利于肝实证的治疗。由于客气湿土气盛，对于脾胃虚证也大有好处，治以补肺、脾、胃（经）和泻肝（经）之法。如在卯时取肺经母穴太渊、在午时取脾经母穴大都、在巳时取胃经母穴解溪针用补法；在丑时取肝经子穴行间针用泻法，其病证好转或痊愈有望。在小雪、大雪、冬至、小寒时节，主气的终之气为太阳寒水，客气则为少阳相火，由于主气之水克制客气之火为逆，使该年下半年本为少阳相火在泉、火气偏盛的气候在本步所主的时节可能转为寒气流行，因此对阳虚气虚病证不利，对于心、脾、肾阳虚气虚证，治以温补心、脾、肾（经）之法，如针灸治疗在未时补心经母穴少冲；在午时补脾经母穴大都；在戌时补肾经母穴复溜。

以上推算分析了己巳年（1989 年）一年中运气与疾病的关系。其余子、午、丑、未、寅、申、卯、酉、辰、戌和亥年，均按此类推。

（三）季节与疾病的预后

地球绕太阳公转一周的时间是年。地球绕太阳公转、同时也自转，地球的自转轴不与它绕太阳公转的轨道平面垂直，而是成一个 66°33′的角度，这样，当地球在公转轨道上的各个不同位置时，日照的时间是夏长冬短，就造成了地球上的春夏秋冬四季的变化。因此说，春夏秋冬四季的概念的本质是在一周年中由于地球和太阳相对位置不断变化所形成的气候现象。按照我国古代天文学上划分季节的方法是以立春、立夏、立秋、立冬作为四季的开始，自立春到立夏为春，立夏到立秋为夏，立秋到立冬为秋，立冬到立春为冬。古人所讲的四时就是四季，在春夏秋冬四季中还有一个长夏的名称，即六月为长夏，在四时与五行相配中属土。四季的气候特征是春温、夏暑、秋凉、冬寒。中医学认为，在春夏秋冬四季中有寒暑温凉的变化和阳气阴气的盛衰，这种四季寒暑温凉和生长收藏之间有着内在联系的整体，人体五脏之气的生理、病理活动过程，都与四时五行密切相关。以下根据四时五行的生克乘侮理论，结合人体五脏之气的情况来分析测知五脏病的变化和预后。

四季与肝（胆）病的关系："病在肝，愈于夏，夏不愈，甚于秋，秋不死，持于冬，起于春"（《素问·藏气法时论》）。这是由于肝为乙木，胆为甲木，"肝主春，足厥阴少阳主治"，肝（胆）病到了丙丁火气旺的夏季，火克金，金受克则不能制木，病情可好转或痊愈；否则，到了庚辛金旺的秋季，肝（胆）木受到克制，病情就会加重；如在秋季不死，到了壬癸水气旺的冬季，水生木，病情虽不好转，但也不至于加重；到了甲乙木气旺的春季，病情就会好转。

四季与心（小肠）病的关系："病在心，愈在长夏，长夏不愈，甚于冬，冬不死，持于春，起于夏"（《素问·藏气法时论》）。这是由于心为丁火，小肠为丙火，"心主夏，手少阴太阳主治"，心（小肠）病到了戊己土气旺的长夏，土克水，水受克则不能制火，病情可好转或痊愈；否则，到了壬癸水旺的冬季，心（小肠）火受到克制，病情就会加重；如在冬季不死，到了甲乙木气旺的春季，木生火，病情虽不好转，但也不至于加重；到了丙丁火气旺的夏季，病情就会好转。

四季与脾（胃）病的关系："病在脾，愈在秋，秋不愈，甚于春，春不死，持于夏，起于长夏"（《素问·藏气法时论》）。这是由于脾为己土，胃为戊土，"脾主长夏，足太阴阳明主治"，脾（胃）病到了庚辛金气旺的秋季，因金克木，木受克则不能制土，病情可好转或痊愈；否则到了甲乙木旺的春季，脾（胃）土受到克制，病情就会加重；如在春季不死，到了丙丁火气旺的夏至，因火生土，病情虽不好转，但也不至于加重；到了戊己土气旺的长夏，病情就会好转。

四季与肺（大肠）病的关系："病在肺，愈在冬，冬不愈，甚于夏，夏不死，持于长夏，起于秋"（《素问·藏气法时论》）。这是由于肺为辛金，大肠为庚金，"肺主秋，手太阴阳明主治"，肺（大肠）病到了壬癸水气旺的冬季，水克火，火受克则不能制金，病情可好转或痊愈；否则，到了丙丁火旺的夏季，肺（大肠）受到克制，病情就会加重；如在夏至不死，到了戊己土气旺的夏季，因土生金，病情虽不好转，但也不至于加重；到了庚辛金气旺的秋季，病情就会好转。

四季与肾（膀胱）病的关系："病在肾，愈在春，春不愈，甚于长夏，长夏不死，持于秋，起于冬。"（《素问·藏气法时论》）。这是由于肾为癸水，膀胱为壬水，"肾主冬，足少阴太阳主治"，肾（膀胱）病到了甲乙木气旺的春季，因木克土，土受克则不能制水，病情可好转或痊愈；否则，到了戊己土旺的长夏，肾（膀胱）水受到克制，病情就会加重；如在长夏不死，到了庚辛金气旺的秋季，因金生水，病情虽不好转，但也不至于加重；到了壬癸水气旺的冬季，病情就会好转。

四季与肝病传脾的关系：肝主疏泄，脾主运化，脾胃要保持正常的消化功能，须赖于肝的疏泄功能。如病人先出现胸胁胀满疼痛，精神抑郁或性情急躁等，然后又出现纳食减少，胃脘疼痛，腹胀腹痛，大便溏泻等症状，这便是"肝病传脾"。因肝病最易传脾，故在治疗肝病的同时，当先调补脾脏，使脾脏正气充实，以免肝病传脾，但是，"四季脾旺不受邪，即勿补之"（《金匮要略·脏腑经络先后病脉证》）。其理由如《素问·太阴阳明论》指出："脾者土也，治中央，常以四时长四脏，各十八日寄治，不得独主于时也。"也就是说，脾属土，土生养万物，位居中央，为四脏之长，所以脾不单独主一时，而是寄旺于各季的立春、立夏、立秋、立冬节气前的十八天。因此说，凡是各季最后一个月（辰、戌、丑、未月），是中央土寄旺于四时的月份，这四个月各最后十八天是脾本气旺盛之期，可以不必实脾也不会受到邪侵。

二十四节气也是表示一年四季的气候变化情况。古人把一年分为十二个月，每个月有一个节气，一个中气，如立春为正月节，雨水为正月中，后人把节气和中气统称为节气。从天文学角度来说，节气是以视太阳在黄道上所处的位置来确定的，把一年分成 24 个节气，等于把黄道分成 24 段，便有了 24 个段的交接点，当太阳运行到一个交接点上，就表示到了一个节气，总共 24 个节气，即立春、雨水、惊蛰、春分、清明、谷雨、立夏、小满、芒种、夏至、小暑、大暑、立秋、处暑、白露、秋分、寒露、霜降、立冬、小雪、大雪、冬至、小寒、大寒。在二十四节气中，二分指春分、秋分，二至指夏至、冬至。二分表示昼夜平分，即这两天白天与黑夜各时间相等。春分正处于立春与立夏之间，把春季分为两半，所以叫春分。秋分正处于立秋与立冬之间，把秋季分为两半，所以叫秋分。二至各表示最热的夏天和最冷的冬天快要到来，所以叫夏至、冬至。夏至是一年中黑夜最短、白天最长、正午时太阳最高的一天；冬至是一年中黑夜最长、白天最短、正午时太阳最低的一天。古人认为，冬至是一阳生的时期，就是说将从阴而出阳的时候；夏至是一阴生的时期，就是说将从阳而入阴的时候。二分二至属于大的节气转交之日、阴阳气交之时，每当大的节气交替的时候，常常可使年老体弱者此时发生特殊不舒感；慢性病此时可加重；重病此时可恶化发生死亡。有人对2668例因疾病自然死亡的住院病例进行统计，发现在清明、夏至、立春、寒露、冬至等五大节气里，死亡人数显著地高于对照组（$P<0.05\sim0.001$），尤其在二至时更明显。看来，重视节气（特别是二分二至）的交替对疾病的影响，对于防治疾病有现实的意义。

（四）日时与疾病的预后

根据干支记日记时法，结合干支配属阴阳五行、脏腑经络的理论来推演疾病的预后，此法在中医临床上确是存在的。

以日来说，肝、胆属木，胆主甲日，肝主乙日，甲乙为木；心、小肠属火，小肠主丙日，心主丁日，丙丁为火；脾、胃属土，胃主戊日，脾主己日，戊己为土；肺、大肠属金，大肠主庚日，肺主辛日，庚辛为金；肾、膀胱属水，膀胱主壬日，肾主癸日，壬癸为水。把日期与阴阳五行、脏腑经络，天干地支结合起来，便可推演日期与肮腑病的关系。

日期与肝（胆）病的关系："肝病者，愈在丙丁，丙丁不愈，加于庚辛，庚辛不死，持于壬癸，起于甲乙。"（《素问·藏气法时论》）这是由于甲为阳木，乙为阴木，内应肝胆，肝应乙木，旺于乙日，胆应甲木，旺于甲日，肝（胆）病到了属火的丙丁日，因火克金，金受克则不能制木，病情可好转或痊愈；否则，到了属金的庚辛日，肝（胆）木受到克制，病情就会加重；如在庚辛日不死，到了属水的壬癸日，因水生木，病情虽不好转，但也不至于加重；到了属木的甲乙日，病情就会好转。

日期与心（小肠）病的关系："心病者，愈在戊己，戊己不愈，加于壬癸，壬癸不死，持于甲乙，起于丙丁。"（《素问·藏气法时论》）这是由于丙为阳火，丁为阴火，内应心小肠，心应丁火，旺于丁日，小肠应丙火，旺于丙日，心（小肠）病到了属土的戊己日，因土克水，水受克则不能制火，病情可好转或痊愈；否则，到了属水的壬癸日，心（小肠）火受到克制，病情就会加重；如在壬癸日不死，到了属木的甲乙日，因木生火，病情虽不好转，但也不至于加重；到了属火的丙丁日，病情就会好转。

日期与脾（胃）病的关系："脾病者，愈在庚辛，庚辛不愈，加于甲乙，甲乙不死，持于丙丁，起于戊己。"（《素问·藏气法时论》）这是由于戊为阳土，己为阴土，内应脾胃，脾应己土，旺于己日，胃应戊土，旺于戊日，脾（胃）病到了属金的庚辛日，因金克木，木受克则不能制土，病情可好转或痊愈；否则，到了属木的甲乙日，脾（胃）土受到克制，病情就会加重；如在甲乙日不死，到了属火的丙丁日，因火生土，病情虽不好转，但也不至于加重；到了属土的戊己日，病情就会好转。

日期与肺（大肠）病的关系："肺病者，愈在壬癸，壬癸不愈，加于丙丁，丙丁不死，持于戊己，起于庚辛。"（《素问·藏气法时论》）这是由于庚为阳金，辛为阴金，内应肺大肠，肺应辛金，旺于辛日，大肠应庚金，旺于庚日，肺（大肠）病到了属水的壬癸日，因水克火，火受克则不能制金，病情可好转或痊愈；否则，到了属火的丙丁日，肺（大肠）金受到克制，病情就会加重；如在丙丁日不死，到了属土的戊己日，因土生金，病情虽不好转，但也不至于加重；到了属金的庚辛日，病情就会好转。

日期与肾（膀胱）病的关系："肾病者，愈在甲乙，甲乙不愈，甚于戊己，戊己不死，持于庚辛，起于壬癸。"（《素问·藏气法时论》）这是由于壬为阳水，癸为阴水，内应肾膀胱，肾应癸水，旺于癸日，膀胱应壬水，旺于壬日，肾（膀胱）病到了属木的甲乙日，因木克土，土受克则不能制水，病情可好转或痊愈；否则，到了属土的戊己日，肾（膀胱）受到克制，病情就会加重；如在戊己日不死，到了属金的庚辛日，因金生水，病情虽不好转，但也不至于加重；到了属水的壬癸日，病情就会好转。

以时来说，把一昼夜的时间分为五个阶段，即平旦在五行属木，在天干属甲乙，在地支属寅卯，在脏腑属肝胆；日中在五行属火，在天干属丙丁，在地支属巳午，在脏腑属心小肠。

日昳在五行属土，在天干属戊己，在地支的辰戌丑未主平旦、日中、下晡、夜半之交属土，在脏腑属脾胃；下晡在五行属金，在天干属庚辛，在地支属申酉，在脏腑属肺、大肠；夜半在五行属水，在天干属壬癸，在地支属亥子，在脏腑属肾膀胱。把时辰与阴阳五行、脏腑经络、干支结合起来，便可推演时辰与脏腑病的关系。

时辰与肝病的关系："肝病者，平旦慧，下晡甚，夜半静。"（《素问·藏气法时论》）这是由于肝属木，而平旦在天干属甲乙，在地支属寅卯，在五行属木，所以肝病者逢木气旺之时感到精神清爽；下晡在天干属庚辛，在地支属申酉，在五行属金，因金克木，肝病逢此时则病情加重；夜半在天干属壬癸，在地支属亥子，在五行属木，因水能生木，肝病者逢此时则安静下来。

时辰与心病的关系："心病者，日中慧，夜半甚，平旦静。"（《素问·藏气法时论》）这是由于心属火，而日中在天干属丙丁，在地支属巳午，在五行属火，所以心病者逢火气旺之时感到精神清爽；夜半在天干属壬癸，在地支属亥子，在五行属水，因水克火，心病逢此时则病情加重；平旦在天干属甲乙，在地支属寅卯，在五行属木，因木生火，心病者逢此时则安静下来。

时辰与脾病的关系："脾病者，日昳慧，日出甚，下晡静。"（《素问·藏气法时论》）这是由于脾属土，而日昳在天干属戊己，在地支属未时，在五行属土，所以脾病者逢土气旺之时感到精神清爽；日出（平旦）在天干属甲乙，在地支属寅卯，在五行属木，因木克土，脾病逢此时则病情加重；下晡在天干属庚辛，在地支属申酉，在五行属金，因金克木，木受克则不能制土，另金为土之子，母得子助，脾病逢此时则安静下来。

时辰与肺病的关系："肺病者，下晡慧，日中甚，夜半静藏。"（《素问·藏气法时论》）这是由于肺属金，而下晡在天干属庚辛，在地支属申酉，在五行属金，所以肺病者逢金气旺之时感到精神清爽；日中在天干属丙丁，在地支属巳午，在五行属火，因火克金，肺病逢此时则病情加重；夜半在天干属壬癸，在地支属亥子，在五行属水，因水克火，火受克则不能制金，另水为金之子，母得子助，肺病逢此时则安静下来。

时辰与肾病的关系："肾病者，夜半慧，四季甚，下晡静。"（《素问·藏气法时论》）这是由于肾属水，而夜半在天干属壬癸，在地支属亥子，在五行属水，所以肾病者逢水气旺之时感到精神清爽；在一年中土旺于四季辰、戌、丑、未4个月，在一天中土旺于辰、戌、丑、未4个时辰，因土克水，肾病逢此时则病情加重；下晡在天干属庚辛，在地支属申酉，在五行属金，因金生水，肾病逢此时则安静下来。

东汉医家张仲景根据一天地支时辰的阴阳消长和五行属性理论，结合自己的经验，在他所著的《伤寒论》中提出了六经病邪气可能得解的时间。"太阳病，欲解时，从巳至未上"（《伤寒论·辨太阳病脉证并治上》）。认为太阳病的病机特点是卫外不固，营卫不调卫阳浮盛于外以抗邪，阳气被风寒之邪郁遏，因此在一天中巳、午、未3个时辰（9点至15点）阳气最旺之时，有病邪得解的可能。"阳明病，欲解时，从申至戌上"（《伤寒论·辨阳明病脉证并治》）。认为阳明病的病机特点是阳亢邪热炽盛的里热实证，因此在一天中申、酉、戌3个时辰（15点至21点）阳气衰减之时，有病邪得解的可能。"少阳病，欲解时，从寅至辰上"（《伤寒论·辨少阳病脉证并治》）。认为少阳病的病机特点是少阳属胆，肝与胆相表里，属木，邪犯少阳，气机不畅，升降不利，因此在一天中寅、卯、辰3个时辰（3点至9点）少阳木气旺盛升发之时，少阳病得肝木旺气相助，有病邪得解的可能。"太阴病，欲解时，从亥至丑上"（《伤寒论·辨太阴病脉证并治》）。认为太阴病属里虚寒证，"腹为阴，阴中之至阴，脾也"（《素问·金匮真言论》），因此在一天中亥、子、丑3个时辰（21点至次日3点）为阴阳消长之时，有病邪得解的可能。"少阴病，欲解时，从子至寅上"（《伤寒论·辨少阴病脉证并治》）。认为少阴病为伤寒六经病变发展过程中后期最危重的阶段，属里虚证，因此在一天中子、丑、寅3个时辰（23点至次日5点）中，阳生于子，阳进则阴退，阳长则阴消，有病邪得解的可能。"厥阴病，欲解时，从丑至卯上"（《伤寒论·辨厥阴病脉证并治》）。厥阴属肝，肝与胆相表里，厥阴病属于寒热错杂之证，为伤寒末期，病情较为复杂而危重，因此在一天中丑、寅、卯木旺之时辰（1点至7点），有扶正祛邪之机，有病邪得解的可能。

从上可知，人体疾病的发生、发展规律是可以测知的，然而，疾病是复杂的，影响疾病发生、变化、转归及预后的因素是多方面的，虽然气候因素和时间因素对疾病的影响是重要的方面，但如果不对疾病进行全面分析，生搬硬套，这也是不符合实际的。

八、子午流注掌上推算法

“子午流注”一词，是中医学的一个名词术语。子是地支的第一位，午是地支的第七位。十二地支是古代纪时、日、月、年的代名词，它们分别用子、丑、寅、卯、辰、巳、午、未、申、酉、戌、亥作代表。《针灸大成·论子午流注》说：“子时一刻，乃一阳之生，至午时一刻，乃一阴之生。”可见，子午是从时间的概念来说明自然界“阴消阳长”或“阳消阴长”的运动变化过程。在一年当中，子月是11月，这个月的冬至是阳初生之时，午月是5月，这个月的夏至是阴初生之时；在一天当中，子时是每天的第一个时辰，为阳初生，午时是每天的中午第七个时辰，为阴初生。一年二十四节气中冬至和夏至，一天十二时辰中的子时和午时，都是阴阳交替之际，可见子午含有阴极生阳和阳极生阴的意义。

流是水流行，注是水灌注。古语“毖彼泉，亦流于淇”（《邶风·泉水》）、“水注川，曰溪”（《尔雅·释水》），描述了流注二字之义。在此古人以自然界的水流现象，来类比说明人体经气在经脉中的运行情况。

子午流注针法是以干支和阴阳、五行、脏腑、经络及五输穴相配合，运用干支推算人体经气流注盛衰不同的时间而按时开穴治疗疾病的一种方法。子午流注掌上推算法，就是根据子午流注针法的开穴规律，标明在掌指上进行推算，这是一种简明快捷，实用方便，有推广使用价值的方法。

（一）干支掌上定位法

推算年、月、日、时干支，可以用笔算、心算，也可单以手掌推算。要能达到单用手掌推算年、月、日、时干支，首先要熟悉干支在手掌上的定位。地支属阴，阴主静，又因十二地支与十二月和十二时辰都有固定的搭配，所以十二地支在手掌上的位置是固定的。我们把十二地支分别定在左手食指、中指、无名指和小指的指尖和横纹上，并将其熟记。天干属阳，阳主动，所以天干在手掌上无固定位置，而是根据干支的配合把它们放在手掌地支图上运转。用左拇指尖在上述地支定位上顺次点数，便可求得所需的干支。天干在手掌地支图上可以顺时针方向运转，也可以逆时针方向运转，均据实际需要而定，如：已知1983年的干支是癸亥，要求该年以后各年的年干支。方法是：把癸定于“亥”位上，地支在手掌上的位置固定不变，天干在手掌地支图上按顺时针方向运转，便可知道1984年的干支是甲子、1985年是乙丑、1986年是丙寅……

（二）六十甲子掌上推算法

以天干和地支相配合组成六十个不同的名词叫做六十甲子。六十甲子的组合方法就是以十干与十二支相配，天干从甲开始，地支从子开始，阳干与阳支配，阴干与阴支配，按着干支各自次序顺序相加，天干有十，须相加六次得六十，地支有十二，须相加五次得六十，相加的结果就成了甲子、乙丑、丙寅、丁卯等六十个名词，组合成六十甲子表。干支是用作纪述年、月、日、时的符号，所以干支各自的次序也就等于代数 123456789101112 的次序。代数的单数为奇属阳，代数的双数为偶属阴，干支分属阴阳同样照此类推，即天干的甲丙戊庚壬为阳干，乙丁己辛癸为阴干；地支的子寅辰午申戌为阳支，丑卯巳未酉亥为阴支。干支组合六十甲子是计算年、月、日、时干支的基础，如《素问·六微旨大论》所说："天气始于甲，地气始于子，子甲相合，名曰岁立，谨候其时，气可与期。"临床上要预测疾病，离不开干支甲子；运用子午流注针法，就是根据阳日阳时开阳经阳穴，阴日阴时开阴经阴穴的规律，故须知干支所属阴阳及六十甲子才能推算。

六十甲子掌上推算方法：把甲定于左手掌的子位上，天干按顺时针方向在手掌地支图上运转，即得：甲子（1）、乙丑（2）、丙寅（3）、丁卯（4）……辛酉（58）、壬戌（59）、癸亥（60）等六十对干支组合，即六十甲子。从图 4 可以看出：代数为 1、11、21、31、41、51 的，其天干都是甲，亦即代数的个位数是 1 的，其天干都是甲；天干不变，地支从子位开始，退两位为 11（甲戌），退四位为 21（甲申），退六位为 31（甲午），退八位为 41（甲辰），退十位为 51（甲寅）。代数为 2、12、22、32、42、52 的，其天干都是乙，即代数的个位数是 2 的，其天干都是乙，地支从丑位开始，退两位为 12（乙亥），退四位为 22（乙酉），退六位为 32（乙未），退八位为 42（乙巳），退十位为 52（乙卯）。

由此可见：干支代数的个位数即为天干及地支各自的代数，如代数 31 中的 1 为天干甲及地支子的代数；地支所退位数等于干支代数中十位数数字的倍数（即十位数的数字剩 2）。

如干支代数为 31，该代数中的十位数是 3，3×2=6，地支退六位，该代数中个位数为 1，1 为天干甲及地支子的代数，即地支从子位开始按逆时针方向退六位，即得代数为 31 的干支——甲午。又如：代数为 51，该代数中十位数是 5，5×2=10；个位数是 1，1 为甲与子的代数。天干甲不变，地支从子位开始退 10 位，即得代数 51 的干支——甲寅。地支在手掌地支图上按顺时针方向运转为进，反之为退。例如：已知干支代数为 35，欲求此代数的干支。方法是：先把甲定于子位上（甲子的代数为 1），从子位开始（包括子），按顺时针方向在手掌地支图上顺次点数至 5，5 为戊辰的代数；然后根据代数十位数数字的倍数找地支，3×2=6，天干戊不变，地支从辰位开始退六位，即得代数为 35 的干支——戊戌。

（三）年干支推算法

年干支的推算方法一般有两种：一是按六十甲子的次序在手掌地支图上顺推。如：已知 1983 年为癸亥年，把癸定于亥位上，以左拇指尖（按顺时针方向）顺次点数，便可知 1984 年为甲子年，1985 年为乙丑年……。另一种方法是用公式推算，方法是：用所求的公元年数减 3，把所得的差除以 60（60 为干支周转数）得商和余数，余数就是所求年干支的代数，若余数为零，可将余数看成是 60（癸亥），附公式于下：（所求公元年数 -3） ÷60 = 商……余数。用上述公式求得的余数即为所求年干支的代数，用此代数查六十甲子表即得所求的年干支，或者用掌上法推算更为方便。例如：求 1980 年的干支，按公式：（1980 -3） ÷60 =32……余数为 57。“7”是庚和午的代数，5 ×2 =10 地支退十位。从庚午开始，天干不变，地支后退十位是申，所以 1980 年的年干支便是庚申。用上述方法可以快速求出公元 3 年后任何一年的年干支。

（四）月干支推算法

推算月干支，是以农历计算的。一年有十二个月，地支有十二数，正好一个地支代表一个月。每年的十一月都是子月，十二月都是丑月，一月都是寅月，二月都是卯月……这是固定不变的。推算各年每月的月干支，需根据“五虎建元”歌诀：甲己起丙寅，乙庚起戊寅，丙辛起庚寅，丁壬起壬寅，戊癸起甲寅。

甲己起丙寅，是说每逢甲年、己年，它的一月月干支都是丙寅，用掌上法推算，把丙定于寅位上，顺推下去，二月便是丁卯，三月便是戊辰，十二月便是丁丑。余皆类推。为什么称此歌诀为“五虎建元”呢？因为寅象属虎，五虎即是丙寅、戊寅、庚寅、壬寅、甲寅等五寅，五虎都代表一月，所以称为“五虎建元”，为了便于理解此歌诀，列表如下：

甲年、己年——一月为丙寅；乙年、庚年——一月为戊寅

甲年和己年月干支图（“甲己起丙寅”）；丙年、辛年——一月为庚寅

丁年、壬年——一月为壬寅；戊年、癸年——一月为甲寅

例如：已知 1984 年为甲子年，求该年各月的月干支，该年的年干是甲，根据歌诀：甲己起丙寅，所以该年一月是丙寅，把丙定于寅位上，顺数下去便是：二月丁卯，三月戊辰，四月己巳，五月庚午，六月辛未，七月壬申，八月癸酉，九月甲戌，十月乙亥，十一月丙子，十二月丁丑。

（五）年元旦干支推算法

年元旦干支是指年元旦日干支，即每年一月一日的干支，实际上它是某一日的日干支。子午流注纳甲法是根据日、时干支来推算开穴的，所以必须熟练掌握日、时干支的推算。但是，要知道日、时干支，又必须先知道年元旦干支和月元干支。年元旦干支的求法是：以本年元旦干支为基础，求下一年的元旦干支，本年若为平年，则本年元旦干支加五，即得下一年的元旦干支；本年若为闰年，则本年元旦干支加六，即得下一年的年元旦干支。列公式如下：本年（平年）元旦干支 +5 = 下一年元旦干支

本年（闰年）元旦干支 +6 = 下一年元旦干支

何谓“加五”、“加六”？加五、加六是指天干、地支都进五位或六位。例如：已知 1983 年为平年，其元旦干支为己丑（见表 8），则 1984 年元旦干支为：己丑 +5 = 甲午。掌上推算方法是：把己定在丑位上，干支进五位即为甲午。又如：已知 1984 年为闰年，其元旦干支为甲午，求 1985 年元旦干支，按上述公式：甲

午 +6 = 庚子。

为什么平年加五、闰年加六呢？这是因为地球绕太阳公转一周，需时365天5小时48分46秒。平年为365天，余下的5小时48分46秒，积四年得23小时15分零4秒，约为一天，所以每隔四年立一闰，闰年二月比平年二月多一天，即29天，即闰年为366天。平年365天，365÷60（干支周转数）=6……余5，所以平年元旦到次年元旦干支相差5天。

闰年366天，366÷60（干支周转数）=6……余6，所以闰年元旦到次年元旦干支相差6天。这就是平年加五闰年加六的缘故。

但是，怎么知道其为平年或闰年呢？下面介绍两种识别平年和闰年的简单方法：

（1）用四去除公元年数，凡能除尽者为闰年、除不尽者为平年。例如：公元1983年（癸亥年），1983÷4=495……余3，即1983年不能被4除尽，所以1983年为平年。又如：1984年能被4除尽，所以该年为闰年。但是，在用这种方法的时候要注意：由于4年加1天又多了44分56秒（24小时－23小时15分4秒=44分56秒），积满128年左右就又多算了1天（23小时57分52秒），也就是说在400年中约多算了3天。为了把这3天抵消掉，所以必须每百年停闰，每400年又不停闰。历法规定：公元数（非公元世纪整数）能被4除尽的，就是闰年；凡公元世纪的整数，能被400除尽的，才算闰年。如公元400年、800年、1200年、1600年、2000年等都是闰年；如公元1000年、1500年、1700年、1800年、1900年等虽能被4除尽，但不能被400除尽，所以不是闰年。

（2）凡年支是申、子、辰的，该年就是闰年。如1984年（甲子年），其年支是子，所以该年是闰年。但需注意，如遇公元世纪的整数，不能被四百除尽的，其年支虽为申、子、辰，亦不是闰年，道理同上。

（六）月元干支推算法

月元干支是指每月第一日的干支。知道了每月第一日的干支，以后各日的干支就可顺推而知。推算月元干支，以当年的年元旦干支为基础，根据月元歌诀推算。

月元歌诀："二六加一七，三月双减一，四月加零六，五上零零加，七月双加一，八加二八齐，九月双加三，十一双加四，十月加三九，十二加四十。闰从三月起，每月多加一。"（注：每年的年元旦干支亦即是当年一月的月元干支。）

每句歌诀前面的数字是指月数，加或减后的数字是指干支加减数。如"二六加一七"中的二六是指二月和六月，加一七是指天干加一，地支加七，亦即是天干进一位，地支进七位。余皆类推。"闰从三月起，每月多加一"意为每逢闰年，三月至十二月间的任一月，其月元干支在上述加减数的基础上多加一（见表10）。例如：已知1984年元旦干支为甲午，求1984年2月1日的干支，根据歌诀："二六加一七"，天干从甲进1位为乙，地支从午进7位为丑，所以1984年2月1日的干支为乙丑。又如，求1984年6月1日的干支，因该年为闰年，根据歌诀："二六加一七，闰从三月起，每月多加一，"天干由甲进两位为丙，地支由午进八位为寅，所以1984年6月1日的干支为丙寅。其余类推。

（七）日干支推算法

日干支的推算比较简单，只要知道了月元干支，日干支便可顺序推算而得。例如：知道了1984年2月月元干支为乙丑，把乙定在掌中的丑位上，以左拇指顺次点数下去，很快就可知道2月2日的干支是丙寅、3日是丁卯、4日是戊辰……29日是癸巳。但为了使推算更快捷，日期数在11到20之间的，可用捷腾法先求出11日的干支；日期数在21到30之间的，可先求出21日的干支，然后再求其他各日的干支。方法是：以当月月元干支为基础，天干不变，地支倒退两位为11日的干支；地支倒退四位为21日的干支，如遇有31日者，同样，天干不变，地支倒退六位即为31日的干支。例如：已知1984年2月月元干支是乙丑，按上法，把乙定在丑位上，天干不变，地支由丑退两位为亥，即该月11日的干支是乙亥；地支由丑退四位为酉，即该月21日的干支是乙酉。

（八）时干支推算法

推算时干支，首先要知道日干支，才能在日上起时。地支有十二数，一日有十二时辰，一个地支配一个时辰。每日都始于夜半的子时，因此，推算时要先算出子时所配的天干，然后顺推下去，就可知道一天的时辰干支。要知道每日子时所配的天干，根据“日上起时歌”而得。

日上起时歌：“甲己起甲子，乙庚起丙子，丙辛起戊子，丁壬起庚子，戊癸起壬子，周而又复始。”

从上述歌诀可知，甲日和己日的子时都是甲子时，顺推下去就是乙丑时、丙寅时、丁卯时……甲戌时、乙亥时；乙日和庚日的子时都是丙子时，顺推下去就是丁丑时、戊寅时、己卯时……丙戌时，丁亥时。余皆类推。

如1984年2月21日上午8时，根据上述知识知道该日干支为乙酉（见“日干支推算法”），上午8时为辰时，但该日辰时所配的天干是什么呢？根据日上起时歌：“甲己起甲子，乙庚起丙子。”即乙日和庚日都始于丙子时，把丙定在子位上，天干在手掌地支图上按顺时针运转至辰，则辰时所配天干为庚。所以1984年2月21日上午8时为庚辰时。

九、地方时测算法

现在人们已普遍使用钟表计时，根据经度来求出地方时就显得比较方便了。在1884年，世界各国根据协议，把整个地球划分为二十四个时区，每区跨经度15°，时间相差1小时，把通过英国伦敦格林威治天文台原址的那条经线定为0度经线，作为0度中央经线，从西经7.5度至东经7.5度为中时区，向东划分十二个时区，向西划分十二个时区。经度相差1度，地方时就相差4分钟。利用经度求地方时，首先须找出两地经度之差；再根据经度和时间的关系，算出两地的时间差；然后根据“东早西晚”的时间演变原则，所求地点如在东边就加上时间差，反之，就减

去时间差。这样，就可以算出所求地区的地方时了。求地方时的公式如下：①|（某地经度）－（另一地经度）|×4＝两地时差（分）②（东区某地经度＋西区某地经度）÷15＝两地时差（小时）

注：公式①用于计算同一方向的两地时差，即用于计算同在东区或西区的两地时差。

公式②用于计算不同方向的东、西两地时差（如东方的北京与西方的纽约）。

例如：以“北京时间”为准，求哈尔滨、成都、南宁等地的地方时，“北京时间”所处时区的经度为东经120°，哈尔滨位于东经126°，成都位于东经116°，南宁位于东经108°，根据上述公式，得：哈尔滨：|120－126|×4＝|－6|×4＝24（分）。成都：|120－116|×4＝16（分）。南宁：|120－108|×4＝48（分）。哈尔滨所处经度为东经126°，位于“北京时”时区东经120°以东，根据“东早西晚”的时间演变原则，哈尔滨的地方时比“北京时间”要早24分钟，即当“北京时间”是正午12点的时候，哈尔滨已是中午12点24分了。成都位于东经116°，南宁位于东经108°，它们都位于“北京时间”时区东经120°以西，所以成都的地方时比“北京时间”晚16分钟，南宁地方时比“北京时间”晚48分，即当“北京时间”为正午12点正的时候，成都还是上午11点44分（还差16分才到正午12点）；南宁还是上午11点12分（还差48分才到正午12点）。换句话说，当南宁地方时为正午12点正时，“北京时间”已是中午12点48分了。

十、六经六气之标本从化

《六经六气之标本从化》，此文乃江西已故名老中医姚国美先生生前所作，可惜未能刊册成书，实属遗憾。江西民间有此一说“找到姚国美，死了都不悔”。其理论依据都在《黄帝内经》，特别是运气学说的七篇大论里。今天就以姚国美先生这篇文章为底稿，来讲一讲六经六气的标本从化。

任何辨证，不管他怎么样去解释阴阳五行，最终要归纳到脏腑和经络的气机运行上，六经的经气辨证，是中医的精髓。古人讲究脏腑之间是一种标本关系，既然有标本关系，就有阴阳关系。既有脏腑的关系，又有经络的关系，又有脏腑和经络之间的关系。风寒暑湿燥火是六个气，所谓的风寒暑湿燥火六气是由五行衍化而来，因为五行只有两对阴阳，有东南西北，没有与中相对立的一面，而设有上下阴阳和四季土的阴阳。从五行的辨证思维看，通过五行可以在临床辨证脏腑气机盛衰，在临床的调理和治疗上，六经的经气辨证实际上包括了五行辨证，也包括了它的辨证思维和治疗法则。古人把六气看成临床研究五运六气的基本的基本。六经之气以风寒暑湿燥火为本，以三阴三阳为标。六是阴数，天为阳在天有六气，用阴数；五是阳数，地为阴在地有五行，用阳数。此为阴阳揉合的道理。男子二八天癸至，女子二七天癸至，也是阴阳气机揉合的道理。如果没有阴阳气机的揉合，就不会有气机的交换，就不会有气机的升降与出入，生命就不可能存在。实际上，在天的六气是由地而出，在地的五行是由天而降。天上的五运包括玄天之气，丹天之气，素天之气，苍天之气等。

“本标之中见者”，其中就有脏腑的表里关系，“中见”讲的就是中气。例如，少阳与厥阴相表里，即胆和肝相表里，这里把脏腑的阴阳表里学说运用到六经六气的相对阴阳的概念之中。阳明与太阴相表里，就是脾和胃相表里，太阳与少阴相表里，我们可以广泛地思维，就是足太阳和足少阴。我们还要提醒大家，讲的是六个气，讲的是三阴三阳，《伤寒论》讲的是六经，它是以这个为基础。在这里，提醒大家，不仅仅是足经，一定要考虑到手经，所以说，它们有表里关系，表里是相通的，脏腑之间的气机是相通的，脏腑和经络之间的气机也是相通的，经络的名称实际上就概括有脏腑的气，脏气或者腑气，它们之间互为中气。例如，太阳经，太阳属于寒水，太阳之所以称为太阳是因为它含有阳气，而它的本是水气，是寒水之气，所以它在标称为阳，在本为寒水，中间就是它的脏气，因为它和少阴相表里，所以说它中间所见的是少阴君火之气。在这里又牵涉到了六经病。它们的属性，如厥阴属于风，少阳属于相火，少阴为君火，阳明为燥金。为什么要有少阳相火和少阴君火这两个火，因为讲少阴病，从六经辨证来说讲的是足经，在人，少阴君火指的是心，这两个少阴都是要考虑的。所以说少阴肾含的是相火以少阳为用，而它又称为少阴，那么它和君主之官一定有着紧密关系。在历代的气功道家的养生功法中之所以提倡心肾相交，坎离相交，就是这个道理。我们说太阳，标为阳本为寒，中间见的是少阴君火，那么它到底是从标还是从本呢？古人在《黄帝内经》里已经说得很清楚了，它是见本也可以见标。那么它中气见不见？我们说也可以见。为什么呢？我们在学习《伤寒论》的时候，就可以知道一个道理，比如说太少两感症，或者说寒邪直入少阴，指的就是肾，指的就是肾的阳气偏衰而导致的疾病的产生，所以说它可以见中气。这里所说的中气，指的是少阴的经血不足产生的一个火，这是在临床的病证产生以后的一种表现。在不产生病证的时候，它是以少阴君火为体。君火以明，相火以位。所以太阳标为阳本为寒，中气见的是少阴。太阳少阴各从标本而不从中气，实际是以天地间的寒气犯人而论。

少阴，标为阴本为火，临床表现有见于它的标气的时候，也有见于本气的时候，见于标的为阴证，见于本的为火症，一般来说见于本的都是指虚火而言。当然从另一个角度去思考，心里面也有实火，这个角度是五行的生克制化道理里所讲的，风从火，燥就湿。有人说厥阴无虚证，我说厥阴也有虚证，例如厥阴经的风火上扰，除了实火以外，就是阴血不足导致的，并且还有寒滞厥阴的头顶痛或寒热错杂的现象。所以一定要看它的太过还是不及。

《黄帝内经》里面就讲到了，少阳之上火气制之，因为少阳为相火，少阳的气在天为火，火气为本，在地为少阳，少阳为标。少阳是以胆来论，所以中间所见的是厥阴肝。在手经我们知道，手少阳三焦中见手厥阴心包。

这就是脏腑表里，足三阴三阳与手三阴三阳经的关系。

阳明之上，燥气治之，只要见到是阳明，就要考虑它是燥气，只要见是阳明，就要知道它是经气，只要见到阳明，就是以降为顺，所以以足阳明胃经来讲，它的气机是降的，但是阳明胃经所含的是子气不是本气，它的本气应该是湿气，所以说它中见太阴，应该是从湿气来论，在临床上也可以看出，阳明胃土属于燥土，属于阳土，它就是以柔润的气机为好，不能见它的本气。所谓的脏腑之间的气，例如木含有风气，以肝胆来论；土含有湿气，以脾胃来论。临床上，只要是见了它们的本气，都把它看成是生病了，气机不调了，气机的升降紊乱了，寒热温凉不能达到平衡了，阴阳不能平衡了。所以说，只要见到燥气，就是经气，就是胃阴受损，当然在调理治疗上要考虑到五行和六气之间的夫妻母子关系。这就是所谓的“中见太阴”。

太阳之上，寒气治之，中见少阴；厥阴之上，风气治之，中见少阳；少阴之上热气治之，中见太阳；太阴之上湿气治之，中见阳明。所谓本也。本之下，中之见也，见之下，气之标也。我们把古人的思维通过脏腑之间的表里关系和经络之间的表里关系紧密结合起来，太阳经伤寒为什么会发热恶寒，因为它是中于太阳的标而不是中于太阳的本，这就道破了天机。中于本就一定会见少阴之寒气，因为太阳标为阳本为寒，与少阴与肾是表里关系，所以它一定要由腑传入藏，标志着病向不好的方向发展。所以太少两感，会出现“但欲寐”，既有风寒系于太阳经的经症，又有少阴经的经症，由此太少两感症就可以理解了。

由此可见，两经的气六气统之，这是古人的思维方法。姚国美归纳：六气标本，所从不同，有从本者，有从标本者，有不从标本，而从乎中气者。张子和《标本运气歌》曰：“少阳从本为相火，太阴从本湿土坐。厥阴从中火是家，阳明从中湿是我。”将标本中气都归纳在里面了，我们就可以更好地记忆进而思考了。例如，厥阴经属于风，风是从火的，风从火是从太过来论的，是从生发之气来论的，按照正常的相生之理来论的，木生火，所以说风从火。《内经》也体现了这一点：肝藏魂，心藏神，随神往来者谓之魂，并精而出入者谓之魄。从中我们可以看出，木从火，符合自然规律，火越大，下面的冷空气补充越多，风也就越大。正常情况下，热是要由风气来相助的。但是如果太过，风火上扰，就会扰乱心神，或者涸肺津，或者伤胃阴，还可以损及母藏。这在临床辨证都可以看出来。

总之，少阳太阴从本，太阳少阴从标从本，厥阴阳明从中。太阳标阳本寒，少阴标阴本热，它从标从本，那么它的中气怎么办？太阳之中，少阴火也，同于本则异于标，同于标而异于本，到底从中不从中呢？这就是我们在临床上要加以思考的。例如，太阳是标阳本寒，少阴它从不从呢？在大的方向上，一般它是不从的，但是它们互相会有一种牵连关系，因为它们是脏腑关系。朱丹溪说过，脏病治腑，腑病治脏。例如太阳寒水，标阳本寒，在标有发热，而在本没有发热，入了少阴肾后，它不但没有发热，显现的往往是肾的阳气的衰微，肾的阳气的不足。这是六气辨证的思维。在五行辨证又有所不同，因为火一定还有一个虚火。所以说人的六气，不病则不见，病则一经之气见。人的六气和天地的六气是一样的，不产生病变是人体正常的气机运行必然的结果。天地之间的六气亦如此，天地之间的六气可以生养万物，但是如果它产生了变化，产生了太过和不及，就会对天地之间的万物产生影响。人体也是如此，人体秉天地气机而生存，天地的气机影响到人体的气机，就是六气和六气之间的相召相感相亲相叛相乘相侮，也可以从五行的生克制化来考虑，从同气相求的角度去考虑，它必然就会导致人体气机的盛或衰。《内经》讲得很清楚，湿气化于下，一是从气的本能考虑，二是从它……肾在下为水脏，这也是一种解释。

所谓主令，运气学说中有天干地支的不同，有气机强弱的不同，有主气客气的不同。主令，就是当值当旺当朝当政的时候。所谓的主令的范围就很广，在一天之中，一年之中，都有一个五行的体现，所以它一定有当令的时候。从六经的十二时辰十二经络来看，每个时辰都有它的经络经气当令的时候，这些都是正常的气机运行。就像我们看待天时一样，春夏长夏秋冬，这是正常气机运行的排布。如果正常气机的运行排布顺序遭到突来运行气机的干扰，例如除了主气和主运正常气机之外，还有客气和客运这些不正常的气机，还有五运的排布，六气的排布等，对人体的影响，对人体某一个脏腑某一个经络的影响是需要仔细加以思考的。这里讲的主令就是它当值当旺的时候，就可以看见从化之气，或从化者而见主令之气，视其经气之盛衰焉。就是看经络的气机是强还是弱。厥阴，太阳，太阴足经主令，为什么？因为厥阴是木，太阴是土，太阳是水，所以它们是足经主令。足太阳经是膀胱，而膀胱是水脏，所以是以其本性来论；厥阴是肝，肝主风，而手厥阴是心包，心包含有相火，所以不是手经主令而是足经主令；太阳经如此，太阴经也是如此。太阴属土，土的本性就是湿气，所以就应该以足太阴来论，而手太阴属于肺，太阴经气为湿气，土气为湿气，而肺又属五行之金，所以不能从燥也不能从湿，不能从火也不能从寒。肺为娇藏，恶热恶寒恶燥又恶湿，这就是娇藏的本性。所以足厥阴，太阴，太阳以其本性而论，符合了它的名称，所以它的经络主令。而“手经化气者也”，就是说手经是随着足经主气的经络而变化的，足厥阴风木，手厥阴之火应从风化，我们知道，手厥阴发起于风木，而厥阴经病的阳虚就是没有火气了，阳盛则手厥阴不从风化而从少阳之火化，就是说以阴阳的气机以水火来论，厥阴要从火是正常的五行相生的关系，如果火不及就不会有火的现象表现，不会有生化现象的表现，也不会有阳盛太过火热和筋产生燥气的病理现象的产生。从哪里反映出来呢？首先是阳气不足，其次由于阴寒气机偏盛而不见火气导致人的阴寒病证的产生。

足太阴是湿土，手太阴是肺。例如，足太阴病脾阳虚，则手太阴见于湿气。如果一个人咳嗽痰多，白浓痰或者黄浓痰，火不及则湿则白黏痰多；偏向于火则浓痰多，此又为胆木之相火不能温脾而与因为脾虚在先产生的湿痰互结的一种现象，胆与脾合在脾升胆降的气机正常运行的合是其常，变则脾不升胆不降而成邪气互结于体内。所以说一定有脾虚不运或胆的气机运行失调的倾向。阳盛则手太阴不从湿化而从阳明燥化，因为风火所致。

足太阳寒水也，手太阳之火应从寒化，而太阳经病阳虚，则手太阳化气于寒水，阳盛则手太阳不从寒化，而从少阴之热化。足太阳是膀胱，手太阳是小肠，按《内经》所说，所谓的三焦指的是下焦，所以下焦的手三阳经实际上含有少阳相火，在中医临床上我们也可以看出，《内经》也讲到膀胱三焦主腠理毫毛，这里就体现了少阳气机，体现了卫阳之气。阳盛则手太阳不从寒化，就一定会从少阴产生热象。因为太阳与少阴相表里，而少阴是含有火的。所以少阴少阳阳明手经主令。

所谓手经主令也好，足经主令也好，事实上讲的还是人的水火二气，寒气与热气的太过或者不及而产生的一个病理现象。如果保持在中性气机，不偏不倚，没有太过也没有不及，就会有正常的相生，正常的相约相制，就可以维持人体的阴阳平衡。少阴少阳阳明是手经主令，足经是随着手经的气机而变化的。足少阴水也，水的气为寒。肾与膀胱相表里，它的属性属于水，一个阴水一个阳水，在天干中，以壬癸论，壬水指膀胱，癸水指肾。在地支中以子和亥来论。足少阴化气于君火，阳虚则不从火化而从太阳寒化，从太阳的本性寒水之气。

足少阳是木，木之气是风，少阳木含有相火之气，所以少阳经病阳盛，则足少阳化气于相火，阳虚则不从火化而从风，从厥阴之风化。厥阴到底是从火还是从水，从其子还是从其母呢？是有太过和不及的原因的。

足阳明土也，土之气为湿，阳明经病阳盛，则足阳明化气于燥金而从手阳明，阳虚则不从燥化，而从太阴之湿化。主令者盛，则化气者从之，化气者盛，则主令者从之，总之不离乎本气之虚实耳。主令之气也好从化之气也好，都有它的盛衰时期。“阳虚则不从燥化，而从太阴之湿化。”所谓的燥，从他的观点来看是属于阳邪，这是常理，大部分情况下是这样。这个燥是由热产生的，伤寒论中的阳明经证和阳明腑证就是这样，所以它归属于阳盛的范畴。阳虚就会从湿化。这里指的是土之间的燥湿关系。但是事实上它一定也有变化，老年人的肾阳的衰微也会导致大便的秘结干燥，那是命门之火偏衰而导致的。所以我们在用药时有四神丸，或者是附子和大黄同用治疗燥气，因为阳虚导致的便秘，大黄可以通，附子可以温补肾阳。所以燥气不仅是阳盛产生的，阳虚不仅可以产生湿气，也有可能产生燥气，燥气一般是从阳看，但是也有属阴的寒燥。这就与天时，地理位置，人体体质的偏湿还是偏燥有关，这样我们才会有一个比较完整的认识。如果一个人体质平时就比较偏湿，多胖，胖者多虚多痰，或者平时舌苔比较偏腻，这个人阳虚就偏重湿化，这是常理；如果一个人平时火气偏旺，体瘦多火，即使阳气偏弱，也不一定会导致湿化，或者还会产生一种虚热的现象。另外，本身体质不是属于湿盛体质，不是属于太阴型的体质，即使阳虚，或许也不是从湿化，还是会从寒燥而化。

这就是我们探究前人思路的基础上自己的思考，思考一定要与六气的气机紧密结合。古人讲，风为百病之长。在人体，气是百病之源。所以人的风气与天地之间的风气是相呼应的。这里我们就可以考虑，在调理人体由于气滞而导致的气机紊乱时，讲究久病要开郁，治病要先调气，就含有肝气为主之意。明末清初傅青主也讲求强调调理人体的肝气，因为肝经的分野在四肢，人体的气机运行都是以肝气的运行为先导。这也就符合了天地之间的气机了。天地之间的六气，风气可以和任何一个气搭配，可以产生风寒，风湿，风火，风热相加产生热燥，风寒相加产生寒燥，还有风寒湿相加，还有风湿热相加杂。唯独水火不相容。水火虽然不相容，但可以以其他形式在人体体现出来，因为人体本身也是一个天地，而天地之间本来就含有水火。从大的范围来说，天地之间有天寒地冻，有南热北寒，有夏热冬寒；在人体也是这样，有上热下寒这样一种阴阳交错的病理现象。还有水气和热气互见，冰冷的水加火以后水会热，在人体也有这样的表现，有痰热互见，有湿气和热气互见。

古人云，流水不腐，户枢不蠹。人的气血运行正常，就不会有这种热象。如果有瘀血，有痰湿，也会产生热，因为郁久而生热。这就牵涉到人体的气机运行。所以古人在治疗法则中有很多名言。如，久病虚火上炎，津液生痰不生血，补血以治相火，其痰自除。因为津血不能互换而产生的痰湿停积于体内，与火在体内产生郁结。湿温在人体内是很难清除的，要根据人的体质而论，如果他平时体内有湿但是火气更为偏盛，他感受湿温之气是以火的形式来表现；如果他体质是痰湿之气偏盛，那么他感受湿温之气是以湿气盛火气偏弱的形式来显现。这是一个大概的方向。应该以天时来论，以地域来论，还要以人五脏六腑的气机来论。所以说，不知十二经络，开口举手便错，不明五运六气，读尽方书无尽。病有标也有本，我们应将标本分清楚，求得标而取本治千人无一损。缓则治标，急则治本。从养生的角度来讲是调理人的本，从辨证的角度来说也要分清标本。所谓标本就是我们所讲的天地之间的六气为本，三阴三阳为标。

在人体也有三阴三阳，人体的三阴三阳也有这六气，人的六气的表现和天地的六气的表现属性是一样的。比如说，在人体有足太阳膀胱，其标阳本寒，因为寒是天地六气之一，所以它含的气是以寒气为根本。

我们把这些悟透后，再去研究《伤寒论》，根据六经六气的辨证学说，把它融会贯通在一起，就可以很容易地理解《伤寒论》的根源了。所以我们研究《伤寒论》，知道它的气机运行后可以不用它的药方，可以根据自己的思路去加以调整。20 世纪 70 年代初研究刘渡舟写的《伤寒论通俗讲话》，还有清代末期民国初期的张锡纯先生写的《医学衷中参西录》，对我们启发很大。特别是他把阿司匹林看作麻黄汤令人记忆犹新。天地的气机和人体的气机是同步的，如果反对五行学说就必然会反对六经的气化学说，如果反对六经经气辨证学说反对天地六气辨证学说，那就不是一个好的中医，就永远达不到上乘。如果朋友们将今天所讲的内容弄清楚，那就有可能成为一个明医，一个心明眼亮的中医。

姚国美先生所讲的内容，实际上还没有讲到天时的天干和地支的十二个方位的变化，为什么他只讲五行，只讲六经的十二个气，只讲了十二经络。那么我讲，土，有辰戌丑未四个土，而在天干里面只有戊己两个土，两个土解释脾和胃容易。辰戌丑未也有阴阳两个性质，那么，辰戌既然为阳土，就是以燥气为主，丑未既然为阴土，就是以湿气为主吗？不是。为什么？阳土又有燥湿之说，阴土也有燥湿之说。如太阴脾土，本气是湿气，只有阳明胃的土才是燥土，在这里首先应考虑脏病治腑、腑病治脏，燥气影响到脾胃，湿气也会影响到脾胃。有人讲到脾阴虚的说法，我一直不认同，我只是站在脏病治腑，腑病治脏的角度加以思考。清代的叶天士也是这样认为的，他认为没有脾阴虚只有脾阳虚，没有胃阳虚只有胃阴的不足。如果说有胃阳虚一定是脾阳虚导致的，如果有脾阴虚一定是胃阴不足造成的。所以燥湿两个气是相互联系相互影响的，一个是土的本气，一个是它们的子气，在论坛上我曾经发表过《脾胃两土论》讲到过这个问题。从八卦来讲，离卦之后为坤卦，坎卦之后为艮卦。《脾胃两土论》里讲到这个问题，因为坤土为湿土占据火地，艮土为燥土占据水地，使火热之气碰上湿土就不会太热，湿土碰上火热之气就不至于太湿；燥土占水地就不会太燥，水气见燥土就不至于太寒，这样天地气机就能按照正常次序运行。《河洛精蕴》等许多中医书籍里面讲到八卦时，将艮卦视为脾土，因为它把天地父母卦不论，只论六子卦，只有艮卦是土，坤卦属于母，天和地之间的关系了，天地之间的六气，只有艮卦可以代表脾土，符合归属于太阴的范畴。所以两手六部脉的划分也是左寸属离关属巽尺属坎，右寸属兑关属艮尺属震。离属少阴巽属厥阴坎属太阳。兑属阳明艮属太阴震属少阳。太阳膀胱属阳水而见于左尺，所以说膀胱寄于左肾，女子胞寄于右肾，左肾属阴右肾属阳。肾为阴水在天干为癸水，膀胱为阳在天干为壬水；癸水温而壬水寒则治。癸水寒而壬水热则病。癸水病则必寒，壬水病则多热。

小肠为丙火属阳气宜凉不宜热，热则为火邪寒则为水邪，所以宜凉。丁为阴火气宜温不宜寒，寒则为水邪热则为火邪，所以用温。阳宜凉，阴宜温。壬水从丙火则热而病热，从丁火则温；丁火从癸水则寒而病寒，从壬水则温。丁壬合而为木温润（燥）可升。丙辛合而为水凉燥（润）可降。

按时服药与子午流注开穴是同一个道理，不过它不受所开穴的限制，只要弄准某经（包括脏腑）病，必须在某经变化开始时服药，疗效明显。这种按时服药的方式，是按照十二经的十二时序的变化进行的。如腹泻病属大肠经，可在大肠经变化之时服药，能够收到理想疗效。按时服药可以革除某些药物配伍的禁忌。如十八反可以同用。我的经验有甘遂甘草同用（古亦有之），逐水力专。白及乌头同用，仅忌在肺时服用。因白及多在治肺方剂中出现，在治肺方剂中出现乌头是有危险的。当然更不能在肺时服用了，因肺属金怕火克的缘故。

第十四节　常用的物理养生法

一、八卦象数法

所谓八卦象数疗法，简单说，就是患者通过默念一组按易医之理排列的八卦象数而达到治病健身目的的一种崭新的气功疗法。它是周易、中医与气功的有机结合，是以周易的唯物辩证的哲学思想为指导，以八卦学说为核心，以中医的藏象理论为基础，以八卦象数为传递信息的媒介；同时又吸收了诸多现代科学的研究成果的一种简单、实用而奇特的疗法。

八卦象数，包括八卦，象和数。八卦，即乾、兑、离、震、巽、坎、艮、坤、象，即八卦之象，与八卦相对应的八种物象，分别是天、泽、火、雷、风、水、山、地。数，即先天八卦之序数：1、2、3、4、5、6、7、8。古人说：“八卦成列，象在其中。”是说八卦分别代表着上述八类物象。

易学、中医学、心理学为一炉的中国八卦象数疗法。它是患者通过默念一组按易、医原理排列的象数配方而达到治病健身目的的一种易、医、气相结合的信息疗法。

（一）八卦象数特点

八卦象数疗法以天一合一的思想为指导，以易学的阴阳五行、八卦象数学说为核心，以中医的藏象理论为基础，以气功默念为基本方式，使易、医、气相结合。它有如下突出的特点：

1. 大道至简

在治疗过程中，不需要任何药物和器械，不吃药，不打针，无须任何复杂的气功套路，而是念数即有功，有功即有力，有力即有效。念数不拘时间、地点、方位、姿势，既可以在早晚集中默念，也可以贯穿于行、住、坐、卧之中。是最简单化、最生活化、最自由化的气功。其操作简单，只要心中默念象数，就能产生能量巨大的次声波。

2. 返璞归真

宇宙万事万物都有象，有象就有数，有数就有“度”。象数是事物内在规律的反映。数随着宇宙起源而发生，数的历史与宇宙发生的历史一样久远。宇宙八卦与人体八卦均有数，所谓“法于阴阳，合于术数”，是强调人养生保健，其生活就必须遵循自然界变化的规律及人体生理病理发展变化的规律。数不是宇宙万物的唯一本源，但是宇宙万物的本质属性之一。

3. 功力非凡

八卦象数疗法功力非凡，表现在两个方面：第一方面是内效应。敏感的患者，刚默念象数几分钟，体内就产生效应，有的症状立刻得到缓解。不少用药物久治无效的顽症可以被象数攻克。第二方面是外效应。在患者无法默念象数配方的特殊情况下，由他人握住患者的手或其他接触方式代替默念也同样产生疗效。这说明八卦象数疗法的效应来得快，而且能量巨大。

4. 疗效奇特

人有病，不用吃药、打针，只默念一组合理的象数配方就能治病，这个事实本身就是很奇特。而有许多疑难杂症，一些连大医院都说不清，道不明的疑难怪病，甚至医疗领域中一些久攻不克的顽症和“不治之症”，通过默念象数配方就取得显著疗效，这就更令人惊奇。

（二）八卦象数适应范围

八卦能“通神明之德”，“类万物之情”，它所包含的宇宙信息是全方位的，是无限的。宇宙是大太极，人体是小太极，人体的每一部位都与宇宙间某一物质相对应，人体的任何疾病都可以用八卦来归类。由此可知，八卦象数疗法可以治疗的疾病种类是无比广泛的。

在临床实践中，八卦象数疗法对上百种疾病有显著的疗效。如：各种头痛症、失眠症、嗜睡症、眼耳鼻咽喉口腔疾病、声音沙哑、咳嗽痰盛、多年哮喘、肺结核、肠胃病疾、肝胆疾病、肾脏疾病、心脏病、高血压、动脉硬化、静脉炎、脑血栓、恶心眼花、甲状腺疾病、糖尿病、泌尿系统疾病、阳痿、腰痛、坐骨神经痛、关节痛、肩周炎、肌肉疼痛、骨质增生引起的疼痛、牛皮癣、荨麻疹、面瘫、半身不遂、跌打扭伤肿痛、癫痫病、癌痛、出血症以及减肥、美容，等等，无法一一列举。对一些疑难杂症和连大医院也说不清道不明的疑难怪病的疗效也常常令人惊奇。

八卦象数疗法在大多数情况下，可以作为单独的治疗手段来应用，在特殊的情况下，也是极好的辅助治疗手段。如遇上需要缝合的外伤，八象数疗法不能代替针线缝合，但可以止痛止血和加速伤口愈合，对一些不宜麻醉的部位的手术，用八卦象数疗法减少手术疼痛，相当有效。八卦象数疗法治疗的有效率达91%以上，治愈率达72%以上，虽然这个比例是极高的，但它毕竟不是百分之百，这其中涉及象数配方是否合理对症，患者默念质量是否保证以及个人缘分、福分等因素。在治疗过程中，对不同的人和疾病也有见效快慢之分。如果一个顽症患者经过其他手段多年治疗仍未见效，而苛刻地要求八卦象数疗法在很短的时间内治愈，否则就简单否定，这种心态不利于患者与宇宙八卦场的信息沟通。

（三）八卦象数治疗要领

1. 八卦象数配方分为一元结构和多元结构，如“010”为一元结构，“06.04.03”、“640.380”为多元结构。

2. 默念八卦象数配方时要连续直念，不作一般的数字按千百十为单位来念，如“640”不念作六百四十。多元结构的配方，各元之间以“·”号只表示两元之间的停顿，不用念，默念时两元之间大约停顿半秒到一秒时间。默念象数配方一般要保持中速，不能过快过慢，如默念“640”一数大约用一秒到一秒半的时间。一个配方按以上方法从头到尾念，周而复始。

3. 默念八卦象数配方不拘时间，早晚各集中一段时间默念效果最好。平时只要一想起配方就默念，即使只念上几遍十几遍，也可以保持人体与宇宙八卦场的信息沟通，每天默念累计的时间越长见效越快，一般人每天默念累计的时间不应少于两个小时以上，症状明显的患者，应安排一定时间集中默念。如住院或退休或其他有充裕时间的患者，每天默念累计时间要达5～8小时以上，以求速效，对那些有时间专心默念的患者，到一个月左右会达到随时自发而念的状态。

4. 默念八卦象数配方不拘时间、地点、方位、姿势，行、住、坐、卧均可。

5. 默念时只专心于八卦象数配方，不用其他意念，更不要意想患处。

6. 在默念八卦象数配方中不知不觉地入睡，可以使人体在气功状态下休息，效果最好，当睡醒时只要想起配方，又继续默念。

7. 八卦象数配方力求由患者自行默念，在特殊情况下，可由他人握住患者的手或用其他按触方式（如婴儿可由大人抱着）帮助默念。

8. 默念八卦象数配方后有头清目明精神爽的感觉，或病状缓解的感觉是有效的表现。有的人身体的一些部位有酸、麻、胀、热、跳、动及关节等部位发出响声等情况，这属于正常效应，不必惊慌。

9. 极个别的人默念八卦象数配方时若有心脏、头部、胃部有严重不适的反应，要停止默念，停止后不适感会自然消失。对出现这种情况的患者，可以重新调整配方，至无不适感觉为止。

10. 如默念八卦象数配方时病状好转，但停止默念时则病状反复，说明功力不足，应继续默念，待功力增强后就不会有反复。

11. 八卦象数配方为患者个人专有信息，病愈之前不宜向外人宣扬。若固定某一配方为常年健身的伴侣，更应保持信息的专一拥有。

12. 一般患者在默念八卦象数配方时，应停止服药， 些危重患者和一直未敢离开过药物的患者，可视病情好转的情况逐步减少服药量，直到完全停止服药。

13. 磁疗器材，如磁疗床对八卦象数配方有干扰作用，用八卦象数疗法的患者应暂停使用。

14. 八卦象数配方治病机理独特，针对性强，用此方法治病的患者，应暂时停用其他功法，以保证专一性，不互相干扰。

（四）八卦象数治疗配方及治疗案例

象数自然疗法经治疗男性占34%，女性占66%，通过观察和追踪跟方，有效率在80%以上，治愈率在63.5%；年龄最大的81岁，最小的15岁，能治愈疾病达六十余种，以供参考。

1. 患心脏疾病：复发时心跳不止，似有跳至咽喉之感，浑身颤抖，头胀如鼓，同时伴有高血压，头晕目眩，咽部好似堵塞闭气的感觉等，常有心烦、乏力。属心阳虚衰、水浊上逆所致。治以温肺和胃，温通心阳，涤痰降逆之方案。

配方：720·40

2. 胆囊炎：常有胃痛消化停滞，后背沉重，偏头作痛，此属于肝郁不疏，胆道不利，脾胃乃伤，又胆筋循其肩背，头侧，气血不畅，故肩背痛、头痛等。方案：以疏肝利胆，通经活络。

配方：①50·720 ②40·60·380

3. 腰痛：经某医院检查为骨质增生，属肾阳亏所致。方案：以温通肾阳、振阳气、通腰府。

配方：①10·000·50 ②1000·650

4. 因胆石被切除胆囊，突发肝区疼痛，面红神疲，属肝郁气滞，虚火上扰之象。方案：以疏肝利胆、通络止痛为主。

配方：①400·3820 ②40·650

5. 患右肩酸痛、上举、外展、后伸均受限不利，属肩周炎。方案：以活血散寒、通经活络为主。

配方：80·20或者820

6. 瘀症，应以消肿止痛为主。

配方：2000·650

7. 左踝关节胀、肿、痛多年，走路一瘸一拐，为风寒证。方案：以散风去寒、疏经活络。

配方：①4000·820 ②4000·370

8. 患双目灼伤，目赤流泪，刺痛难忍，属外界强光，即亢阳之致。方案：以散热、疏肝泻心火为主。

配方：003

9. 腰背酸痛，时轻时重，尤以天变化或劳累之时更重，查手足欠温，四肢清冷、畏寒。属寒邪阻滞，气血不利，筋脉失养。方案：以温肾振阳，散寒通经、止痛为主。

配方：①6000·50 ②650·70·20

10. 患膀胱结石，经检查，结石直径为0.81厘米，自诉腰及小腹时有作痛，时缓时急；排尿，时有中断。方案：以益肾气，利尿排石为主。

配方：①70·000·620 ②60·2000·70

11. 患右侧偏头痛，伴有心烦失眠，神志不遂，夜晚手足燥热，眼目干涩，属气血暗炽，水不涵木，虚火上扰，累及少阳，阻涩不畅，脑失所养而导致头痛。方案：以滋阴降逆，疏络止痛为主。

配方：①60·50·30 ②50·30·820 ③260·50·30·80

12. 患左腿胀痛，经某大医院检查为静脉炎。方案：以疏经活脉为主。

配方：720·40

13. 原患甲状腺机能亢进症，后因不明原因，转化为甲状腺机能减退症，其表现为反应停缓，舌笨语迟，畏寒身冷，疲乏无力。属脾肾虚寒，正气亏损。方案：以温补脾肾，助阳扶本为主。

配方：①650·30·820 ②50·30·820·60 ③60·50·80

14. 患呃逆频作，每分钟嗝声数次，心感难受。属寒邪乘虚容于中焦，阴抑脾阳，使脾阳之气升降不利，胃气上逆，以致呃逆。方案：以驱寒降逆、疏理脾胃之气为主。

配方：①20·650·30·80 ②20·60·50·380

15. 患阑尾炎，手术痊愈后一段时间，腹部常有隐痛，检查为肠粘连。属手术肠气，脾运功能失调，痰饮之浊滞留腹中，不能化所致。方案：以补益，温运脾阳，升清降浊为主。

16. 患颈骨增生，背沉项直，头晕头痛，腰膝酸软，易倦无力，鼻塞不畅，手足觉冷。属脾、肾气虚，气化不利，筋骨失养，正气不足所致。方案：以补肾健脾、培本扶元为主。

配方：①20·6000·50 ②2650·40·380

17. 患左膝关节风湿痛。每逢天气变化或劳累之时尤甚，遇发作时又痛又肿，不敢触摸，走路跛行。属阴湿之邪侵袭，阻滞经路所致。方案：以温煦局部、强驱阴湿之邪为主。

配方：①70·000·2650 ②0007000 ③70·20·65380

18. 患附件炎，常伴有腰背酸痛，气胀，头晕，易倦，小腹冷感，时有隐痛，带多而稠，属脾，肾虚寒，下焦亏损所致。方案：以温肾通脉、健脾固摄为主。

配方：①60・50・380 ②6000・50・820

19. 患左侧坐骨神经痛，以腰骶为重，连及左腿外侧，畏寒肢冷，精神疲乏，生活难以自理。属寒湿之邪客于脊柱之间所致。方案：以温经通络、祛寒止痛为主。

配方：7200・20・650

20. 患慢性气管炎，伴有头晕、气短、背沉等。体瘦面黄，属寒湿之气壅于肺所致。方案：以补肾纳气、宣肺化痰为主。

配方：①20・000・640 ②20・640・380

21. 患咳嗽、胸闷、盗汗等，其为体胖者，动则易汗，疲劳，静者畏寒，阳痿等症。属肾虚而命门火衰所致。方案：以温肾益阳为主。

配方：①60・50・820 ②200・650・380

22. 患胃疾，时轻时重，尤其饮酒即刻复发。属湿热阻遇，胃虚不化所致。方案：以健脾和胃、疏肝浊为主。

配方：①820・640 ②70・40・380

23. 患双膝关节痛兼右肩疼痛。属寒邪侵袭所致。方案：以散寒通络为主。

配方：①800・260・50 ②7000・260

24. 患左侧坐骨神经痛，畏寒肢冷，痛处不移，行走困难，属寒。方案：以温肾扶正、祛寒活络为主。

配方：①60・50・720 ②650・380 ③650・00700・20

25. 患冠心病，兼有左腿拘筋不利，行走不顺。属肝肾不足、筋脉失养所致。方案：以温补肝肾、解肌散寒除湿为主。

配方：①6000・5380 ②8000・720・60

26. 患左侧面部瘫痪，左侧眼睑扩大，不能闭合，鼻唇沟变浅，口角歪向左侧，吃饭左侧不利。属肝肾风寒不疏所致。方案：以祛风驱寒，通经活络为主。

配方：①60・40・50 ②5000・40・3820

27. 患鼻炎多年，遇伤风感冒，不敢触摸局部，伴有头晕关痛。方案：以通阳明经与膀胱经相交会，通肾阳温振督脉为主。

配方：①70・20 ②720・650 ③70・20・60・50

28. 突感胃痛，岔气，转侧不能，呼吸困难，奇痛难忍。属肝气郁滞所致。方案：以疏肝理气和胃降郁为主。

配方：①4000・50 ②720・650

29. 伤右侧颈项、胸胁不能自转，恶心不舒，面色白。属脾阳受阻，肝气不疏所致。方案：振脾阳，疏肝为主。

配方：①820・650 ②820・40・380

30. 患后背一椎骨疼痛，不红不肿，手足欠温，面色淡白。属寒邪凝滞局部所致。方案：以温肾通络为主。

配方：6000・50

31. 头晕头痛，伴有心烦失眠，鼻塞不通，消化不良，解大便难，结燥。属肝肾阴虚，虚炎上亢，阻滞清阳，脏腑失去滋养而便干，心烦失眠等症。方案：以滋阴降火为主。

配方：①60·000·50 ②00200 ③430·820

32. 患心悸心慌，日以阵发次数不等。遇劳累、饥饿时常可触发，损及脾肾，心阳不宣所致。方案：以培本固元、温通心阳为主。

配方：①40·30·720 ②820·60·50

33. 口腔及舌，频繁抽缩，牙床有冷气袭扰，寒气充斥口腔之感，伴有胃胀胃冷，四肢觉冷等。属脾胃虚寒，寒凝胃脘，循经上扰口腔而致。方案：以振肾阳、温中驱寒为主。

配方：①3080·650 ②30·820·60 ③650·380·720

34. 突患咽喉疼痛，左侧尤甚，淋巴结肿大，吞咽困难，低头不舒。属肺胃郁热，循经上扰，壅结咽喉所致。方案：以泻肺胃郁热、利咽消炎为主。

配方：①500·20 ②500·7200

35. 患腰部冷痛，夜间不能安眠。属寒湿侵入腰腑所致。方案：补益肾阳、力驱寒湿为主。

配方：①200·600 ②260·000·50

36. 眼患角膜炎，又红又痛，连及眼眶，头胀痛昏沉。属肝肾亏、虚火上炽，上扰清窍所致。方案：以滋肾养肝、祛炎明目为主。

配方：①260·50·300 ②200·60·30 ③2000·30

37. 常患头晕，血压偏低，食欲不佳，体弱，面黄。属脾肾不足所致。方案：以补益脾肾为主。

配方：260·000·380

38. 患胃疾，兼有头晕、眼花，恶心、面赤；经某医院检查患有高血压，口苦，心烦。属肝阳上亢、脾胃虚弱所致。方案：以舒肝益脾和肾、升清降浊为主。

配方：①70·40 ②700·40·820

39. 左面颊患肿胀跳痛，面颊肿胀跳痛。属肺气热，亢盛不能宣发所致。方案：清肺湿解热毒为主。

配方：2000·50

40. 右胁疼痛，走路咳嗽，呼吸乃痛。属偶尔动作不慎，气饥受阻，滞于右胁。方案：以疏通局部气滞为主。

配方：①40·30·820 ②430·820·60

41. 患双膝肿痛，行走艰难，不敢触摸，畏寒肢软。属湿。方案：以温肾通阳、健脾除湿为主。

配方：①650·40 ②1000·7000·20

42. 偏头痛，伴有恶心，眩晕，眼睛发胀。属肝肾亏损，脑髓不充。方案：以补益肝肾、升清降浊为主。

配方：①260·50 ②600·50·380

43. 不慎将腰扭伤，呼吸、行走皆痛。属肾阳气受阻。方案：温通肾阳，调畅经络止痛为主。

配方：6000·50

44. 患全身风湿痛，时轻时重，伴有月经不调，宫颈糜烂，尿道炎，胃病等顽疾。属正气损伤，顽疾。方案：以扶正祛邪为主，渐以调治为辅。

配方：①20·650·380 ②650·40·380 ③820·60·40·000

45. 左侧处踝扭伤，尤臀部、外踝为重，行走难，其痛不止。属经络阻滞。方案：以温经散寒、活血化瘀为主。

配方：①720·380 ②720·60·380

46. 患左腿疼痛，经某医院检查为坐骨神经病，剧烈时，生活不能自理。属寒邪侵袭所致。方案：以温经散寒、祛风升阳为主。

配方：①7000·20·650 ②7000·20

47. 因寒冷引起腰痛不休，呼吸受阻。属寒邪淤滞腰部所致。方案：以温肾通络，驱寒散风为主。

配方：①6000·50·380 ②6000·20

48. 双眼突然红肿疼痛，心烦口苦，难忍之极。属肝胆火旺，热邪炎上所致。方案：以清热降火为主。

配方：①003·80 ②004·60

49. 患坐骨神经痛。属寒湿所致。方案：以温通督脉、散寒驱湿为主。

配方：①1000·820 ②70·20·380

50. 因劳累相引起腰痛，连及左腿，疼痛不已，生活难以自理。属寒湿之邪侵袭，阻滞经络。方案：以驱寒除湿，通络止痛为主。

配方：①70·20·650 ②010·80·000

51. 患高血压，轻度脑血栓后遗症。方案：以补肾益气、滋阴潜阳为主，皆可缓解。

配方：①260·50 ②600·50·380

52. 腰痛数年，经某医院诊断为骨质增生。方案：以温振督脉散寒，疏导气机为主。

配方：①1000·80·20 ②7000·40·650 ③70·20·40·380

53. 跌伤膝盖，疼痛不休。属瘀血受阻。方案：以祛瘀活血为主。

配方：70·20·30

54. 后颈及两肩背疼痛，颈项活动受限。属风寒所致。方案：以驱寒除湿为主。

配方：50·70·20

55. 患左侧坐骨神经痛，时轻时重，遇劳累，寒湿，疼痛尤甚。属寒癖。方案：以湿经驱寒通络为主，除湿为辅。

配方：①70·20 ②720·650·380

56. 由于思虑过度，引起头痛。属气血暗耗，髓海失养所致。方案：以盖肝肾，疏解气机为主。

配方：①60·50 ②650·380

57. 患右侧肾结石，检查为1cm×1cm大的一枚，体质虚弱。属气血亏损。方案：以消石利水，温固脾肾为主。

配方：①720·40·60 ②720·650·380

58. 患右侧腰部疼痛，及小腹，时有阵发性加剧，伴有恶心，小便不畅。诊为右肾结石，经检查为0.5cm。方案：以扶正去邪、调畅气机、碎石利水为主。

配方：①00700 ②40·70 ③40·70·650

59. 患头痛。头重沉胀，昏浊不清，伴有颈背酸沉，疲倦乏力，咽喉似有痰壅堵之感。属痰浊阻滞清阳所致。方案：以化痰泻浊、通络清阳为主。

配方：①60·40·30·720 ②720·640·50 ③650·30·820 ④720·60·40·50 ⑤650·40·820 ⑥720·60·40·80

60. 患嗜睡症，终日想睡，伴有周身乏力，背沉，手、足心易汗，时轻时重。属心脾两虚所致。方案：以补肾健脾、温通心阳为主。

配方：①650·3820 ②60·50·30·000

61. 患右肘部疼痛，甚时难端一碗水，逢寒冷阴雨天气加剧，不红不肿，痛处不移。属风湿邪容于经络，气血受阻所致。方案：以温经通络、疏筋止痛为主。

配方：①20·640·50 ②20·640·380

62. 支气管炎咳嗽，以气候反常加剧咳嗽，属虚、实相杂所致。方案：以益肺泻实为主。

配方：20·60·50

63. 患者似要呕吐，头晕头痛。属用脑过度，气血暗耗，气机阻滞所致。方案：以益脾胃、调畅气机为主。

配方：①820·650·30 ②820·60·50

64. 患尿频、尿急，小便涩痛，连及小腹烧痛难忍，面黯黄，体瘦。属恼怒伤肝，气郁化火，湿热于下焦，阻滞膀胱之气所致。方案：以疏肝解郁、通调下焦、清热利湿为主。

配方：①600·50 ②650·3820 ③720·600·50

65. 久患胃病，频繁发作。属胃寒所致。方案：以温胃散寒，疏肝理气为主。

配方：①70·40·50 ②720·40·650

66. 患布氏杆菌病，全身酸痛不适，伴有低血压，低体温，胆囊炎，肩周炎等。属疑难杂症。方案：以调畅中焦气机，驱除胆肾寒湿，清泻血热，补益心气，疏导血脉，排除中焦之郁滞为主。

配方：①820·160·430·50 ②650·30·820 ③6000·50·30·820 ④60·40·3820 ⑤60·00·50

67. 双腿酸痛，尤以夜间为重，不论采取何种姿势，均感不适。属寒湿之邪。方案：以温通诸经、驱寒除湿为主。

配方：①650·30·820 ②720·650·30·80

68. 患左侧腰痛，时痛时止，经医院检查发现有绿豆大的左肾结石。属脾胃虚寒。方案：以益脾胃、排石利尿为主。

配方：①6000・50 ②3820・650 ③720・650・30

69. 历来体弱，不慎感寒，咳嗽无痰。属寒邪所致。方案：以解表散寒为主。

配方：20・650

70. 感冒，周身酸痛，咳嗽，咽喉痛，日轻夜重，精神欠佳。属风热之邪侵袭肺所致。方案：以疏风散寒，宣肃肺气为主。

配方：①20・60・50 ②2000・50

71. 产后乳汁不下，拟诊为肝郁气滞，生化遇阻所致。方案：以健脾益气、舒肝解郁、通络行滞为主。

配方：①3800・40・720 ②38000・40・650

72. 偏头疼痛，时轻时重，梳头时亦痛不可忍。属气血耗伤，虚火上扰少阳，阻滞不通所致。方案：以温养心肾、健脾生化为主。

配方：①820・60・530 ②650・3820

73. 先后患附件炎、宫颈糜烂、胃火、贫血、痔疮、心烦、失眠、厌食，两目干涩，语音低微，神疲体弱。属慢性消耗，脏腑两虚。方案：以扶正祛邪、逐一调治为主。

配方：①640・380・20 ②260・40・820

74. 后背沉重酸痛，天气有变或劳累，其症更甚。属寒湿阻于经络，癖阻膀胱经络所致。方案：以补肾益气，温通督脉，疏导膀胱经络为主。

配方：①60・40・720 ②6000・50・30 ③640・720・380

75. 患痔疮、遇寒、劳累，大便干燥等易发，常伴有烦躁不安。属气血运行不畅，阳亢所致。方案：以温通督脉、健脾升清为主，滋阴除烦润肠为辅。

配方：①00100・60・50 ②70・160・380 ③00100・800

76. 右侧乳房红肿疼痛，全身发热，乳房内有小肿块，拟诊为乳腺炎。方案：以清热消肿，化瘀散结，疏通乳络为主。

配方：①60・40 ②640・380 ③380・20 ④640・30・820 ⑤640・20・70 ⑥640・20

77. 突患全身风疹，瘙痒难忍，心烦难眠。属风热客于肌表所致。方案：以疏风清热、止痒除湿为主。

配方：0002・50

78. 扭伤右手腕，活动受限，伴有腹胀恶心，月经过多。属气机不振，运化无力所致。方案：以温补脾肾、调畅气机为主。

配方：①70・50 ②3820・650

79. 咽部疼痛，似有节律之声，张口其声自除，闭口其声消失，口干。属肝气淤滞，肺气损伤，气机失司所致。方案：以疏肝理气、补肾纳气为主。

80. 流产引起腰肿、浮肿，小便量少。属失血气亏，肾气不振，脾阳受阻，浊阴不降所致。方案：以温补脾肾，调畅气血。

配方：①720・650 ②80・20・60・50 ③650・000・3820

81. 左侧半身不遂，似有从外向里透风水感，上下肢酸、麻、寒冷尤甚。属寒邪乘虚于左，阻滞经脉，气血不调所致。方案：以温补肾阳、散寒行气、通经活血为主。

配方：①650·3820 ②60·000·50 ③650·40·3820

82. 患冠心病多年，病势逐年加重。属年老或过食脂肪，心络气血淤滞不畅所致。方案：以疏心络祛淤滞为主。

配方：①640·30·820 ②60·40·30·80 ③640·3820

83. 右肩痛，不能上举、外展、后伸；伴有胃部隐隐作痛，恶心，恶寒。属风寒阻滞不畅所致。方案：以温经通络驱寒为主。

配方：①60·50·000 ②650·000

84. 扭伤腰部，不能自由活动，行走困难，疼痛不止。属肾经之脉受阻所致。方案：以温通肾经瘀血为主。

配方：①6000·50·380 ②60·50·30 ③6000·50

85. 患左腿胀痛，行路困难，经某医院检查为脉管炎。左足背动脉隐伏，微弱之极，患肢尤其畏寒。方案：以温经散寒、逐通脉络为主。

配方：①650·3820 ②650·40·70 ③00400·00700 ④0007·000 ⑤650·070 ⑥530·720 ⑦500000·370·20 ⑧0007000·2650

86. 双膝关节时有作痛。属寒湿所致。方案：以温补脾之阳、祛寒燥湿为主。

配方：①720·60·50 ②70·20·650·30 ③720·650·3820 ④720·650·380

87. 患左侧臀部疼痛，连及左腿。属寒邪滞所致。方案：以温经散寒、疏通局部经络为主。

配方：①700·80·20 ②820·60·50 ③7000·80

88. 左胸部疼痛，不红不肿，出入气皆不适。属气机不畅所致。方案：以健脾理气止痛为主。

配方：①50·000·380 ②3820·650 ③380·720

89. 患头重、体沉、腹胀、水肿，属肺、肾气机阻滞所致。方案：以健脾利湿宣肺为主。

配方：650·30·820

90. 患者手足震颤，肢体麻木，可见四肢抽搐，角弓反张，牙关紧闭等。属肝肾血气不足，热邪伤津，血不养筋所致。方案：以补肝益肾、祛热养筋为主。

配方：①60·4000·380 ②60·50·3820 ③640·000 ④6000·40

91. 患牙痛，吃热东西或热水敷较减退。属虚热所致。方案：以祛风散热为主。

配方：620或60·20

92. 患牙痛，喝冷气或食冷物感觉舒适。属虚寒所致。方案：以宣肺驱寒为主。

配方：260或者20·60

93. 久患咳嗽，喘息，胸闷胁胀，气上逆，伴有痰饮，小便不利，尿少，面部浮肿，属肺气受阻，不能下注于膀胱所致。方案：以宣肺理气、通调水道为主。

配方：①20 · 650 · 380 ②200 · 60 · 50 ③2000 · 650 · 380 ④2000 · 80

94. 患头晕、失眠、多梦、健忘，精神恍惚。属心功能衰退。方案：以健脾安神，振心阳为主。

配方：①650 · 40 · 80 ②820 · 530 ③30 · 820 ④30 · 80 · 260

95. 患头晕目眩，失眠多梦，潮热盗汁，遗精，五心烦热，易忧易怒。属阴虚阳亢所致。

配方：①640 · 30 ②60 · 40 · 820 ③20 · 640 · 30 ④640 · 820

综上所述95诊疗案例，是在临床应用中，对典型病例的总结，仅供参考。在千变万化的疾病中，灵活应用，不可教条式地照搬。但是，在病证相同者，也可作为依据。总之，应该做到"一人一票，对号如座"的原则，绝不可张冠李戴，以防失误。

二、手掌点穴按摩法

是对手掌上的相关穴位进行点压或按摩，从而达到治病健身目的的一种疗法。这种疗法，是运用中华民族的易医原理，根据手掌中八卦穴位来取穴点按，通过对相关穴位的外部刺激以达到疏通经络、调节气血、平衡阴阳，大道至简，安全有效，与六字功导引术同道同理，具有异曲同工之妙。因此在临床实践中，与六字功导引术相结合，也可以独立运用，是自然疗法长青树上的一枝富有生命力的花朵。

三、手掌的八卦方位

（一）手掌八卦方位的简要说明

手掌八卦方位，与后天八卦的方位一致。即左东右西、上南下北，具体地说就是：

离：为上、为南、为头、为心、为目等；

坎：为下、为北为会阴，为肾、为耳等；

震：为左、为东、为左肋、为左手臂、为足等；

兑：为右、为西、为右肋、为右手臂、为口、为肺等；

艮：为左下、为东北、为左腿、左足、为胃、为手等；

巽：为左上、为东南、为左肩、左肩臂、为胆、为等；

坤：为右上、为西南、为右肩、右肩臂、为脾、为腹等；

乾：为右下、为西北、为右腿、右足、为大肠、为首等。

特别提示：不论男女，不论左右手，不论手掌或手背，均以大拇指一侧的方向为左、为东，以小指一侧的方向为右、为西。

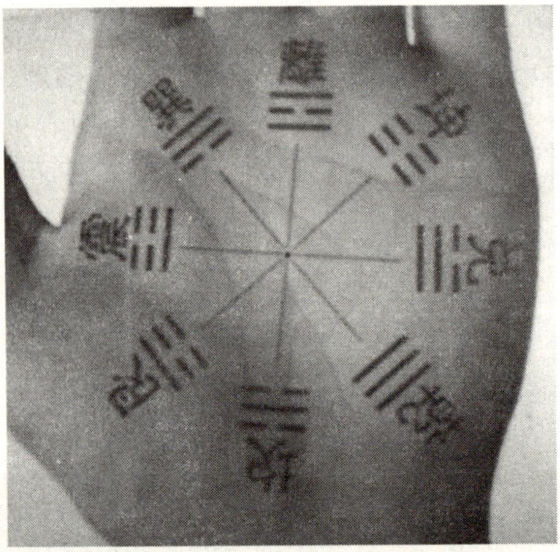

（二）手掌八卦穴位与治疗疾病例举

乾穴：可治疗头部之疾，右腿、右足、大肠之患，骨病、急性暴病、便秘壅结、气管之疾，胸部疾病、气亏、低血压、嗜睡症、倦怠乏力、眼疾、脊椎疾病、发育不良等。

坤穴：可治疗腹部、脾胃之疾，右肩、右肩臂、便秘、血管硬化、浮肿、肌肤糜烂、肿瘤、晕症、劳累、肝阳上亢（如高血压）、皮肤病、失眠多梦、妇科病、血液病、耳鸣、头鸣等。

震穴：可加速代谢、吐故纳新，故可加速创伤后的行气活血、排泄异物，促进创伤后愈合。可治疗左肋、左手臂、肝、足之患，可治疗耳聋、羊痫风（癫痫）、惊吓、妇科病、运动障碍等。

巽穴：可治疗左肩、左肩臂、胆股之疾、四肢疾病、大小肠之患、血管之疾、气亏、伤风感冒、抽筋、肺及气管之患，可治胀气、风湿、皮肤病、萎缩性疾病、眼疾、咳嗽、气喘、无汗等。

坎穴：可治会阴部疾病、肾及膀胱之患，可治耳病、血液病、中毒、大便不通、小便异常、腰背之患、津亏口渴、妇科病、骨病、牙齿之患，可治失眠盗汗、头部之疾以及血滞血亏、热性病等。

离穴：可治头部之疾、心、目之疾、眼病、血脉、火伤、烫伤、乳房之疾，可治充血、发热、贫血、心烦不眠、红肿、神志之患以及囊肿、多汗、口干等。

艮穴：可治胃病、手部之患，可治左腿足之病、头晕、牙齿不固、骨发育不良、多种痘疹、各种关节之患，可治头部之患、结石之患，可治中气虚、子宫脱垂、脱肛、肿瘤、鼻病、麻木之症以及背部之患等。

兑穴：可治右肋、右手臂、肺口之疾，可治口、鼻、目、耳之患（兑为诸孔窍），可治气管之患、皮肤病、高血压、肿瘤、结石之患，可治蛀牙、咳嗽、痰喘、肛门、会阴部之患，可治气亏、外伤、头部受伤等。

以上各穴位，可根据不同疾病，将各穴位相互配合施用，亦可单独施用。总之，要辨证施治，才能收到良好的效果。

四、六字诀法

六字诀：是一种祛病延年的呼吸吐纳法，根据四时、五行与脏腑经络之间的关系协调脏腑，平衡阴阳祛病延年。此方法用“嘘、呵、呼、呬、吹、嘻”六字，分别与肝、心、脾、肺、肾、三焦等脏腑经络相应，某经有病，即用相应之字调之，可防患于未然，调治于方始，简便易行，疗效显著。

（一）嘘字治肝病法

嘘，读（xū）。嘘气功可以对治目疾、肝肿大、胸肋胀闷、食欲不振、两目干涩、头目眩晕等症。

（二）呵字治心病法

呵，读（hē）。呵气功治心悸、心绞痛、失眠、健忘、盗汗、口舌糜烂、舌强语謇等心经疾患。

（三）呼字治脾病法

呼，读（hū）。呼字功治腹胀、腹泻、四肢疲乏、食欲不振、肌肉萎缩、皮肤水肿等脾经疾患。

（四）呬字治肺病法

呬，读（sì）。呬字功可清晰肺经郁热治疗咳嗽等肺系疾病。

（五）吹字功补肾气

吹，读（chuī）。吹字功治腰膝酸软、盗汗遗精、阳痿、早泄、子宫虚寒等肾经疾患。

（六）嘻字功理三焦

嘻，读（xī）。嘻字功治由三焦不畅通而引起的眩晕、耳鸣、喉痛、胸腹胀闷、小便不利等疾患。

六字诀呼吸中的口型由口唇、牙齿、舌头以及两腮的综合活动而形成，鼻吸口呼，用顺腹式呼吸，六字诀呼吸锻炼是在呼气时发出声音，因此要求用鼻吸口呼。而且由于重在用发音调理脏腑，故呼吸的重点在呼气而不是吸气。锻炼时可以不管吸气，只细心端正口型，控制呼出的气流即可。此外，为了更好地发出声音、把握气流，六字诀呼吸要求将呼吸支点放在腹部，采用顺腹式呼吸的控制方法，导引术法。

(七) 六字诀操作过程

1. **身体姿势**

站式、坐式均可。年老或身体较弱者可取坐式。无论站式、坐式，均要求放松安静，头颈端正，百会朝天。双目向前凝视，但视而不见，将注意力放在呼吸上。双手自然安放，两足平行，与肩同宽。全身肌肉放松，意识也放松。

2. **以鼻吸气，吸入腹部**

以顺腹式呼吸方法吸气，但不必刻意追求腹部的膨出与回缩效果，只要呼吸支点在腹即可。吸气的速度可以较快，但吸气量不宜太大，应小于专门做顺腹式呼吸时的吸气量。如果吸得很满，腹部肌肉的伸拉接近极限，自如控制的能力就会减弱，这将影响对呼出气流的精细调控，不利于正确的发音和把握音量。

3. **做好呼气发音的口型**

在呼气之前做好所要发出声音的正确口型。6 个声音的口型各不相同，分述如下。

嘘（Xu）：双唇微微闭合，有横绷之力，舌尖向前，两边向中间微微卷起，舌体稍向后缩，上下齿间留有缝隙。

呵（He）：半张口，舌体微微上拱，舌边靠下牙。

呼（Hu）：口唇撮圆似桶状，舌平放前伸，舌体下沉。

呬（Si）：双唇微向后收，上下牙齿相对，舌尖伸向上下齿缝内。

吹（Chui）：双唇向两侧拉开收紧，舌微微上翘，舌体、嘴角后引。吹发音的口型与其他发音的口型不同之处是，发音期间口型有变化，是一个活动过程。

嘻（Xi）：双唇微开而稍向内扣，上下相对但不闭合，舌尖轻抵下齿。

4. **发音气息**

嘘（Xu）：出自于牙齿间、舌两边的空隙间。

呵（He）：出自于舌与上腭之间。

呼（Hu）：出自于口腔中部，经撮圆的口唇。

呬（Si）：出自于上下齿间。

吹（Chui）：出自于舌与唇之间。

嘻（Xi）：出自于两边牙齿的缝隙。

五、导引术法

1. **舒心平血术**

两手重叠，用手心对应心脏，随心脏的跳动而以气感摇动手不要对心脏用力，而后轻轻按摩 36 次。并轻咬舌尖。此法可用于治疗冠心病、高血压、高血脂、心肌梗死、中风后遗症、失眠、健忘等疾病。

2. **疏肝利胆术**

两手对应肝脏的相应位置，以气感通络，缓转 36 次，手心不要对肝脏用力，然后十指合拢，两手心对应胆的相应位置揉 36 次，以促进胆经通顺，表里相和；

用食指、中指、无名指合拢，轻揉眼轮，引肝血上行濡养眼球。此法可治疗肝炎、胆囊炎、胆结石、头晕、头痛等疾病。

3. 和胃健脾术

两手重叠，手心对应脾脏相应位置，先以气感，启醒脾阳，绕脾转动36次；手心不要对脾脏用力，然后再用手心按住脾脏对应的位置轻揉36次，最后两手心在脾、胃之间，上下揉按，似揉面状，以促进升清降浊。以舌尖轻洗牙龈，口水自出，当口水丰沛时，吞咽，反复36次。此法可治疗胃炎、胃溃疡、糖尿病、消化不良、高血脂等疾病。

4. 益肺养气术

两手外展后，头顶交叉，接天之气。做深呼吸，吐故纳新，36次；两手心对应肺尖位置，以气感宣肺气36次，再以两手心贴肺，手从胸口沿肺的脉络向外做梳理状，伴随深呼吸，一次深呼吸，一次梳理36次。然后将手放置在大小肠交接处，按大肠走向揉搓，方向：升结肠—横结肠—降结肠—直肠。共36次。用手指自鼻旁上部分向下部分推揉，36次。此法可治疗感冒、咳嗽、支气管炎、哮喘、鼻炎、便秘、腹泻等疾病。

5. 育真补元术

两手重叠，手心对应肾脏相应位置，先以气感温养双肾，绕肾转动六次（手心不要对肾脏用力）；然后双手对搓，热捂肾区，36次；再以手心紧贴膀胱对应的位置轻揉36次。以手心捂耳，指敲脑盖36次，似听鼓鸣，激荡脑髓。此法可治疗前列腺疾病、肾炎、膀胱湿热、水肿、脱发、阳痿、早泄更年期综合征、耳聋、耳鸣、慢性疲劳、小儿“五迟、五软”等疾病。

6. 调三焦导引术

预备势：直立两足自然分开与肩同宽，双臂自然下垂，双目平视。全身放松，手指伸直。呼吸调匀，舌尖轻抵上腭用鼻呼吸。同时足趾抓地，足心（涌泉）上提。①两手心向上，两臂自左右两侧徐徐上举，至头顶上方时，两手十指交叉，翻掌，掌心向上做托举动作，头后仰，眼看手背；同时，两足尽量上提，并吸气，站立片刻。②两手十指分开，两臂从两侧徐徐放下，两足跟也随之落地，并呼气，还原至预备姿势，如此反复进行多遍。（注意：动作应与呼吸协调配合，手臂上举时深吸气，足跟离地站立的片刻，呼吸可稍停，两臂放下时深呼气）此法可治疗由三焦不畅通而引起的眩晕、耳鸣、喉痛、胸腹胀闷、小便不利等疾患。

六、三焦洗髓术法

三焦洗髓术包括：

1. 上焦洗髓术

梳头：坐在床上，十指代梳。从前额梳到枕部，从两侧颞颥梳到头顶，反复指梳数十次。可改善头部发根的血液营养供应，并有醒脑爽神之益。

搓脸：先用双手中指同时揉擦两个鼻孔旁的“迎香穴”数次。然后上行搓到额头，再向两侧分开，沿两颊下行搓到颊尖汇合。如此反复搓脸20次。有促进面部血液循环，有醒脑及预防感冒之功效。

叩齿：轻闭嘴唇、上下牙齿相叩击36次，间宜旋舌，以舌头舐动上颚数次。能促进口腔、牙齿、牙床和牙龈的血液循环。

弹脑：坐在床上，两手掌心分别按紧两侧耳朵。用三指（食、中和无名指）轻轻弹击后脑壳，可听到咚咚声响，每晨弹三四下，有解疲劳、防头晕、强听力、治耳鸣的作用。

转睛：运转眼珠，宜不急躁地进行。可先左右、后上下，各转十多次眼珠。有提高增强视力和减少眼疾之功效。

搓喉：坐、卧和站立时均可，单手以虎口托住下合，由上至下推至锁骨，左右交替，左手搓时吸气，右手搓时呼气，每手算一次，各做36次。

2. 中焦洗髓术

揉腹：用手来回擦或搓介于胸和骨盆之间，包括腹壁、腹腔及其内脏的一种养生保健法。

挺腹：平卧、伸直双腿，作腹式深呼吸。深吸气时，腹部有力地向上挺起，呼气时松下。反复挺腹十多次，可增强腹肌弹性和力量，预防腹壁肌肉松弛，并有健壮胃肠功能之益。

3. 下焦洗髓术

提肛：坐、卧和站立时均可进行提肛运动。思想集中，收腹，慢慢呼气，同时用意念有意识地向上收提肛门，当肺中的空气尽量呼出后，屏住呼吸并保持收提肛门2～3秒钟，然后全身放松，让空气自然进入肺中，静息2～3秒钟，再重复上述动作，同样尽量吸气时收提肛门，然后全身放松，让肺中的空气自然呼出。每日1～2次，每次30下或5分钟。锻炼中要避免急于求成，以感到舒适为宜，关键在于持之以恒。

摩脚：仰卧，以双足跟交替蹬摩脚心，使脚心感到温热，因脚心有涌泉穴，被称为“第二心脏”，蹬摩脚心可促使全身血液循环，有活经络、舒体健脾、强心安神等功效。

七、纳支法开穴法

纳支法不同于纳干法，它不分日干、阴阳五行，是按固定的十二时辰配十二经脉。其理论是根据“天人相应”的观点而来的，天之气为阳主降，地之气为阴主升，而人位于天、地二气之间，所以，天地二气的变化对人体的生理功能有一定的影响，反之，对人体的病理状态也亦有很大的影响。这种变化的影响，人们经过长期的实践、摸索、观察，发现并总结了一个规律：人在一天之中，各个时间段的生理功能不同，其存在着盛衰的变化，即流注学说是把十二经脉分配于十二地支当中，具体分配见前述的“地支配脏腑经脉表”。关于其合理性及科学性，在《内经》中是这样记载的“营气之道，内谷为宝、谷入胃中、乃传于肺、流益于中、分散于外，精专者行于经隧，循而不息，是为天地之大经也……”。由上述原文可以看出，饮食水谷先由胃中依次按时传送至寅时的肺经、卯时的大肠经……。其具体临床应用，有以下几种形式。

（一）一日六十六穴开穴法

此开穴法最早见于窦汉卿的《标幽赋》中，如书中言："一日取六十六穴之法，方见幽微，一时取一十二经之原，始知妙要。"本法选穴，亦是按照十二时辰配十二脏腑经脉，以开六十六穴为主。其开穴方法为：某个时辰除开某个经络的五输穴，还可开他经的五输穴进行针刺。如以寅时而言，除可以开肺经的少商、鱼际、太渊、经渠、尺泽等本经的五个输穴外，亦可以选用他经的五输穴进行针刺。其临床应用亦比较全面，可灵活取用。

（二）补母泻子法

是以本经经脉的五行属性（如肺经在十天干为辛，在五行为金；如肾经在十天干为癸，在五行为水）和五输穴的五行属性（如肺经的井穴少商穴，在五行为木；依次为荥穴鱼际穴，在五行为火；输穴太渊穴，在五行为土；经穴经渠穴，在五行为金；合穴尺泽穴，在五行为水）（详见前述阳经六输，阴经五输中），再利用五行的相生母子关系，按照中医基础理论中两大治病原则"虚者补其母，实者泻其子"进行以时间开穴为主导而进行取穴的一种针刺方法。其具体取穴列表如下：由下表我们可以看出纳支法与纳干法的几点区别：

时辰与时间关系表

时辰	子	丑	寅	卯	辰	巳	午	未	申	酉	戌	亥
时间	23~1	1~3	3~5	5~7	7~9	9~11	11~13	13~15	15~17	17~19	19~21	21~23

子午流注按时开井穴表

日干	甲	乙	丙	丁	戊	己	庚	辛	壬	癸
时辰	甲→ 戌→	乙→ 酉→	丙→ 申→	丁→ 未→	戊→ 午→	己→ 巳→	庚→ 辰→	辛→ 卯→	壬→ 寅→	癸→ 亥→
经脉	胆	肝	小肠	心	胃	脾	大肠	肺	膀胱	肾→
井穴	窍阴	大敦	少泽	少冲	厉兑	隐白	商阳	少商	至阴	涌泉

1.4.2.5.3.0 反克取穴法（第二法）

常规		1	4	2	5	3	0
五输纳穴		井	经	荥	合	输	纳，归
六甲	干支	甲日，甲戌	己日，甲子	戊日，甲寅	丁日，甲辰	丙日，甲午	乙日，甲申
	穴名	窍阴	阳辅	侠溪	阳陵泉	临泣	液门
六乙	干支	乙日，乙酉	己日，乙亥	己日，乙丑	戊日，乙卯	丁日，乙巳	丙日，乙未
	穴名	大敦	中封	行间	曲泉	太冲	劳宫
六丙	干支	丙日，丙申	庚日，丙戌	庚日，丙子	己日，丙寅	戊日，丙辰	丁日，丙午
	穴名	少泽	阳谷	前谷	小海	后溪	中渚
六丁	干支	丁日，丁未	辛日，丁酉	庚日，丁亥	庚日，丁丑	己日，丁卯	戊日，丁巳
	穴名	少冲	灵道	少府	少海	神门	大陵
六戊	干支	戊日，戊午	壬日，戊申	辛日，戊戌	辛日，戊子	庚日，戊寅	己日，戊辰
	穴名	厉兑	解溪	内庭	足三里	陷谷	支沟
六己	干支	己日，己巳	癸日，己未	壬日，己酉	辛日，己亥	辛日，己丑	庚日，己卯
	穴名	隐白	商丘	大都	阴陵泉	太白	间使
六庚	干支	庚日，庚辰	甲日，庚午	癸日，庚申	壬日，庚戌	壬日，庚子	辛日，庚寅
	穴名	商阳	阳溪	二间	曲池	三间	天井
六辛	干支	辛日，辛卯	乙日，辛巳	甲日，辛未	癸日，辛酉	壬日，辛亥	壬日，辛丑
	穴名	少商	经渠	鱼际	尺泽	太渊	曲泽
六壬	干支	壬日，壬寅	丙日，壬辰	乙日，壬午	甲日，壬申	癸日，壬戌	癸日，壬子
	穴名	至阴	昆仑	通谷	委中	束骨	关冲
六癸	干支	癸日，癸亥	戊日，癸丑	丁日，癸卯	丙日，癸巳	乙日，癸未	甲日，癸酉
	穴名	涌泉	复溜	然谷	阴谷	太溪	中冲

逐日开穴井为元，六十六穴依第开；先井后荥经合穴，依次推寻不错穴；针显著非等闲，吾编歌诀次第开；聊为后学莫妄言。

十二经穴补母泻子、本穴、原穴表

经别	五行	流注时间	病候举例	补法		泻法		本穴	原穴
				母穴	时间	子穴	时间		
肺	辛金	寅	咳嗽、心烦、胸满	太渊	卯	尺泽	寅	经渠	太渊
大肠	庚金	卯	牙痛、咽喉痛	曲池	辰	二间	卯	商阳	合谷
胃	戊土	辰	腹胀、腹痛	解溪	巳	厉兑	辰	三里	冲阳
脾	己土	巳	腹胀满、腹泻	大都	午	商丘	巳	太白	太白
心	丁火	午	咽干、舌痛、掌热	少冲	未	神门	午	少府	神门
小肠	丙火	未	项强、颌肿	后溪	申	小海	未	阳谷	腕骨
膀胱	壬水	申	头痛、目眩、癫疾	至阴	酉	束骨	申	通谷	京骨
肾	癸水	酉	心悸、腰痛	复溜	戌	涌泉	酉	阴谷	太溪
包络	丁火	戌	痉挛、心烦、胁痛	中冲	亥	大陵	戌	劳宫	大陵
三焦	丙火	亥	耳聋、目痛	中渚	子	天井	亥	支沟	阳池
胆	甲木	子	头痛、胁痛	侠溪	丑	阳辅	子	临泣	丘墟
肝	乙木	丑	胁痛、疝气	曲泉	寅	行间	丑	大敦	太冲

阴经五输穴表

经脉	井（木）	荥（火）	输（土）	经（金）	合（水）
手太阴肺经	少商	鱼际	太渊	经渠	尺泽
手厥阴心包	中冲	劳宫	大陵	间使	曲泽
手少阴心经	少冲	少府	神门	灵道	少海
足太阴脾经	隐白	大都	太白	商丘	阴陵泉
足厥阴肝经	大敦	行间	太冲	中封	曲泉
足少阴肾经	涌泉	然谷	太溪	复溜	阴谷

阳经五输穴表

经脉	井（金）	荥（水）	输（木）	经（火）	合（土）
手阳明大肠	商阳	二间	三间	阳溪	曲池
手少阳三焦	关冲	液门	中渚	支沟	天井
手太阳小肠	少泽	前谷	后溪	阳谷	小海
足阳明胃经	历兑	内庭	陷谷	解溪	足三里
足少阳胆经	足窍阴	侠溪	足临泣	阳辅	阳陵泉
足太阳膀胱	至阴	足通谷	束骨	昆仑	委中

五行	金		水		木		火				土	
							君		相			
脏腑	肺	大肠	肾	膀胱	肝	胆	心	小肠	心包	三焦	脾	胃
母穴	太渊	曲池	复溜	至阴	曲泉	侠溪	少冲	后溪	中冲	中渚	大都	解溪
子穴	尺泽	二间	涌泉	束骨	行间	阳辅	神门	阳辅	大陵	天井	商丘	历兑

1. 纳干法的经穴和时辰两者的阴阳属性完全相同，而纳支法的经穴和时辰两者的阴阳属性并非完全相同。如以手太阴肺经为例，为阴经。流注于寅时，而寅时若以阴阳的属性来划分，寅字的十二地支序数为奇数，为阳时。这样，在纳支法中就存在阴经配阳时这一方法。如手阳明大肠经为阳经，流注于卯时，为阴时。这样，在纳支法中又存在着阳经配阴时这一方法。

2. 纳干法的经穴和时辰两者的五行属性完全相同，而纳支法中的经穴和时辰两者的五行属性并不完全相同。不妨仍以手太阴肺经为例，肺在五行属金、流注于寅时、寅在五行为木。

3. 如前之所言，在脏腑天干与五行相配中，把心包络寄于癸，五行属水，为阴水；把三焦寄于壬，五行亦属水，为阳水。而此处言，把心包络寄于丁，五行属火，为阴火；把三焦寄于丙，五行属火，为阳火。这两者是否矛盾，究竟谁应为优。如前之所言，理论、临床俱在，不多言语，亦可明了。应把心包络寄于癸属阴水，把三焦寄于壬属阳水。这样，其开穴与上表亦有所不同，如以三焦经寄于壬而言，其在五行为水，水之母为金，其母穴应为关冲穴，水之子为木，其子穴应为中渚穴，其本为水，本穴应为液门穴。如把心包络寄于癸而言，其五行亦为水，水之母为金，其母穴应为间使穴，水之子为木，其子穴应为中冲穴，其本为水，本穴应为曲泽穴。

具体应用：以肝经疾患为例，其证候有三：①实证，②虚证，③不虚不实证。其治则：若以实证而言，则在肝经经气旺盛的丑时针该经的子穴行间穴。为何针此穴？因肝在五行为木，木为实，则泻其子。以五行相生而言，木之子为火。阴经五输与五行的关系为：井为木，荥为火，输为土，经为金，合为水。所以，丑时应该针其肝经五输属火的穴位，为荥穴行间穴，以泻其子。若以虚证而言，则应在肝经气方衰时的寅时针该经的母穴曲泉穴。为何又针此穴？因肝在五行为木、木为虚，则补其母。以五行相生而言，水生木，木之母为水。如前之所言，肝经五输属水的穴位为曲泉穴，所以，寅时应该针其肝经五输属水的穴位，为曲泉穴，以补其母。若以不虚不实而言，则可取本经同一五行属性的经穴，又称本穴或原穴进行针刺。如肝经五行本为木，所以应在寅时针肝经五输属木的输穴，为大敦穴，以平补平泻。

（三）十二经纳支流注开穴法

十二经纳支流注开穴法是一种以时天干为主，以十二经配合十二地支开穴的一种针刺方法。关于其理论根据，见前述十二经纳干流注开穴法。其具体应用是这样的：若某一经有病，先取本经募穴为主穴，后根据病之虚实，选其母穴或子穴作为辅穴即可。如以肝经实证而言，先选其主穴募穴期门穴，其为实证、应泻其子，选穴为行间穴。

八、甲日戌时窍阴元

甲为大干的第一位，以阴阳的属性而言，为阳干。戌为十二地支的第十一位，以阴刚的属性而言，亦为阳支，由前表“阳日阳时流注表、阴日阴时流注表”中可看，纳干法经络的流注次序，是从甲日开始，依序至乙日、丙日、丁日、戊日、己日、庚辛日、壬口、癸日。在流注时辰方面，十二地支足从最后一个阳支开始的，按逆序而进。如以甲日而言，其开穴时间为戌时，开其胆经井穴窍阴穴，紧接着乙日，天干由甲进入到乙，为进一步，地支为退一步，从戌退至酉，为乙日酉时，为开其肝经井穴之时，余日均可按此法以开其穴（癸日除外），其规律可参阅前述的“阳进阴退”原理。为何如此？因为大干为阳，地支为阴，阴阳两性包罗万事万物之变。以进退而言，阳主进，阴主退，天干进一步，地支退一步，此即谓阳进阴退变化之理。甲日开穴为何选在戌时？由十二时辰中我们可以看出，甲日甲戌时为 19~21 点，甲戌时为甲日的时辰干支配合的结果，甲口为一甲、甲戌时又为一甲，甲在五行为木，为阳木，甲在腑为胆，为阳经，两甲相合，便为其开井穴之时（详见后述的“日干重见”学说）。又因十二经的流注，以所出为井而每日流注的开始，又必须以井为始，而不能以荥、输、经、合为始，更不能以时辰予时为始。由于甲日所开井穴在甲戌时，开井穴为窍阴穴，所以称“甲日戌时窍阴穴”。

九、丙子荥穴是前谷

甲日甲戌时开胆经的井穴窍阴穴之后，下一个时辰为乙亥时，由于子午流注纳干法存在着“阳日阳时开阳穴、阴日阴时开阴穴、阳日无阴阴无阳”这一规律，甲日为阳日、乙亥时为阴时，有违“阳日阴日”开穴原则，所以乙亥时为闭时不开穴。紧接着下一个时辰便转入乙日，为丙子时，为阳时，天干丙在腑为小肠，为小肠经，以五输穴相生而言，井之后为荥，井穴开过之后为开荥穴（详见后述的“经生经、穴生穴”学说）。所以，此时开小肠经的荥穴前谷穴。在此，读者或许会言，甲日值经开穴，怎能借用乙日时辰？是这样的，借用的目的，就是提倡阴阳学说的一个基本原则“阳中有阴、阴中有阳”。乙日为阴日，开穴之时为乙亥时，为阳时，与纳干法之“阳日阳时开阳穴、阴日阴时开阴穴、阳目无阴阴无阳”规律，矛盾乎？曰：“非也、子午纳干法之阳日阴日开穴原则，确切而言，其原则是这样的，值日为阳经的开穴，必须配合阳日阳时或阴日阳时，而不能配合阳日阴时或阴日阴时（详见后述“阳日阳时开阳穴、阴日阴时开阴穴、阳日无阳阴无阳”原则）。

十、子午流注气纳三焦血归包络歌诀

气纳三焦：三焦为主气之腑，主阳气归于三焦。所以说，三焦者，阳气之父也，凡是阳经值日，它的重开穴都是三焦经的五输穴。其开穴原则为，阳经所开（纳）三焦经的输穴，其所开（纳）开穴都为本经值日的母穴。如以甲日为例，值日之经为胆经，五行为木，以五行相生而言，水生木木之母为水。所以甲日胆经成纳三焦经的水穴，为液门穴。（余略）

十一、血归包络

血归包络：心包络为主血之脏，诸血皆归于心包络。所以说，心包络者，阴血之母也，凡是阴经值日，它的重开穴都是心包经的五输穴。其开穴则为，阴经所纳心包络经的五输穴，其所纳穴都为本经值日的子穴。如以乙日为例，值日之经为肝经，五行为木，以五行相生而言，木生火木之子为火，所以乙日应纳心包络经的火穴，为劳宫穴。（余略）

关于气纳三焦和血归包络的纳穴规律，现编成歌诀如下。

十二、气纳三焦，血归包络之纳穴歌

阳经三焦阴包络，阴阳相纳永不差，阳经纳父阴纳子，父子相纳小司差。
胆为阳木木母水，以纳荥水液门穴，肝为阴木木子火，以纳荥火劳宫穴。
小肠阳火火母木，以纳输木中渚穴，丁心阴火火子土，以纳输穴大陵穴。
戊胃阳土土母火，以纳经火支沟穴，己脾阳土土子金，以纳井金间使下。
大肠阳金金子水，以纳合水天井穴，膀胱阳水水母金，以纳井金关冲穴。
癸肾阴水水子木，以纳井金中冲穴，再加肺金金子水，以纳合穴曲泽穴。

十干十穴不相差，还望续者其轻视。

十三、十天干相生流注歌

甲丙戊庚壬，乙丁己辛癸，丙戊庚壬甲，丁己辛癸乙，戊庚壬甲丙，己辛癸乙丁，庚壬甲丙戊，辛癸乙丁己，壬甲丙戊庚，癸乙丁己辛。前阳后阴，隔一相生。

附八卦对照图：

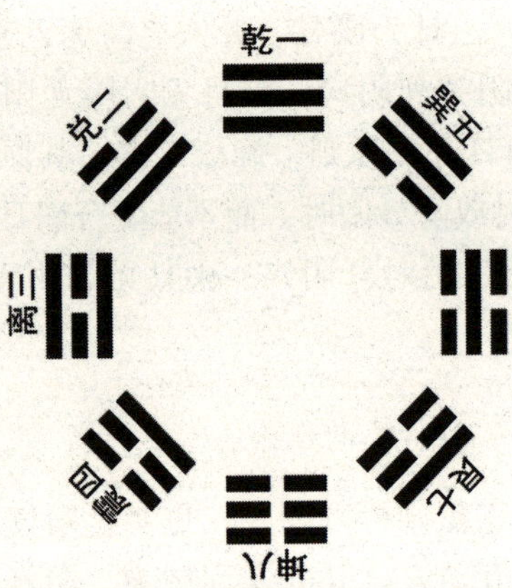

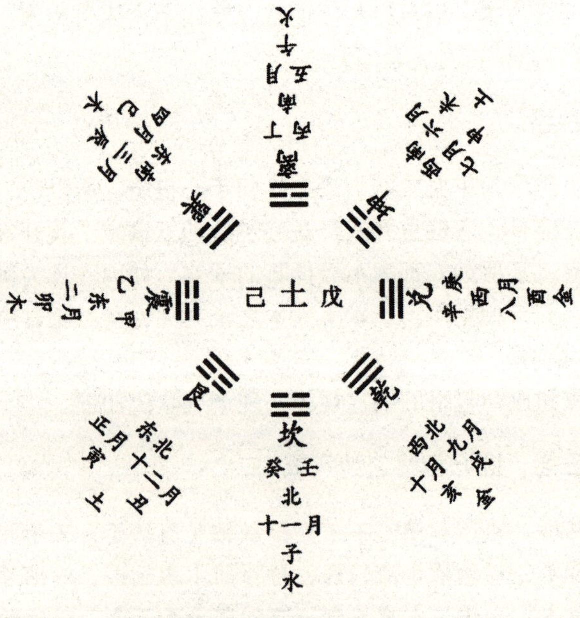

附单方大全

感冒

一、预防流感

1. 板蓝根18克，水煎，连服3天。

2. 贯众9克，水煎服，连服3天。

3. 葱白3根，连服3天。

4. 葱白榨取汁，滴入鼻孔，每日1次，每次2~3滴。

5. 米醋熏消毒，先关闭门窗，用小火加热醋，使其蒸气弥漫空间，每10立方米空间用醋50~100克，加水1倍，每日1次。

二、预防感冒

1. 感冒流行时，每日吃大蒜头，也可用10%大蒜汁滴入鼻孔内，每日1次，每次2~3滴，连用2天。

2. 白萝卜适量，削皮切细丝，加盐少许，拌匀，挤出汁液，随意服用。

3. 葱白500克，大蒜250克，加水2000克，煎汤每次一杯，每日饮3次。

三、流感

1. 大青叶30克，水煎2次，浓缩至100毫升。每10毫升内含生药3克。15岁以上每次服50~100毫升；15岁以下每次服30~50毫升；10岁以下用量酌减。均每日服8次，每3小时1次，连服5~7天。

2. 鲜鱼腥草60克，绞汁冲蜂蜜服，饮3~4次。

3. 佛耳草9克，水煎，连服2剂。

4. 苦瓜，取瓜瓤煮熟服。

5. 甜菜1把，水煎服，其渣挤干，捣烂敷于太阳穴处。

6. 白杨树皮250克，水煎，每天当茶喝。

7. 阴干黄皮树叶6~9克，水两碗煎至1碗，顿服。

8. 生姜片30克，青大蒜头片20克，红糖50克，水700毫升，将药放小锅内煎熬约半小时，剩下500毫升，睡前1次服下，连服3~6次。

9. 绿豆15克（捣烂），茶叶9克，水1碗，将2味煎沸后再煎10分钟去渣，加糖30克，1次服用。

10. 将生石膏捣烂放入搪瓷器皿或新药锅内，加水500毫升煎至50毫升左右，共煎4次，每次煎煮时间不得少于1小时，药液可以加糖。用量：1岁以上每天用200克，1岁以下每天用100克。

11. 浮萍9克，研为细末，白糖开水冲服。

四、感冒

1. 青蒿60克，煎汁一碗，1日分2次服。

2. 半边莲若干，洗净焙干研细末，每次服3克，冷开水调服。

3. 马鞭草一把，剪细，水煎服。

4. 冬青叶1把，捣烂，开水冲服。

5. 干白菜根1块，水煎，加糖30克，顿服。

6. 萝卜1个，生姜1块，葱1把，同捣烂，炒热后用酒调烹，青布包裹，微熨疼处，冷则再换。本方适用于感冒头痛患者。

7. 生莱菔子3克，研末，加酒少许和葱温服。

8. 黄花菜1大把，水煎服。

9. 椿树皮1把，水煎服。

10. 丝瓜根（俗名天萝根）120克，水煎服。本方适用于产后感冒。

11. 石莲子500克，去壳炒黄研末，密封，备用。成人每服1.5~2.5克，1日3次，开水或姜汤送服，小儿酌减。

12. 葱白2根，煎汤热服，取透汗即愈。

13. 生姜3片，冰糖30克，水煎热服，汗出即愈。

14. 芝麻30克，茶叶6克，混合一起生食。食完饮热姜汤1碗，盖被取汗即愈。

15. 苏叶9克，煎汤热服1碗，盖被见汗即愈。本方适用于秋冬感冒，恶寒发汗者。

16. 荸荠适量，将荸荠洗净去皮，捣烂后以纱布挤汁，以汁漱喉，徐徐咽下。每日数次，可连续用。此方适于感冒兼有咽喉疼痛症状者。

17. 谷子30克，炒黄，煎汤顿服，盖披取微汗。此方适于产后感冒。

18. 白芥子15克，鸡蛋清适量。将白芥子研末，调蛋清敷脚心。

19. 白酒25克，白糖10克，鸡蛋1个。先将酒在锅里熬几分钟，打入鸡蛋，加入白糖，用开冲淡后服用。此方适于恶寒感冒者。

20. 荔枝肉30克，黄酒适量，用酒将荔枝肉温煮，趁热顿服。此方适于气虚者感冒。

21. 鲜鸡蛋2个，白糖15克，香油数滴，将以上各味搅拌均匀，1次服完。此方适于感冒咽喉疼痛者。

22. 白茅根30克，绿豆1把，水煎成浓汁，加白糖30克。分2次服用。

23. 苏叶3克，茶叶3克（炒），盐6克（炒红），共研末，开水冲服。此方适于外感声哑。

24. 鸡蛋1枚，冰糖30克，将鸡蛋打开，混合冰糖，临睡前开水冲服，取微汗。

25. 乌梅10个，大枣20个，捣和，入蜜为丸，含咽汁甚效。此方适于伤寒热病后，口干，咽疼，喜睡者。

26. 生姜6克，葱白2根，煎服，日服2次。此方适于感受风寒咳嗽甚者。

27. 淡豆豉半合，葱白1把。将葱白、豆豉泡汤服，取汗即愈，此方适于感冒初起。

28. 黑豆（炒深黄色）1合，为末，分2次滚黄酒冲服。

29. 棉花子1撮，炒黄捣破，黄酒煮滚去子，饮1大盅，即时汗出。

30. 大梨1个（去皮，捣烂，生绢滤汁），生姜（指头大1块，捣烂滤汁）和一处，童便半酒盅，重汤顿滚候温服。

31. 绿豆粉100克，炒热，鸡蛋清调和作饼，贴胸部，此方适于感冒高热不退。

32. 红葡萄酒1杯放在火上加热，然后加入鸡蛋1只，用筷子稍加搅动趁热食之。

33. 盐15克，生姜20克，将生姜捣烂与盐同炒热，然后用布包好敷额部。此方适于感冒头痛甚者。

咳　嗽

一、咳嗽

1. 向日葵花（去子）1~2朵，加冰糖炖服。
2. 隔年陈向日葵茎，水煎服，治老年咳嗽。
3. 生白矾30克，为末，醋调匀，敷两足心。
4. 生大蒜头10个（打碎），醋120克，红糖60克。将蒜侵入醋中，入红糖，浸7天，滤去渣，每次开水冲服半匙，1日3次。
5. 大蒜60克，水煎服，治咳嗽痰多。
6. 大蒜2瓣，煮熟内服，1日3次，治小儿慢性支气管炎。
7. 枫树嫩芽，加水3碗，煎至1碗，治慢性支气管炎。
8. 枇杷叶（去毛，蜜炙）10~15克，水煎以茶为引送服。
9. 百部30克，水煎代茶饮，治肺寒咳喘。
10. 天竺子15克，水煎服。
11. 经霜白萝卜适量，水煎代茶饮。
12. 萝卜子10克，水煎服，治咳嗽多痰吐脓血。
13. 萝卜汁1杯，加姜汁3滴，和匀炖服。
14. 白前，焙干，研细末，每日用开水送服6克。

15. 白前15克，水煎服，治产后久咳。

16. 款冬花10克，冰糖15克，加水适量，煎至味出，趁温1次顿服。

17. 生橄榄4枚（打碎），冰糖15克，加水适量，煎至味出，趁温1次顿服。

18. 鲜姜60克，红糖30克（炒焦），将姜放在红糖中加水煮沸10分钟，去姜温服。

19. 生姜油炸，酌量食服，治支气管炎咳嗽。

20. 梨1个去核，内酥蜜，面裹，烧令熟，食之。

21. 干姜90克，猪肾2枚，水1升，煮半升，稍服取汗。

22. 荞麦面和鸡蛋清和成团搽胸部，治胸肺胀满，咳嗽不安。

二、寒咳

1. 威灵仙适量，水煎鸡蛋吃。

2. 胡椒10粒为末，撒在伤湿止痛膏上，贴背心。

3. 麻黄3克为末，撒在伤湿止痛膏上贴肺俞穴。

4. 生姜15克，红枣30克，红糖30克，水3碗，煎服，服后汗出为度。治伤风咳嗽。

5. 核桃连皮捣烂，加冰糖少许，开水冲入蒸服，数次极效。

三、热咳

1. 嫩桑叶60克，水煎服。

2. 蜒蚰（即鼻涕虫）若干条，放瓦上煅存性，研末，每用1~3克，加姜汁1茶匙调服。该方适宜于热痰涌塞喉间的咳嗽。

3. 豆腐皮、冰糖不拘量，煮熟吃，用于妊娠热咳嗽。

4. 每日早晨喝盐水1杯，病势不至久延。

5. 柿饼若干煎水服。

6. 蒲公英60克，猪肉90克，煮熟食之。

四、干咳、燥咳

1. 白木槿花10克，水煎加白糖冲服。

2. 百合60克，红糖30克，水煎服，亦可治支气管炎。

3. 川贝末6克，柿饼1个。柿饼挖开去核，入贝母末蒸熟，1次服，1日2次。

4. 芝麻120克，白糖30克，炒食。

5. 川贝末3克，大梨1个，冰糖末10克，梨去核，将贝母末，冰糖纳入，封口，纸裹，煨熟，内服。

五、久咳

1. 生姜半合，蜜1匙，煎令温服，如此3服立效。

2. 白前捣为末，温酒调下6克。

3. 猪肾2枚，入椒47粒，水煎淡食。

4. 酸醋和水煮鲤鱼不用盐，送饮食。

5. 香油30克，羊肝60克，共炒熟。入少许盐内服。

6. 童便浸鸡蛋二十余日，用冰糖水煮食。

7. 南瓜藤液（将瓜藤剪去头，插入瓶内经1夜，藤汁流入瓶中，每日取液）开水冲服。

8. 黑木耳10克，冰糖10克，开水炖服。

9. 柚子种子20粒，加冰糖适量，水一大茶杯煎服，1日2~3次。

10. 酸枣仁若干，研细末，每服6克，开水送下。

11. 马齿苋汁半茶杯，白蜜30克，开水冲服。

12. 仙鹤草，每次10克，每日2次，泡开水服。

13. 槐蕾3克（炒黄，蒸五六次），开水冲服，每日2次。

14. 冬青叶10克，加红糖少许，水煎服。

15. 梧桐子15克（炒半生半熟），捣碎水煎服。

16. 陈芦花10克，冰糖适量，水煎温服。

17. 骨碎补10克，蜜炙水煎代茶饮。

18. 款冬花若干，研末，包薄纸如香烟状，用火点燃吸入。

19. 丝瓜1条（烧存性），研细末，枣肉为丸，早晚用好酒送服10克。

20. 丝瓜子若干，焙存性，研细，每服10克。

21. 煅海浮石120克（研细），白糖180克，和匀，每次用开水冲服1汤匙，每日3次。

22. 鱼腥草30克，鸭蛋或鸡蛋1只，先用水煎鱼腥草，去渣后再煎鸡、鸭蛋，稍后，去蛋壳再煎，1次服，每日1次。

23. 京杏仁10克，冰糖10克，杏仁去尖，捣泥，分3次加冰糖3克开水冲服。

六、喘咳

1. 萝卜子（炒）、杏仁（去皮尖，炒）等份，蒸为丸，如麻子大，每服数丸，每日2次。

2. 杏仁120克，核桃120克（去壳），共捣为泥，贮罐内，每早晚各服10克，空心下。

3. 皂角（去皮），捣为末，以蜜丸如梧桐子大，枣膏和汤服1丸，日三夜一服。

4. 桔梗45克，捣为末，用童便半升，煎取四合，去渣温服。

5. 蝙蝠1个去翅足，烧令焦为末，米饮调下。

6. 粟壳去筋膜，蜜炙为末，蜜汤下。

7. 乌母鸡1只，好陈醋3~4斤，鸡去毛及内脏，切碎以醋煮熟，分3~5顿热吃，病轻者1只即可，重者2~3只。

七、支气管炎

1. 白芥子30克，每次6克，每日2次，水煎服。

2. 百合10克，梨1个，白糖15克，混蒸2小时，冷后顿服。

3. 癞蛤蟆2~3只，剥去皮，除去头、足、肠杂，煮粥吃，可连吃5天。

4. 卷柏20克，猪肺1具，2味炖服。

5. 白胡椒数粒，梨1个，梨去核，将胡椒放梨内，水煎服。

6. 公鸡脑子1个，元酒冲服。

八、咳嗽音哑

1. 玉蝴蝶3克，鸡蛋1个，玉蝴蝶煎汤，早晨空腹冲蛋吃。

2. 丝瓜络20~30克，水煎服，适用于燥热、痰热咳嗽失音。

3. 胖大海10克，开水泡透后服。

4. 公鸡心7个，焙黄研面分7包，第一次服一包，第二、三次均服3包，热黄酒冲服，服药后发汗，不愈连服。

5. 艾尖叶7个，鸡蛋1个，炒食。

九、肺肾虚咳嗽

1. 胎盘1个，漂洗干净，炖服。

2. 陈海蜇（洗去盐味），冰糖拌蒸食，极效。

3. 蚱蜢（俗名草猛），去头足，焙干研末，每服6克，1日2次。

4. 五味子半斤，放入瓦器内，加水煮沸半小时，待药汁凉透，放入鸡蛋10个，放阴湿处浸泡7天，每早晨吃1个。（注：该方治支气管炎，入冬遇冷风即发的，伏天在未发病时用之更好）

哮喘

一、哮喘

1. 小猪睾丸2个，烧存性，黄酒冲服。

2. 鳖蛋3个，用烧酒炖熟，调冰糖少许服。轻症连服2次，重症连服3次。

3. 鲫鱼3条，去肠杂，放瓦上焙干研末。每用3~5克，早晚或饭后以酒冲服。

4. 白果肉10个，捣烂，开水冲服，每日1次。

5. 蚯蚓若干，晒干，为末，每服10克，水煎。或将蚯蚓研末，每服3~5克，冲酒服。

6. 无花果，捣汁半杯，用开水冲服，每日1次。

7. 乌贼骨，洗净在瓦上焙枯，研成细粉。成人每日服15克，分2次服，患儿每日6克，加红糖拌匀，开水送服。

8. 鹅卵石30克，以熏醋浸1夜后晒干，用炭火煅透，去火气研细末，1日2次，每服3~5克，温开水送下。

9. 五味子15克，水煎服。

10. 鲜白芥子，研细末，取少许，蜜调或水调，摊布上，贴背部肺俞穴，3小时后揭去。

11. 丝瓜藤（霜打过）120克，水3碗，煎1碗，早晚2服，自愈。

二、痰喘

1. 僵蚕7条，焙黄研末，1日分数次米汤送下。
2. 霜桑叶30克，煎汤代茶饮。

三、寒喘

1. 鲜艾叶120克，和水捣烂，绞汁服。

四、热喘

1. 桑白皮15克，水煎服。
2. 桑树根60克，洗净水煎服，1日1剂。

五、虚喘

1. 胎盘1个，洗净，煮熟，连汤分数次服。或将胎盘焙干研末，每服10克，温开水送下。

2. 女贞子（叩腊树子，又名冬青子）500克，蒸晒数次后，研末，每晨用温开水送服15克。

六、老年哮喘

1. 黑芝麻250克（炒），生姜（捣汁去渣）、白蜜（蒸熟）、冰糖各120克（捣碎蒸溶与白蜜混合调匀）。将芝麻与姜汁拌匀再炒，冷后再与蜜、糖拌匀，磁瓶收贮，每早晚服1茶匙。

2. 荔枝树枝90克，水煎代茶。

3. 鸡蛋数个，浸童便中，夏三日，冬五日，取出漂净，日煮1枚食之，久能断根。

4. 杏仁30克，冰糖30克，木煎服。

5. 萝卜子炒研为末，蜜丸如梧桐子大，每服30丸，每日2次。

七、小儿哮喘

1. 芝麻秸（切断），放瓦上烧存性研末，以淡豆腐蘸食。

2. 苦竹沥1杯加温后频服。

3. 针刺中指四缝穴治疗支气管哮喘。三棱针直刺1分，见淡黄色或清水样黏液为准，必要时可挤压一下。用纱布包，忌盐5天，5次为1疗程。最多不过2个疗程即愈。

肺 痈

一、肺痈初起

1. 紫皮蒜1头，去皮捣烂，加醋120克，用砂锅煎熬，饭后1次服完。

2. 侧耳根（即鱼腥草）750克，鸭蛋4个，花椒1克，将侧耳根切细，与鸭蛋、花椒混合，用猪油煎好成块，煮汤服，连服20～30天。

二、肺痈

1. 鲜竹叶若干，绞汁，饮服。

2. 青杨树叶1000克，煮熟，煮至量约两碗许，分次慢慢服。

3. 车前草若干，绞汁，每日3次，每服1茶杯。

4. 鲜荷叶1张，水煎服，1日3次。

5. 白及30克，焙干为末，调入鸡蛋内，以香油煎食，不加盐，1剂分3日服，连服3剂。

6. 蜂房1个，白蜜适量。在蜂房口内灌上白蜜，再入砂锅内，将蜂房和蜜炒黄色，为末，每服10克，白水送下。

7. 地骨皮60～120克，猪蹄1只，共煮，酌量温食。

8. 鱼腥草30～60克，水煎服。

9. 金荞麦30克，隔水炖汁服。

10. 陈芥菜卤，日服数小匙，白汤下。

三、肺痈咳吐脓血

1. 萝卜子1合，研细，煎服。

2. 苦菜（即败酱草），洗净，每日生食5～6根，早晨空腹嚼服。

3. 大瓜蒌1个，用黄泥包上，放在木柴火上，烧至里外干为止，去泥碾成细面，每天早晚备6克，酒送下。

胸 痛

1. 生韭菜或根2500克捣汁饮。

2. 甘草50克，水煎，分早、中、晚3次服用。

3. 酸枣根 20 克，水煎服。

4. 蒲葵叶 20 克，烧灰存性，研成细粉末，分 2 次服，每隔 4 小时 1 次。

5. 血余炭 9 克，研细末内服。

6. 伏龙肝 3 克，研细末，冷痛用白酒送下，热痛用开水送下。

7. 治虫积胸痛，熊胆 0.3 克，温开水吞服。

8. 治胸闷气痛，桃仁 7 枚，去皮尖，研细末吞服。

9. 治胸心结块疼痛，六神曲 9 克研细末，用热水送下。

10. 田七末，每次 1.5 ~3 克，每日 3 次，开水送下。

11. 生山楂，水煎，每次 15 ~30 克服。

12. 元胡 10 克，水煎服。或微火上炒令香，为细末，每服 6 克，治心气痛。

13. 酸枣根水煎 6 ~7 沸，温服。

14. 刘寄奴穗为末，每服 9 克，白酒送下。

15. 硫磺 30 克，与红皮葱 1 根，共捣为泥，用净白布包好扎住，敷在最痛处即能止痛。痛止后揭起布（时不可久）视敷处，如起葡萄状之水疱，用消毒钢针将水疱刺破，撒布消炎粉即愈。

16. 胡椒 14 粒，绿豆 21 粒，同研，白汤调服即止。

17. 桑耳烧存性，热酒服 6 克。

18. 陈仓米烧灰，和蜜服之。

19. 晚蚕沙 30 克，滚汤泡过，滤取清水，饮之即上。

20. 伏龙肝末 1 匙，热则用温水服。冷则用酒调服。

21. 预防心绞痛发作，鱼腥草鲜品根部嚼服，每日 9 克。

22. 治卒然心痛，或经年频发，安息香 0.3 ~1.5 克，研末，沸汤服下。

23. 生麻油 1 合服。

24. 败笔头 3 个，烧灰，天落水服效，主治心病不止者。

25. 猪心 1 枚，每岁入胡椒 1 粒。如 20 岁，入 20 粒同盐酒煮食。

26. 古钱 1 个打碎，大核桃 3 个，同炒热，入醋 1 碗冲服。

27. 釜底黑 6 克，热童便调下。

28. 治急心痛，螺狮壳烧为末，开水下。

29. 治心痛，荔枝核 7 个，烧存性为末，调酒服。

30. 治心痛将死，他药不治者。干漆略炒为末，每服 3 克，用水至 50 毫升，同煎至 25 毫升，次入醋半盏调匀，顿服之。

31. 治急气痛，男子、妇人心痛，及牙关欲死者。用隔年老葱白 3 ~5 根，去皮须叶，擂为膏。将病人口撬开，用银铜匙将葱膏送入咽喉中，用香油 120 克灌送膏，油不可少用，但得葱膏下喉中，其人即苏。

32. 治心痛，黄连 240 克，为末，以水 400 毫升，煮取 90 毫升，绞去渣，适寒温饮 30 毫升，每日 3 次。

33. 治卒中恶心病方，苦参 90 克（切细），好醋 90 毫升，以醋煮苦参，取 50 毫升，强入顿服，老、小二服。

34. 治30年心痛方，桃仁7枚去皮尖，研细，汤水合顿服，酒服亦良。

35. 治心疼，饭粒粘白矾末为丸，每服0.9克。

36. 治心疼，真麻油50毫升，煎滚，冲入烧酒20毫升，趁热饮之。

37. 急心疼效方，山羊血0.3克，烧酒化下。

38. 治急心疼，木耳30克，焙干为末，白水送下，3服痊愈。

39. 治急心疼，淡豆豉15克，煎汤250毫升服。

40. 治心气痛，疼痛多年者亦效，野田小蒜（五月五日采）不拘多少，以好醋煮软，顿食立愈。

41. 治卒心痛，苦酒60毫升，破鸡子1枚，合搅饮之，好酒亦佳。

42. 治卒心痛，蒸大豆，煮之，以囊盛，更番熨心上，冷复易之。

43. 治心痛，桂心末（或干姜），温酒服9克，须臾六七服。

44. 治心痛，当归末，酒服9克，频服。

45. 治卒心痛，盐，先煮3沸汤60毫升，以盐30克，合搅饮之，若无火以作汤，仍可用水盐30毫升服之。

46. 治卒心痛，白艾（成熟者）90克，以水180毫升，煮取60毫升，去渣顿服之。

心　悸

1. 白莲肉去皮心，煮食，久之，自愈。

2. 珍珠层粉，每次3克，每日2～3次。

3. 朱砂3克，装入1个猪心内，加水蒸煮，熟后食用，能医治心跳和失眠。

4. 取连心之莲子磨成粉，与同重量的莲藕混合煎汤来吃，连吃数周，即有效，或连续煎吃，以之代茶饮，效果更为卓著。

5. 鸡蛋两个，煮熟，取蛋黄，置勺内烤出油（即蛋黄油），加点水饮之，每日1～2次。

6. 治心虚惊悸不定、羸瘦。用荆沥3升，以火煎至1升6合，分服4合，日三夜一服。

7. 龙眼核500克，去黑皮，长流水煮极烂，加大乌枣500克去核，捣烂如泥，和丸。每晨淡盐汤下9克，即愈。

8. 治心悸、失眠。桂圆肉250克，切碎，装入瓷瓶中，加60度白酒的400毫升浸泡15～20天。每日服10～20毫升。

9. 治血虚心悸，用猪心1个带血破开，放入大枣15克，置碗内加水，蒸熟食之。

10. 治心悸、心慌、惊恐不安、心律不齐、心动过速等症。用猪心1个，洗净挖一深孔，入朱砂15克，用线绳捆紧，防止朱砂外溢，然后放入水锅内煮烂，吃肉饮汤，分2次吃完。

不　寐

1. 灯心草一把，煎汤，睡前代茶饮。

2. 治老年心血亏虚，心烦夜不得睡。酸枣仁 60 克，炒熟，水研绞取汁，下米 12 克煮粥，空腹食之，即安寐。

3. 治大病后，昼夜虚烦不得眠。酸枣仁、榆白皮等份，煎汁温服，则自睡矣，大妙。

4. 睡后默数 1、2、3、4 等数，不久便可入睡。

5. 睡前以面包 2 片，牛乳 1 杯，调盐食之便能入睡，症重者亦效。

6. 白莲米，临睡嚼 7 枚咽下。

7. 治烦热少睡，用小麦作饭，水调食之。

8. 治虚烦不眠，大枣 14 枚，葱白 7 茎。水升煮 1 升，顿服。

9. 鲜花生叶不拘多少，煎汤服。

10. 茯神 15 克，生鸡子黄 1 枚。将茯神用一杯半水煎取一杯，稍停，兑鸡子黄 1 枚，搅匀备用。睡前，先以温水洗十分钟，然后将鸡子趁热服下，时间不久即可安眠。

11. 胡桃仁适量，红糖适量，捣碎和红糖开水冲服，饭后用。

12. 治神经衰弱引起的失眠，以啤酒花（每次约用 3 克）泡水，当茶饮。

13. 治肝火旺盛型的失眠。用碎米荠（鲜）30 ~ 60 克洗净后再用淘米水冲洗，以水 300 毫升煎取 150 毫升，于下午 5 时服，渣再用水 150 毫升，煎取 80 毫升，于睡前服。3 剂为 1 疗程。

14. 珍珠母 6 克，研细末，每次服 0. 2 克，每晚睡前服。

15. 夜交藤 60 克，加大枣 60 克，水煎服。

16. 龙眼肉 15 克，鸡蛋 1 只，先煮龙眼肉，出味后加入鸡蛋，蛋熟后加糖少许服食。

17. 五味子 6 克，泡酒常服。

18. 治产妇失眠，凤凰衣 3 克，水煎服。

19. 半夏 10 克，加糯米 30 克，水煎服，连服 3 剂，药后顿觉心中畅快，不但能入睡，且无恶梦惊优。

20. 糯稻根 60 克，水煎，每晚服 1 大碗。

21. 芹菜根 60 克，水煎服。

22. 酸枣仁 15 克，焙焦为末，顿服，每日 1 次。

23. 治心神不宁，失眠时有惊悸、怔忡、遗精等症。朱砂 1 克，放入猪心 1 个内，炖 2 小时，猪心、朱砂同服。

24. 西洋参 6 克，开水泡在碗里，密盖半小时，空腹饮下，晚上睡前再泡再饮。连服数日。

25. 黄花菜30克，水煎服半小时去渣，入冰糖再煎2分钟，待冰糖溶化后，于睡前1小时饮服。或黄花菜炖肉佐膳也有效。

26. 鲜橘叶加水煮10分钟后入砂糖搅，可治失眠，如系重症，可多服几次。

27. 治虚烦引起的失眠。以睡莲根五钱（鲜品30~60克），水煎去渣，临睡前顿服。

28. 治精神衰弱引起的失眠，以生百合6~9克，蜂蜜1~2匙，拌合蒸熟，临睡前适量食用。但在睡前不可吃太饱。

癫　狂

1. 蚕蜕纸烧灰，酒调服。

2. 丝瓜蒂五钱，为末，井水1盏调下，即大吐得睡，不易惊起。

3. 郁金210克，白矾90克。共为末，面为丸九，滚水下9克，药完病愈。

4. 紫河车1具于长流水中冲洗极净，全无臭气，煮烂熟同牛肚俱切碎块，和一处，随便与患人食之最效。

5. 甜瓜蒂不拘多少，细研为末。壮年用二分半，15岁以下及老怯者减半。早晨井华水下，食顷含砂糖1块，良久涎如水出，涎尽食粥，1~2日愈。如涎出大多觉困甚省，麝香少许研细，温水调下即上。

6. 卧其人着地，以冷水淋其面，须终日为之，自愈。

7. 又治发狂无时，披头大叫，欲杀人，不避水火，以苦参研细，蜜丸梧子大，每服10丸，薄荷汤下。

8. 用无灰酒2碗，麻油120克同煎。用杨枝20条，每搅1~2下，换一次杨枝。煎至油酒如膏，约七分。狂者强灌之，令熟睡，或吐或不吐，觉来即不狂矣。

9. 用雄鸡2只煮熟，五味调和作羹，令食之。

癫　痫

一、羊痫风

1. 紫河车为末，每五分，冷水调下。

2. 甜瓜蒂7个（研细），白矾3克，无根水送下即吐痰，过5日再吃1副。

3. 羊蹄根3克（捣），桐油渣1.5克。和匀为丸，冷水送下，吐痰愈。

4. 伏龙肝末，水服1小匙，每日3次。

5. 猪血调朱砂末服。

6. 好松萝茶末240克，生研末120克，米饮捣为丸，临发日清晨及常日各服9克，米汤阴下。

7. 橄榄熬膏服。

8. 初生儿脐带1节，焙干研细末，多服无碍。

9. 小茴香虫32个，瓦上焙干为末，黄酒送下。

10. 青麦苗1篮，白糖60克。将青麦苗捣汁取半碗，加糖于锅炖熟，饮之。

11. 猪肉250克，艾灰120克，红糖120克。男用雄猪肉，女用雌猪肉。切如指肚大，放入老尿壶内，添水炖熟，连汤带肉，1日食完。再用艾灰红糖冲，慢慢饮服。

12. 黄瓜藤30克剪短，入清水3杯，煎取约2杯，分2次服。

13. 鳖甲炙黄为末，每服3克，乳汁调下。亦可丸如小豆大，每服1丸，乳下。

14. 蜂房大者1枚，水3升，煮令浓以浴，每日3~4次为佳。

15. 烧人中黄，以酒服之。

16. 麻仁4升，水6升，猛火煮令生牙，去滓，煎取7升，平旦空心服，或发，或不发，或多言语，勿怪之，但人摩手足须定，凡进3剂愈。

17. 鸭舌胆矾煅存性为末，每发时用3克，以笔管吹入鼻内，涎出即愈。

18. 用皂角不蛀肥者500克，去皮弦切碎，以酸浆水1碗浸，春秋三四日，夏一二日，冬七日，揉去滓，将汁入银器或砂锅慢火熬。以槐柳枝搅成膏，取出摊厚纸上，阴干收贮。用时取手掌大1片，以温浆水化在盏内，用竹筒灌入病人鼻孔内，良久涎出为验。欲涎止，将温盐汤饮一两口便止。忌鸡、鱼、生硬、湿面等物。

19. 熟附子9克，研细末，用白面粉少许，合面做饼。把饼放在丹田穴上，用艾绒团，灸数次。

20. 野蜂幼虫100~200只，夏秋采集露蜂房，中藏幼虫，开水烫死，晒干取出，芝麻油炸黄，1次服完，年服2~6次。

21. 治病狂癫痫。牛虱（水牛身上的，其虱黑如人虱样，但比人虱大些，夏天常在牛尾，冬天则在牛耳。如色赤或白者为牛蜱，有毒不可用。黄牛身上的不得用），照病人年龄每岁用1枚，置碗中研汁，加入好酒适量冲服立效。最少用30枚，重者2次可见效。

22. 僵蚕为末，每服1~1.5克，1日3次口服，儿童酌减。

二、风痰痫疾

1. 金灯花根似蒜者1个，以茶清研如浆，正午时以茶调下，即卧。日中良久，吐物。如不吐，再以热茶投之。

2. 生白矾30克，细茶15克，为末。炼蜜丸如梧子大，每服50丸，久服自然断根。

3. 九节菖蒲，去毛，木臼捣末，以黑猪心（阉割过的猪）一个，批开，砂罐煮汤，调服9克，1日1服。

4. 新橄榄切细屑，去实，蘸明矾末服之。愈多服愈妙，至痰自涌出为度，灵效异常。

5. 石菖蒲研末，每次3克，每日3次，连服1~2年。

6. 二丑，研成细末，加蜂蜜制成丸，每丸重3克，每次1丸，每日3次，连服3个月以上。

7. 甘遂末，每1.5克，装入胶囊，晨起空腹服，每日1次，连服2~3天。

三、暗风痫疾

1. 用腊月乌鸦1只，盐泥固济，于瓶中煅过。放冷，取出为末，入朱砂末15克。每服3克，酒下，日3服，不过10日愈。

2. 蛇黄火煅，醋淬7次，为末，每服酒调6克，数服愈，年深者亦效。

3. 干地龙3~6克，水煎服，每日1次，或将地龙与黄豆同煮后食豆粒。

高血脂

1. 生山楂30克，沏水代茶饮，常服有效。

2. 黑木耳15~30克，洗净炖汤服，此为1日量。

3. 白僵蚕粉100克，每次服5克，1日2次，温开水调服。2个月为一个疗程。

4. 巨胜子（又名亚麻仁）15克，水煎服，1日量。

5. 姜黄10克，水煎服，连服1~2周。

6. 蒲黄5~10克，水煎服，连服1~2周。

7. 月见草5~10克，水煎服，连服1~2周。

8. 野菊花30~50克，水煎服，连服1~2周。

9. 五味子10~15克，水煎服，连服1~2周。

10. 泽泻30克，水煎服，连服1~2周。

11. 何首乌20克，水煎服，连服1~2周。

12. 花生壳50克，水煎服，连服1~2周。

13. 没药5~10克，水煎服，连服1~2周。

14. 决明子50克，水煎服，连服1~2周。

15. 昆布30克，水煎服，连服1~2周。

16. 虎杖20~30克，水煎服，连服1~2周。

17. 野蔷薇根30~50克，水煎服，连服1~2周，或焙干为末，每服10克，1日2次。

18. 大黄粉，每服0.25克，1日3~4次吞服。

胃 烷 痛

1. 用当归为末，酒调服方寸匕。

2. 治卒然胃脘痛，用干姜为末，米饮汤下一钱匕。

3. 取鳗鲡鱼淡煮令熟，与患人食之，一二枚小瘥，饱食愈佳。

4. 伏龙肝末煮水服方寸匕，若冷以酒服。

5. 取熊胆如豆大，和水服，大效。

6. 用鸡卵1枚，打破头，醋之合搅匀，暖过顿服。

7. 用东引桃枝一把，切。以酒1升煎取半升，顿服。

8. 治卒胃脘痛，用龙胆草120克，酒3升，煮1升半顿服。

9. 治胃脘痛，短气欲死者，用乌梅27枚，水5升，煮、沸。纳大钱之枚，煮取2.5升。强人可1服，羸人可分之再服。

10. 取桂心60克（切），以水1升2合，煮取8合，去渣顿服。

11. 用苦参90克，酒1升，煮取8合，趁热顿服。

12. 治卒胃脘痛，用艾1升，水3升，煮取一升，顿服。

13. 以生麻油半合温服。

14. 用桃仁7枚，去皮尖熟研，水5合顿服。

15. 以郁李仁三七枚，烂嚼。以新汲水下，温汤尤妙。须臾痛止，煎薄盐汤呷之。

16. 用山栀子15枚，大者9枚，去皮炒，浓煎姜汁和，顿服立差。

17. 用自然铜火煅，醋淬9次，为末。每服醋调0.75克，服之即止。

18. 用延胡索炒研为末，酒调服之。

19. 用瓜蒌1个切碎，以瓦焙干存性，为末。酒调方寸匕服之。

20. 用神曲为末，每服6克，空心热酒，或白汤调下，日三服。

21. 烧水牛角末，酒调服方寸匕。

22. 取石菖蒲一二寸嚼之，热汤或酒下，甚效。

23. 用黄荆子炒焦为末，米饮调下一钱匕。

24. 以盐置刀头烧红，淬水中服之。

25. 细茶煎头醋和服之良。

26. 以小蒜酽醋煮，顿服之良。

27. 以雄黄60克细研，好醋2升，慢火煎成膏讫，蒸饼丸和梧桐子大。每服7丸，姜汤下。

28. 以生地黄1味，随人所食多少，捣绞取汁，搜面作馄饨，或冷淘食。忌用盐，久服，能疗一切久近心痛。

29. 用高良姜细挫为末，米饮调下一钱匕。

30. 以荔枝核于慢火上烧存性，为末，新酒调下1枚。

31. 香樟树皮，刮去面上黑黄，用第二层皮，捣碎煎汤服，永不再发。

32. 胡椒14粒，绿豆21粒，同研。白汤调服即止。

33. 桑耳烧存性，热两服6克。

34. 大马兜铃1个，灯上烧研末，温酒服。

35. 陈仓米烧灰，和蜜服之即止。

36. 晚蚕沙30克，滚汤泡过，滤取清水服。

37. 败笔头3个，烧灰，天落水服。
38. 釜底墨6克，热童便调下。
39. 剖取带血刺猬心，挂檐下，风干研末，用陈酒或开水冲服。
40. 大川芎1个，为末，烧酒服之。
41. 老姜末3克，米汤饮之。
42. 桃仁（去皮尖）7粒，研碎，水1碗化服。
43. 高粱根煎汤温服，甚效。
44. 山羊粪7颗，油头发1团，烧灰，酒化服。
45. 桑叶捣烂，开水送下。
46. 心病危急，老葱头7根（隔年者炒），捣汁灌之，以香油送下，其人即苏。
47. 布裹胡椒末安痛处，用熨斗频熨之，令汗出即止。
48. 急心痛，木耳（要厚）30克，烧干，研，白酒送下，3服即愈。
49. 治痰停心痛，小白螺狮壳洗净，烧存性研末，酒服少许。
50. 治蛔虫心痛（痛时口出清水即是），用薏苡根煎浓汁服，虫死俱出。
51. 治虫心痛，海螵蛸1块，以醋磨浓频服。
52. 治气痛常发5~10年不愈，小蒜连叶7根，以盐醋煮熟，病时频服，竟可除根，永戒食脚鱼。
53. 生芝麻不拘多少预备之，俟痛时亦不必看，随手取来放铜锅内，炒黑为末，以好酒送下。
54. 治心胃气痛，花椒6克，捶烂开水泡，吃后服酒立刻好。
55. 治心痛作酸，又治水停心中，作声如雷，口眼歪斜，不省人事。胆矾0.3克（为末），温黄酒送下，以吐尽痰为度。
56. 治胃气痛不能俯仰，生韭菜或根，洗净捣汁饮之。
57. 治胃气痛，生矾研细末，以饭为丸，如桐子大，每服二三十丸，白汤送下。
58. 治胃气冷痛，白砂糖15克，熬水热服，加生姜1片。
59. 淡豆豉五钱，煎汤半茶盅服之。
60. 橘皮15克，红枣7枚（去核捣烂），生姜9克，煎服。
61. 治胃脘大痛，黑枣3枚，去核，填明矾令满，炭火烧存性，研末酒下，被盖暖片时。
62. 治胃脘血气痛，红花1大撮，水2盅，煎1盅服。
63. 治胃火痛，田螺壳烧研水服。
64. 治胃气痛妙方，用荆柴子醋炒，研细末，冲酒服，立愈。
65. 治血气痛仙方，用韭菜根捣烂敷肚脐，然后以锡壶盛开水，熨于韭菜根之上，令其热气入腹内，以痛止为度，无不应手而效。
66. 治男妇气痛方，用白扁豆壳（去皮）煮酒服立愈。
67. 桃树上不落干桃子3个，为末，空心温酒下，每服6克。
68. 用胡椒，1岁1粒（10岁10粒），白滚汤下。

69. 治胃痛，核桃肉7个，连皮捣烂，入好砂糖在内调和，用热酒1碗冲吃，愈。

70. 治卒心痛血气痛，用青木香醋研服。

71. 用雄鸡屎白烧灰存性为末，热酒调方寸匕服。

72. 治急心痛，用新嫩槐枝1把，切去两头，水2盏，煎1盏，去渣。

73. 治冷气心痛，及疝气心腹痛，五灵脂为末，每服1钱，好酒下。

74. 治积年心痛不可忍，小蒜醋煮食，勿着盐。

75. 治心痛，瓦楞子醋煅1次为末，每服9克，白汤下。

76. 治心痛，牙皂角不拘多少，微火烧，烟甫尽取起为末，以烧酒调服五七分，即效。

77. 芭蕉叶捣汁，白酒调服。

78. 白杨花煎服（又名天蜈蚣）。

79. 用大蒜捣烂，涂足心，即愈。

80. 棉花子21克，水3杯煎1杯，加酒半匙服，一般胃疼有效。

81. 鸡蛋壳1个炒黄，研细末，水吞服，每日1次。

82. 治胃痉挛痛，鸡蛋10个打碎，冰糖30克，清酒5合，同入锅炭火上炖成焦黄色，1日3次，每次1大匙，食前服。

83. 鲜佛手12～15克（干品6克），开水冲泡服。

84. 治气滞血瘀胃疼，田七末每次1.5克，每日2～3次口服。

85. 治伤食引起的胃痛，莱菔子50克，水煎服。

86. 威灵仙30克，鸡蛋2个，红糖5克。水煎威灵仙，去渣，加鸡蛋、红糖煮成蛋汤。每日1剂。

87. 生豆油150克，放入茶杯，用开水冲，1次服下，治疗绞痛难忍之胃痛。

88. 蜂巢放在新瓦上煅灰研末，每服1.5克，开水送下。

89. 玫瑰花6克，水煎服。

90. 大卤香9克，加酒煎服

91. 香附子12克，炒黑，水煎服。

92. 桃树根1把，水煎服。

93. 苦瓜花30克，研末，分2次，温水送服。

94. 治胃寒痛，荜澄茄为末，水泛为丸，每日3克，分服3次，开水送下。

95. 高良姜0.9克，米饮汤送下，治胃寒痛。

96. 嫩芋艿，切薄片，拌白糖，早晚佐饭，可以止痛，用于胃热痛。

97. 五灵脂，烧烟尽研细末，每服二三钱，开水送下。

98. 陈香橼1个，煎汤代茶常次。或香橼子15克，炒热和酒炖服。

99. 寻骨风根9克，水煎服，或嚼烂吞服，1日1剂。

100. 高粱酒90克，冰糖45克，将冰糖放碗内加酒点燃，待自熄，余存冰糖，用开水冲服甚效。

101. 生韭菜1把，洗净捣汁，温水送服。

102. 杏仁7粒，醋15克，加水共煎，服之。

103. 治胃下垂，醋柴胡20～30克，加入冷水400毫升，文火煮沸后，倒入杯中，徐徐饮下，1日服完，连续用1～3个月。

104. 治胃脘疼、慢性胃炎，取鲜女贞子约250克，加水煮，加入红糖至汤有甜为度。然后装入12磅保温水壶内，当茶频频饮服，1水壶为1剂，连服至愈。

胃、十二指肠溃疡

1. 治胃及十二指肠溃疡，决明子适量，共研细末，每次1.5～3克，日服3次。

2. 蜂蜜1杯，隔水蒸熟后，于饭前空腹1次服下，每日3次，连服2～3周。

3. 黑鲤鱼1尾，白酒，冰糖适量。先将鱼去内脏，但不去鳞，切成小块用白酒浸泡，加盖焖数小时，然后将酒过滤，取汁500克，加冰糖50克，即成。饭后2小时服100克，每日服2～3次。

4. 干玫瑰花片6～10克，冲入沸水，代茶饮。

5. 豆浆1碗，加白糖25克煮沸，空腹饮用，每日2次。

6. 糯米100克，红枣5枚，共煮粥，极烂为好，日常食用。

7. 白鲜皮根洗净，抽去梗芯，阴干后研为细粉，成人每日服2次，每次5克，空腹白开水送下，或用鸡蛋1个加食油煎服更好。

8. 枯矾1份，蜂蜜2份，将枯矾研末，放入蜂蜜中，搅拌均匀。每次饭前口服10毫升。

9. 每日用新鲜蜂蜜100克，早、中、晚饭前分服，服至第10天后每日增至150～200克。或用蜂蜜60毫升，加入0.5%普鲁卡因40毫升，搅匀，每日口服100毫升，1日3次饭前服。30天为1疗程。

10. 甘草粉每次2.5～5克，每日3次，连服3～4周。或将甘草粉为丸，每日12～15克，3次分服，连用6周，该方对胃溃疡的疗效较十二指肠溃疡者为好，对新鲜溃疡较陈旧者为好。

11. 土木香6～9克，取药为末，开水冲服。

12. 苦参洗净晒干，研细末，装胶囊，每粒重0.3克，1日服3～4次，每次3～4粒。

13. 侧柏叶9～15克，水煎服，治溃疡病兼出血者。

14. 煅瓦楞子200克，研末，每服10克，饭前开水送服，每天3次。

15. 三七1.5～3克研末，内服。治胃、十二指肠溃疡病的顽固疼痛。

16. 番白叶根（鲜）60克，加水1200毫升，煎成300毫升，每天服3次，每次100毫升。

17. 生姜90克切片，装猪胃内，砂锅炖熟，切丝，盐调，餐时当副食，可分数次服，服完再制，病愈为止。治胃溃疡、胃酸过多者。

18. 小白菜全棵洗净绞汁，每次用20～30毫升，加入白糖内服，治溃疡出血。

19. 柚子皮（煅灰），每服1汤匙，1日数次。

20. 寒水石，研极细末，每服6克，开水送下。

21. 马铃薯（生用连皮）若干放石臼内加开水捣烂绞汁，早、晚各服1杯，在不痛时还须继续服用1个月。

腹 痛

1. 用官桂或干姜煎服。

2. 食盐炒1大撮，热水送下，多饮取吐。

3. 治急肚痛，用本人头发烧灰存性，研末3克，不拘时，酒下。随即以白芥子研末少许，水调封脐中，汗出而愈。

4. 灸腹痛，气海穴，在脐下1.5寸，灸三五壮，愈。

5. 盐微炒，以布裹熨痛处。

6. 寒证腹痛，用葱姜炒熨之，或用热灰熨之，或用滚开水1壶隔布熨之。

7. 热证腹痛，用铜铁冷物熨之。

8. 治男女房事后中寒腹痛，用生姜、葱白同捣烂，热酒冲服，强睡片时，汗出即愈。如疾甚者，再另用葱白头捣烂炒热，摊脐上，以艾火灸之，鼻尖出汗愈。

9. 干姜3克研末，开水调服。

10. 治心腹冷痛，胡椒37枚，用白酒送服。

11. 治心腹冷痛，醋浸大蒜，愈陈愈好，食数颗。

12. 治腹绞痛，生豆油1小茶盅，开水冲服，在5分钟内即愈。

13. 治不吐不泻腹大痛，炒盐9克，研细末，开水送下。

14. 治腹痛不止，葱头240克，捶烂炒热敷肚脐处。

15. 腹痛效方，巴豆3粒，红枣2个，同捣烂，裹敷脐上立止。

16. 治腹胀痛，用草豆蔻30克，去壳为末，每服1.5克，木瓜、姜汤饮下。

17. 治腹痛及胸胁疼，热满，取羚羊角烧为末，水服方寸匕。

18. 治腹痛烦闷，用鹿角烧末，豉汁服方寸匕，日二服。

19. 治小腹痛，面青黑或赤，气不能喘，用苦参30克，醋1升半煎8合，分2服。

20. 治一切腹痛，不论虚实寒热皆效，小麦秆烧灰，地上出火气，将麻布包了，滚水淋汁，1服立止。

21. 白砂糖30克，以酒3升煮服，不过，再服自愈。

22. 治绞肠痧痛，用樟木煎汤吐之或盐汤探吐亦可。又宜刺委中出血。

23. 广木香，蘸水磨汁冲服。

24. 麸皮炒热熨之。

25. 食盐适量，研为末，填满脐窝，上放艾团如大豆大，点燃后灸之。

26. 牙皂适量研末，每次3克，每日2次，白酒冲服。

27. 高粱根（露出地面者）若干，洗净，水煎加红糖饮用。

28. 白胡椒2克，鸡蛋1个，加水共煮5分钟后，将鸡蛋去壳再煮10分钟，吃蛋喝汤。每日2次。

29. 治小腹痛，鸽子粪1合，研极细，热酒1盏和匀，澄清服。

30. 治热证腹痛，蔓荆子15克研末，用开水送服。

31. 治血滞腹痛，桃树根50克洗净切片水煎服。

32. 治湿热腹痛，鲜白扁豆荚30个，捣汁，开水冲服。

33. 皂荚子10粒，水煎，温服。

34. 治伤食腹痛，山楂9克炒焦成炭，研细末，加红糖，开水冲，温后，1次服。

35. 治便秘脘腹疼痛，黑丑研末，每服5克，每日2次，白水送下。

36. 治一切腹痛，古钱1文打碎，大核桃3个，同炒热，入醋，杯冲服。

37. 血胀腹痛，荷叶煮酒服。

38. 恶痒腹痛，阿魏末，热酒服9克。

39. 白芍45克，水之碗煎八分，饭后服之有效。

40. 柏树根30克，水煎加冰糖服。

41. 地瓜藤根数个，水煎服。

42. 陈包谷心2个烧存性，艾叶9克，水煎服。

43. 生松叶（即松毛）120克，捣汁，开水冲汁服。

44. 南瓜藤上须头9克，水煎服。

45. 莲斗适量，水煎服。

46. 马泡蛋（即马勃）7个，水煎服。

47. 干娥眉豆30克，加生姜3片，水煎服。

48. 山奈研细，每服1.5~3克，开水吞服。

49. 生荜澄茄根15克，水2碗，煎水分服。

50. 硫磺1.5克，大枣4枚（去核），用火烧成炭，研面，黄酒送下。

51. 治寒证腹痛，白芥子微炒为末，蒸饼丸如小豆大，每次姜汤吞下10丸。

52. 治寒证腹痛，嫩枫树叶7片（1次量），烘干研末，开水送下，1日服2次，4小时服1次。

53. 治寒证腹痛，白胡椒6克研细，加红糖60克，烧酒60克，共煨热服。或用白胡椒7个，嚼碎开水吞服。

54. 治寒证腹痛，车前子根（即石菖蒲根）27克，研细末，每服9克，酒送下，1日3次。

55. 治寒证腹痛，小胡椒7粒研末，红枣7颗，核桃7颗烧焦研细末，用烧酒、红糖熬成汤，1次服下即可。

56. 生姜10片，葱白7根，共捣烂，热酒冲服取汗。

57. 治食积腹痛，黄荆树子（晒干），炒研末和红糖服。

58. 小儿腹痛，茴香根9克水煎服；或鸡蛋黄2个放入小勺内炼取油服；或台乌药3~6克，水煎顿服；或茴香、老姜、艾叶各9克，葱头1个，其捣烂炒热，敷脐或布包熨脐或茶油少许点在脐上，外以火罐拔之。

59. 小腹痛，苦桃仁数粒捶碎，泡米酒服。或桃仁9克加白糖共研细，加开水服。

60. 小腹痛，小茴香3克，食盐1撮，开水冲服。

61. 治小腹痛，芥末9~15克加醋和卤水熬浓，摊厚纸上或布块上，按腹痛处贴上。如皮肤发赤起疱，即去药。

62. 治小腹痛上攻冲心者，穿山甲片（土炒脆）研末，砂糖调，陈酒送下，每服6~9克。

63. 老姜9克，白矾1.5克，水煎服，每服1小杯。

64. 小茴香炒热，布包温熨下腹部。

65. 胡椒2克，研末置膏药上，外贴脐部，治受寒腹痛、泄泻等症。

66. 治腹坚如石，痛如刀割，牛膝90克，用好烧酒300克浸泡，紧紧封好，熬至30克，饮后吐出恶物则有效。又方牛膝60克，水煎服。

67. 治腹中如有石，痛如刀刺者，用商陆根不拘多少，捣烂蒸之，以新布裹，熨痛处，冷更换。

68. 治腹痛气恶，用高良姜炒焦，酒煎服，或用胡椒研碎，酒调服。

69. 治绞肠痧，用好明矾末，滚水调服。

70. 治绞肠痧痛不可忍，用炒盐30克，热汤调服。危迫者灌入口中，或吐或利，腹痛即止。

71. 以手蘸温水，于病人膝腕用力拍打有紫黑处，以针刺去恶血即愈。

72. 松香9克，开水冲开搅拌提取胶质，过滤，服澄清液，1次用。

73. 治腹痛，取妇人油头发，烧如灰，细研筛过，温酒调服。

腹　胀

1. 治腹满不能服药，煨生姜1块，绵裹内部，冷即易之。

2. 用独囊蒜纳下部，亦用绵裹之。

3. 治腹满小便不利，气急，用甘遂0.6克为散，分5服，热水下。如觉心下烦，得微利，日1服。

4. 治小腹硬满，胸中胀，能食不消，用曲末热酒调方寸匕。

5. 中满腹胀，一食不能再食者，不着盐，猪血漉去水，晒干为末，酒服取泻效。

6. 肚腹肿胀，萝卜子30克，微炒，水1碗，煎三滚服。

7. 治腹内气胀满者，用槟榔为末，每服6克，水煎服。

8. 治小腹胀痛，韭菜根取汁，和猪脂煎，细细服之。

9. 腹胀（气病），香附子500克，童便浸3日，焙为末，丸如梧子大，开水送下四五十丸，日2次。

10. 嫩干葫芦子（烧存性），研为细末，温酒或白水送下，每服6克。

11. 芋头花120克，泡酒蒸热服。

12. 盐橄榄30枚，煅炭，研细末，每服4.5克，1日3次，饭后生姜汤冲服，连服2~3天为1疗程。

13. 白椿树二层皮1把，用香油或其他食油炸，煎茶喝。

14. 土狗（去头足），新瓦上烤干研末，每服3克，开水吞服，1日2~3次。

15. 草果3个，纸包，水泡，火煅焦，为细末，水冲服。

16. 姜炒远志15克，水煎服，转矢气即缓。

17. 嫩花椒，泡咸菜缸内，泡熟后当咸菜吃。多吃气从上散，胀可除根。此方为辛酸两和法，能健胃杀虫。

18. 治食积腹胀，肉桂研末，和饭为丸如绿豆大。每服1.5克，开水送下。本方宜于食瓜果腹胀者。

19. 烧焦的小麦及高粱，烤焦的馒头，煮开水吃。

20. 食积腹胀，观音竹30克，水煎服。

21. 食积腹胀，山楂炭24克，开水冲服2克，连服数次。

22. 治气虚腹胀，砂仁30克，浸入萝卜汁内，拌干，研细末，每服4.5克。

23. 治气虚腹胀，柞木500克，红糖250克。柞木烧灰存性，和红糖拌匀，每晨空腹9克，温开水送下。

24. 治小儿腹胀，用蛤蟆1个，将腹剖开贴脐部；或生柚皮晒干，瓦上煅黑，研细末，1日2~3次，每服0.6~0.9克，或莱菔子15克，连根葱少许，开水冲频服，或茴香根9克，水煎服。

25. 治腹胀黄肿，葫芦不去子，烧存性，饭后温酒下。不饮酒者，白滚水下人，每服1个。

26. 治腹胀肢肿，黄瓜1个，破开，连子以醋煮至烂，空心服之。

呃逆

1. 生姜捣汁1合，加蜜1匙，温热服。

2. 乳香纸卷烧烟，熏鼻中。

3. 雄黄煎酒，嗅。

4. 柿蒂7个，烧存性，研末酒调服。

5. 刀豆子烧存性，白汤调服，立止。

6. 陈核桃5个，吃2次即愈。

7. 麻雀数只，煲粥或蒸熟，食之。

8. 真火酒（烧酒）1杯，新汲井水1杯，和服甚妙。

9. 良姜为末，水2盏，煎1.8克，入少许醋，更煎30克服，温服立效。

10. 剪自己指甲少许，塞在烟卷内，烧而吸其烟，即止。

11. 南瓜蒂4只，水煎，连服三四次。

12. 以枇杷叶浓煎汁饮，殊效。

13. 浓煮芦根汁饮之。

14. 灯草1小束烧灰，热水冲服，立即止呃。

15. 冰片少许，放纸烟上，明火点着，深吸闭气。

16. 皂角（去核），捣为细末，吸入鼻中少许，至打喷嚏为止。

17. 荔枝7个，连壳烧灰为末，开水调服。

18. 土鳖虫（去头足），研为细末，每服3～6克，白开水送服，孕妇忌服。

19. 灸法治呃逆，在乳下一指许，正与乳相对，骨间陷中。妇人可屈乳头度之，乳头齐处是穴。艾炷如小豆许，灸三壮，男灸左，女灸右，只一处，火到肌即瘥，若不瘥则多不救矣。

20. 治中风后呃逆，全蝎18克，瓦上焙干为末，每次2克，黄酒引，每6小时服1次。

恶心呕吐

1. 核桃嚼烂，姜汁送下。

2. 萝卜生嚼数片，或嚼生菜亦佳。

3. 凡食入即欲吐者，系胃冷也。用白豆蔻子3粒，捣细，好酒1盏，温服，并饮数服，甚佳。

4. 生葛根捣汁，服1升。

5. 取生姜汁1盏，煎滚收贮；白蜜250克，炼熟，亦收贮。每服姜汁1匙，蜜2匙，沸汤调服，日夜5～7次。

6. 半夏（洗去滑）、小麦面各500克，为末，水和丸，如弹子大，水煮熟。初服4～5丸，次服加至14～15丸，旋煮开服。

7. 枇杷叶煮汁，饮之，立瘥。

8. 真火酒1杯，新汲井水1杯，和服，妙。

9. 芦根煎浓汁频饮。

10. 竹沥拌米煮饭，服下。

11. 气逆呕吐，苏叶0.6～0.9克，煎服。

12. 饥饿呕吐，用川椒煎汤服，即安。

13. 中酒呕吐，赤小豆，煮汁，徐服。

14. 呕吐绿水，韭汁入姜汁少许，和服。

15. 暴得呕吐，生滑石末6克，温水服，压以细面半盏。

16. 干呕，频嚼生姜，即止；用不破机卵去白，吞黄数枚瘥。

17. 用甘蔗汁加生姜汁和匀，温热服。

18. 乌梅12克，加冰糖15克，水煎服。

19. 灶心土60克，水煎，取澄清汁服。

20. 荷叶9克，烧灰存性，研细末，每服0.9克，每日1次，连服数日。

21. 明矾3克，泡开水，分2次服。

22. 糯稻根1把，水煎服。

23. 柿饼1枚（切碎），拌于饭蒸熟，连服数日。或柿饼烧存性，研细末，每服6克，开水送下。

24. 生葱头1握，捣烂，放食盐少许，蒸熟成饼，敷脐中良久，呕可止。

25. 恶心呕吐，白萝卜叶、捣烂取汁，开水送下。

26. 恶心呕吐，苍术30克，麦麸250克，酒适量，醋少许，苍术研末，拌麦麸炒黄，乘热以酒淬。患者吸其热气，另取一部分，用布包，在前胸温拭。

27. 神经性呕吐，百合45克，鸡子黄1枚，水浸百合1夜，当白沫出，去其水，再用清水煎，加鸡子黄，搅匀再煎，温服。

28. 夏季受暑呕吐，绿豆1把，灶心土（如大红枣）1块，共研细末，用冷开水1碗，加入药末用筷搅匀，等药末沉淀后澄清去渣，饮下。

29. 温热病呕吐，田螺数个，食盐少许，共捣，放石门穴上1小时。

30. 急性胃炎呕吐，连翘15克，水煎服。

31. 风寒呕吐，丝瓜藤梢或叶煮汤服。

32. 治呕吐不下食，食遂出，取羊肝如食法，作淡食，不过三度止。

33. 用羊乳1杯，空心饮之。

34. 虚逆呕吐，干红莲子细嚼咽，好酱油开水调服。

35. 针刺“呕吐穴”治疗呕吐：“呕吐穴”位于手掌面，腕横纹正中直下0.5寸处（同身寸），左右共2穴。用1～1.5寸毫针斜刺，针体呈15°～30°角，针尖刺向中指端，即透向手针疗法穴位“胃肠点”，大幅度捻转强刺激，留针10分钟左右，小儿可不留针。呕吐轻者刺一侧，重者刺两侧。该法适用于各种原因引起的呕吐。

36. 针刺双内关穴治疗神经性呕吐：饭后，在未出现呕吐之前，立即行仰卧位，按常规取双内关穴。酒精消毒皮肤后，快速进针，约8分至1寸深，待“得气”后。两侧穴位同时用提插手法行针10～15次（强刺激抑制手法）。在提插过程中，嘱患者作深吸气和深呼气2～3次，此时患者上腹部比较舒适，无恶心、呕吐之意。在5分钟、15分钟、30分钟各重复上述手法1次，最后留针30分。每日2～3次，一般2～3天治愈。

霍　乱

1. 治霍乱吐不止，欲死，用生姜150克，牛儿粪1升，切姜，以水4升，煎取2升，分温服。

2. 治霍乱烦躁，卧不安，取葱白20根，大枣12枚，以水3升，煎取2升分服。

3. 治霍乱烦躁，卧不安，用艾叶1把，水3升，煮取1升，顿服。

4. 治霍乱烦躁，烧乱发如鸡子大，盐汤3升和服。

5. 治霍乱腹痛吐利，取桃叶3升，切；以水5升，煮取1升3合，分温2服，冬用桃树皮。

6. 治霍乱吐利不止，转筋，入腹欲死，用生姜90克，捣碎，以酒1升，煮三四沸顿服。

7. 治干霍乱，用樟木屑煎汤令浓，呷1碗，须臾吐泻即瘥。

8. 治霍乱大泻不止，用附子1枚，炮去皮脐，为末，每服12克，水2盏，盐1.5克，煎1盏温服。

9. 治转筋入腹，取釜底墨末和酒服。

10. 治风虚转筋入腹，用鸡屎干末，热酒调下。

11. 治霍乱不吐利，心腹绞痛，用丁香14枚，为末，以沸汤1升和之，顿服，不瘥再服。

12. 用厚朴以姜汁火上炙令香，为末。新汲水调下二钱匕。

13. 白开水1碗，入炒食盐1撮，候汤冷饮之。

14. 用针刺少商穴，十指头出血立愈。穴在拇指头上指甲之两旁与出指甲之处相齐，只离指甲两边各一韭之地是也。

15. 生黄瓜1条，绞汁1酒杯，生姜取汁1酒杯和匀，灌下即愈。

16. 生白矾为末，开水下3克，或白矾6克，饭和丸，1服即止。

17. 饮新汲水1大碗，仍以水1盆浸两足，立止，忌食热物。

18. 盐醋同煎服。或生藕捣汁服之亦愈。

19. 绿豆粉、白砂糖各15克。拌匀干吃。

20. 以木瓜若干，煎汤服。

21. 用大蒜捣涂足心，立愈。

22. 凡转筋不可忍者，男子以手挽其阴，女子以手牵其乳两旁边，即愈。

23. 凡霍乱转筋垂危者，如腹尚有暖气。以盐填脐中，灸盐上七壮苏醒。

24. 霍乱烦渴，藕汁1钟，姜汁半钟，和匀饮之。

25. 干霍乱烦胀欲死，好醋3升饮之。

26. 干霍乱，食盐30克，用热水调灌入口，盐气到，痛即止。如痛甚，以手拍病人膝弯有紫黑点，用针刺出黑血即愈。

27. 荞麦面炒焦为末，冲服。

28. 干霍乱，在干黄土地掘深3尺，以新汲水投之搅浊，稍澄取清饮之，连服三五盏即愈，大忌米汤。

29. 用食盐30克，生姜（切片）9克，同炒色变，以水1碗煎服，不宜热服。好后不可立即饮食。

30. 连枷关烧灰，水服之。

31. 青蒿嫩叶，手揉如豆大，井水吞下数枚，立愈。

32. 治霍乱吐利后转筋，生捣扁豆叶1把，入少许醋绞取汁，服之。

33. 藿香浓煮汁，服之。

34. 绿豆、胡椒各49粒。研碎，水煎服。如渴甚，新汲水调服。

35. 治霍乱腹痛之甚，用水1碗，将一半煎滚，一半冷水相合，吃之甚效。

36. 治霍乱腹痛吐下，用桑叶捣汁，服1盏，冬月用干者，煎浓汁服。

37. 治霍乱心痛无汗，吐不止，用梨枝叶1握，水2升，煎1升服。

38. 用盐1撮，醋1盅，煎七分，温服。

39. 芥子捣细，水和，敷脐上。

40. 梅叶煮浓汁饮。

41. 砂仁30克（炒），盐研1撮，沸汤调，冷服。

42. 海桐皮煮汁服。

43. 用盐1大匙，熬令色黄，和童便1盏，温服，少顷即下。

44. 千年石灰，砂糖水调服6克或醋汤调下。

45. 盐汤1碗，入皂角末少许，调服。

46. 治霍乱转筋，用烧酒摩擦患处，或生薏仁为末，每服6克，水调服。

47. 用盐500克，炒热包2包，更替熨肚，1小时即愈。

48. 杉木煎汤服。

49. 橘皮30克，生姜2片，水煎服。

50. 治霍乱吐泻服药即出，无法可治，用井水半碗，百沸汤半碗，相合服之。

51. 治霍乱吐泻心腹作痛，用炒盐1碗，布包，顿其胸前并腹肚上，熨斗火熨，令气透。又以炒盐熨其背，则愈。

52. 霍乱吐泻，车前子末9克，开水冲服即愈。

53. 霍乱吐泻，干佛手煎汤，饮之愈。

54. 转筋霍乱，扶病人坐起，将凉水淋两腿，筋即不转。或以水2桶，将病人脚侵入水内，过曲膝即愈。

噎膈反胃

1. 以生姜1000克，捣烂绞取汁，如作粥法服之。

2. 取小芥子日干为末，酒服方寸匕，治反胃上气。

3. 用猪肚1枚，连屎煅为末，枣肉捣丸，饮下数十丸，治反胃。

4. 治噎，用羚羊角屑，不拘多少末之，饮服方寸匕。

5. 枯矾90克，蒸饼丸梧子大，每空心米汤下15丸。

6. 棠梨叶油炒，去刺为末，每日酒服3克。

7. 干柿3枚，连蒂捣烂，酒调服，勿与他药杂服。

8. 大鲫鱼1条，去肠留鳞，入绿矾末令满，泥固煅存性研末。每米汤饮6克，日2服。

9. 陈年灶土为末，米汤服9克。

10. 鸡内金1个，烧存性，酒调服，男用雌，女用雄。

11. 白芥子末，酒服6克。

12. 用隔年炊饭干，即锅焦，不拘多少。以急流顺水，煎煮糜烂，取浓汁，时时饮之。

13. 用老姜切片250克，童便浸49日，取起晒干，为末。每服0.9克，滚白汤下。

14. 用凤仙花末，酒调3克饮。

15. 治噎膈神效，猫胞衣，初生时即取，迟则猫自食之。用新瓦炭火炙枯，勿焦，研细末。每服一二分，好酒送下。服后噙竹筒1个唾，恐伤牙。及咳嗽米粒不下者，五六服愈。加麝香少许，更好。

16. 生韭汁每服半杯，日3服，治噎膈反胃。

17. 韭菜籽6~9克，炒研细，制成丸剂，作1次服，每日3次服。

18. 柿饼拌于饭蒸熟，连服8日，不饮滴水，极重者8日必愈。

19. 羊粪15克，童便1大盏，煎六分，去渣，分3服。

20. 糯米末以牛涎拌作小丸煮熟食。

21. 牛涎水服2匙，终身不噎。

22. 治酒隔，初生小鼠，瓦上焙干，为末，陈酒冲服立效。

23. 小儿胎发1团，阴阳瓦焙存性，研细末，陈酒送下。

24. 白鹅尾毛烧灰酒服，或米汤送服，每次3克。

25. 噎膈不通，野猫头骨炒为末，酒服。

26. 白蜜30克，滚汤调服。

27. 蒲公英根（大如拳，旁有人形拱抱者佳），捣汁酒服，神效。

28. 黄鳝鱼1条，用无灰黄酒，量鱼大小酌酒多寡，煮干为度，连皮带骨用净砂锅焙存性，研为细末，病势重者每服9克，轻者每服7.5克为止，不可多用，噎食黄酒调服，若在上半月其效尤速，若在下半月其效较迟。3服见功，5服痊愈，愈宜薄多淡饮食，陆续吃稀粥，忌一切思虑筹划，气恼荤腥，椒酒色欲房劳尤慎之。转食用靛花送下。

29. 噎食除根方，用大木中蛀木虫7个，瓦焙研末，酒冲服，或加茴香虫7枚更妙。

30. 抱出鸡子壳为末，酒服6克。

31. 白矾半生半熟，不拘多少，冷水调下。

32. 以豆蔻仁和冰糖块含入口中，数分钟即止，奇效。

33. 壁虎焙干研成细末，每次3克，每日3次开水送服。

34. 用猬皮煮汁服，或以其肉五味煮食。不得食骨，令人瘦缩小。

35. 用粟壳煮汁饮。

36. 百年陈石灰，飞净研末，温开水冲服。

37. 好醋，开水兑饮，立止。

38. 油透旧木梳，烧灰，酒调下。

39. 翻胃吐食，用真蚌粉，每服6克，姜汁米饮调下。

40. 用黄柏末，热酒调9～15克食后服。

41. 鲜葛根30克，捣烂取汁1次服下，宜于反胃不止。

42. 用注射器刺鹅血管，抽取鹅血，每日抽5～10毫升，趁热服下，随意服之。治食道癌有特效。或热鹅血，不加盐水饮之。

附录：鹅血治噎方，献花寺僧自究病噎，百药不效。临殁谓其徒曰：我毒罹此患，胸臆必有物为祟。死后为我剖去。我感汝无尽矣。其徒如教，得一骨如簪，取置经案，久相传示。适有武官寓寺，从者杀鹅，未断其喉。偶见此骨，取以挑刺，鹅血喷发，而骨遂消减。其徒亦素病噎，因悟鹅血可治，遂数饮而愈。遍以此方授人，无不验者。此事与昔人患癥瘕死，遗言开腹取之，得病块如石。后偶置三棱中，石消成水，因知三棱可治癥瘕，事正相类。

43. 神灸翻胃法：男左女右手，拿棍1条，伸手拄棍在地，与肩一般高，肩上有窝名肩井穴，灸三壮，即效。又，灸两乳下各一寸六分。

44. 焦栀子去皮20粒，煎服。

45. 金银花十两，水煎去渣，慢火熬成膏，早晚每服1酒杯，米汤下。

46. 螺蛳2升，米时浸1宿，去螺取水澄，取泥焙干为末，酒下，忌1日饮食不进。

47. 燕窝脚（色红紫名血燕）性重达下，煎服甚效。

48. 白马尿饮一二升，治食后少顷即吐，极效。

49. 治噎膈方，用自己小便去头尾服之，久而自愈。

痢　疾

1. 治赤白痢久不瘥，用云母粉饮调方寸匕，2服立见神效。

2. 治大热毒纯血痢，用宣黄连180克，以水7升，煮取3升，半夜露星月下，平旦空腹顿服，少卧将息。

3. 治暴痢，用小鲤鱼1条，烧为末，米饮服之。

4. 治暴痢，捣蒜贴两足底下。

5. 治赤白痢，地榆500克，水3升，煮取1升，去渣，再煎如稠汤，绞滤，空腹服3合。

6. 治赤白痢不止，用黄连为末，鸡子白为丸，饮服10丸，至30丸瘥。

7. 治赤白痢里急后重，脐腹绞痛，用黄连1升，酒5升，煮取1升半，再服当止。

8. 治血痢，以栀子14枚，去皮捣细，蜜丸如化桐子大，每服三五十丸。

9. 治赤白痢，用牛膝90克捣碎，以酒一升渍，经1宿，每服2盏，日3服。

10. 治赤白痢，用葱白1握，细切，和米煮粥，空心服。

11. 治脾胃气虚，肠滑下痢，用黄雌鸡1只，治如食法，以炭火煮之，捶碎，以盐醋刷之，又炙令熬熟干燥，空心食之。

12. 治血痢，取干姜于急火内烧黑，不令成灰，瓷碗合放冷为末，每服3克，米饮调下，神妙。

13. 治久痢不瘥，用椿根白皮不限多少，常取土际，不用见狗及风，细切捣如泥，取面捻作馄饨子，如小枣大，勿令破，煮熟吞7枚，不过7服，空心服。忌油腻热毒物。

14. 治下痢赤白，卒腹痛不绝，用鸡卵1枚，取出黄去白，内胡粉令满壳，烧成屑，以酒服3克瘥。

15. 治脏毒、赤白痢，椿木皮净洗刷，剥取皮，日干为末，饮下一钱匕。

16. 治赤白痢久不瘥，用鼠尾草捣为末，每服3克，不计时候，粥饮调下。

17. 治赤白痢，所下不多，遍数不减，用蜜陀僧90克，烧令黄色，研如细粉。每服醋茶下一钱匕，日3服。

18. 治痢，腹痛不能食，用肉豆蔻30克，去皮，以醋面裹煨，令面熟为度，捣为散，粥饮下3克。

19. 治痢久不愈，此名休息痢，取虎骨炙令黄焦，捣末，饮服方寸匕，日3服瘥。

20. 治久痢，用水杨叶嫩枝、捣和绞汁服1升，日3服大效。

21. 治久痢不止，用黄连30克为末，以鸡子白和为饼，炙令紫肝色，杵为末，浆水3升，慢火熬成膏，白痢加酒半盏同煎，每服1.5克，温米饮调下，食前服。

22. 治暴痢，用百草霜末，米饮调下6克。

23. 治赤白痢，取马齿苋捣绞汁3大合，和鸡子白1枚，先温令热乃下苋汁，微温取顿饮之。

24. 贞观中，太宗苦于气痢，百医不效，诏以殿廷，左右有能治，当重赏之。有术士进以牛乳煎荜茇服之，立瘥。

25. 元祐二年，文潞公苦痢，百药不效，得传敕赐姜茶治痢方，以生姜切如麻粒大，加茶等份，水1盏，浓煎服之，果瘥，热痢留姜皮，冷痢则去之。

26. 治赤白痢初起，茶姜等份。红痢，姜连皮细切。白痢姜去皮切细。红白兼，半去皮，半留皮，水煎服。

27. 细茶5钱，生姜9克。水2钟，煎1钟，入蜜1小酒杯，再煎数沸露1宿。空心，白痢温服，赤痢冷服。

28. 治新旧赤白痢，盐霜梅3个，黄泥包慢火煨干，出火气，研细末，米汤调下。

29. 山楂不拘多少，去核为末。每用2酒杯，红加蜜拌，白加黑糖拌，滚水调，空心或饥时服之，立止。小儿减半。此药不论虚实久近皆可用，甚稳其验。

30. 治痢疾久不愈者，阴干陈萝卜缨，煎浓汤服。用鲜者捣汁，露1夜，炖温服，亦得。或用白萝卜捣汁1杯，蜜1杯共煎滚，调匀温服，皆效。

31. 干马齿苋煮烂，红痢加蜜拌，白痢加砂糖拌，红白兼蜜砂相半入内，食一二碗效，并汤用尤佳。或鲜马齿苋细切，煮粥食之。

32. 治痢神方，此药只用1服，即日见效。楮树一名谷树，夏秋间生红实如杨梅者是。采叶炒干为末，每服9克，用酒1钟，加砂蜜空心调服。白痢，用砂糖3克。赤痢用蜜2克，砂糖1克。赤白相半者砂蜜均半。噤口者，加儿茶末。

33. 腊八日收槐实，至端午日，用砂锅炒黄色，为末。红痢，白米汤调服；白痢，好黄酒调服，或槐米1把，红糖60克，水煎服。

34. 治热痢不止，车前叶绞汁1盏，入蜜1合，煎服，分2服。

35. 艾叶醋煎服，或入生姜同煎，止一切泻痢。亦止心腹痛及五脏痔，血泻。

36. 炒豉令小焦，捣服1合，水淋汁，日3服，治赤白痢。

37. 止水谷痢，韭作羹粥炸炒，任食之。

38. 治赤白下痢，水谷不消，面熬粟米粥，食之方寸匕，日四五服。

39. 下痢白脓不止，好面炒捣筛，煮米粥纳面方寸匕，此疗泻百行师不救者也。

40. 治卒腹痛下赤白痢数日不止，鸡子1个，用清。淡烧酒1钟，白糖9克，同入碗内调匀，重汤炖热服。

41. 治久赤白痢，鸡子醋煮熟，空心服。

42. 治久赤白痢，鸡1只，好醋1壶，炒鸡，同烧酒食之。不用盐酱，神效。或用野鸡1只，加橘皮、葱、椒、盐、酱调和作馄饨，熟煮食之。

43. 治肠风血痢，鲤鱼1条，酿白矾，烧灰存性，为末，米饮下。

44. 治下痢不止，诸药不效，殊死者，羊肝1具，去脂切作片，掺上白矾末，缓火炙熟，空心食之。

45. 治痢日久，津液枯竭，四肢浮肿，冬瓜1个，以黄土泥厚5寸煨令烂熟，去土，绞汁服之。

46. 治冷热痢，甜菜绞汁食之，又能止血生肌，人及禽兽有折伤，敷之立愈。

47. 治远年冷痢白色者，上好烧酒同真白蜜调匀，入磁罐炖滚，取出空心服，其酒听用，或酒30克，蜜15克，亦可，饮7日愈。

48. 治血痢，黑木耳烧存性，每服6克，冷水调服，或以姜醋煮木耳食之，亦炒。

49. 治噤口痢不纳药者，枇芭叶蜜炙为末，饭汤调下。

50. 治噤口痢，腊肉骨，愈陈愈妙，烧灰存性，研为极细末，好酒送下6~9克，即能饮食。

51. 治噤口痢，鹿角烧存性为末，9克，小儿6克，好酒送下，立时思食，最妙。

52. 治诸痢久不止，乌梅7个，烧灰存性，为末，空心好酒调服。

53. 下痢噤口，糯谷1升，炒出白花去壳，姜汁拌湿再炒为末，每服1匙，汤下，3服即止。

54. 治赤白痢，用干荷叶1把，扯去筋，研细末筛过，如遇白痢用白糖煎水冲服，红痢用红糖，红白痢用红白二糖煎水冲末，服立愈。

55. 治赤白痢，荠菜根烧灰，蜜调服。

56. 治赤白痢，椿根白皮煎汁饮之。

57. 竹蓐（即竹林内夏日逢雨滴汁着地而生似鹿角白色者）和姜酱食之。

58. 血痢，葵花叶炙过者食之。

59. 血痢不止，荷叶蒂10个，水煎服即止。

60. 血痢不止，柿饼煎汤，日饮数次。

61. 血痢作痛，槟榔1枚，以麦冬煎汤细磨浓汁1盏，空心服，日2次。

62. 痢脓血黄浆，取活鳝鱼去肠杂切段，放瓦上炙炭研粉，每服9克，黄糖拌热，陈酒送下，数服痊愈。不拘老幼，滑肠久痢神效。

63. 鲫鱼头烧灰研末酒服。

64. 冬瓜叶嫩心，拖面煎饼食之，亦治火泻。

65. 久痢，蚕豆花阴干，每服6克，砂糖3克煎汤下。

66. 久痢，臭椿根皮五钱，酒2碗，煎服。

67. 下痢腹痛欲死，延胡索9克研末，米饮调下。

68. 酸石榴1个煅灰，出尽火毒，夜后研末，仍以石榴1块煎汤服，效无比，此方又治久泻不止。

69. 茜草1握，煎水，浸两足底，可治各种痢疾。

70. 治痢方，梧桐叶1500～2000克，煮水洗足；或臭梧桐15克，水煎服。

71. 凡白痢如鱼冻色，久不愈者，用白鸭1只取血，以滚酒冲饮立止。

72. 虎骨炙焦捣末，米汤煎服9克，日3服，治休息痢。

73. 休息痢，用哺退鸡子壳，研极细末，每用0.3克，白汤调下。

74. 痢后脱肛，经霜浮萍草，新瓦焙干为末，热鞋底上熨之。

75. 痢后脱肛，五倍子末9克，白矾1块，水煎洗。或五倍子炒黄为末，放热鞋底熨之。

76. 热痢，金银花藤12克，白水浓煎，温服。

77. 酒痢，痢血腹痛，或如鱼脑五色者，老丝瓜一条，连皮烧研，空心酒服6克，以好为度，或丝瓜络煅研，空心酒服。

78. 赤白痢，金银花入铜锅内焙枯存性15克，红痢以白蜜水调服，白痢以砂糖水调服，1服即愈。

79. 治噤口痢，莲肉炒为末，粥饭调食，数次即愈。

80. 治噤口痢，鸡内金去秽不洗，焙研4张，乳汁调下。

81. 治噤口痢，玫瑰花阴干5朵，煎服。

82. 治噤口痢，绿豆粉，白砂糖，冷水调服，甚效。

83. 豆腐醋煎，食之即愈，治休息痢。

84. 陈石榴皮焙末，每服9克，米汤下。

85. 鸡冠花9克，酒煎服。红痢红花，白痢白花，或红、白鸡冠花各60克，水煎服，每日3～4次。

86. 鸦胆仁（即苦参子）去壳30粒，外包桂圆肉捻丸，每晨米汤送下2~3服即愈。

87. 用蚯蚓粪1升，炒烟尽，水沃取半升，滤去渣，空心服之，治热痢。

88. 治水谷痢，用赤小豆1合，和醋90克，顿服愈。

89. 治赤白痢，用山豆根为末，蜜丸如桐子大，每服空心水下20丸，3服自止。

90. 治痢，用青蒿末，米饮调五钱匕服。

91. 治久痢不止成休息痢，用龙骨四两，碎如小豆。水5升，煮之升半，令冷，分为5服，或龙骨为末，米饮和丸，每服10丸。

92. 治五色痢并血痢，用刺猬皮烧灰，为末。每服3克，温酒调下。

93. 治一切恶毒痢，用白头翁（一名野丈人），煎肠服之，立愈。

94. 治久痢水谷不消者，用枳实为末，米饮调，日3服，每服6~9克。尤疗小儿。

95. 治血痢，用盐30克，湿纸裹，火内烧透，为末，陈米汤调下。

96. 治泻痢腹痛，用蔷薇根捣汁服。

97. 治赤白痢，用鸡肠草取汁1合，和蜜服之。

98. 治泻痢日久不止，用芥菜花晒干为末，每服6克，空心，枣汤调服。

99. 治热痢并久痢，用好茶，捣为末，浓煎一二盏服。

100. 治赤白痢垂死者，罂粟花未开时，外有两片青叶包之，花开即落地，收取阴干，研为细末。米饮调下3克。

101. 治休息痢，狗骨炙黄为末，每服3克，米汤下，日2服即愈。

102. 下痢肛痛难忍，炒盐布包，坐熨之。

103. 赤白痢下，乱发鸡子大，烧末水服，不过三。

104. 治噤口痢，用干山药一半炒黄包，半生用，研为末，米饮调下。

105. 治痢疾（细菌性痢疾，阿米巴痢疾），大蒜若干，用馒头或面条与蒜同吃，每吃一餐吃大蒜1~2颗，日3吃。

106. 萝卜菜叶，干者每服15~20克，煎服。

107. 治痢疾，黄花菜（俗称金针），炖冰糖服。

108. 治痢疾，白芝麻30克，泡水调冰糖服。

109. 松花蛋3个，白糖60克，先让患者断食半日，在觉得很需要吃东西时，把蛋剥开沾糖吃，1次吃3个。经过一段时间之后，又饿时，再吃1次，以后就可以照常吃东西了，吃完之后可以喝开水，不要喝茶。

110. 治赤白痢，白茄子干240克，水煮当茶服。

111. 治痢疾，石榴花3朵，胡椒1粒，水煨服。

112. 无花果叶或果实（用鲜的）水煎，药成去渣加入红白糖各少许，服之。

113. 治噤口痢，黄瓜藤烧灰存性，香油调效脐上，极效。

114. 治噤口痢，陈久猪大腿骨煎浓汤，缓缓服，其效如神。

115. 治噤口痢，乌梅1个，砂糖250克，水煎2碗为1碗，时时饮下。

116. 治久痢，乌梅煎汤代茶治泄痢口渴。

117. 明矾3克，冲开水3盏，内服，立效。

118. 治洞注下痢，羊骨灰水服，方寸匕。

119. 治休息痢，凤凰衣晒干，研为末，临卧白开水冲服1.5克，重者不过十服。

120. 细菌性痢疾，夏枯草60克，水煎分4次服。

121. 治疗急性痢疾，苍耳子120~150克/日，每日3~4次水煎服或用新鲜干苍耳茎、叶60克/日，水煎，分3~4次服。

122. 治疗急性痢疾，取北五味子5000克，水煎2~4小时，去渣加红糖3斤，浓缩成5000毫升，一般每服2次，重者服3次，每次服50毫升，小儿酌减。

123. 治疗急性细菌性痢疾，鲜女贞子叶制成200%浓度煎液，每次口服20~30毫升，每日3次，疗程1周。

124. 治疗细菌性痢疾，将刘寄奴水煎两次，并将两次药液浓缩，加入适量淀粉，压成片剂，每片含生药1克，成人每服6片，每日服4次。

125. 治疗细菌性痢疾，将侧柏叶晒干研成粗末，加入酒精，似浸漫药粉为度，4昼夜后，滤取浸液。每次50毫升（儿童酌减），日服3次，7~10天为1疗程。

126. 治血痢，苦参炒焦为末，水丸梧子大，每服15丸，米汤饮下。

127. 治疗细菌性痢疾，取龙葵草60~90克水煎，冲入红糖15~30克，1次服完，日服2~3次，多数病服2~3剂即愈。

128. 治急性痢疾，地锦草100克，加盐，糖适量，水煎分3~4次服。

129. 鲜小蓟适量，白糖或红糖适量，水煎服，赤痢用白糖，白痢用红糖。

130. 治细菌性痢疾，紫参30克，每日1剂，水煎分2次服。

便　秘

1. 治大便秘结至极，独头大蒜煨熟去皮，绵裹塞粪门内。

2. 治大肠干结，厚朴（生研）以猪脏煮捣和丸梧子大，每姜水下30丸。

3. 大生葱白1根，蘸蜜插入肛门内，葱软又易新者。

4. 新荷叶蒂7个（如无新者枯荷叶亦可），煎如钱大者，烧灰存性，白滚汤下，立时便通。

5. 治大便秘结至极，大田螺3枚，盐1小撮，共捣碎，置病者脐下1寸3分，用宽带紧系之，大便即下。

6. 治大小便不通方，皂角（烧存性）为末，空心米饮或酒调下9克，立通。

7. 萝卜子1.8克（擂），冷水调皂角灰末6~9克，服立通。

8. 治大便不通，实结在肛门，而不得下。竹叶1锅，烈火煮，趁热倾净桶内，上撒绿矾末1握。坐上熏之，立通。

9. 治跌压，结血气闭，大小便不通，危在顷刻者用之立效。蚯蚓泥（取法，石板下有浮泥中空者便是）与韭菜共杵烂，用火酒炒热敷脐腹，上以熨斗熨之，积血立下，二便通。

10. 淡豆鼓30粒，食盐、生姜各6克，捣烂贴脐上即通。

11. 治大便不通，10日秘者，腻粉3克纳于枣中，和白面裹之，于火上令熟，碾罗为末，以煎汤水，顿服之，立效。

12. 大猪胆1枚泻汁，和醋少许，以灌谷道内，如一食顷当大便，出宿食恶物甚效。

13. 猪脂60克，加水500毫升煮三沸，饮汁。

14. 大皂角碾为细末，将蜜炼滴水成珠时，入皂角末炼丸，如枣核式如橄榄大，入肛门内，不时即通。

15. 蜂蜜用铜器微火熬，频搅，勿令焦。候凝如饴，捻作挺子，头锐如绢。掺皂角末少许，乘热纳谷道中，用手按住，欲大便时去之。

16. 用牵牛子半生熟为末，每服6克，姜汤调下。如未能，再服，以热茶调下。量虚实，无时候加减服之。

17. 用麻子1合，水1盏，研取汁饮之。

18. 治大便热闭，桃花瓣1大撮，用滚水半碗冲服，鲜者更佳，或采来阴干亦可。

19. 用葵子3升，水4升，煮取1升，去渣服。

20. 松罗茶9克，水白糖半盅，先煎滚，入滚水碗半，同茶叶煎至1碗，服之即下神效。

21. 松子仁研烂，调于白蜜服即通。

22. 大麦芽不拘多少，捣碎，入黄酒壶煮沸，服之立通。

23. 草乌为极细末，以葱1茎，切去根，将葱头蘸草乌末，纳肛门内即通。

24. 猪粪烧存性，加皂角末少许拌匀，先用芦竹简入肛门内，将药吹入，顷刻即通。

25. 羊胆汁灌（肛门内）之，立通。

26. 治老人肠无力麻痹之便秘。韭菜籽炒研为末，每服3克，日3次，开水送。

27. 治慢性便秘。韭菜叶或根捣汁1杯，温开水略加绍兴酒服。

28. 草决明（杆）9克，水煎服，每日2次。

29. 吃下香蕉2个，饮冷水1碗，有效。

30. 治临时性便秘，食盐适量冲开水喝下，即有奇效。

31. 治习惯性便秘，黑芝麻30克和桃仁30克磨碎后，泡开水食用即可。

32. 新鲜之番薯叶2束，煎汤1碗饮之，其渣若调以油盐作菜食之尤佳。

33. 大黄5克研为细末，拌和麻油，白蜜内服，可治便秘。

34. 治虚人、老人便秘。何首乌30克，水煎服。

35. 蜂蜜30克，开水冲服，早晚各1次。

36. 莱菔子30克置文火上炒黄，开水1次送服，小儿酌减。一般服后2~6小时可排出便。

37. 治老年便秘干结，黑芝麻秆 120 克切碎水煎，调冬蜜适量服，连服 3 次。

38. 治习惯性便秘，核桃肉每晚临睡吃 5 枚，开水造下，连服一二月。

39. 用肥皂削成橄搅状，用水湿透一端，插入肛门。

40. 早稻禾秆一握烧灰水冲，服上层澄清液 120 克。

41. 陈向日葵秸内瓤子 1 支，焙灰研末，开水冲服。如大泻不止，服面糕汤即止。

42. 洋山芋（即马铃薯）捣烂取汁，每晨及午饭前喝半杯。

43. 红萝卜捣汁加糖调服。

44. 每日空心吃梨 2 个。

45. 菠菜 250 克同猪血 150 克同煮，加盐，饮汤。

46. 食醋可通大便：每日清晨空腹饮用一大杯加入一汤勺醋的白开水，饮后再饮一杯白开水，然后室外散步 30 ~ 60 分钟，中午即可有便意，长年坚持服用效果尤佳。

47. 抖动上身可治便秘：便秘者排便常很困难，如果您坐在便池上抖动上身，肚子一松一缩地动，大便便会顺利排下。

48. 红薯粥可治老年便秘：用大、小米各二三两，加红薯 4 ~ 7 两，熬成红薯稀饭，晚饭前后食用。翌日早上，大便即可缓解。

49. 按摩腹部可通便：用按摩腹部方法可解除或缓解便秘症状。按摩方法简便易行：用右手从心窝顺摩而下，摩至脐下，上下反复按摩 40 ~ 50 次。按摩时要闭目养神，放松肌肉，切忌过于用力，如按摩时腹中作响，且有温热感，另在按摩时，适量喝一点优质蜂蜜水更好。

50. 空腹喝紫菜汤可治便秘：每日早起空腹喝一碗或两碗紫菜汤，对便秘有显著疗效，每餐喝紫菜汤对便秘效果也明显，但注意要喝热紫菜汤，喝时加少许醋则疗效更好。

51. 中药草决明治疗习惯性便秘：草决明 100 克，微火炒一下（别炒糊）。每日取 5 克，放入杯内用开水冲泡（可加适量白糖），泡开后饮用，喝完可再续冲 2 ~ 3 杯，连服 7 ~ 10 天即可治愈习惯性便秘。因草决明有降压明目作用，血压低的人不宜饮用。

腹　泻

1. 治水谷不化而泻，取小豆 1 合，和醋 90 克，顿服立效。

2. 治水泻无度，以干姜末粥调饮下 3 克服。

3. 暴泻，车前子一味为末，米饮下二钱匕。

4. 以艾灸百会穴，未三四十壮而泄泻止。

5. 治久病大肠滑泻，用五倍子 150 克，为末，面糊丸如桐子大。每服 50 丸，米饮送下，日3服。

6. 泄泻转筋，用生姜1块煨，艾叶1把。水煎，热服。

7. 泄泻不止诸药无效者，梧桐叶煎汤浴足。

8. 泄泻暴利者，大蒜捣，贴两足心并贴脐中。

9. 寒泻，胡椒末和饭作饼，敷贴脐上。

10. 热泄，绿豆汤温服。

11. 荞面适量炒后研末，以水为丸，每次服10克，日2次能止久泻。

12. 久泄用石榴皮研末，米汤下，每服9克。

13. 白明矾500克，生用一半，煅枯一半，共为末，以糯米3升成粉，荷叶研汁，和丸黄豆大，每服3丸，无根水下。

14. 陈萝卜菜，煎汤服之。

15. 凤眼草熬水洗脚，立止。洗不可过膝。

16. 水泻不止，用肉豆蔻1.5克为末，鸡蛋1个拌炒食立即愈，至多3服。

17. 水泻不止，槐花（炒）1合为末，米汤下。

18. 水泻不止，车前子（炒）3克，米1撮；同煎数沸，澄清，冷服立效。

19. 治滑泻，新鲜核桃肉不拘多少，水煎汤服。

20. 治脾虚泻，山药切片，炒，研末，入粥内食之。

21. 伤食泄泻，花粉一味捣烂，用袋盛洗出浆来晒干，每用糖调数钱，加蜜少许服，兼治吐血症。

22. 老人泄泻，干糕（即糯米合粳米磨成者）30克，姜汤泡化，代饭食之，以愈为度。

23. 白石脂真者炭火煅通红，取出放冷，研细，米饮调下6~9克。治脏腑不固泄泻，老人，小儿尤宜服，便血或痢皆可用。

24. 久泻，黄土1匙，炒为末，开水冲服。

25. 罂粟壳煎汤服。

26. 腹胀忽泻，日夜不止，诸药不效，此气痛也，用益智仁60克，浓煎饮之，立愈。

27. 腹寒水泻，生椒40粒，以米浆水浸1宿，空心，滚水吞下，久服暖脏腑。

28. 鸡子个，烧酒120克，调匀合碗，绵纸封口，蒸熟食之愈。

29. 瓜果伤泄泻，凡夏月食瓜果多，以致泄泻者，建橘饼一味，细切薄片，分2次，放茶钟内沸汤冲服。

30. 灸法治吐泻日久垂危者，并可治各种泄泻，天枢二穴（脐旁各开2寸是），气海（脐下1.5寸是），艾灸三五壮即愈。

31. 陈醋浸大蒜，食数个，治寒泻。

32. 五更清泻，鲜稻根不拘多少洗去泥熬成膏，早晚滚水冲浓，入白糖3克，调匀服。

33. 脾胃虚而久泻，猪肚1个，入蒜头煮糜，捣烂为丸，梧子大，每服30丸，米饮下。

34. 脾胃虚而久泻，完谷不化，柿饼烧红，放地下，盖住，俟冷研末，米汤调下，年久不愈者，3 服愈。

35. 治大肠热泻，木耳 15 克，用水浸涨，露 1 宿，和白糖煎服。

36. 脾虚滑泻，黄母鸡 1 只，炙以盐醋涂煮食之。

37. 黄米炒粉，每用数匙，砂糖炒良。

38. 大蒜 1 个，烧存性，开水泡服。

39. 治水泻，牛骨灰同六月六口曲炒等份为末，饮服方寸匕，乃御传方也。

40. 治水泻，铁树木叶 30 克切碎，鸡蛋 1 只打开，搅匀煎服。

41. 番石榴叶（适量），从树上摘下来的鲜叶，用开水洗净，即入口嚼烂吞下。

42. 五更泻，金樱子 50 克，每日 1 剂，水煎饭后服，连服 10 天。

43. 湿热泻（腹痛即泻，泻下灼肛，气秽，夏季多见），五倍子，研末，水调糊，贴肚脐。

44. 寒湿泻（泄泻清稀或如水，腹痛肠鸣，或有发热头痛身痛），黄瓜叶研末，每服 10 克，每日 2 ~ 3 次，米汤送下，连用 3 天。

45. 五更泻，枣木炭末 6 克，每日 3 次，白开水送下，连续服以愈为度。

46. 核桃壳适量烧灰存性，研细，每日服用 3 克，每日 2 次。

47. 白扁豆适量研粉，温水送服，每服 12 克，日 3 次。

48. 青柿子 6 克，水煎服。

49. 治久泻，用红薯 1 个，将红糖 30 克、独头蒜 3 个装入红薯内，烤熟红薯后随意食之。

50. 鲜艾叶 300 克，加水 2000 毫升熬汤，去渣，趁热熏洗之足，每日 3 ~ 4 次。

51. 腹痛腹泻，鲜马齿苋 30 ~ 60 克，水煎服，每日 1 剂，分 2 ~ 3 次服。

52. 腹痛腹泻，俗称绞肠痧，番薯藤 60 ~ 90 克，加少许盐，炒黄，冲水后煎服。

53. 久泻，棉花根 100 克加水煎服。

54. 仙鹤草 15 克，加水煎服治食泄。

55. 寒泄用大葱 100 克，食盐若干，共炒热后，用布包裹热敷于腹部，背部和腰部。

56. 白萝卜叶 100 克，放瓦屋上，日晒夜露 1 个月左右，用时洗净，煎水当茶喝，可健脾止泻。

57. 茄子叶约十余片，水煎服。

58. 山楂（炒焦）研末，白糖水冲服，成人 6 ~ 9 克，患儿酌减，每日二三次。

59. 鸡蛋一二个，用艾叶包好，放入灶内灰中约半个小时，艾叶得火，鸡蛋亦熟，去壳服。

60. 柚子树叶晒干或用火焙干，研粉过筛备用。每服 3 ~ 9 克，每日 3 次。

61. 梅子做灰，白水送服。

62. 杨梅树皮 3 ~ 6 克，水煎服。

63. 霜打桐叶 1 把，红糖 30 克，水煎服。

64. 桂花树嫩根皮，晒干，用刀刮成粉，每服0.6克，开水冲服。

65. 金樱子30克，水煎，饭后服。

66. 石楠藤15克，水1碗煎至半碗服。

67. 杨树叶，水煎，加红糖冲服。

68. 凤尾草30～60克，水煎服或加冰糖适量冲炖服。

69. 畜骨（各种动物骨都可以），烧透研细面，红白糖水送下。

70. 青果核3.4个（炙研末），开水送下。

71. 食肉后泄泻，用松树花（即松树所开之花），每年四月左右可采，每用9～15克，煎开水服。

72. 白胡椒30克，绿豆30克，共研末，每服3～6克，每日3次，开水送服。

73. 柿蒂服为炭，研极细末，装瓶备用。成人每服1.5克，患儿减半，1日3次，白水送下。

74. 小蒜（又名团蒜）120克，鸡蛋2个，将小蒜洗净切碎，和蛋煎，不放盐。

75. 鲜桃能治腹泻：腹泻初，速吃鲜桃（每饭前吃鲜桃1个，饭中食大蒜1～2瓣），腹泻立止或大为减轻。如果吃鲜桃和大蒜12小时后，腹泻不减，应速去医院治疗，免得贻误病情。

76. 用大蒜治肠炎腹泻一法：蒜剥皮洗净，用刀削去蒜瓣的头尾和蒜的膜皮。拉肚子时，大便后先温水坐浴，再将削好的蒜送入直肠里，越深效果越好，一般情况下，放入蒜后泻肚即止，五六个小时后排便即成条形。每次放一两瓣，连放两三天，大便可正常。

77. 肚脐敷药治腹泻：将白胡椒粉或云南白药敷于肚脐上，上面用消毒棉纱盖住，最外面用虎骨麝香膏或伤湿止痛膏封住，几小时后从脐内有水分排出，腹痛、腹泻竟痊愈。

78. 烧熟蒜瓣可治幼儿腹泻：取蒜瓣若干，放火上烧熟，然后蘸上白糖，让孩子吃，每次吃2～3瓣，每日早、中、晚二次，吃后三天即见效。

79. 熟吃苹果可治腹泻：把洗净的苹果放入碗中隔蒸软即可，吃时去掉外皮，1日3～5次。小儿腹泻初起效果最佳。

80. 鲜姜贴肚脐可治婴幼儿拉稀：把鲜姜剁成碎末，放在一块药布上，贴在肚脐处，用橡皮膏粘牢即可，此法立竿见影，屡试不爽。

81. 治拉肚子一法：用大蒜（独头的最好）拍碎，面条要吃锅挑的，越热越好，趁热将蒜放在面条上，不放盐及其他调味品，趁热服下，吃了一次就好了。

82. 核桃叶治胺泻有效：核桃叶一把（250克左右）放盆中，倒入多半盆开水，盖上闷10多分钟，等能下手时，用手洗脚和小腿肚子（膝关节下部），洗到能下脚时，把双脚放入盆中，直到水不热为止，最好用铝盆放在火上烧热后再洗第二次，每日洗两次，每日换新叶，洗到病好为止。

83. 热水浴治疗腹泻：在盆池热水中浸泡半小时，除头部外，身体全浸泡在热水中，水温越高效果越好，但以能耐受为宜。一般一次盆池热水浴后，腹泻就可停止或明显减轻。

84. 枣树皮煎水治腹泻：枣树皮 100～150 克，洗净，加适量清水煎 30 分钟，约得 200～300 毫升汤液，一次服下，当天见效，连服两三次即痊愈。此各种腹泻、黏液便、脓血便都有效，无明显不良反应。

85. 鸡蛋黄烤油治婴儿腹泻：用砂锅把 10 个熟鸡蛋黄慢火烤，油烤出来随时用勺盛出，剩下黑渣弃用。烤出的油分 3 天服完，每天早、中、晚 3 次或多几次，饭前饭后均可。轻者一剂即愈，如不愈再服一剂。

86. 杨树花可治痢疾：用杨树花（俗称杨树吊吊儿）煮水当茶饮，可治急慢性痢疾。患红痢加白糖，患白痢则加红糖，与杨树花一起煮。

87. 老枣树皮可治慢性肠炎：用老枣树皮适量，放在锅内用油炒黄，研成细粉，每次服大约 1 克，每日 3 次，3 天后慢性肠炎可治愈。

88. 酸石榴可治痢疾肠炎：酸石榴捣烂成泥倒入温开水中，再用干净纱布滤出石榴水，放点白糖饮用。

89. 茶叶炒焦可治疗腹痛泻肚：将茶叶（不论何种茶叶）用铁锅在火上炒焦后沏成浓茶，稍温时服下。

90. 口服硫酸庆大霉素注射液止吐泻：口服 2 支硫酸庆大霉素注射液（每支 1 毫升），吐泻即止。

91. 油饼就大蒜治拉肚子：炸油饼（或油条）就大蒜吃下。早上吃了，上午愈。晚上吃了，夜里好止。

92. 臭椿树根烧炭治拉稀：臭椿树根烧成炭研成末，每天早上抓一把放在粥里吃，可治肠黏膜脱落与拉稀，一般连吃几天见效。

93. 白酒白糖治腹泻：白糖 2～3 勺（约 30 克）放瓷碗中，倒二锅头酒，没过白糖少许。用火点燃白酒，用不锈钢勺不断搅拌，至白酒全部蒸发，稍凉吃下熔化的白糖。一天食 2～3 次。

94. 煮鸡蛋蘸红白糖治腹泻：把等量的红糖和白糖混合拌匀放在碟子里，用白水煮三个鸡蛋，不用凉水冰，趁热剥皮蘸糖吃，蘸得越多越好。三个鸡蛋全吃完，一小时就能止泻，治着凉泄肚很灵验。

95. 马齿苋汤治婴儿腹泻：每天用鲜马齿苋 100 克，洗净煎汤，加 2 小勺红糖，倒进奶瓶内喝。3 天后见效，一周内痊愈。

96. 白酒泡杨梅治腹泻：杨梅洗净控干（十几颗）泡白酒中，泡两三天即可食用，对腹泻、恶心、中暑、头痛有疗效。服用时一般喝两三口白酒，吃一两个杨梅。

97. 止泻良方：白胡椒四五粒，金橘干两个放碗中，倒少许高度白酒，将酒点燃，待酒精燃烧完，趁热将其吃下，所剩液体喝下，止泻有奇效。

98. 炒山楂片治慢性结肠炎：用 1.5 两的山楂片切碎放在锅里炒至发黏有些冒烟，把锅移开火倒进 1.5 两的白酒，再倒到药锅里（砂锅）加多半小碗水，微火煮至山楂片全化（约 10 分钟防止煮糊），再放入 1.5 两的红糖搅化，每天早晚空腹各服一剂，连服五天即可。

99. 红尖椒籽治肠炎：每日早、中、晚各服红尖椒籽10~20粒，对治疗急性和慢性肠炎效果显著，一般一两天即愈。

100. 银杏治慢性痢疾：60个银杏，早晚各10个，砸开后水煎服，连仁吃掉，连服三天。

101. 马齿苋团子治湿热痢疾：取鲜马齿苋100克，大蒜1~2头，摊鸡蛋两个做馅，以小米面或玉米面加点白面包成团子上锅蒸熟食用。2~3天病即好转。

102. 白酒烧止痛片治腹泻：用一片止痛片放在勺里，再倒一点白酒，将酒点着，等酒精烧尽火灭后，用少许白开水，将药服下可止泻。

103. 大蒜治痢疾肠炎效果好：用紫皮蒜3~4瓣捣成蒜泥，敷在肚脐眼上，外面贴上纱布再用胶布固定好，见效快。皮肤过敏者，垫一块纱布。

104. 臭椿树皮煮鸡蛋治痢疾：剥臭椿树皮一块，约250~300克，刮掉外面的黑皮，与一个鸡蛋同煮，煮熟后早晨空腹食蛋，日1次。注意一定要选用鲜树皮，若刨到新鲜椿树根效果更佳。

105. 蜂蜜红枣绿茶治慢性痢疾：先将红枣煮沸15分钟，放入绿茶后再稍煮片刻，取汁冲蜂蜜服用，每天服2次。

106. 食醋煮鸡蛋可止腹泻：用搪瓷器皿盛食醋150克，打入两个鸡蛋一起煮，鸡蛋煮熟后连同食醋一起服下，一次就可痊愈。如果不愈可以再服一次。

胁　痛

1. 苏木适量，熬汤饮。

2. 用刀豆壳12克，烧存性，研细末，黄酒1杯送服。

3. 治左胁痛，白芥子30克，捣成泥状和鸡蛋清拌匀，贴痛处，经30分钟将药翻一翻再贴30分钟，然后去药。

4. 治右胁痛，蕲蛇胆0.6克，用灯心煎汤，调匀服。

5. 治右胁下肝脏区痛，阿魏1.5~3克，放在大膏药上烘，溶化后贴于痛处。

6. 治胸胁痛，鲜麻菜1大棵，切碎煮沸，以毛巾热敷，不可内服。

7. 治胁痛，黄连150克，上药为末，蒸饼糊丸，服之。

8. 治胁痛，胡桃（不去皮）不拘多少，少用水、酒25毫升煎服。

9. 防风，水煎服。

10. 枳壳煎服，研末服亦佳。

11. 大豆炒2升，酒3升，煎2升顿服。

12. 生茴香捣1合，投热酒1合和服。

13. 羚羊角烧末。水服3钱。

14. 治胁下疼痛，地肤子（又名落帚子），研末酒服1茶匙。

15. 熨胁痛，灰（醋炒）热熨之，或葱，或艾，或韭菜皆可熨之。

16. 灸卒胁痛不可忍者，以蜡绳横度两乳中间，屈绳，从乳横以趋痛胁下，灸绳尽处三十壮。

17. 青皮醋炒熨。

18. 旋复花水煎服。

19. 治胁痛，高粱米糠250克，蒸半小时后，用烧酒调敷患处。

20. 治胁痛、胸痛，葱白120克，生姜60克，白萝卜500克，共捣烂炒热，分作两包，趁热敷于胸胁疼痛处。两包轮流交换敷之，冷即，久之汗出，痛即可止。

21. 针法治各种胁痛，在手鱼际穴找出压痛点，用毫针直刺六分至一寸深，留针30分钟，每日针1次，轻者1次即愈，重者需数次。

22. 针法治季胁部疼痛（俗名叉气），用毫针直刺支沟穴一寸五分，用平补平泻手法，留捻30分钟。痛止后出针一次即愈。

23. 治肝炎引起的胁痛，垂盆草30克，水煎服，每日1次，连服两周为1疗程，适于各类型肝炎引起的胁痛。

中　风

一、预防中风

1. 槐花6克，开水泡，饮服，每周1次。

2. 香蕉花若干，水煎服，每周1~2次。

3. 食炒胡麻则步履端正，常人常食，不生风病。

二、中风不语

1. 治中风口噤，服竹沥汤1升。

2. 治中风口噤，不知人，术四两，酒3升，煮取1升，顿服。

3. 煎大豆汁如饴，含之，或浓煮饮之佳。

4. 用苦酒煮芥子，缚颈1周，以帛包之，一旦夕乃瘥。

5. 治风扉卒不能语，口噤，手足不遂而强直，用伏龙肝5升，以水8升和搅，取汁饮之。

6. 治中风失音，用桂心30克，去粗皮，近人身体怀之，至两时辰，杵为末，分3服，每服用水2盏，煎取1盏服。

7. 治中风口噤不开，涎潮，用皂角一梃，去皮涂猪脂，炙令黄色为末，每服一钱匕，非时温酒服。如气实脉盛，调二钱匕。如牙关不开，用白梅揩齿，口开即灌药，以吐风涎差。（《简要济众方》）

8. 治暴风口噤，用垣（蝉）衣酒渍，服之甚效。

9. 治中风不语，舌强，用人乳汁5合，3年陈酱5合和研，以生布绞汁。不拘时，少少与服，良久当语。

10. 用少妇乳半合，好酒半升，搅匀，分服即愈。

11. 用乌龟尿少许，点舌下，神妙。取尿法：以龟坐荷叶上，用猪鬃鼻内刺之即得尿。

12. 治中风口噤不开，天南星末，以中指点末，揩齿大牙，左右二三十揩，其口自开，始得下药。

13. 治中风不省人事，涎潮口噤，语言不出者，鲜柏叶1把去枝，葱白1把连根，2味细研如泥，用无灰酒2钟，同煎20沸，去渣，不拘时温服。如不饮者，作四五次服。

14. 令人以溺浇其面，即醒。

15. 治中风口噤不语，白明矾6克研末，用生姜自然汁调，斡开口，灌服，其涎或吐或化下即醒。

16. 治中风口噤不能开，白盐梅揩齿，即能开，并不伤齿。

17. 治中风失音，白僵蚕7枚，为末，酒调服。

18. 大蒜2瓣去皮，捣烂涂牙龈上，有效。

19. 白头蚯蚓3~4头，炒焦，用开水冲服。

20. 治中风不语，鸡蛋1个，冲香油60克，调匀灌服，或以姜汤冲香油；患者能喝时，再以姜汤温灌；或白矾少许。搅入60克香油内，调匀灌之，以吐出痰涎为佳。

21. 治中风口噤不开，入皂角末少许，吹入鼻中取嚏，或乌梅剥开搽牙，口即开。

22. 治中风不语，巴豆1粒，去壳，同艾叶打碎，烧灰熏鼻即醒。

23. 治中风失音，急捣梨汁频服。

三、中风

1. 治中风，芹菜洗净后打取汁，每服三四汤匙，1日3次，连服7日。

2. 治中风闭证，牙关紧闭，气粗痰喘，两手握拳，用老姜汁、童便灌之最妥，盖姜能豁痰开闭，童便能降火下气故也。

3. 治中风仆地，大蒜1把，路上热黄土搀和研烂，以新汲水和之，去渣，撬开齿灌之。

4. 中风身直不得反复、槐皮（黄白者）30克切细，酒2盏煎1盏，稍稍服之。

5. 治卒中不省人事，生白矾9克，研末，姜捣汁调灌。

6. 治暗风猝倒不省人事，细辛末吹鼻。

7. 治中风中痰不省人事，香油1杯，生姜汁半盏灌之。

8. 中风不省人事，得病之日便进此药，免成废人。柏叶1把，葱白1把，连根研细如泥，无灰酒1大盅，煎一二十沸，去渣温服，不饮酒者，分作四五次服。

9. 治中风、痰厥、昏迷卒倒不省人事，气欲绝者。用巴豆去壳，纸包捶油出尽，去豆，用纸作捻，或加牙皂末捻烧熏人鼻内即醒可治。

10. 中风痰厥。香麻油1盏，灌入口中，仍用鹅毛探吐，痰涎立出。

11. 治中风不语，手足不遂，口眼歪斜等。用威灵仙一味，冬三月丙丁、戊己日采，洗净，焙干，为末。好酒和，令微湿，人竹筒内，牢塞口，九蒸九曝：如干，添酒重洒之，以白饭和捣为丸，如桐子大。每服20~30丸，温酒下。或用威灵仙，阴干为末，每日空心温酒调二钱匕服，可渐加至六钱匕，利过两行则减之，病除乃停服。

12. 治中风身直不能伸屈者，刮取枳树皮1升，酒3升，渍1宿，服5合至1升，酒尽再造服。

13. 治中风，腹痛，用好酒煎羌活，取汁饮之。

14. 治中风不省人事，口噤不开，兼治诸厥，急用针刺十指角离甲1韭叶许，出血立苏。

15. 治中风角弓反张，鸡屎白9克，酒5杯，用竹筷顺搅一千遍，饮之，小儿减半，日服2次。

16. 治中风、中气昏倒者，仓猝之际，急以手大指，掐其人中即醒。如不效，用通关散吹鼻，即提起其头，有嚏可治。

17. 地龙10条，捣汁，加白糖调服。

18. 猫肉炖服，可治半身不遂。

19. 桑叶6克，水煎服，日2次，适于摇头不止，言语不利，口流涎水者。

20. 治中风昏迷，高热不语，下肢不温，用生附子（或盐附子）研末，醋调如饼，敷足心涌泉穴。

21. 治中风不省人事，痰涎上涌，白茅根1束，矾末9克，茅根煎水，冲明矾，频频灌服。

22. 治如上，用竹沥3克与生姜汁数滴和匀，用调羹频灌。

23. 治中风昏倒，不省人事，生姜嚼碎，不拘多少，向患者面上天庭等处频擦，又以生姜汁滴（男左女右）眼角内。

24. 治脑出血、脑内血肿，水蛭焙干为末，每次3克，1日3次口服，连用4周为1疗程。

四、中风瘫痪

1. 凡瘫痪大病十余年不能行动，手瘫脚软者用金毛狗脊（全身者用黄酒洗去毛净）咀片，黄酒1500克煮3炷香久，埋土7日退火气，空心日服3次，数日即能行走。

2. 黄瓜藤煎水，熏洗。

3. 治中痰瘫痪，左瘫右痪36种风，用紫背浮萍曝干，研末，蜜丸如弹子大，以豆淋酒化服3丸，汗出愈。

4. 治初中风1日内瘫痪，用胆矾研细，每服1字，温醋汤下，立吐出涎。

5. 治诸风瘫痪，手足不遂，用石逍遥草捣为末，丸如梧桐子大，酒服20丸，日2服，百日灌。

6. 治风痹，瘫痪，口噤及产后诸风。大豆炒黑，烟未断，乘热投酒中，良久，取酒热饮；或用黑豆炒熟，以酒烹入，滚数沸，去豆，取酒服2碗，并治中寒等症。

7. 治年久瘫痪，槐枝、柳枝、桃枝、椿枝、楮枝、茄枝、东白艾各500克，共煎水3小桶，大盆浸洗，水冷添热，被覆取汗禁风三七。

五、中风后遗症半身不遂

1. 治中风半身不遂，用蚕沙2石，熟蒸，作直袋3只、各受7斗，热盛1袋着患处，如冷即取余袋，一依前法，数换，1日不禁。

2. 治中风半身不遂，用桃仁1700枚，去双仁并皮尖，好酒一斗3升，浸经21日，日干，杵令细，作丸；每眼20丸，还将桃仁酒服。

3. 治中风半身不遂，芝麻外壳25克，黄酒适量，煎。趁热服，微微发汗即可。

4. 治半身不遂，四肢麻木者，乌龟3只，冰糖5克，切龟头取血，碗中放入冰糖共隔水炖熟食用。

口眼歪斜

1. 用生瓜蒌绞汁，和大麦面搜作饼，炙令热，熨正便止，勿令太过。

2. 取枳茹，乃刮取枳壳上青皮以为末，得茹5升，微火灼去湿气，以酒3升浸，微火暖令得药味，遂性饮之。

3. 取青松叶500克，捣令汁清，酒1升浸1宿，初服半升，渐加1升，头面汁出即止。

4. 用苇筒子长五寸，一头刺于耳内，四面以面密封塞不透风，一头以艾灸之七壮，患左灸右，患右灸左。

5. 取蜘蛛子摩其偏急颊车上，候视正即止，亦可向火摩之。

6. 以牛角火煮令热，于不患处一边熨之，渐正。

7. 治中风口喎，炒大豆3升令焦，以酒3升淋取汁，顿服之。

8. 用南星（生）研末，青布包，放在手心，以热酒壶底熨之。朝右熨左手，朝左熨右手。

9. 蓖麻子取仁，捣，再调1味鳝鱼血，歪左之时贴右边，歪右之时贴左边。

10. 头垢不拘多少，如偏向左放右手心上，壶盛热水烫之，向右放左手。看正即止，否则恐又别向。

11. 用鳝鱼1条，以针刺头上血，左歪涂右，右歪涂左，平正即洗去，鳝鱼放之则不发。

12. 灸口眼歪斜法，耳垂珠处，用麦粒大艾丸灸三壮，左歪灸右，右歪灸左。

13. 生鹿肉并生椒同捣敷，左歪敷右，右歪敷左，正则去之。

14. 荆芥煮汁饮之。

15. 取乌鸦全支盐泥固治，火虾为末，和酒服之。

16. 用蓖麻子仁 40 粒，研作饼，右歪安左手心，左歪安右手心，以铜盂盛热水，坐药上，冷既换，五六次即正。

17. 南星生研末，自然姜汁调之，左贴右，右贴左。

18. 乳香烧烟熏之，顺其血脉，自愈。

19. 活鲇鱼切尾尖，朝吻贴之，即正。

20. 马钱子湿润后切薄片，贴患侧面部，胶布固定，每日换药 1 次。

21. 公鸡血趁热涂于患侧。

22. 活鳝鱼 1 条，捣烂，用纱布包起，左歪敷右，右歪敷左。

23. 青风藤，捶烂绞汁，调白糖服。

24. 紫背浮萍，研末，蜜丸如弹子大，空腹酒下，每服 1 丸。

25. 椿树根 1 段（取向阳的一面部分）去粗度，取当中皮质捣烂，再用少许白面略加水捣成糊伏，贴白布上一分半厚，贴于患侧，贴药后如发现皮肤起疱，可按外科疥疮处理。

26. 松香 16 克，烧酒 30 克，将松香研为细末，用白布摊匀，将酒合于松香上燃，将药化合后，令稍凉贴患侧，左歪贴右，右歪贴左。

27. 全蝎 3 个，焙研细末，黄酒送下。

28. 干鹅不食草 15 克，鲜鹅不食草 15 克；将干者研为细末，与凡士林膏混为软膏，均匀放在纱布上，再捣鲜草为泥，共摊于纱布上贴患侧，2 天换药 1 次，该方治面神经麻痹有显著疗效。

29. 蜜蜂（蜂毒），轻轻捏住蜜蜂腰部，将其尾部放在患处，待蜜蜂螫刺入肌体后，再用手指轻轻压其腹部，使蜂毒尽量排入人体。

头　痛

1. 头痛剧烈者，以硝石末吹鼻内即愈。

2. 远志研末，不拘多少，嗅鼻中，痛不可忍者亦可止。

3. 当 60 克，酒 1 升，煎取 6 合，饮之，日再服。

4. 高良姜生研，顿嗅鼻中即止。

5. 头风热痛，山豆根研末，油调，涂两太阳穴。

6. 用豆汤洗头，避风使出汗。

7. 头痛不止，杨梅研末，以少许嗅鼻，取嚏，立效。

8. 片脑 3 克，纸卷作捻，烧烟熏鼻，吐出痰涎即愈。

9. 猝患头痛，用皂角末吹鼻取嚏。

10. 猝然头痛，用白僵蚕为末，热开水调服 6 克。

11. 大蒜 1 个去皮，研取自然汁，令病人仰卧，垂头，以铜筋点少许滴入鼻中，急令嗅入脑，眼中泪出即愈。

12. 患风头痛，畏冷者，用艾叶揉如绵，以布夹住包头上，用熨斗熨艾，使热气入内，良久即愈。

13. 生乌头去皮捣烂，以醋和，涂放布上，敷痛处，须臾痛止，每日夜敷五六次。此方主治卒中恶风头痛。

14. 芥子为末，用醋和，敷头1周。

15. 川椒2升，以水煎取汁，洗发。

16. 少阳头痛，黄芩晒干为末，每服6克，茶酒任下。

17. 痰厥头痛如破者，乌梅肉30个，盐1撮，酒3升，煮1升，顿服多取吐即愈。

18. 痰热头痛，壮实人气实有痰，头痛眩晕，大黄酒漫3次，研末，茶调服。

19. 温病头痛，瓜蒂1个研末，嗅入鼻中，口含冷水，即出黄水愈。

20. 童便1盏，豉心半合，同煎至五分，温服。

21. 脑神经痛，桃花十多朵，水煨服，服后，吐顽痰。

22. 治雷头风头痛，山羊矢炒炭研末，酒送6克，立效。

23. 治偏正头风，用荞麦粉炒热加醋再炒，趁热敷头上，用布包紧，勿令见风，冷则随换，日夜不断。

24. 风热头痛，薄荷为末，纸包作捻，水浸湿塞鼻内。

25. 寒热头风，童便1盏，入葱头煎服。

26. 绿豆不去皮作枕，枕之，此方治风热头痛，并能明目。

27. 桑木烧灰淋汁，趁热熏洗。

眩　晕

1. 苍耳子叶晒干为末，每服3克，酒调下，日3服，若吐，则以蜜丸梧子大，每服20丸。

2. 湿热眩晕剧烈者，酒炒大黄为末，清茶服6克。

3. 初夏新丝上市时，用鸡蛋7个，置茧锅中，煮七昼夜取出，第一年食7个，第二年食7个，永不复发。

4. 白菊花为末，酒服3克，或浸酒或嫩茎叶作羹，连服数日，以愈为度。

5. 生白果肉2枚，拧烂，开水冲服，重症之又5次必愈。

6. 杏仁1升去皮尖双仁，水研绞汁熬如膏，和酒或羹粥内搅2勺，食后服，10日后出汗，永瘥。

7. 老人风眩，白羊头1具，如常法食之。

8. 老人头昏半截空虚之象，用大附片30克炖鸽子肉。饭后食之，3次即愈。

9. 八月朔日清旦，取百花草头露、磨墨点太阳久多次，则永不发。

10. 每早用茯神12~14克，将腐皮四五张煮透。

11. 猪脑1个，用冷开水洗去血，水煎30分钟，连汤带水吃下，每日吃1个，连服7日，为1疗程。

12. 天麻30克，母鸡1只，加水共煮至肉烂透，随意食之。

13. 血虚眩晕，木耳适量，熬汤冲红糖水喝，宜久服。

14. 肝阳上亢头晕，向日葵盘1只，加冰糖适量，水煎服，每日1只，连服7天。

15. 热血上攻，头目眩晕，鲜小蓟根30克，水煎空腹服，1日1剂。

16. 梨树上的寄生包，水煎服。

17. 冬瓜仁600克（为末），每服30克，开水送下，1日2次。

18. 白羊角1个，切片，炒，加糖，水煎服。

19. 向日葵根60克（切片）水煎服，治头晕年久不愈。

20. 五味子120克捣，白酒300克，将五味子浸入酒中1个月，滤渣，每日早晚各服1杯。

21. 鲜益母草十余斤（须于每年五月中旬采）摘下嫩头，洗净晒干，碾粉，约有斤余，待冬至节后，用炒糯米粉2500克和匀，入瓷罐贮存，每服1小碗，加白糖少许，用开水调服，约40～50天服完，此方尤宜于妇女头晕。

22. 独活30克，鸡蛋6个加水煮，蛋熟敲裂壳，再煮15分钟，去渣吃蛋，每日1次，每次2个，3天为1疗程，连吃二三个疗程。

梅核气

1. 厚朴花10克，水煎代茶，顿服。

2. 苞米须适量，煎汤漱服，每日服1茶盅，服至能下咽为度。

3. 白矾15克，细茶叶15克，共为末，炼蜜为丸，桐子大。每次10～15丸，口噙化下。

4. 威灵仙30克，水煎服。一般3次见效。

5. 马兜铃15～20克，水煎，慢慢服。

6. 广佛手片适量，在口内嚼1片后，气即舒畅，较长时间可愈，1日可服3次。

7. 佛手30克用白酒泡于碗内，放锅内蒸之，取出后覆盖一层白糖，酒适量饮，然后将佛手片吃完。

8. 芹菜二三把，洗净捣取汁，加入少量蜂蜜，文火煮成膏，每天半茶匙，开水冲服，服1月有效。

9. 梅子杏100粒（以立夏前后未成熟的新鲜果实为佳），将梅子杏的核取出；装入白矾适量，以装满为度，以线缠住，以免矾外漏，取向阳破大瓦1个，置上药于瓦上用微火炙干，研为细末，装瓶备用。用芦苇筒或竹筒装入药粉适量，吹入患者咽喉，每日数次，至愈。

10. 高粱醋适量，开水调服。

黄　疸

1. 用柳枝1束，水1斗，煮浓汁半升，顿服尽。

2. 用麻黄1把去节，以好酒5升，煮半升，顿服。

3. 用藜芦炮变色，为末，水服1.5克，小吐，不过数日。

4. 用小麦苗杵绞汁，饮六七合，昼夜三四次饮之，三四日可愈。一方用小麦捣水绞汁，服1合，顿服甚验。

5. 用东引稻浪细切如筋1把，水1升，煎八分，温空腹顿服，勿令妇人、鸡、犬见。三五日后黄渐退，百日方平复，石仍要时时饮酒1盏，则黄易散，不饮则散迟，忌食热面，猪、鱼等肉用桃枝亦可。

6. 治时行黄病，用葵叶煮汁饮之。

7. 治急黄病，用山茵陈1000克，水1斗，煎5升，分服1升，日3服，夜1服。

8. 治五般疸，用秦艽180克，牛乳2升，煮1升，去渣，温顿服，兼治病腹硬如石。

9. 治同上，用血余炭9克，冷水调下，日3服，无时。

10. 治同上，用鸡子1枚，连壳少击破，烧灰为末，以醋1合调服无时，不过3枚，虫从鼻中出，黄染皆治，甚者不过3次。

11. 治同上，用猪脂八两，乱发如鸡子大2块，同煎，临服搅去发，分2服，病从小便出。

12. 治黑疸，黄变黑者多死，用土瓜根20克，水3升，煮1升，去渣，顿服。

13. 用苦葫芦瓤如枣子大，童便2合，浸半日，取两酸枣许，纳两鼻中，令深吸气，黄水自出。

14. 治五般急黄，用山豆根末两钱，空心，水调服。

15. 治黄疸，并面黄验方，用皂矾500克，面500克和为饼，将皂矾包裹在内，慢火爆熟，俱为细末，以煮熟红枣去核，捣和丸如梧子大，每服四五十丸，滚汤送下。

16. 丝瓜连子，烧灰存性，为末，每服6克，因面病，面汤下；酒伤，酒调下，治五疸俱效。

17. 猪胆枚，加鸡子1个，清和匀。不拘时服。如心翻服不下，用干糕咽之，3次即愈。

18. 万年青捣汁，和酒服之，每次饮三四杯，屡验，大便不实者不可服。

19. 柞树皮烧存性，为末，每以2匙，食远米汤下。

20. 生茅根1把，细切，以猪肉500克同煮熟，食肉次汁，愈。

21. 白萝卜子炒为末，白饮调下方寸匕，日3服，或萝卜汁每天上午吃1碗。

22. 百合蒸，和蜜食之，效。

23. 治黄疸，耳目悉黄，食饮不消，胃中胀热，生黄衣，盖胃中有干粪使病尔。煎猪脂1小升，温热，顿服之。

24. 灸法治黄疸，至阳穴，在脊中第七椎节下，灸之妙。

25. 治黄肿病，任意食落花生至二三斤痊愈。

26. 黑发烧灰研末，水调服5.1克；每日3服。

27. 茵陈，生姜，同捣烂，于胸前及四肢日日搽之。内以鸡蛋白3个，热酒冲服。

28. 取蟹烧存性，研末酒糊丸桐子大，每服50丸，白汤下，日2服。

29. 治内热黄疸，地丁30克，研末，以好绍酒冲服。

30. 茵陈蒿作菜或作羹，日日食之。

31. 木杨枝煎浓汁服之。

32. 甜瓜蒂同赤小豆煎服；或吹鼻中取出黄水。

33. 治黄疸通身皆金黄色，薏苡仁根煎汤，频频饮之。

34. 陈糯米煮汁服之。

35. 治黄疸（阴黄），黑矾60克，生姜60克，大枣60克，捣碎枣肉为丸、如豆大，每服三四十丸。

36. 治肝炎右胁痛，黄疸，服用蜂蜜，每日150毫升。

37. 半枝莲捣汁服。

38. 治黄疸未退，及小便出血方，生姜煎蜜汤，连次数盏甚妙。

39. 用苦草为末，和炒热芝麻，不时干服。

40. 生白矾，于伏天晒开，大枣为丸，每服二三钱，服后多食肉以压之。

41. 猪胆汁和白酒服。

42. 绿矾（炒至白色为度，或入瓶煨白尤佳），煮枣为丸，如樱桃大，每服5丸，日3服，俱冷黄酒下，忌生冷发物。若有虫，亦吐出，神效。

43. 治黄疸，山楂1味，或生食或蜜煎，多食愈。

44. 治黄白二疸，龙牙草120克，蒸，白短水酒服之，愈。重者即单服黄牛尿，酒过，亦效。

45. 土牛膝120克，生白酒3碗，煎沸六七次，空心连服3日，除根。

46. 白芥子6克（小儿只用1.5克）研碎，烧酒调，用白布摊之，贴脐下小肚上，1周时，起疱为度，须戒盐，甜之物。

47. 治小儿黄疸，芹菜汁，热酒冲服，或饮生腐浆亦可。

48. 治疗急性黄疸型传染性肝炎，将威灵仙根烘干研为细末，每次取9克，与鸡蛋1枚（用清）搅匀，用菜油或麻油煎后服用。每日3次，连服3天。

臌　胀

1. 治气臌，大蛤蟆1个，以砂仁入口内使腹满，用罐装入泥封固、炭火令红透，烟净取出，候冷研末为1服，或酒或陈皮汤下，放屁多乃见效。

2. 治臌胀，以童便浸陈香圆为末，醋打陈米糊为梧子大，每用酒服二三钱，至五六两，即愈。

3. 治单腹胀（即蛊证），用葫芦上小下大者，并内子瓤，置新瓦上焙干，将木器研为末，用酒调服，吐尽，泻尽，清炊汤补止，方愈。

4. 治水蛊肿胀，取桐油树向阳嫩根，刮去外粗皮，并去中心，捣取自然汁1碗，和面250克作1饼，入笼床内蒸熟，分作4块，每日用好酒送下1块，轻者3块愈。

5. 治蛊胀由于脾虚有湿，真茅山苍术，米泔水制，为末，每清晨米饮调下9克，不数月强健如故。

6. 治臌，身干黑瘦，多渴烦闷。马鞭草细判，晒干，勿令见火，以酒或水同煮至味出，去渣，温服无时，以六月中旬雷鸣时采有效。

7. 治10种蛊病，苦丁香为细末，煮枣肉丸如梧子大，每服30丸，空心枣汤下，2服立效。

8. 治蛊胀验方，大西瓜1个，切去上面盖，去瓤少许，将蒜瓣去衣约半斤，装入瓜内，仍以盖封固，多取糠火围之，煨3日夜，取出，食蒜并水，作一二次服之，不日痊愈，奇效。

9. 治水蛊，商陆根赤者，杵烂，贴脐心，以绢帛系，缚定，病自小水而去，商陆有2种，白者不可用。

10. 治气臌，以大麦须（陈者为上）煎汤服。泄气即消。

11. 治10种水蛊病，肿满喘促不得眠，用蝼蛄5枚，研为末，食前汤调1汤，小便通，效。

12. 治蛊胀，葫芦藤，煎汤代茶饮，数月愈。

13. 治臌法，用盐120克炒热，绢包脐上，水臌盐化水，食臌红色，血臌紫色，气臌黑色，气虚中满盐本色。

14. 治水臌，取盖屋稻草煎汤倾入盆内，先坐盆上熏之，待汤温方洗其腹，小便随下黄水，熏洗数次，永不再发。

15. 治水臌小便不通，赤尾大鲤鱼用大蒜60克煮食，以好为度。

16. 治血臌小腹胀有血丝，周身老黑皮内有紫黑斑点者是，酒煎荷叶洗。

17. 治妇人血臌，刘寄奴草或马鞭草煎汤熏洗，或煎浓汁服。

18. 暖治水臌肿满喘促多年，旧鼓皮9克钱焙末，酒下。

19. 治一切气臌，四五月牛屎阴干，炒微黄色，研末，每服30克，煎半时，滤清服之，3服即愈。

20. 治气臌，用远志煎服。

21. 治血臌方，绞漆绵子，烧灰存性，每服止可用9克，好酒调服，自愈。

22. 治水蛊，白茅根1把，加赤小豆1碗，水煮食豆，以消为度。

23. 治臌胀，苦丁香未熟时，以手摘之晒干，15克为末，白滚汤下。

24. 治臌胀奇方，用黄牛粪，男用雄，女用雌，阴干炒为末，每服30克酒，3

碗煎1碗，绢滤去渣，饮酒3服痊愈。

25. 治臌仙方，用水萝卜1枚，周围钻7孔，入巴豆7粒，入土种之，待结子，取出子又种，待萝卜成仍钻7孔，入巴豆7粒再种，如此3次，第4次将开花时连根拨起，阴干。遇臌胀者取1枚捶碎，煎汤服之，重者2枚立愈。

26. 治气臌，五谷虫洗净炒黄色，为末，用黄米饭为丸，白滚水下。

27. 治水臌，乌鱼1尾去脏，入大蒜于内，1岁1粒。湿纸封固，再用黄泥封好，火煨透红为度，取出食之。

28. 治水臌，山豆根末，酒服6克。

29. 治水臌，数年陈蚕豆4两，加红糖90克、蚕豆连壶熬服，重症3服愈。

淋　证

1. 葵子30克，以水180毫升，煮取120毫升，去渣，分温服。

2. 淡豆豉加大蒜，蒸饼研烂为丸，温水下30~40丸，日3服，3日愈。

3. 白矾为细末，将末填脐中，滴入井水，通即去。

4. 葵花根15克，水煎数沸，不可久煮，服甚效。

5. 治淋痛不可忍方，鸡内金15克，烧存性，为末，1次服完，立愈。

6. 治淋痛欲死方，朴硝（细末）6克，冷水调下，立效。

7. 韭菜捣汁，和生白酒，空心服，其渣煎汤洗阴茎。

8. 用虎杖为末，每服3克，米饮调下，不拘时。

9. 用黄芩4袋贮之，水5升，煎3升，分3服。

10. 用黄牛尾烧灰为末，每服1.5克，水调下。

11. 用榆白皮阴干为末，每日旦、晚以水5合，末9克，调如膏服。

12. 用船底青苔如鸡子大，水1盏，煎五分，温服。

13. 用地肤子或茎叶150克，水4升，煮取2升半，分温3服。

14. 生螺狮1碗，连壳干锅内炒热，淬以好白酒3碗，煮至1碗，取螺以针挑肉食，仍以此酒下之，食二三次效。

15. 取生续断捣绞取汁服之。

16. 用鲤鱼齿烧灰，酒服方寸匕。

17. 瞿麦捣末，酒服方寸勺匕，日3服。

18. 取三叶酸浆草，取其嫩者，净洗捣绞自然汁一合，酒一合搅温，令空心服之，立通。

19. 以多年木梳烧存性，空心冷水调下（男用男梳，女用女梳）。

20. 土牛膝连叶，以酒煮服，连进数剂神效，血淋尤验。

21. 灸法治小便淋涩不通，用食盐炒热填脐中，以艾灸七壮即愈。

22. 芹菜煎汤饮。

23. 玉蜀黍根叶，水煎当茶喝。

24. 自取爪甲，烧灰水服。

25. 治淋病初期，绿豆芽1000克，取汁冲白糖60克服之。

泌尿系感染

1. 地丁30克，水煎服。

2. 夏枯草9克，水煎，分3次服，连服5天。

3. 白果数十粒，炖熟连汤服下，连续服半月。

4. 土常山根皮捣烂取汁，冲开水服。

5. 治尿道炎，丝瓜络60克，水煎加蜜糖冲服，或丝瓜60克炙黄研末，分2次黄酒冲服。

6. 治同上，木贼草30克，水煎出味，冲冰糖30克，露1宿至清晨，空腹服。

7. 治同上，何首乌水煎，加白糖服。

8. 治同上，鸡蛋1个，开1小孔，去蛋清少许，加大黄末1克加热蒸熟（不可落水）。早晨空腹吃下，连服1周。

9. 治同上，苦参30克（1日量），水煎，分3次服。

10. 治同上，海金沙，每晨冲豆腐浆服。

11. 治同上，马齿苋捶烂取汁，开水冲服。

12. 治尿痛，椰叶30克，水煎服；或鲜垂杨柳5尺，加白糖30克，水煎服。

13. 治尿痛，野生地黄去红皮，用火烧过，水煎服。

14. 治同上，猪鬃草1把，水煎，1日分3次服。

15. 治同上，糯稻根须250克，每次30克，以水煮服。

16. 治同上，银花60克加白糖120克，水煎服。

17. 治同上，蒲公英100克水煎服，每日1剂，连服3~5天。

18. 治泌尿系感染，绿豆芽500克洗净捣烂，以纱布压挤取汁，加白糖代茶饮。

19. 治慢性膀胱炎、尿道炎，鱼腥草30克，水煎，每日分3次服。

20. 治同上，玉米须适量，水煎服。

21. 治同上，向日葵根10克，水煎服。

22. 治同上，黄花菜60克，砂糖60克，水煎服。

23. 治同上，大白菜根切片捣烂取汁，每服1茶匙。

胆结石

1. 治胆结石症，大金钱草90~250克，水煎服。

2. 治胆石症、胆囊炎，用胶布粘上王不留行籽，贴在相应消化系统的耳穴上。隔日1次，10次为1疗程。并在三餐后和临睡前各按压1次，每次15分钟，使耳穴部有病胀感，耳郭有灼热感。

3. 治胆石症，玉米须50克，加水煎汤饮，可随时不拘量饮用。

4. 治胆结石，虎耳草30克，以米酒与水各半煎，每日1剂，连服3～4周，至结石全部排出。

5. 治胆结石，威灵仙60克，每日2次煎水内服。

6. 吊南瓜蔓泡水喝可排结石：吊南瓜蔓100克（鲜的加倍），洗净切碎，放入热水瓶中，用开水浸泡，当茶饮用。服用方法：每天泡一热水瓶，平时和吃饭时均可饮用，一天只喝一瓶，须每天换药重泡，连喝3～4天，开始排石，一般为浑浊状尿，有时有小的石粒，当小便有拉丝状液出现，则证明结石全排净，不用再喝药了，忌辣、酒，特别是肥猪油。

泌尿系结石

1. 鸡内金1个，晒干，捣研细末，每次3～5克，每日早晚各1次，白开水送服。

2. 土茯苓60克研末，每次6克，1日3次，米汤为引送下。

3. 鳖甲1个，醋煎，焙干，研末，每服5克，黄酒送下，每日2次。

4. 滑石粉60克加水浓煎，过滤，将药液调蜂蜜（120克）、白酒（120毫升）。每日1剂，连服3剂为1疗程，停药3～5天，未见结石排出时，可继续服至结石排出为止。

5. 治泌尿系结石，金钱草120克，水煎服。

6. 治同上。佛耳草30克，每日煎汤代茶饮。

7. 治膀胱结石，鹅不食草60克洗净捣汁，加白糖少许，1次服完。

8. 地榆适量煎汤，熏洗腰部，一般每天熏洗1～3次，每次20～30分。疗程视病情而定，以病瘥为准。

9. 治尿路结石，鲜葫芦捣绞取汁，调以蜂蜜，每服半杯或杯，1日2次。

10. 治膀胱结石，鲜杨桃5个，切块加清水3碗煎至1碗，冲入蜂蜜适量饮用。

11. 治泌尿系结石，威灵仙60克，白茅根60克，水煎，每日3次饭前服，连服6～8天。

12. 治尿路结石，鲜玉米根100克，水煎服。

13. 治膀胱结石，活地龙30条洗净文火焙干研末，加白糖250克，早起1次顿服。

痹　证

1. 治风寒湿痹，紫苏60克杵碎，以水3升，研取汁，煮粳米2合作粥，和葱，椒，姜，豉食之。

2. 治风缓顽痹，3 年陈醋 5 升，煎 5 沸，切葱白 3 升，煮 1 沸，滤出，以布染，趁热裹之。

3. 治同上，松叶 5000 克，酒 5 斗，渍 21 日，服 1 合，日服五六度。

4. 治风湿痹，苍耳子 90 克，炒为末，以水 1 升半煎取 7 合，去渣呷之。

5. 治同上，黑雌鸡肉作羹食。

6. 治鹤膝风，初起时膝下酸痛，渐至膝盖膨肿，股筋憔悴，以肾虚亏之故。用尖嘴鳝鳅鱼数尾和白糖捣烂，敷于患处，三四次可愈。

7. 治遍身湿痛，白金凤花，每朝取 9 朵，口嚼，温酒送下，或多收阴干，入火酒浸，常服甚妙。

8. 治风痹四肢挛急，五加皮酿酒，日逐服数杯。诸药浸酒，惟五加皮与酒相合，且味美，常服有益，于此病更宜。煮酒时入药于内，泥之，满月后可服。

9. 治一切风湿痹，四肢拘挛疼痛，苍耳子去刺为末，90 克，水 2 盏半，煎 2 盏，去渣，呷服无时。

10. 治当风卧湿，遇冷所中等病，黄粱米 5 升，水 1 斗，煮 3 升，澄清稍稍饮。

11. 治手足疾痛，兼微肿，乌麻五升，炒，碎之。酒 1 升，浸 1 宿，随多少饮之，并治腰脚疼痛。

12. 治痹膏，痹，湿病也，真茅山苍术 5000 克，洗净，先以米泔浸 3 宿，用蜜酒浸 1 宿，去皮，用黑豆 1 层，拌苍术 1 层，蒸 2 次，再用蜜酒蒸 1 次，用河水砂锅内熬浓汁，去渣，隔汤煮，滴水成珠为度。每膏 500 克，和炼蜜 500 克，白汤调服。

13. 治同上，苍术 500 克，米泔浸，竹刀刮去皮，晒干，半斤以童便浸，半斤以无灰酒浸，春秋 5 日，夏 3 日，冬 10 日，挖 1 地坑，以炭火煅红，去炭，将便酒浸术共倾坑内，封固 1 宿，取出为末，每服 3 克，空心盐汤或酒调下。常服，除湿，壮筋骨，明目。

14. 治风寒湿痹，四肢挛急，脚肿不可践地者。真紫苏子 60 克，捣碎，水 2 升，研取汁。以煮晚大米之合，作粥，和葱、豉、姜、椒食，并治脚气。

15. 治湿气腿肿如斗大，艾灸足大拇指连二指中丫，名大壮穴，七灶即消。

16. 治湿气两腿肿作痛，艾叶 60 克，葱头 1 握，生姜 45 克，各捣烂，用布共为 1 包。作极热烧酒，擦患处，以痛止为度。

17. 治湿气暴发红肿，痛其甚者，腊糟敷之。

18. 治湿气流注之处，痛不可忍，金银花并叶，和酒糟研烂用净瓦摊放火中，烘热敷患处，效。又用金银花藤叶为末，每酒调服 6 克尤妙。

19. 治手足痛风，冷痛如虎咬者，用樟木屑 1 斗，急流水 1 石，煎极滚泡之，趁热安足于桶上熏之，以草荐围住，勿令气入口，其功甚捷，此家传经验方。

20. 治臂腿之间忽一两点痛着骨，不可忍，芫花根 1 味，研为细末，米醋调，随大小敷之，立止。

21. 治风湿相搏，麻痹无力，用五叶金花，晒干为末，每服一二钱，酒下。

22. 治中湿骨节疼痛，用白术 30 克，酒 3 盏，煎 1 盏，顿服，不能饮酒以水代之。

23. 治脚膝风湿疼痛及阴汗，烧白矾灰 1 匙，沸汤投之，淋洗患处。

24. 治风毒脚膝挛急，骨节疼痛，豉 5 升，九蒸九曝，酒 1 斗，浸经宿，空心随性暖饮之。

25. 治历节风，百骨节疼痛不可忍，用虎头骨 1 具，涂酥炙黄，碎，绢袋盛，以酒 2 斗，浸 5 宿，随往暖饮之，妙。

痿　证

1. 治热瘫痪常发，羌活 1000 克，谷子 45 克（水肿取沉者），捣筛为散。酒服 9 克，日 3 服，稍加之。

2. 治痿，羊肾 1 枚，煮熟和米粉 180 克，炼成乳粉，空腹食之，以愈为度。

3. 治痿，杜仲 30 克，切碎，酒水各半，煎服，3 日能行，又 3 日愈矣。

4. 治痿，牛膝酿酒或骨碎补浸酒服食。

5. 治痿躄脚弱者，五加皮酿酒服或水煮代茶饮。

6. 治痿，牛膝煎服、丸服或浸酒服。

7. 治痿（重症肌无力），马钱子胶囊，每粒含炙马钱子粉 0.2 克。每日 3 次，每次 1 粒，饭后服。每隔 2 ~4 天增服 1 粒，逐渐加至 7 粒为止。如未服到 7 粒时便自觉出现一过性肌肉跳动者，也不能再加药量。

8. 治肝肾虚痿证，胎盘粉 3 ~6 克，每日服 2 次。

腰　痛

1. 治湿气腰痛，用牛膝叶 500 克，以米 3 合，于豉汁中相和，煮作羹，和盐、酱空腹食之。

2. 用大黄 15 克，更入生姜半两，同切小豆大，于锅内炒黄色后投入 2 碗，至五更初顿服，天明下恶物如鸡肝样，痛即止。

3. 治腰重痛，用槟榔为末，酒调服一钱匕。

4. 治肾脏虚冷，腰脊痛如锥，不能动摇，用鹿角屑 100 克，熬令黄，捣末，空腹暖酒 1 盏，投鹿角末方寸匕服之。

5. 治腰脚痛，用鹿茸不限多少，涂酥炙紫色，为末，温酒调下一钱匕。

6. 治卒腰痛不得伸仰，用鳖甲 1 枚捣末，调服方寸匕。

7. 腰有血痛，捣桂节筛 3 升，以苦酒和涂痛处，干复涂之。

8. 治腰胁卒痛，取大豆 3 升，酒 2 升，煮取半升顿服。

9. 用破故纸为末，温酒下三钱匕。

10. 用橘子仁炒研为末，每服3克，酒1盏，煎七分，和滓空心服之。

11. 用藕实6枚，炒黄色研末，以熟水半盏和服。

12. 治腰脚痛，用威灵仙500克，洗干，好酒浸7日，为末，面糊丸为梧桐子大，以浸药酒下20丸。

13. 取黄狗皮炙热裹腰痛处，取暖彻为度，频即瘥。

14. 大豆6升，水拌湿炒热，布裹熨之，冷即易。

15. 杜仲为末，每旦以温酒服9克。

16. 羊肾去膜，阴干为末，酒服6克，日2服。

17. 杜仲去皮炙黄500克，分作10剂，每夜取1剂，以水1升浸至五更，煎三分，减一取汁，以羊肾三四枚切下。再煮3~5沸，如作羹法，和以椒盐，空心顿服。

18. 糯米2升，炒熟袋盛，拴靠痛处，内以八角茴香研酒服。

19. 石花浸酒饮之。

20. 新胡麻1升，熬香杵末，日服1小升，服至1斗愈，温酒、蜜汤、姜汁皆可下。

21. 芥子末，酒调贴之。

22. 治积年久疾腰痛，用地肤子为末，酒服方寸匕，日五六服。

23. 治腰脚疼痛，用皂角500克去皮弦捣碎，酒2碗。熬至1碗，去渣，入银石器内，熬为膏，贴痛处。

24. 走注疼痛，用赤箭根并梢全用，阴干为末。每服9克，温酒调下，不拘时。

25. 治无故腰腿疼痛难忍，用甜瓜子90克，酒浸10日，曝干炒为末，每服9克，空心温酒调下，日3服。

26. 用黑豆炒热，以绢布包缠腰上，擂姜，酒热饮酒，出汗为度，如无汗，再作二三次，必大效。

27. 核桃2个，炮焦，去壳细嚼，火酒送下。

28. 用鹿茸酥炙紫色，为末，酒调3克服。

29. 用鹿角1段长5寸，火炙令红，纳酒2升中浸1宿，空心饮之。

30. 红曲炒为末，每服3克，热酒下。

阳　痿

1. 牛尾巴或鹿尾巴1条，当归50克，水煎分服，连服2剂。

2. 狗鞭3具，焙干研末，每服5克，黄酒送下。

3. 雀肉治阳痿，其卵尤佳。

4. 人参9克，茶叶3克，小水煎服。

5. 老母猪子宫肠，瓦上焙干研末，烧酒冲服9~15克，连服三五日，即生效。

6. 用蛇床子浓煎汤，浸洗。

7. 用阳起石为末，每服二钱匕，空心盐汤调下。

8. 覆盆子取汁作煎，汤服，并益颜色，安五脏，养精气，强阴，女子食之有子，及疗中风身热，肺脏虚寒，惊悸，益力，长发明目，缩小便。或作丸如梧子大，每服二三十丸。

9. 泥鳅煮食之。

10. 原蚕娥焙为末，酒服3克。

11. 羊肾煮粥食。

12. 棉花子炒熟，同枣肉捣为丸，日服。

13. 鲜淫羊藿200克剪碎晒干，水煎服，开水泡亦可，每日3次。

14. 露蜂房60克，研末，每服6克，每日3次，米汤送服。

15. 苦瓜种子10克，黄酒适量，将种子炒熟研末，黄酒送服，每日2~3次。

16. 胎盘粉，每服3克，用饭米10多粒，捣和捏小丸吞下，1日2次。

17. 栗子1000克，用好酒5000克，浸泡栗子7天，在性交前饮用少许。

18. 磁石5000克，研末，泡入3000克白酒中1月，口服一天3次，每次少许。

19. 地龙6克，捣汁，再加入少许韭菜汁，用酒调服。

20. 小蜗牛7个，每天1个，连用7天，水煎服。

21. 韭菜子60克，水煎服。

遗　精

1. 治内虚邪气感发，梦交泄精，熬韭子捣末，酒浸稍稍服之。

2. 治梦泄，用苏子1升，熬，杵为末，酒服方寸匕，日再服。

3. 截鹿角屑三指撮，日三服，酒下。

4. 治泄精自遗，韭子60克，炒为末，每服6克，空心及食前用白酒调服。

5. 韭子生吞30粒，空心盐汤下，止梦遗白浊。

6. 北五味子500克，洗净，水浸1宿去核，再用温水将核水洗去，取余味，通置砂锅内用布滤过，入好蜜1500克，炭火慢熬成膏。待数日后略去火性，每服一二茶匙，白滚汤调服。火候难于适中，先将砂锅秤定斤两，然后称五味汁并蜜，煮至1120克，成膏为度。一云，连核俱捣碎，浸出味来，再滤去渣熬之。又五味子如法为细末，每服以好酒下方寸匕，甚妙。

7. 治精滑秘方，旱莲草焙干为末，空心米汤下60克，三四服效。以蜜酒调，久服，黑鬓发，固精，极妙。

8. 治遗精久而诸药不效者，干荷叶研末，空心酒调服9克，二三次即愈，常效下或每服3克，每日早晚各1次，热米汤送下。

9. 灸法治遗精，命门穴，在背脊中两肾俞之间，与脐相对，灸五壮立效。

10. 鹿角磨水服，止脱精梦遗酒服。

11. 核桃仁（连衣捣烂）120克，黄蜡（溶化）60克。共为丸，梧子大，每服3克，开水下。

12. 治梦遗，雄猪肚1个，洗净入杜仲250克，用线缝固煮烂，去药连汤食尽，兼能治腰痛。

13. 用牡蛎炙黄为末，酒调方寸匕，空心，临卧2服。

14. 用车前子草，捣绞汁2合，服甚效。

15. 用晚蚕蛾，干之为末，每服9克，空心温酒调服。

16. 用生白果500克，零碎食之即愈。如用火酒，隔夜浸之，食一二枚，可以固遗精。

17. 猪肚1枚，入带心连衣红莲子煮糜，杵丸梧子大，每淡盐汤下。

18. 治梦遗，临睡以朴硝少许放手心内，用少量水和，将龟头一擦即效。

19. 治阴虚梦遗，鳖甲浇研0.3克，酒半盏，童便半盏，葱白七寸同煮去葱，日晡时服，出臭汗愈。

20. 牡蛎粉醋糊丸梧子大，每服30丸，米汤下，日2服。

21. 治梦遗，乳香3克，睡前口含1小块，半夜时吞下。

22. 治肾虚遗精，茯苓12克研细，每天2次，调米汤吞服。

23. 刺猬皮1张置瓦上焙黄，研细末，每9克，黄酒送服。

24. 金樱子1000克捣碎，加水煮3次，去渣，过滤后再浓煎，加蜂蜜使其成膏伏，每日睡服1匙，可用开水冲服。妇女带下亦可治。

25. 生白果仁60克，捣碎，白糖适量。炼蜜为九。每服10克，每晚临睡服。

26. 麻雀4只，洗净晾干，用花生油炸成金黄色，盐炒一下，吃时蘸着盐，每日2次，可连服数日。

27. 治睡觉即梦遗盗汗，不论新久均效。地龙240克微炒黄，研细末21包，7日服完，每日3次，饭煎白水送下，轻者1料，重者2料即愈。

28. 白羊牛（桃树上生的良）4个去头部，放瓦上焙枯，研为细末，分作2次服之。每日1次，黄酒冲服，轻者1剂，重者3剂痊愈，愈后如阳物不起，可将白羊牛头部焙枯为末，分2次服即愈。

29. 怀山药120克，每天早上煮烂，加食盐少许，调味后服。

30. 大黄1克，生鸡子1个，顶上敲出孔入大黄末在内，纸糊煮熟空心食四五朝愈。

31. 高粱花不拘多少，研细，每服9克，日服3次。有火用白糖引，有寒用红糖引。

32. 猪肾两个，加30克桃仁，加水煮，烂者即可使用。

33. 莲须每日煎汁作饮料。

34. 韭菜子250克用纱布包扎好，加水煎汤，用韭菜子汤煮大米成粥，日服3次。

35. 揉睾丸治中老年人阳痿有效：每晚临睡前洗净下身后，取坐位最好（仰卧位亦可），将睾丸置于手掌中，顺时针方向揉和反时针方向揉反复交替进行，宜轻揉慢揉，效果显著。

水 肿

1. 用皂角炙黄，水 3 升，酒 1 斗渍之，合器煮沸，澄清，服 1 升，日三服。

2. 用生猪肝 1 具，细切，顿食之，勿用盐。只可用苦酒。

3. 用榆皮捣屑，杂米作粥食，小便利。

4. 治水气身浮肿，气促坐卧不安，用牵牛 60 克微炒，捣末，乌牛尿浸 1 宿，平旦人葱白 1 把，煎十余沸，去渣，空心分为 2 服，水从小便出。

5. 用东引花桑枝烧灰淋汁，煮赤小豆，空心食饱，饥饿食尽，不得吃饭。

6. 用白商陆根去皮，切如小豆许 1 大盏，水 2 升，煮 1 升，入米 1 盏，煮成粥，空心服，即微利，不得杂食。

7. 用乌豆 1 升，水 5 升，煮 3 升，去渣，入酒 5 升，更煎取 3 升，分温 3 服，未瘥再服。

8. 用鲤鱼一条极大者，去头尾及骨，惟取肉。以水 2 升，小豆 1 升，合煮取 2 升，以上汁生布绞去渣，顿服尽。如不尽，分为 3 服，利尽即差。

9. 治 10 种水肿病，用鲤鱼 1 条，重 500 克以上，和冬瓜、葱白作羹食之。

10. 治 10 种水肿病，气喘不得卧，用蝼蛄 5 枚，干为末，食前汤调半钱匕至一钱，小便通效。

11. 治水病初得危急，用冬瓜不限多少，任吃极效。

12. 治水病肚胀四肢肿，用黄瓜 1 个，破作 2 片，不去子，醋煮一半，水煮一半，俱烂，空心顿服，须臾水下。

13. 治身体手足浮肿，用蚯蚓粪为末，隔年醋调涂患一处，即愈。

14. 用蓖麻子捣烂，敷之。

15. 治肚腹肿胀，独囊大蒜煨热去皮，绵裹塞粪门，冷即换。亦治关格胀满，大小便不通。

16. 浮肿用冬瓜皮煎汤，浴洗立消。

17. 治水肿，黑豆煮去皮，干，为末，米饮调下 3 ~6 克。

18. 牵牛子末之，水服方寸匕，日一利止。

19. 椒目沉水者，取熬之，捣如膏，酒服方寸匕。

20. 水煮马兜铃，服之。

21. 多煮野鸡，食之。

22. 治一切水肿、湿肿、气肿、肚肿、四肢发肿，雄猪胆 1 个，内入大蒜 120 克，煮烂淡食五六个，忌盐、酱、醋，百日自消。

23. 治脚气水肿，头面俱肿，心腹满，小便不利，马齿苋 1 把，和少许晚大米煮食之。

24. 杏仁泡，去皮尖，研碎，同晚大米煮粥，食之。

25. 治大腹水病，青雄鸭，以水5升，煮取1升，饮尽，厚盖之取汗，佳。

26. 败荷叶烧研，每服6克，米汤下，日3服。

27. 牵牛研末入猪肾煨熟，温酒下。

28. 治水肿验方，用大豆90克，以水360毫升，煮令熟，出豆澄汁，更内美酒300毫升，微火煎如汤，服60毫升，渐增之，令小便下。

29. 治风水，用稻谷壳1.5公斤，淘净晒干炒黄，研细末，过筛后，每次服6克。

30. 治风水，用鸡血藤根50克与红糖100克煎服，连服3~4天。

31. 治阴水，用稻根400克，洗净，水煎服。

32. 治水肿，甘遂1.5克研末，用1个鸡蛋打1个小孔，将药末放入蛋内烧熟食用。

33. 治水肿下肢尤甚者，赤小豆100克，水煮熟，早晚2次服食。

34. 青蛙1只，去头、足、五脏后，放新瓦上焙干，研成末，分4次开水冲服。

35. 酸枣树根适量，水煎，当茶饮。

36. 陈蚕豆（至少3年）煎汤喝水。

37. 硫磺3克辗为细末，入鸡蛋内，搅匀、蒸膏，作1次服，连服几次。

38. 小麦芽6克，焙黄，水煎熬浓汁，去渣服之，小便如注，肿消。

39. 大麦芒6克，焙黄，水煎浓汁服。

40. 治水肿，头面四肢和腹部水肿，胀满气短，家核桃20个去皮，红枣20个去核，蜂蜜60克。核桃与枣共捣一处，再加蜂蜜煮之，每服3匙，元酒冲服。

41. 赤小豆120克，水煎，当茶饮。

42. 虫笋（即陈竹笋被虫咬者）60克，切片，水煎，温服。

43. 金樱子根500克（晒干），用黄酒1500克煎成500克，分3天服。每日早、晚饭后各服1次。忌食生冷及盐类。或金樱子根30克，水煎加糖服。

44. 紫苏240~300克，煮汤遍身全洗，洗后安睡出汗为度。

45. 活蝼蛄四五个，石器内捣如泥，摊布上如膏药贴肚脐上。

46. 蚕豆1把，煎汤洗。

47. 鲜浮萍500克，水煎熏洗。

48. 益智仁，为末，每服9克，每日3次，酒送下。

49. 桐树皮30克，水煎服，1日2次，同时忌盐。

50. 治水肿，小便不利，樟树子9克，水煎代茶饮。

癃闭

1. 治小便不利，卧则少通，立则不能点通。石硫磺300克，研碎，用瓷盒盛，以水和赤石脂封口，盐泥固济，晒干。地内先埋1罐盛水令满，安盒在上，用泥固济，慢火养7日7夜，候足加顶火一斤煅，候冷取出研末，每30克用蒸饼30克，水浸为丸，如梧子大。每服30丸，清晨米饮下。

2. 蚯蚓捣碎，以冷水滤浓汁，服半碗，立通。

3. 瓜蒌仁不拘多少，为末，每服9克，温酒调下，不饮酒以米汤调，温服，以通为度。

4. 猪但投热酒中，口服。

5. 败棕烧存性，以水调服6克。累试累验。

6. 朴硝为末，每服6克，空心煎茴香汤下。

7. 生车前子草捣取自然汁200毫升，入蜜20毫升，调服。

8. 生芝麻3克碾碎，用冷水200毫升调送，即通。

9. 鸡子中黄1枚，服之，不过3服佳。

10. 生白矾，沧盐各7.5克，研细末，用纸圈围脐周，抄药在内，滴水药上，少时自小便行。

11. 治腹胀小便不通方，瓜蒌不拘多少（焙干），为细末，每服9克，热酒调下，不能饮者，以末饮调下，频进数服，以通为度。

12. 马齿苋捣汁，服用。

13. 葱白1500克，盐500克，二味相和捣烂，炒令热，以帛子裹，分作2包，更互熨脐下，小便立出。

14. 大皂角不拘多少，炒焦为末，炼蜜为丸，梧子大，每服1九，日汤下。

15. 蜗牛3个连壳捣，放脐中，以手揉按之即通，加麝香0.3克更妙。

16. 治脾气不利，小便不通方，橘红为末，每服6克，空腹，温酒送下。

17. 治妇人不得小便，杏仁（去皮尖）7粒，麸炒黄为细末，水调服，立通。

18. 用扁竹1把，水盅半，煎1盅，热服。

19. 猪胆汁1个，开1孔笼住阴头一二寸，汁入即通。

20. 金针菜煎水，多饮亦通。

21. 葱白连叶捣烂，入蜜调合，包外肾上即通。

22. 田螺2枚，盐半匙，生捣烂，贴脐下一寸三分气海穴，少刻即通，此实异方。

23. 土狗（即蝼蛄），取下截焙研，加车前草汁服效。

24. 治小便不通，胀急者，象牙屑煎服。

25. 治小便闭奇方，白菊花根捣烂取汁半茶盅，用热酒冲服。

遗　尿

1. 取雄鸡肠烧末三指撮，朝暮服，或用小豆叶捣汁，空心温服1小盏，立止。

2. 桑螵蛸酒炒为细末，每服6克，生姜汤调下。

3. 治男妇尿炕，硫磺6克，葱头21克，同捣烂，用布包置脐上。

4. 乌药为末，每服6克，米汤调下，日2服。

5. 用益智仁45克，酒1碗，煎7分，去渣，温服。

6. 鹿角镑炒为末，每服9～15克，空心热酒调下。

7. 治遗尿失禁，茯苓120克，为末，白面500克，水和捏作饼，烧熟，空心食之效。

8. 治日中遗尿，连须葱汁根，煎汤服。作菜和饭也可。

9. 灸法治遗尿，阴陵泉穴，在左膝下右边，右膝下左边，辅骨下面低陷之处，为阳陵泉穴高一寸是，随人年几岁，即灸几壮。

10. 治小儿遗尿，取龟尿灌脐中即止。将龟放铜盆中，用镜照之，龟见自影即尿甚多。

11. 鹿角霜研末，温酒下9克。

12. 用羊肚系水令满，急系两头，熟煮，取开水炖服之。

13. 治老人遗尿，草乌头30克，童便浸7日，去皮，同盐炒为末，酒糊丸绿豆大，每服20丸，盐汤下。

14. 治梦泄遗尿，韭菜子1杯，糯米2碗，水1大碗，煮粥，分作3次服。

15. 韭菜子每日空心生吞30粒，盐汤下。

16. 猪膀胱1个、盐茴香装满，阴干后，火焙为细面，每服9克，黄酒送下。

17. 羊肚（羊胃）1个，盛水令满，用线扎紧两端不漏冰，煮熟，取羊肚内之水顿服。

18. 治神经性尿炕，大红枣1000克（小枣加倍），每晚八点许生吃大枣8枚，九点钟准时上床睡觉，食后不准喝水。连用1月即可达到治疗目的。服食期间不宜过度劳累，兴奋，避免着凉感冒，忌辛辣刺激性食物。

19. 活龙虱6只用开水烫死，晾干，以盐油炒熟，去壳、翅、爪，食之。

20. 治小儿遗尿，玉竹60克，洗净切片，水煎，饭前服。

21. 治同上，覆盆子根（又名叫吊竿泡）15克，水煎，和瘦猪肉汤冲服。

22. 金樱子1500克熬膏，酌加白糖，每服1大汤匙，1日2次。

23. 柿蒂12克，水煎服，1日1次。

24. 紫河车1个，瓦上慢火焙干，研末，面糊为丸，每服1钱，开水送下，早晚各1次。

25. 蜂房火焙干，为末，10岁以上患者每服3克，每日3次。10岁以下小儿酌减，病愈后加服1～2天。

糖 尿 病

一、消渴

1. 生芭蕉根捣汁，时饮一二合。

2. 晚蚕沙焙干为末，每用冷水下6克，不过数服即愈。

3. 黄雌鸡1只，治净，煮汁冷饮，并作羹食肉。

4. 人参为末，鸡子清调服3克，日3~4服。

5. 香水梨或雪梨，取汁蜜汤熬，瓶收，时以热水调服，至愈乃止。

6. 蚕茧壳或丝绵，煎汤服之皆可。

7. 葵花根150克，煎汤，清早服，治饮水多而小便不利者。

8. 生山药120克，以水浓煎服。

9. 芹菜500克，绞汁，煮沸后，调白糖服。

10. 冬瓜1枚，削去皮，埋湿地中，下月取出，破开取清水饮之，或烧熟绞汁饮之。

11. 用韭，或炒，或作羹，勿入盐。每日吃90~150克，吃至5000克即佳。过清明勿食，入酱无妨，极效。

12. 冬瓜去皮，饭后吃3~5次良。

13. 野蔷薇花根皮24克，水煎服，连服2次，本方适用于小儿消渴。

14. 生猪胰1个，切成豆大若干块，早晚各服5~6块，开水送服，3~5个必见好。

15. 甘蔗削去皮，截寸长，食后嚼之。

16. 淡豆豉煮汁，任性饮之。

17. 甜瓜去皮，食后徐徐吃之。

18. 用白药（即天花粉）为末，每服方寸匕，冷水调下，亦可蜜丸如桐子大，每服20丸，日2服。

19. 以陈小米，炊饭，干食之，良。

20. 粟泔汁（即淘小米的泔水），止消渴尤良。

21. 绿豆煮汁煎作粥食。

22. 玉蜀黍须，每日煮水代茶饮之，忌动物肝。

23. 每日取柳白皮（即柳树粗根皮内之白皮）120克，煎汤服，久服自愈。

24. 牛、羊乳，每饮3~4合。

25. 猪干尿胞10个，剪破去蒂烧存性为末，每温酒送3克。

26. 桑椹熟时，尽意食之。

27. 黄连末入猪肚内蒸烂，捣丸梧子大，饭饮下。

28. 解除糖尿病患者口渴一法：患糖尿病的人易口渴，可拿冷毛巾包住整个脚板，约三五分钟就能消除口渴。临睡前采用此法，一夜不口渴更不会有尿意。

二、血糖高

1. 稻成熟收割后挖取稻根，每用200~300克，水煎服，连服数日。

2. 治血糖高，每天服25100克胡芦巴种子。

3. 仙鹤草60克，水煎服，连服3~5周，后改为每次20克。

4. 马齿苋100克，水煎2次，早、晚分服，停其他药物，服药1~2周，本方对阴虚燥热型的糖尿病，效果更好。

5. 治非胰岛素依赖性糖尿病，僵蚕为细末，每服6克，1日3次，饭前白开水送服，2个月为1疗程，休息半月，再进行第2个疗程。

6. 猪胰子山药汤治糖尿病：猪胰脏若干切成薄片加山药50克（切成片，最好用鲜山药，到中药店买干山药行），放在一起煮汤20分钟，稍凉些即可服用。煮时不加盐及任何调料。日服1次，早晚均可。

7. 缓解糖尿病的饮食：鸡蛋2只洗净，核桃2个去壳，大枣7枚洗净，花生米、黄豆、黑豆各14粒，洗净后温水浸泡备用，每天早晨同时入锅，温火煮熟粥一碗，熟鸡蛋去皮与粥空腹食用，15天为一疗程。

治糖尿病一方：将500～750克的活鲤鱼开膛破肚，取出苦胆后用水洗净，浸泡在刚沏好的花茶或绿茶水中，以便去掉腥味和消毒。待茶水稍凉，用茶水吞下苦胆。每天饭后吞吃1个苦胆，连吞食5天，可治糖尿病。

8. 治糖尿病一法：将玉米须子二两，炒绿豆一两，用凉水按煎中药方法煎得，然后倒入两个茶杯中，上午服一杯、晚上服一杯，七日后，尿糖量减少，病情缓解。

治糖尿病一方：黑豆7粒，黄豆7粒，花生7粒，枣7个，核桃1个，温水浸泡后用鸡蛋2个，像蒸鸡蛋羹一样蒸20分钟，不放油盐，早餐吃下。

9. 治糖尿病和便秘一方：菠菜根100克洗净切断，银耳10克浸泡后一齐用水煮服，早晚两次有效。

10. 牛苦胆荞面治糖尿病：用牛苦胆汁（1只用1个月），将荞面调和成糊状，贴肚脐用纱布胶条固定，每日换药一次，约30天。

11. 常吃海带降血糖：用温水将海带洗净，再用凉水发泡，等黏液泡掉后，放进开水里焯一下，捞起来放点蒜末、米醋、麻油等即可食用。

12. 绞股蓝茶治糖尿病：每天早晚喝绞股蓝茶，一次沏4～8克。

吐血咳血

一、吐血

1. 用人参一味为末，用鸡子清投新汲水调下3克服。
2. 用小蓟叶捣绞取汁，每服1小盏。
3. 用白马粪烧研，以水绞取汁，服1升。
4. 取鸡苏茎叶，煎取汁，饮之。
5. 用白胶香不拘多少，细研为散，每服6克，新汲水调下。
6. 用黄柏60克涂蜜，于慢火上炙焦，捣末，每服6克，温糯米饮调下。
7. 用川大黄30克，捣罗为散，每服3克。
8. 以生地黄汁1合，水半盏，煎三五沸，非时服。
9. 用茜草30克，捣罗为末，每服6克，水1盏，煎取七分，放冷，食后服。

10. 用蒲黄30克捣为散，每服9克，温酒或冷水调下，可治咳血。

11. 伏龙肝半升，以新汲水1升，淘汁取和蜜服，亦可治咳血不止。

12. 治心热吐血，取生干葛根汁大半升，顿服立疾。

13. 锅底墨炒过研末，井水服6克，连进3服。

14. 三七3克，自嚼，米汤送下。

15. 白茅根1把，将根洗净捣汁，水煎，日饮1合，或水煎服。

16. 白药烧存性，糯米饮服9克。

17. 红锦3寸，烧灰水服。

18. 瓜蒌泥固，烧存性，研9克，糯米饮服，日之服。

19. 白薄纸五张，烧灰水服。

20. 白鸡冠花，醋浸蒸7次为末，每服6克，热酒下。

21. 麦门冬去心500克，捣取自然汁，入蜜2合，分作2服。

22. 蚕蜕纸烧存性，蜜和丸如荧子大，含化咽津。

23. 枸杞根子皮为散，水煎，日日饮之。

24. 晚桑叶焙干研末，茶服9克。

25. 乌贼骨末，米汤饮服9克。

26. 田螺10个，水漂去泥捣烂，露1宿，五更取清者服2~3次。

27. 蚕豆叶煎汤服之，无新叶，干叶亦可。

28. 棕树子煎汤饮之，连服3次。

29. 仙鹤草6克，红枣7枚，同煮去草，连汤服之。

30. 未熟青黄色柿1个，好酒煎数沸，取柿食极验。

31. 每早饮自己小便（去头尾）。

32. 大蒜捣烂贴脚心。

33. 生附子捣烂贴脚心，俱能引血归经。

34. 用干姜炒黑色为末，童便调服。

35. 用侧柏叶，摊新瓦上，焙干为末，每服9克，米饮调，食后服，1月除根。

36. 治劳心吐血，用莲子21粒，为末，酒调6克，食后服。

37. 用侧柏叶阴干，煎汤，当茶服之。

38. 用藕节捣汁，饮之。

39. 治吐血，鼻中出血，用萝卜研汁，入盐，服1盏，立效。

40. 治吐血如泉涌，全当归（大者）酒洗，焙干为末，出火气，鸡子清和蜜顿服，止。

41. 生蜜调和，服之。

42. 黄蜀葵花，焙为末，每服6克，米饮下，如无花，用葵子末。

43. 治吐血，忧患绝伤、胸膈疼痛，及虚劳吐血，生地黄2500克，捣取汁，干砂锅内微火煮2~3沸，投白蜜1升，再煎至3升，每服半升，日3服。主百病，久服佳，或用干地黄熬膏亦可。

44. 生地黄2500克捣，酒5升，煮去渣，不时服。

45. 用船底青苔如鸡子大，水1盏，煎五分，去渣，温服。

46. 用百合捣绞汁，和水饮之及煮熟食。

47. 用血余炭为末，每服三钱匕，冷水调下。

48. 用五色龙骨作末，吹一豆许于鼻中，或米饮调一钱匕服。

49. 用大黄末，每服3克。每日2~4次温开水吞服。

50. 用茜草30克生捣为末，每服6克，水1盏，煎七分，食后温服。

二、咳血、咯血

1. 熟地黄末，酒服3克，日3次。

2. 蒲黄炒黑，每日温服或冷水服9克。

3. 龟肉和葱、椒、酱油煮食。

4. 新棉烧灰1.5克，好酒送下。

5. 香附子去毛，为细末，以米饮调下。

6. 仙人掌根100克（切片），白糖50克，水煎，饭后服。

7. 柿饼3个，焙焦研末，白水冲服，连服5天。

8. 百合50克，水煎服，每日2次。

9. 莲藕200克，砂糖适量，洗净莲藕切片，蘸砂糖生食。

10. 鲜芥菜叶（雪里红叶）20克，捣汁，冲开水服。

11. 莱菔子1合，研细，煎服。

12. 玉蜀黍须60克，冰糖60克，混合炖服，数次见效。

13. 柿饼蒸熟批开，每用1枚掺真青黛3克，卧时服，薄荷汤下。

14. 红葱头煮瘦猪肉食，未愈再进，屡效。

15. 地榆（干）3000克，成人每次30毫升（相当于生药7.5克），1日4次，小儿酌减。

16. 血余炭，研细末，每服3~6克，开水送服。

17. 白边万年青根（全草亦可），捣汁1杯饮，或万年青15克，水煎加白糖服。

18. 柳树花（未开放者佳），焙干研末，每用6克，糯米汤冲服。

19. 萝卜汁半盏，入盐少许，服之立效。

便　血

1. 大便下血不止，用石菖蒲90克，酒5升，煮2升，分2服。

2. 取干柿烧灰，饮调下6~9克。

3. 用乱发烧灰研如粉饮下方寸匕。

4. 治屎后有血水，煎艾叶，生姜汁3合服。

5. 治屎前有血，令人面黄，用右榴皮杵末，茄子枝煎汤下。

6. 用赤小豆杵末，以水调下方寸匕。
7. 治泻血不止，用木贼12分，切。以水1升8合，煎取8合，去渣空心温服。
8. 三七研末，同淡白酒调3～6克，3服可愈。
9. 荆芥炒为末，每米汤服6克，妇人用酒下，亦可拌面作馄饨食之。
10. 旱莲草瓦上焙研末，每服6克，米汤下，该方适于先便血后大便者。
11. 天南星石灰炒焦，黄色为末，酒糊丸梧子大，每酒下20丸。
12. 蜜炙萝卜，任意食之。
13. 松木皮去粗皮取里白，切晒焙研为末，每服3克，茶汤下。
14. 经霜茄连蒂，烧存性为末，每日空心酒服6克。
15. 霜后干丝瓜烧存性为末，空心酒服6克。
16. 银杏49枚，去壳生研，入百药煎末，和丸弹子大，每服2～3丸，空心细嚼，米汤送下。
17. 橄榄核，灯上烧存性研末，每服6克，陈米汤下。
18. 生黑豆煮熟，连汤淡食便愈。
19. 水芹菜绞汁，日服2次。
20. 凌霄花浸酒，频饮之。
21. 艾叶不拘多少，以生姜3合和服。
22. 王不留行研末，水服3克。
23. 白鸡冠花并子炒，煎服。
24. 牛血酒煮，不入盐，空心食汤并血。
25. 棉花子，瓦上炙灰存性，研末，忌铁器，每服3克，空心或酒或滚汤下，重者连服20日；愈。
26. 乌梅三五个，煎汤频频服。
27. 槐末不拘多少，将好酒拌浸1昼，蒸熟晒干，每日或空心食远米饮下6克。间常服之，一生可无便血之病矣。
28. 凤凰衣（鸡蛋壳）去内衣，将壳用新瓦上下盖，火煅为末，清米饮空心下9克。
29. 鹅蛋壳为末，米饮下1匙。
30. 治因饮酒过多下血，北五味打碎，蜜拌蒸晒干，为细末，蜜丸梧子大，每清晨服9克，服至半年，甚效。
31. 麦门冬去心，煎汤频服。
32. 侧柏叶（春东、夏南、秋西、冬北）取来烧灰，调下6克。
33. 猪蹄甲1副，洗净，麻油炙为细末，炼蜜丸如桐子大，每服百丸，空心滚水下。
34. 灸法，下血无度，如命门穴，在脊中对脐是，灸五壮或七壮，永不发。
35. 羊血煮熟，醋食最妙。
36. 中蛊下血，猬皮烧灰细研，熟水调服6克。
37. 酒毒，酒积下血，茄子焙干为末，新汲水调服5克，或用酒煮鲫鱼常服。

38. 西瓜子壳煎水，服之。

39. 荞麦面3升，炒熟以红糖调，晨服。

40. 黑芝麻不时生嚼30克许，不但立止，而且永杜其患。

41. 僵蚕120克（去头用丝绵包好），红枣150克，同僵蚕煮烂，去蚕，早晚食之，枣尽即愈矣。

42. 丝瓜藤烧灰研末，淡酒冲服。

43. 柏子14个，捶碎囊贮，浸好酒3盏，煎八分，服立止。

44. 豆腐末入袋滤出浆者，带渣取来锅内炒黄燥，可以研末为度。如下紫血者，白糖汤清晨调服9克；红血块者，砂糖调服。虽远年便血至面色黄瘦垂危者，服之神效。每日可用3次。或糯稻洗净代茶饮。

45. 乌梅1个（去核），烧过为末，每服6克，茶调服立止，治便下脓血。

46. 刘寄奴为末，茶调空心服，3克即止。

47. 黑豆1升，炒焦为末，热绍酒淋之，去豆饮酒，神效，治男女便血。

48. 治卒下血，用赤小豆1升捣碎，水2升绞汁饮之。

49. 用椿根白皮北引者，去粗皮，屈浸，晒干，为末，枣肉丸如桐子大，每服三五十丸，酒送下，或椿根白皮30克，蜜炙，水煎服。

50. 癞蛤蟆1个，去肚杂炖吃，每日2次，每次9克。

尿血

1. 用龙骨6克为末，方寸匕，水调温服之。

2. 治无故尿血，用船底故茹干末，和服三钱匕。

3. 淡豆豉2撮煎汤，空腹入酒服，或煎汤服。

4. 新地骨皮洗净，捣自然汁，无汁以水煎汁，每服一盏，入酒少许，温服。

5. 野萱麻根煎水，顿饮服，7日愈。

6. 荷叶蒂7枚，烧灰，酒调服。

7. 治溺血、血淋，牛膝1500克，熬膏500克，空心盐水化下120克。

8. 炒蒲黄末，每服6克，温酒调下，滚汤亦可。

9. 治肾虚尿血，鹿角胶60克，炙黄为末，作2服，长流水调下。

10. 治过欲阴虚尿血，用六味地黄丸，早晚各服1丸，空心下。

11. 乱发烧灰研末，酒调服6克。

12. 刘寄奴为末，空心茶调6克。

13. 人指甲1.5克，头发7.5克（烧研末），每次服3克，空心酒下。

14. 山楂捣碎煎，8服愈。

15. 柿饼3枚，烧灰陈米煎，调服。

16. 酒煮鲫鱼常食。

17. 因酒毒尿血者，大田螺5个，烧至壳白肉干研末，作1服热酒下。

18. 米面1块，湿纸包煨为末，空心米汤服。

19. 车前草捣汁5合，空心服。

20. 紫菀30克，水煎服，饭前服，1日2次。

21. 甘草节，食盐各9克，煎汤饮。

22. 用茅根煎汤饮，多煎，频服为止。

23. 生绿豆浸湿，捣绞取汁，隔水微温，日服1碗。

24. 韭菜根洗净，捣汁每次半小杯，冲童便半杯，温服，日2~3次。

25. 百草霜9~15克，黄酒冲服即愈。

26. 小便突然尿血不止，龙胆草四钱，水煎，温服，即止。

27. 白鸡冠花25克，水煎服；或烧存性研末，每服15克，米汤调服，连服4~5日。

28. 莲藕（连节）500克，瘦肉适量共堡，喝汤吃藕和肉，该适于尿血时间较长者。

29. 甘草梢40克，水煎服，此方适于急性肾炎尿血者。

30. 马蔺子30克，水煎，分数次内服。

31. 路路通120克，水煎，连服3~4次。

32. 仙人掌15~30克，捣煎服。

33. 炒熟花生仁外红皮（不要咸的）约半茶杯，研为细末，开水冲服，忌辛辣。

34. 大、小蓟各15克，水煎服。

35. 鲜瓦松120克（干的用60克），加红糖120克，水煎服。

36. 鲜芹菜不拘量，捣汁服。

37. 万年青根，捣烂榨汁，每次服20毫升，轻者每日1次，重者每日2次，服至不尿血为止。

38. 槐枝90克，沙蒿1把，水煎服。

39. 旱莲草9克，水煎，空腹服。

40. 乌梅9克，水煎，空腹服。

41. 葡萄根，白糖各60克，开水炖服。

42. 生小茴香根60克，洗净切，用白酒酌量炖，分早晚2次服，轻者2剂，重者4剂，忌茶、腥。

鼻 衄

1. 用楮树叶，取汁饮3升，不止四五次，饮良久瘥。

2. 取桑耳熬令焦，捣末，每衄发以杏仁大塞鼻数度。

3. 以桔梗为末，水调服方寸匕，日5服。

4. 用猬皮1大张，研，用半钱绵裹塞。

5. 以萝卜自然汁，和无灰酒饮之，则止。

6. 刮人中白置新瓦上火令干，以温汤调服，血即时止。

7. 以香墨浓研，点入鼻孔中。

8. 以白及为末，津调涂山根（即鼻梁）上，立止。

9. 用破麻鞋底烧灰，吹入鼻中立止。

10. 用乱发烧灰存性，细研，水服方寸匕，须臾更吹入鼻中。

11. 用蒜1头，去皮细研如泥，摊1饼如钱大，厚1豆许。左鼻出血贴左脚心，右鼻出血贴右脚心，两鼻则两足心贴之，血止，急以温水洗。

12. 以青葙子汁3合灌鼻中。

13. 用龙骨细研，吹入鼻中。

14. 治大热鼻衄，萱草根洗净，研汁1大盏，生姜汁半盏相和，时时细呷。

15. 治鼻血不止，口内亦流，百药不效，势甚危急。用灯芯1根，点清油烧少商穴（穴在两手大指内外甲缝之中。不上不下），左流烧左手，右流烧右手，双流双烧，用此立止。

16. 用线扎中指根节上，左鼻孔血出，则扎左手指；右鼻孔血出，则扎右手指；两鼻孔血出，则左右并扎之，随扎随止。亦有左鼻出血扎右手中指根，右鼻出血扎左手中指根。

17. 用纸数十层，水浸湿，安项中，以火熨之，纸干立止。

18. 血余炭吹之立止，永不再发，男用母发，女用父发。

19. 韭菜捣汁，微蒸，温服。

20. 栗壳烧存性，研末，粥次下6克，立止。

21. 多年尿壶，火上烘热，向鼻熏之，立止。

22. 用糯米炒黄为末，每服6克，新汲水调下。

23. 用驴粪烧灰，为末，吹鼻内。

24. 用黄葵子为末，新汲水调6克下。

25. 用青蒿纳鼻中；或用纸丸儿，右衄塞左耳，左衄塞右耳。

26. 用飞罗面6克，盐3克，新汲水调下。

27. 用马鞭草1把捣烂，冷水半碗，逗取汁饮止。

28. 用生姜自然汁磨好墨，滴鼻中。

29. 用葱白1把捣汁，入酒少许，抄三两滴于鼻中，瘥。

30. 用草决明捣汁3合，灌鼻中或分饮亦得。

31. 青蒿绞汁，服之极验。

32. 干叶石棉花，晒干为末，吹入鼻中，更用花瓣塞孔。

33. 胎发烧灰存性为末，用水调涂眉心即刻血止，忙去药，少迟则鼻塞矣。

34. 藕节捣汁饮。

35. 纸条蘸真油，入鼻取嚏即愈。

自　汗

1. 黑豆淘洗，磨成豆腐浆，锅内熬熟，结成皮，每食 1 张，以热黑豆浆送下，凡人每日清晨吃黑豆浆，大有补益，可疗痨病之患。

2. 郁金（研末）卧时蜜调，涂于两乳上，即止。

3. 黄芩 30 克，大枣 5 枚，水煎服。

4. 玉茭杆茎内之芯，量不拘，水煎服。

5. 浮小麦、黑豆各 30 克，水煎服。

6. 马齿苋 30 克，水煎服。

7. 梧桐子 30 克（去壳）炒黄内服。

盗　汗

1. 以牡蛎为末掺之。

2. 用米醋浸三棱，夏浸 4 日，冬浸 6 日，杵为末，醋汤调下二钱匕。

3. 用韭根 49 枚，水 2 升，煮 1 升，顿服。

4. 取椒目微炒，捣为细末，用半钱匕，以生猪唇煎汤 1 合调，临卧服，无不效。

5. 单用桑叶 1 味，乘露采摘，炒干碾为末，每服 6 克，空腹米饮调下。

6. 取豉 1 升，微炒令香，清酒 3 升浸，满 3 日取汁，冷暖任人服之。

7. 大牡蛎服为末，炼蜜丸如桐子大，每空心白汤下 30 丸。

8. 浮麦不拘多少，煎汤服之。

9. 五倍子炒，为末，唾调敷满脐，以绢帛系缚 1 宿即止。

10. 何首乌末，津调填脐中亦可。

11. 浮小麦和红枣煮食，不论盗汗多汗，均效。

12. 千斤拔 30 克，猪瘦肉 60 克，放入砂锅内，加水 500 毫升，隔水蒸 50 分钟，去药渣，吃肉喝汤，每日 1 剂。

13. 金樱子根 60 克，猪瘦肉 60 克，放砂锅内，炖熟，于每晚临睡前 1 小时饮汤吃肉，连服 3～4 天。

14. 毛桃干 10 枚，煎茶，频服。

15. 紫皮甘蔗皮，小麦 1 撮，水煎服。

16. 老杉树皮（经霜露较久的），棕树上橘枝各适量，煎汤洗澡，连洗 3 晚。

内眼肿瘤

1. 白蛇蜕1条，生绿豆30克，白糖120克。先将蛇蜕剪碎，香油炸黄存性为末，绿豆炒香为末加白糖，用水调匀，放锅内蒸熟，内服。每次1~2克，每日3次。每剂药服完，休息3天，可以继服。

2. 羊肝50克煮汤200毫升，冲服蛇胆陈皮末2克，每日2次。

舌　癌

1. 梅花点舌丹，每天3次，每次2粒。

鼻窦及副鼻窦恶性肿瘤

1. 石见穿，每天30克，水煎服。如当地有新鲜的，服鲜石见穿汁，每天30克。

2. 石上柏60克（鲜者90~180克），加瘦猪肉30~60克，清水6~8碗，煎至1或半碗，分2次服下，一般15~20天为1疗程。

3. 生薏米煮粥常服。

筛　窦　癌

1. 紫参30克，加水500毫升，文火煎2小时，每日服3次。

喉　癌

1. 薏苡仁适量，煎汤饮服，每日2次，连服数月。

2. 锦灯笼果50克，水煎服。

3. 柿子50克，水煎服。

4. 八宝珍珠散，已破者吹于患处。

5. 金刚藤125克，水煎，分2次服。

鼻　咽　癌

1. 紫草根30克，水煎服，每日1剂。

2. 射干60克，水煎服。或捣敷或醋磨搽敷患处。

3. 15%～20%醋制卤砂溶液滴鼻，每日3～4次，一般可连续滴用，直至治愈后继用2～3个月。

4. 茯苓每日30克，水煎代茶饮或以薏米50克，煎汤饮，连服2个月。

甲状腺癌

1. 黄药子200克，用生酒3大壶煮1小时半，置7天后，早晚任饮，服完为度。

2. 蛇皮2克，鸡蛋1枚。将蛋打一小孔，装入蛇皮末，封口煮食，每次服1枚，每日3次，连服60天为1疗程。

3. 蛤肉带壳60克，紫菜30克，水煮，吃肉吃菜喝汤。每日1剂，连服1月为1疗程，休息3天，可连用8个疗程。

肺　癌

1. 枇杷果50克，顿服，每日1次，常服。

2. 鲜龙葵50克，水煎服。

3. 羊胆或猪胆汁，每日半只冲服，连服7天，休息3天再服。

食　管　癌

1. 猕猴桃根250克切成小段，洗净后酒内浸1周后饮用，每日服3次，每次15克，常服。

2. 猫胎盘，焙干研末，早晚各服6～10克，黄酒冲服。

3. 柿饼2枚，细嚼噙化，常服。

4. 韭菜绞汁20毫升，蒸鸡蛋2枚，每日分2次吞服，常服。

5. 韭黄50克，猪肉50克，共煮熟食，吃肉喝汤。

6. 核桃树枝或核桃树叶或青核桃煮鸡蛋常服。

7. 威灵仙30克，白蜜30克，水煎服，每日1剂，分早晚，连服1周。

8. 百草霜炼蜜为丸，如芡实大，每服用新汲井水调化1丸，徐徐咽下。

9. 鲜鹅血每次饮20～50毫升，连服数天。

10. 新生小鼠，新瓦上焙干，研细面，每服5～6克，温酒冲服。

11. 大青叶，水酒各半冲服。

12. 棉花壳，水煎代茶饮。

13. 蒲公英，捣汁和酒服。

14. 韭菜叶绞汁，每日3次，每次饮1000毫升。

胃　癌

1. 断肠草（即胡蔓藤），水煎代茶饮。
2. 白木耳10克，加冰糖30克，水煎熟食，每日1剂，常服。
3. 紫草根30~45克，水煎服，每日1~2次。
4. 蟑螂数只，摘去肠脏，如烧叉烧一样烧熟服，或再研粉调食均可。
5. 韭菜30克，大蒜15克，瘦猪肉45克，煮熟常服。
6. 生薏仁30克，冰糖30克，熬粥晨服，常服。
7. 向日葵杆心，单味煎水代茶饮。
8. 黄鱼鳔，香油炸脆，压碎成末，每次5克，每日3次，温开水送服。
9. 黄鼠狼1只，去毛及肠杂，加水煮熟（不加油盐），顿服。每隔1天吃1只，服后过4小时再吃饭。
10. 牛反胃草约半小碗，牛唾液少许，洗米水4碗（约2斤米），青壳鸭蛋2个，同煎成1碗，过滤服药液，每周1次。（牛反胃草及唾液的取法：当牛反刍时，用1竹营插入牛口腔中，便可取到反胃草；若将食盐少许放牛口腔中，便可盛到牛唾液）
11. 藤梨根15~30克，与鸡肉或瘦猪肉炖食了
12. 鲜牛蒡旁根煮食，常服。
13. 生菱角肉30个，加水文火煮至浓黑色分2~3次饮服。

原发性肝癌

1. 爵床60~90克，水煎服，连服数月。
2. 三七10克，鹅血30克，水煮熟食，隔日服1次，应常服。
3. 田基黄30克，研细末，用砂糖开水兑服，每天3次。
4. 鲜猕猴桃根100克，瘦猪肉200克，炖熟吃肉喝汤，隔日1剂。
5. 莱菔子30克，莱菔缨20克，牛肉40克，水煮熟食，常服。
6. 团鱼300克，山楂60克，水煮熟食，3日1剂，常服。
7. 龙葵全草50~10D克，水煎服，每日2次。

胰腺癌

1. 柿饼2个，每日1剂，常服。
2. 猪、牛、羊等胰脏，每日1具，常服。

3. 山楂制剂，如山楂果、膏、罐头等常服。

大肠癌

1. 鲜猕猴桃生吃，每日 50 克，连服数月。
2. 水蛭 3 克，焙干研粉，开水吞服，每日 1 次。
3. 鸦胆子 15～25 粒，装入胶囊，开水吞服。

膀胱癌

1. 斑鸠烧鸡蛋，常服。
2. 香蕉，大枣适量常食。

阴茎癌及外阴癌

1. 猪脊髓 60 克，香油炸常服。
2. 六方藤 50 克，水煎服，每日 1 剂。

乳腺癌

1. 秋树根白皮 30 克与鸡蛋同煎，饮其水及吃鸡蛋。

2. 治乳癌初起，坚硬如鸡子大，生蟹壳数十个，放于瓦上焙干，研末，酒送下 6 克，1 日服 3 次，忌食刺激性食物。

3. 治同上，鲜小蓟草（连根）120 克，洗净打烂绞汁，用陈酒 60～90 克冲服，每天 2 次，但以未溃为限，服至消散为止。

4. 治同上，海金沙叶，捣敷患处。

5. 治同上，过冬梨叶，以银针刺孔，或捣如泥状，贴息处，连贴 5～10 次，见效。

6. 治同上，山慈姑数枚，风干后，用醋磨敷患处。

7. 治同上，苦参 1 个，酒糟适量，共捣烂涂。

8. 治同上，水菖蒲根 1000 克，捣碎熬膏，摊布上，如膏药式，贴患处。

9. 治同上，牙皂角 9 克，烧灰存性外敷。

10. 治同上，水仙花根适量，捣烂，敷患处。

11. 治同上，凤仙花酒煎服。

12. 治同上，覆盆子根，酒、水各半煎服。

13. 治同上，葫芦巴子120克，盐水炒干研末，每服9克，1日1次，食前黄酒冲服。

14. 治乳岩已溃、未溃，南瓜蒂浇炭存性研末，每服2个，黄酒60克调和送下，早晚各服1次。能饮酒者可加重酒量，已经溃烂者，亦可外用香油调南瓜蒂灰外敷。

15. 治乳癌破溃腐烂，黄麻叶，捣烂敷患处。

16. 治同上，壁虎蛇2条，浸香油内，两月后，用鸡毛蘸油涂患处。

17. 治乳腺癌，大鲫鱼，去头尾、内脏，只取肉，加盐少许捣烂，敷于患处。

18. 治乳腺纤维癌，蜈蚣1~2条，焙干研末，和鸡蛋2枚同炒食，连食十数日。

19. 鱼膘用香油炸脆，压碎，每服5克，日3次。

20. 鲜天门冬30~90克，榨汁内服，每日3次。

21. 龟板数块炙黄研末，黑豆捣烂为丸，每日10克，开水送下。

22. 油炸蚕蛹，每日10克，常服。

23. 鲜猕猴桃30克，每日2次，可常服。

24. 枸杞子果，每日20克，常服。

25. 蜘蛛数只，晒干研末，调茶油抹患处。

26. 怀山药粉50克，晨起冲服。

27. 鲜黄鱼10~20条，将脊翅撕下，贴石灰壁上，不令沾水，愈久愈好，用时火炙成炭为末，日服2~3次，每次服10~15克，陈酒送下，连服1月。

28. 了哥王根30~60克，研末，用冷开水或米酒调敷。

29. 臭娘子根250克，水煎服。如溃烂可用此煎水洗患处。

30. 荷叶蒂7个烧末，酒调下。

31. 青蛙皮烧存性，研末，蜜和敷。

32. 紫背天葵一味，研末，老酒冲服，渣敷患处。

子宫颈癌

1. 白英30克，水煎服。

2. 花椒30克，大枣30克，水煎常服。

3. 猫眼草100克，煮鸡蛋3个，煮熟后吃蛋喝汤。

4. 皂角树菌120克，猪油250克，共炖7小时。只吃猪油汤，分5次服完，每5日炖服1次，共服20天。

5. 龙葵30~60克，水煎服，日3次。

6. 蜀羊泉30克，水煎服，每日1剂。

7. 新鲜脐带两端结扎，勿使流血，焙干研末，每服0.5克，日3次。

8. 白英30克，红枣10枚，水煎服，每日1次。

9. 取食用田螺数只，洗净，取去螺盖，倒覆于清净容器内过夜，可得浅绿色水液，加研细冰片适量，调成稀糊状。待阴道内冲洗，并拭去坏死组织后，即用此液涂于创面，每日1次。

10. 枇杷叶切细，以湿粗纸包裹，于灰中煨热，装入布袋，趁热温熨患部，冷则换，1日2~3次。

子宫体癌

1. 四叶棒60~120克，大枣60~120克，水煎服，每日1剂，连服数剂。

2. 白菜60克，大枣30克，水煎服，每日1剂，连服数剂。

绒毛膜癌

1. 龙葵60克，水煎服，每天3次。

2. 紫草根60克，每天煎服。

3. 紫草根粉60克，加蒸馏水500毫升，浸泡30分钟，再用砂锅煮沸过滤即可，每日100毫升，分4次服。

恶性淋巴癌

1. 醒消丸，每日3次，每次1克，3月为2疗程。

2. 猕猴桃适量，经常服用。

3. 犀黄丸，每次3克，每日2次，开水或黄酒送服。

4. 光慈姑30克，猪肾及睾丸，煮熟，为副食常服。

5. 当归芦荟丸，每日3次，每次2克，3月为1疗程。

6. 小金丹，每日早晚各服1丸，黄酒半杯温服。

7. 治胃淋巴肉瘤，核桃树枝200~250克与鸡蛋3枚小火煮4小时，吃蛋及部分汤汁，余汁分次服完。

血癌（白血病）

1. 六神丸每日180粒，分3~4次口服，不能耐受者，由小剂量每日30粒开始，能耐受后迅速增至每日180粒。如有出血，感染时配合止血剂、抗生素及支持疗法等。

2. 白花蛇舌草60~90克，水煎服，每日1剂。

3. 蟾蜍洗净不剥皮，用剪子或刀子从腹壁正中线剖开（不去内脏），放入1个小鸡蛋至腹腔内，用线缝合关腹，然后加水300~400毫升煮沸30~40分钟，至蟾蜍肉烂为宜，吃蛋不喝汤。治疗期间应配合加强营养等一般支持疗法。

4. 治慢性粒细胞型白血病，靛玉红，一般每天200~300毫克，少数病人每日服150毫克，个别病人短期使用每日420~630毫克，分3次口服，连续服用直至缓解，缓解后继续服或停药观察。

5. 治同上，大黄䗪虫丸，每日2~3丸，4周为1个疗程，用1~8个疗程不等。

6. 青黛，装入胶囊中内服（煎服无效），每服3~6克，每日3次。

7. 喜树根研粉，每次3克，每天服3次，白细胞下降后，改1.5克，每天服3克，维持量为每天0.1~0.5克。

8. 柿叶7片，红枣20克，水炖服；或单用柿叶60克，水煎服。

9. 菌灵芝30克，加水煎熬2小时，煎3次服，同时服蜂乳以增强疗效。

10. 狗舌草10~15克，水煎后与同等米汤和匀，分2次服下，每天1剂。

11. 治放射线引起的白血病，鸡血藤30克，长期煎服。

12. 洗碗叶根，成人9~18克，每日3次，水煎服。

13. 蒲葵子50克，红枣6枚，共煎汤饮，1日分2次服，连服20剂为1疗程。

皮肤癌

1. 20%蟾蜍软膏外敷，3日后即可见效。

2. 藜芦研成粉末，以脂调膏外敷，数日一换。

3. 衣吉利研末油调外敷，每日换1次。

4. 治鳞状上皮癌，第1周内服鸦胆子仁每次9粒，第2周每次10粒，第3周每次11粒，第4周每次12粒，第5周每次15粒，均每日3次，用桂圆肉包饭后吞服。外搽鸦胆子仁凡士林膏，将鸦胆子仁捣碎，与凡士林混和，拌匀，外敷患处，每日1剂。

5. 鲜白屈菜叶，揉汁涂于患处。

6. 乌梅烧存性，研敷恶肉上。

7. 将无花果的树干割破，取其白色汁液，搽患处。

8. 鲜蛇葡萄根，捣烂敷患处。

痛经

1. 治妇女虚寒痛经，青核桃3000克，黄酒5000克，黑糖1000克，浸酒服。

2. 红花6克，红糖60克，水煎去渣，陈酒冲服。

3. 小茴香9克，生姜4片，水煎2次分服，日1剂，连服3~4天。

4. 用全归1支，煎浓汁，日日服之，治一切痛经，经期不调。

5. 香附100克，醋煮后焙干、研末，每服10克，每日3次，经前服。

6. 干丝瓜1条，加水1碗煎服。

7. 艾叶20克加红糖用开水煎服。

8. 丹参9克研细末，调酒服。

9. 苦参30克研细末，调醋吞服。

10. 没药3克，研细末，调白酒吞服。

11. 生姜15克与红糖50克煎水服。

12. 食盐250克炒热，用布包好温熨小腹，待不烫皮肉时，包扎于小腹部。

13. 红花6克，南瓜蒂1~2枚，加水适量煎汤，去渣分2次服，从经来前5天开始服用，连续用7天，连用3个月经周期。

14. 月季花9克，沸水泡茶喝，每于经前5天起服，至月经盛潮上，连用3~4月。

15. 益母草30克水煎服，白酒引下。

16. 棉花子数两，捣碎，水煎调红糖服。

17. 芙蓉花蒂7个，水煎加冰糖少许，顿服。

18. 鲜韭菜汁1杯，红糖适量，温热服。

19. 丹参12克，绿豆15克，水煎服。

月经不调

1. 阿胶炒成珠，为末，酒调3克。

2. 用香附子炒黄，为末，每服3克，醋少许，陈米汤调下。

3. 治妇人月经不调，或前或后，或多或少；产前胎不安，产后恶血不下并治之。兼治冷热劳腰脊痛、骨节烦疼。丹参去芦，不拘多少为末，每服6克，经脉不调，食前服，冷热劳服无时。

4. 竹纸30张烧灰，淡酒250克和匀，顿清，温服。

5. 常吃芹菜厂不拘多少，随意食之。

6. 益母草12克，加红糖15克水煎服。

7. 刘寄奴20克，加猪肉100克，水炖服。

8. 美人蕉花9克，晒干后研末，用黄酒吞服。

9. 山楂根50克，洗净加水煎，后用红糖15克冲服。

10. 西瓜子仁9克，研细末，早晚吞服。

11. 郁金6克，研细末，每次用童便冲服。

12. 苍耳子3克，阴干研细末，内服。

13. 大黄3克，研末，调白酒吞服。

14. 当归9克研细末，调酒服。

15. 治更年期月经不调，黄芥100克，用米醋浸泡后，研细末为丸，黄豆大小，用酒吞服。

16. 墓头回（阴干）24克，水煎服。

17. 马鞭草30克，水煮数分钟，分2次服。

18. 西瓜秧120克，晒干研末，和入红糖250克，分作3剂，每晚睡时，开水送服1剂。

闭 经

1. 清茶1瓶，入砂糖少许，露1夜服，虽3个月亦通，不可轻视。

2. 日饮人乳3合。

3. 漆树根60克，用水煎，冲酒服。

4. 柏子仁9克，猪肚180克，将猪肚切开，装入柏子仁蒸熟，当菜吃。

5. 蚕沙60克，烧酒500克，将蚕沙放酒内煎取汁，用纱布滤过，每日服1次，每次半酒杯，经通后，即停药。

6. 红枣树皮根，煎水当茶饮，3～5个月可愈。

7. 用厚朴90克，水3升，煎1升，为3服，空心，不过三四剂瘥。

8. 鼠粪烧灰，为末，每服3克，热酒调下。

9. 治妇人49岁以后，天癸当住，每月仍行或过多不止，用黄芩心60克，以米醋浸7日，炙干，又浸，又炙，如此7次，为末，醋糊丸如桐子大，每服70丸，空心温酒送下，日三服。

10. 丝瓜络30克，黄酒，开水各半煎服，日2次。

11. 治室女经闭不行，用锦纹大黄30克切片，好酒浸1日1夜，取出晒干蒸熟，再入浸酒中再晒干，仍同前蒸熟丸桐子大，每服30丸，空心酒下。

12. 翼翼根30克，水煎服，速愈。

13. 凌霄花为末，每服6克，饭前温酒服。

14. 芥子60克为末，每服6克，饭前热酒下。

15. 室女经闭，茜草9克，陈酒1钟，水煎服3剂，如未通，再服3剂。

16. 急性子15～30克，水煎，每日1剂分早晚2次口服。

17. 山楂肉50克，水煎去渣，冲入红糖40克，趁热饮，每日1剂连服5～6天。

18. 鸡血藤150克，浓煎3小时去渣，红糖适量内服，每日1次连服10天。

19. 绿矾15克，炒，趁热时外贴脐中，用纱布固定。

20. 茜草根60克，水煎服，1日2次。

21. 益母草60克，与红糖60克水煎服，1日2次。

22. 丹参60克，加红糖30克煎水服，每日早晚1次。

23. 鲜泽兰叶15～24克（干煮用9～15克），水煎加黄酒60克，加白糖，早晚饭后分服。

24. 艾叶30克，水煎加红糖适量服。

25. 马鞭草18克，水煎，加热黄酒60克，饭前服，1日1剂。

26. 夜明砂9克，陈酒冲服。

27. 野菊花50克，浸酒炖温服。

28. 红葱头120克，炖瘦猪肉食。

29. 田鸡焙干研末加酒服，每服9克。

30. 地龙（蚯蚓）3条，放于瓦上焙焦研面，温黄酒送服。

31. 鲜红鸡冠花24克，瘦猪肉60克，水煎服。

32. 陈黄瓜秧（约7寸长）7~10枝，分心木（即核桃内夹皮）6克，水煎，早晚分服，连用3周。

崩　漏

1. 鹿角胶9克，晚间用酒浸至次早，重汤炖化服下，或午后再加1服更妙，久服不但断根，血气倍旺，屡试屡验。

2. 贯众1个，炭火烧枯，刮下末，又用旧棕1把，烧灰存性，共为细末，每服9克，空心热酒送下。

3. 血见愁1大把，切碎浓煎，露1夜，加酒1杯，空心调服，又入百草霜9克更好。

4. 用椿树皮烧灰15克，酒服。

5. 凌霄花（紫葳）焙干为末，酒下9克立止，昼夜不定者，1服痊。

6. 五灵脂炒，烟尽为末，每服3克，温酒调，或用9克，水酒、童便煎服。

7. 治风热血崩，荆芥穗，灯火浇焦，为末，每服9克，童便调下。

8. 治肝经有风血崩，防风（去芦，炙赤）为末，每服6克，空心日2服，酒煮白面清饮调下，极验。

9. 治血虚内热，血不归源而崩，桂心烧存性，为末，每服3~6克，米饮调下。

10. 槐角，烧存性为末，每服方寸匕，酒调下。

11. 槐子，烧灰空心温熟水下9克。

12. 乌梅肉，为末，酒调下6克。

13. 柿饼，烧灰存性，为末，白熟水下6克。

14. 京墨，烧烟尽，为末，服6克，黄酒送下。

15. 槐树上木耳，烧灰存性，为末，每服6克，酒调下，即效。

16. 韭根洗净，切碎，捣汁半小杯，冲童便半小杯，温服。

17. 豆腐250克，好醋120克，二味同煮熟，每饭前吃，忌辛辣刺激性食物。

18. 丝瓜络烧灰存性，白水送3克。

19. 丝瓜络15克，烧灰冲酒服，或用生艾叶1把，与白乳汁捣，和酒一倍服。

20. 以锅底烟子，热酒冲服6～9克，立止。

21. 杨树叶烧灰60克，水煎去浮沫取汤，加白糖服下。

22. 木耳120克，煮熟加红糖60克，拌一顿吃完，血渐止，再吃60克即愈。

23. 活鲤鱼1条，重约500克，黄酒煮熟吃下，另将鱼刺焙干，研细末，每早用黄酒送服。

24. 艾叶18克，烧灰存性，研细，小米稀汤一碗热冲艾叶，1次服完。

25. 鸡冠花（连根）60克，水煎冲酒服。

26. 棉花籽24克，去棉取子，洗净并捣过，炖黄酒服。或汤酒各半炖服。

27. 荔枝壳30克，水煎服。

28. 牛角用火烧焦，用刀刮下研细末，黄酒每送服3克。

29. 治妇女绝经期子宫出血，玉蜀黍柱头流浸膏，每次服40～50滴，日2～3次。

30. 陈莲莲壳烧存性研末，每服9克，热酒下。

31. 治妇人崩中漏下，赤白不止，气虚竭方，烧核桃为末，酒服方寸匕，日3服。

32. 治月水不断，用羊前左足腔骨1条，纸裹泥封，令干殿赤，入棕榈灰各等份，每服温酒3克。

33. 乱发洗净，烧研，空心温酒服1克。

34. 艾叶醋炒4.5克，鸡子黄2枚，先将鸡子黄搅匀，次将艾叶煎汤去渣，和鸡子黄，饭前温服。

35. 用蚕沙为末，每服9克，热酒调服。

36. 用伏龙肝末15～18克，米泔水半碗，调服即止。

37. 贯众炒为末，每服9克，醋调服或煎服，立止。

38. 用柏叶1把，水煎服无时。

39. 用石韦为末，每服9克，酒调服。

40. 木贼草90克，每日1剂，水煎分2次服。

41. 香附炒黑为末，每服9克，饮汤调服。

42. 月水不断，服地黄酒良，或大豆酒亦佳。

43. 大蓟根叶捣汁，服半升。

44. 血崩久不愈，真紫降香9克，为细末，水2杯煎八分，露半夜至鸡鸣时，热服之。

45. 杏仁黄皮烧存性为末，每服9克，空心酒炖服，此方最验，或白扁豆花焙干为末，每空心服6克。炒米煮饮，入盐少许调下即效。

46. 旧败蒲席烧灰，酒服6克。

47. 柏叶焙干，研末，每服9克，日2次。

48. 生豆腐浆1碗，生韭菜汁半碗入浆内空心服。

49. 地肤子根（炒焦）9克，水煎服。

50. 芥菜子30克，炒香研末，酒冲服。

51. 红榕树根30克，水或酒煎服。

52. 陈芝麻叶1把，水煎，红糖引服下。

53. 荞麦根叶30克，切碎水煎服。

54. 火烟包（此物系包谷杆上所结，乃不结包谷的坏包）在砂锅内锻过，以酒吞服。

55. 金樱子30克，水煎，调红糖服。

56. 蒲黄15克（炒存性）研末，开水冲服。

57. 桑寄生15克干研极细，每次15克，用红糖调服。

58. 松树二层皮（烧灰存性）15克，开水冲服。

59. 葵花蒂1个（不带子）用砂锅焙成炭，研细末过罗，每服3克，黄酒送下，1日3次。

带　下

1. 益母草，开花时采，捣为末，每服6克，食前温酒调下。

2. 夏枯草花开时采，阴干为末，每服6克，米饮下。

3. 云母粉，温水调服方寸匕，神效。

4. 乱发鸡子大，烧末水服，日3次。

5. 狗头烧灰为细散，每日空心及食前，温酒调下一钱匕。治赤白淋带，荞麦面和鸡子清，丸如绿豆大。每服8丸。

6. 治白带，好醋，同艾叶（不拘多少）煮鸡子1夜，极熟，空心食鸡子即愈。

7. 治子宫冷及白带，韭菜子为丸，甚效。

8. 治白带，向日葵茎中白芯3克，红枣10枚，用水500毫升，煎至100毫升，每早晚各服1次，连服3~4天，或单用向日葵茎50克，水煎加糖服，每日1剂。

9. 初生鸡蛋1个，白果2个，将白果放入蛋内，封住煮，连服数次即愈。或白果120枚，放砂锅内煮熟，每日吃二三十枚。

10. 冬瓜子30克，冰糖30克，将冬瓜子研末，加冰糖，开水服，每日服2次。

11. 胡椒10粒（研末）鸡蛋1只，先把鸡蛋开一小孔，入胡椒粉于蛋内，以纸封固煨熟食。

12. 白茯苓90克，加风化石灰30克，为末糊丸，如梧子大，每服二三十丸，空心米饮下，绝妙。

13. 治白带恶臭，腰酸腿疼，用芹菜子30克，每服15克，黄酒引，水煎服。

14. 猪腰子炙熟食之。

15. 韭菜根捣汁和童便露1夜，空心温服。

16. 牛角烧令烟尽，每空心酒服6克。

17. 红白鸡冠花各3朵，用红白糖各少许为引，水煎服。

18. 赤白带下洗法，石榴花阴干，每用30克，煎汤1碗，纱布滤过，乘温时用此汤洗涤阴道，对带下有效。

19. 用醋将韭菜子煮千沸，焙研末，炼蜜为丸，如梧子大，每服30丸，空心温酒下。

20. 治五色带下，白马左蹄烧灰，酒服方寸匕，日3服。

21. 破白羊毛毡烧灰，每服9克，空心服，白带用红糖为引。赤、黄、青、黑带用白糖为引。轻病每日服1次，重病每日2~3次。忌生冷气恼，过度劳动。

22. 用地榆9克，米醋1升，煮十余沸，去渣，食前热服1合。

23. 赤白带下，用酸浆草阴干，为末，每服9克，空心酒调下。

24. 用酸石榴5枚连壳舂，绞取汁，每服5合，服汁尽即断。

25. 五色带下，用鳖甲烧黄为末，酒调方寸匕，日2次。

26. 赤白带下，用兔皮烧灰为末，每服9克，温酒调下，无时。

27. 治白带，白鸡冠花60克，每日1剂，水煎分3次服。

28. 白带，炎症性带下，水便频数，鲜败酱草30克，日1剂，水煎服。

29. 治赤白带下，用黄荆子炒为末，酒调下6克。

30. 治赤白带下，旱莲草不拘多少，阴干为细末，每用1匙入鸡子清内搅匀，蒸熟食之。后食枣1枚去腥气。

31. 海螵蛸水煎浓汁服。

32. 石燕1枚，磨水服立效。

33. 马齿苋（捣烂拧汁）3大合，鸡子清2枚，先荡温，次下苋汁和匀，再炖热，不论老幼孕妇，皆可服之，数服即止。

34. 治白带用清明日所摘柳叶煎汤服效。

35. 白扁豆炒为末，用米汤下6克。

36. 槐枝烧灰，饭前酒下1匙，日2服。

37. 治白带，沙参为末，每服6克，米汤下。

38. 白带秘方，用贯众1个，去皮毛，米醋蘸湿，慢火炙熟，研末，每空心服6克，以愈为度。

39. 芹菜子30克，水煎，黄酒适量为引，送服，每日1剂，分3次服，连服3~5天。

40. 妇人赤带，蚕豆花15~30克（干品），水煎服，1日2次。

41. 核桃叶10~15斤，加水煮鸡蛋（先煮熟鸡蛋去壳）2只，吃鸡蛋喝汤。

42. 鹿衔草60克，加糖60克，水煎服。

43. 冬青根皮2.1克，煎浓汁，加砂糖9克服。

44. 多年高粱根适量（炒），研末用红糖水或米汤送下。

45. 臭椿根皮焙干研末，每服9克，开水送服。

46. 凤眼草60克，水煎，可分4次或2次服。

47. 石榴花30克，煎汤1碗去渣，乘温冲洗阴道。

乳痈

1. 芝麻炒焦捣烂，以桐油沉淀物调敷患处，即散。

2. 马鞭草1握，酒200毫升，生姜1块。马鞭草与生姜擂汁，酒调服，沉渣敷患处。

3. 轻粉少许，猫腹下毛锅内煅存性，为末，干掺或入轻粉少许，油调敷。

4. 金银花、黄花菜根不拘多少，加食盐少许捣如泥，再加酒糟1小团，捣匀，敷患处。

5. 新桑叶研烂，厚敷患处，夏以桑叶盖之，用手帕缠定，1宿即愈。

6. 石膏煅红出火毒研细，每服9克，温酒下，尽醉为度，睡觉再进1服。

7. 泥鳅1尾，捣极烂，入生豆浆搅匀，涂敷患处即消。

8. 山楂核15克，炒焦为末，作丸，陈酒下，照方连服3次。

9. 蒲公英（取连根蒂叶）60克，捣烂，用好酒25克，同煎数沸，渣敷肿止，酒热服，盖睡一时许，再用连须、葱白汤500毫升催之，得微汗而散。

10. 鹿角尖3寸用炭火内煅稍红，存性，碾末，每服9克，食后热酒600毫升调服，甚者再1服必消。

11. 榆皮和鸡子白捣效，立瘥。

12. 青皮12克，水煎，日3服。

13. 益母草为末，水调涂乳上，1宿自痊。

14. 生地黄捣取汁，敷之，热即易之，无不效。

15. 贝母为末，每服6克，温酒调下，即以两手覆按于桌上，垂乳良久自通。

16. 麦芽60~90克炒热，水煎服之，立消。

17. 杨柳根皮120克，水熬烂，温熨肿处即可。

18. 天麻草2500克，煎汤，洗患处。

19. 紫苏煎汤，频服并捣封之。

20. 穿山甲炮研末，酒服3克，日2服，外以油梳梳乳，即通。

21. 胡桃隔瓦上焙枯研末，红糖调匀，温酒下9克。

22. 柳根刮去皮，捣烂炖温，盛囊中熨乳上，冷则另易，极验。

23. 炒葱白捣敷，瓦器盛炭火逼之。

24. 熟瓜蒌1枚，白酒1斗煮取4升，温服4升，日3服。

25. 葱白杵敷，并绞计服。

26. 槐花7朵，酒煎服，即摘花瓣贴患处。

27. 小苏汤频饮，渣封患处。

28. 用赤小豆3合，酒研烂去渣，温服，留渣，敷患处。

29. 用银杏250克，125克用酒研服，125克水研敷痈上。

30. 莲房灰9克，热酒冲服。

31. 桦皮灰9克，热酒冲服。

32. 菊花头捣敷。

33. 活鲫鱼1条，鲜山药1段，同捣烂敷上，以纸盖之。

34. 用鸭脚草（即凤尾草）捣烂，入无灰酒煎数滚，尽量阴。

35. 油菜捣如泥，敷患处。

36. 铁树叶，捣烂调蜜涂。

37. 万年青，绞汁外敷。

38. 木槿花，拌酒研碎，敷贴患处。

39. 马齿苋1握，洗净，捣敷患处。

40. 石蒜1个，捣烂敷患处。

41. 新鲜夏枯草60~90克，捣烂，早、晚冲老酒服，或布包绞汁，隔水炖服，加酒温服，渣敷患处。

42. 石韦30克，用水、酒各半煎，加酒30克服下。初期红痛可服2次，就能消除，如果重者可多吃数次，不饮酒者水煎服。

43. 橘核（略炒）15克，黄酒煎，去渣温服，不饮酒省水煎服。

44. 葫芦巴适量，研末，用膏药贴患处。

45. 益母草叶1把，捣烂塞鼻，左患塞右，右患塞左，如无，可用鹅不食草代之。

46. 全蝎2只，馒头1个，用馒头将全蝎包入，饭后吞服。

通　乳

1. 京三棱3个，以水500毫升，煎取250毫升，洗乳取汁为度，极妙。

2. 红豆煮，连汤带豆一起吃，乳出如泉涌，屡用皆效。

3. 胡桃仁10个捣烂，入穿山甲末3克，黄酒调下。

4. 半夏（炮）3粒，为末，酒调服。

5. 鬼箭羽150克，水500毫升，煮300毫升，一服50毫升，日3服，大效。

6. 治妇人气少血衰，脉涩不行，乳汁绝少，炼成钟乳粉细罗，每服6克，浓煎漏芦汤调下，不拘时候。

7. 红砂糖煎豆腐，用黄酒将其服下。

8. 猪蹄炖煮，加木通煮更好，连汤食用。

9. 丝瓜连子烧，存性为末，每服6克，酒调服。被盖取微汗，即通。

10. 瓜蒌子掏洗，挖干炒香。瓦上烘，令白色，酒服3克，卧1夜即下。

11. 鲤鱼头，烧灰为末，酒服三指撮。

12. 母猪蹄1具，粗切，水2斗熟煮得5升饮之，不出再服，入酒煮之。

回　乳

1. 断乳方，麦芽炒熟30克，熬水，代茶服之自止。

2. 治乳汁患多，炒麦芽9克，煎浓汤次之，日饮1次，自乳汁适宜而止。

3. 小麦麸子60克，红糖30克，先将麸子炒黄后，再入红糖混合，炒匀后放碗内经常吃，2日吃完，乳汁即回。

4. 朴硝35克，加入适量热水，用药棉浸热效，或用朴硝60克敷乳部，4~6小时换1次亦可。

不孕症、避孕

1. 治妇女不孕，红凤仙花虚装1坛，入黑豆250克，用烧酒浸之，空心服。

2. 治妇人无子大验方，二月丁亥日收桃、杏花，戊子日和井花水服6克，大验。

3. 治妇人肥胖不受孕，鸡子1个用艾包裹，香火点着。候艾烧尽无烟，去艾灰去蛋壳，食之，并饮无灰酒30毫升。日进1服，至49天，无有不孕者。

4. 治痛经不孕，玉兰花将开未足，每岁1朵，每日清晨空心水煎服。

5. 专治妇人久虚羸瘦，瘀血成块，经水不调等症，全当归1升（用手扭断），红枣1000克秤准后去核，用好酒数斤拌过。放砂锅内隔水炖半日，俟冰凉后再以好烧酒10000克泡20日，取出随量饮，其病若失而孕。

6. 治妇人不孕，用二月乙酉日，日中北首卧合阴阳，有子必贵。

7. 治妇人郁情不宣，不能成孕，用香附子不拘多少、去毛与麓皮，米泔水浸1宿，晒干，用上好米醋砂锅内煮之，旋添醋旋煮，以极烂为度，取出焙干，为末，仍用醋糊为丸，如桐子大，每服五七十丸。

8. 治妇女瘀血凝滞而迟久不孕，小麦胚芽适量，水煎服。

9. 治妇女不孕，南瓜蒂10克，南瓜子10克，水煎服。

10. 治同上，鸡蛋1个，打一口，入藏红花1.5克，搅匀蒸熟。经来每天吃1个蛋，连吃9个。下次月经来时再如法服。一般3~4个周期即效。痛经不孕者效果更好。

11. 治妇人生子过多，连累不已，此方断产终身，永不怀孕也。蚕茧壳14个，烧灰存件研末，温米酒调水，空心服下，神效。

12. 治同上，血鹅毛管1把，或鸡毛亦可，烧灰存性，再加细茶1撮，煎，候经水净时服下，永不受孕。

13. 妇人断产验方，故蚕纸方圆1尺，烧为末，酒调服，终身不复怀孕也。

14. 妇人服后1年绝孕，零陵香末，每服6克，酒下，服至30克。

15. 避孕方，酸枣树根30克（用皮），月经净后，每天煎服1次，连用5天。

16. 避孕方，冬虫草9克，月经净后，每天煎服1次，连用3天。

17. 避孕方，油菜子（生炒各半）15克，捣碎，每次月经净后，三、五、七天用米酒冲服。

18. 避孕方，龙胆草30克，水煎，于月经净后服用，1月1次，连服3个月经周期，可避孕1年。

19. 避孕方，生紫草60克，绿豆20克，共研末，经净后口服，1日3次，每次1.8克，连服9日。

20. 避孕方，白酒750克浸泡威灵仙120克，泡1~2天，每日服30克酒，睡前服，服完后再添酒520克，2~3天后服用，哺乳期和感冒期不能服。

儿　科

高　热

1. 柴胡注射液滴鼻，6个月以内的婴儿，每鼻孔滴2滴，7个月至1岁各滴3滴，1～3岁各滴4滴，4岁以上滴5滴。滴后一般半个小时开始退热，每半小时滴1次，直至体温正常。

2. 风油精1毫升加冷开水20～30毫升，擦浴患儿上下肢两侧、背部、腋下、腹股沟及四肢关节屈侧。边擦边揉约7～8分钟，15分后再搽。

3. 鲜白颈蚯蚓七条洗净捣烂，入冰片1.5克调和贴于患儿囟门，半小时后取去。

4. 马鞭草25克，水煎服。

5. 蚯蚓（地龙）研末，每次口服3～5克，1日2次。

6. 冰片研细末，加3～4倍的蒸馏水，混合调匀。用消毒纱布蘸液擦浴全身皮肤和颈部、腋部、腹股沟、胳窝、肘窝表浅大血管等处，以红为度。

7. 七叶一枝花，5～20克，水煎服。

8. 犀角末3克，水煎，频服。

肺　炎

1. 鱼腥草30克，水煎，分2次服。

2. 生香蕉根120克，捣烂绞汁熬，加食盐少许和服，患儿酌减。

3. 石莲花全草120克，加冰糖和适量水煎服，1日2次，每服60克。

4. 蒲公英若干，捣碎为丸如花生大，口含溶化，慢慢吞下，1日3次，每次2丸。

5. 绣球花叶5～10张，捣烂绞汁或作煎剂，加食盐或蜂蜜调服，1日数次。

6. 生鳗鱼二三条，洗净用布拭干，烧存性，研细末，每日服2次，每次3～5克，食间用之。

口疮、鹅口

1. 治小儿心经实热口疮，黄连为末，每服1.5克，卧时温水下。

2. 治口角疮，发灰为细末，猪脂和。

3. 治小儿口疮，孩儿茶为极细末，敷之立效。

4. 治口疮，鸡蛋4~5个，和白清服之，立效。

5. 治小儿鹅口，马牙硝研细于舌上掺之，日三五度。

6. 治小儿口疮，用生姜自然汁漱口数次，涎出，效。

7. 治小儿鹅口，密陀僧研末，调涂脚心，疮愈洗去。

8. 治小儿鹅口，马兰头汁搽之甚效。

9. 治口疮破烂肿痛连喉，百法治之不效者。取萝卜自然汁，频频漱吐自愈。

10. 治同上，五倍子末掺之，吐涎便能饮食。

11. 治口疮，单用朴硝含之，甚良。

12. 治小儿口疮舌疮，桑皮中白汁，敷之立愈。

13. 治同上，用生黄柏末涂之。

14. 治小儿舌疮不能饮乳，白矾、鸡蛋，醋调敷足心。

15. 治小儿口疮，流水不绝，用热水1盆，入白矾1勺，将小儿两足频频洗之，立瘥。

16. 治小儿口生烂疮，用羚羊生乳含之，瘥。

17. 治小儿口疮通白及风疳疮蚀透者，用白僵蚕炒黄为末，蜜和敷之立效。

18. 治小儿心有客热，满口生疮，用天南星末，醋调贴脚心。

19. 治小儿口疮，饮乳不得，用硝石为末掺疮，日三五度，亦治重舌。

20. 青果二三粒，放入口内，约15分针，吐出唾液，或将青果嚼细咽下。

21. 莲子心3克，水煎温服。

22. 向日葵杆内的白心，烧成炭，用香油调匀，搽于患处。

23. 石榴壳煅炭研末，每日2次搽口内。

24. 鲜柏子30克，开水冲泡当茶饮服，服药2~4次即愈。

夜　啼

1. 灯花1棵涂乳上，令儿吮之。

2. 黑牵牛3克为末，以水调药末敷脐上，用纱布扎之，哭即止。

3. 前胡捣筛，蜜为丸，如小豆，日服1丸，热水下至5~6丸，以瘥为度。

4. 灯心草烧灰涂乳上与吃。

5. 治小儿胎寒好啼，昼夜不止，当归为末，取一小豆大，以乳汁调灌，日夜3~4服。

6. 用鸡粪涂儿脐中极佳。男雌女雄。

7. 治小儿腹痛夜啼，用牛黄如小豆大，乳汁化服。

8. 治小儿惊啼，用真麝香研细，每服清水调下，日3服。量儿大小与服。

9. 朱砂磨新汲水涂心窝，及两手足心，五处最验。

10. 治昼啼不止，台乌药3克钱，水煎服，极效。
11. 治小孩夜啼，用朱砂写“子午”2字于脐上。
12. 治小儿遍身奇痒叫啼不止，生姜捣烂，稀布包擦，甚效。
13. 马蹄末敷乳上饮之。
14. 伏龙肝6克，水煎服。
15. 治小儿睡梦狂语啼哭，竹沥（不拘多少），临卧之对，服半小杯。
16. 治小儿猝惊啼哭，似有痛处者，雄鸡冠，刺出血少许，滴入口中。
17. 地龙1条，水煎，频服，连服2~3天。
18. 蝉蜕5克，水煎，频服，连服2~3天。
19. 青黛10克，每服0.5克，蜜糖调服，1日2次。
20. 五倍子15克研细末，每用适量，水调填脐中，1日1换。
21. 灯草（心）10克，每用少许蘸香油烧成灰，将灰搽于小儿两眉毛上。每晚睡前涂1次。
22. 防己1.5克，水煎温服。
23. 丁香3粒研细，米饭适量，将丁香末同饭捣作饼，贴患儿肚脐。
24. 车前草头10根，水煎服。

痄腮

1. 老石灰不拘多少，炒7次，地上窖7次取起，用好醋调敷肿处。
2. 牛皮胶炖化作膏片，贴患处。
3. 青黛6克，鸡子清调涂患处。
4. 大葱3根，切碎捣烂，敷患处。
5. 赤豆以鸡蛋清调涂。
6. 五倍子1个，湿纸包，烧灰存性研末，鸡子白调糊，遍敷，立效。
7. 大黄末与姜汁和匀，遍搽腮部，只露一头，不日即愈。
8. 丝瓜烧灰存性，水调敷患处。
9. 蜗牛与面同研，外敷患处。
10. 青靛花敷之，立愈。
11. 赤小豆7粒为末，醋调敷之。
12. 青果核醋磨涂之，如无青果时，用橄榄核也可。
13. 浓煎葱汤频洗。
14. 木耳水浸15克，白糖15克，共捣如泥，效患处。
15. 生土豆磨泥，敷患处。
16. 仙人掌25克，捣烂敷患处。
17. 韭菜100克，食盐5克共捣烂，敷患处，每日1次，连用3天。
18. 板蓝根60克，用水1000克煎成500克，分成4份，每4小时服1次，一日服完。婴儿酌减，一般2天即愈。

19. 治痄腮初起，生芋头1个，红糖少量，捣烂，敷患处。

20. 板蓝根适量捣烂，调入蛋清，敷腮部。

21. 鲜马齿苋60克，面粉少量，捣烂敷腮部。

22. 蒲公英适量捣烂，敷患部。亦可水煎服。

23. 萝卜适量捣烂，敷患处。

24. 治重型痄腮，七叶一枝花根适量，捣烂，加醋调，涂患处，每日数次。

25. 蚯蚓洗净放瓶中，加适量盐和糖，使之渐渐溶化，用此液外涂腮部，1日5~6次。

26. 木鳖子用清水磨成浆糊状，以汁涂腮肿处（不可内服），干后再涂，1日10余次。

27. 水红花根捣烂，敷患处。

28. 威灵仙50克，洗净切细捣烂，加米醋250克浸入瓶中，盖紧不令泄气，待3日夜后，取出液，用棉签涂抹患处，每日2~3小时1次。

29. 马鞭草60克，水煎服。

30. 鲜射干根茎12克，水煎服，亦可治咽痛。

31. 石蒜适量捣烂，调敷。

32. 鲜天冬适量捣烂，外敷。

33. 山豆根15克，以适量酒酿共炖浓汁，外效。

34. 山慈姑研为细末，用好醋调敷患处。

35. 丝瓜茎叶捣汁，调涂患部。

36. 紫苏叶（研），醋调敷。

37. 芭蕉叶根，洗净捣烂外敷患处，1日可以换2~3次。

38. 甘草末适量，鸡子清调成糊伏，敷患处，干即换。

39. 老醋底，涂患处。

40. 五倍子末适量，用米醋调成糊，涂于患处。

41. 井底泥，涂擦患处，干燥即换，亦可用老醋调敷。

42. 黄柏研细末，米醋调敷患处。

43. 绿豆粉，与米醋调成膏，敷肿处。

44. 卤水1~2勺，用白面少许调糊状，贴患处。

45. 花椒树下泥土，用水调和涂患处。

外 科

甲状腺肿大

1. 海藻60克，水煎代茶饮，或海藻30克，猪喉管1个，共炖服，连服7天。

2. 海带经常煮食，或用红砂糖腌食，或海带250克，清水洗净，文火熬成黏状液体，去渣，每日服。

3. 海苔（土名虎蹄）适量，煮服。

4. 昆布250克，研细末，水冲服，1日3次，每次3克。

5. 黄药子100克，泡入白酒500毫升中，五日后，去药饮酒，每日2次，每次2酒杯。恢复正常，即停止饮用。

6. 野苋菜根炖糖服，或用红苋菜适量，水煎服。

7. 夏枯草15克，水煎服，连服15天。

8. 生何首乌以酒、水各半煎服，另用本品捣烂，以腊炒热敷患处。

9. 将铁砂浸入缸中，饮食皆用此水。10日一换，半年自消散。

10. 自然铜30克（醋淬），用棕色的好，放水缸中，7日一换，食用此水。可防治甲状腺肿大。

11. 樱挑核醋磨，涂患部。

疝 气

1. 取浮藻晒干为末，服方寸匕，日1~2服。

2. 取生花椒择之令净，以布帛裹之，着丸囊令厚半寸，须臾热气大通，日再易之，取瘥。

3. 治阴疝，用白头翁草根生者，不限多少，捣之，随肿处敷一宿。

4. 治寒疝，用丹参30克，杵为末，每服热酒下一钱匕。

5. 治寒疝心腹引痛，以乌头5枚，大者，去芒角及皮，以白蜜煎令透润，取出焙干，捣筛，又以熟蜜丸如梧桐子大，盐汤下20丸。

6. 治阴肾肿大，荆芥穗不以多少，新瓦上炒干，为细末，每服6克，热酒调下即散。

7. 治偏坠疝气，用白附子1枚为末，津唾调填脐中，上用艾丸灸三五壮，愈。

8. 瓦松煎水，熏洗。

9. 治肾子肿大如升，以马鞭草捣烂，敷之。

10. 治偏坠起不久者，神验。用小黑马料豆，1岁1粒，每晨以滚白汤送下，久服自愈。常服补肾，大黑豆无效。

11. 治疝，薏苡仁，用东壁土炒黄，入锅煮烂，倾盆中研成膏，每用无灰酒调服6克，常用为妙。

12. 治偏坠木肾，黑砂糖30克，热酒调化，空心服之，1月自消，酒随量饮。

13. 治小肠疝气，用玄参炒为末，丸，每服4.5克，空心酒服，出汗即效。

14. 干丝瓜瓤烧末，每服6克，热黄酒下。

15. 治疝气偏坠肿痛不可忍，槐子3克，炒褐色，为末，入盐1克，空心黄酒下。

16. 治偏坠气，神效，五倍子五六个，烧存性，为末，好酒调服，以醉为度。

17. 香圆1个，烧灰存性，研末，用好酒送下，出汗愈。

18. 老韭菜500克，放锅内加水煮沸，趁热倒入小口坛内，坐坛上将阴囊放坛内熏，候温即以此水洗。

19. 治小儿疝气肿硬，用地龙不去土为末，唾津调涂。

20. 丝瓜瓤治疝气：到中药店买丝瓜瓤2根，剪成数段，每次用几段放在药锅中煎熬半小时，每日当水饮用（不加任何东西），两周后即可治愈。以后曾有几个小孩照方治疗都除了根，大人病情较顽固，治疗时间要长些。

21. 西红柿治疝气：生吃西红柿治疝气。生吃一星期的西红柿，每天吃两斤。

22. 荔枝冰糖治小儿疝气：每天用干荔枝（鲜荔枝也行）5~6个去壳用水煮20分钟，加冰糖（小粒的5~6块）再煮10分钟（可以连煮3次）。每天当水饮用，3~4个月后可治愈。

23. 牡蛎粉治疝气：用牡蛎粉调成糊涂在阴囊上，一天涂一次到好为止。

24. 烤麻雀治疝气：将捕来的麻雀去毛开膛。将买来的干茴香子放入膛里，把麻雀用纸包好放在火上烤酥，然后把烤酥的麻雀弄成末放上黄酒和红糖服下，五个麻雀为一个疗程。

脱肛

1. 蓖麻子49粒捣烂，涂顶心，涂1昼夜，然后洗去，极有效验。

2. 乌龙尾（即梁上尘）同鼠粪和之，烧烟于桶内，令坐其上，熏之数遍，即不脱矣。

3. 芭蕉嫩根捣汁，水酒兑，内服，药渣和醋炒热，摊地上，用绵隔，坐之。

4. 蝉蜕研末，用菜油调敷肛门，立刻见效。

5. 木贼为末，掺肛门上，按入即愈。

6. 五倍子为末，每用9克，入白矾1块，水200毫升，煎洗立效。

7. 姜汁、蜜二味和匀，敷之即收。

8. 陈艾煎水，以陈壁土研细，入艾水澄过渣。以艾水温浴之，俟收入为度，外用熨法。

9. 食盐炒热，以布包好，熨肾俞2穴，冷则再炒再熨，自然收上。内服益气之药。

10. 鳖头骨烧灰，研取粉，扑之。

11. 川椒日服数十粒。

12. 贴水荷叶（焙干研末），酒服6克，再将荷叶成末坐之。

13. 磁石，煅，研极细末，米饮下3克，外以铁屑煎汤，洗之。

14. 蜘蛛7个，烧存性，为末，少许香油调敷。

15. 治痢痔脱肛，黄连末冷水调涂之，良。

16. 人指甲烧灰存性，先以麻油润之，后以灰掺上，验。

17. 万年青连根煎汤，熏洗。

18. 五倍子研末，敷之。

19. 熬杏仁杵作膏，敷之。

20. 治痢痔脱肛，枳实石上磨令滑，钻着柄，蜜涂火炙令暖，更易熨肛，取缩即止。

21. 以生铁2升，水1斗，煮取五升出铁，以汁洗之。

22. 取桑树螺烧之，以猪脂和，敷之立缩。

23. 防己焙干为末，如茶法煎服。

24. 紫背浮萍为末，干贴。

25. 黄皮桑树叶3升，水煎服，带温置纳之。

26. 石灰炒热，以故帛裹，坐其上，冷即易之。

27. 生枳壳9克，水煎服，每日1次，连服10日。

28. 七叶一枝花取其根茎用醋磨汁，外涂患部后，用纱布压送复位。每天可涂2～3次。

29. 鲫鱼头烧灰，用猪油调，涂患处。每天3～4次，即收缩上去。

痔　瘘

1. 核桃壳内以五倍子填满，线扎好，黄泥封固，炭火炼黑，烟净为度，取出研细，蜜丸，每服9克。

2. 川椒目研细末，空心，开水服9克。

3. 木鳖子30克为细末，同大葱汁、蜂蜜共捣为泥，将患处洗净抹之，1日2～3次。

4. 河边水漂出柳树赤须，煎汤洗，极妙。

5. 大木耳（每日）30克入水煮极化，先熏后洗，1日3次，小者3日，大者半月，可以痊愈。

6. 立秋后马齿苋15公斤取汁熬膏，以槐角1.6公斤，焙，研末，和入膏内，每服9克，白汤下，取效。

7. 皮硝煎汤，趁热熏洗。

8. 枸杞子1握，陈酒煎，或水煎，当茶饮，不间断3月，其痔自愈。

9. 碱卤200毫升，白矾1大块，与清水400毫升同煎热，以矾烊为度，趁热倾盆，坐熏患处，略温，频频洗之，2次愈。

10. 夏枯草五月五日午时采，煎汤，洗之。

11. 山楂水煎，先熏后洗，以山楂肉为末贴之，不过3~5次全好。

12. 猪悬蹄甲不论多少，为末，陈米汤调6克，空心服。

13. 棉花核30克捣碎，加入皮硝6克煎汤，连洗7次。

14. 枳壳烧烟熏，枳壳煎汤洗，枳壳为末，米饮调服，甚效。

15. 茄茎炖，煎，洗之。

16. 碧梧桐皮煎汤，洗痔疮为妙。

17. 治肠痔下血，木耳15克（浸一宿，洗净），空心生食，禁茶汤半日。

18. 治痔疮突出，坐立不便，西瓜皮煮熟闻香气，泡于瓦木器内熏之。通手沃洗最佳；或生姜切薄片，放在痔上痛甚处，以熟艾作炷于姜灸三壮，黄水即出自消。若肛门上有二三个痔，三五日后如前法逐一灸之，屡试甚效。

19. 治痔疮痛不可忍，冰片0.3~0.6克研细末，打葱汁调匀饭锅内，顷化涂之。

20. 治痔痛如虫啮，菟丝子炒令黄黑为末，和鸡子黄涂之。

21. 治痔疮肿疼，葱和蜂蜜共捣如泥，将药敷痔上，即消。

22. 治痔疮突出，坐立不便。韭菜洗净，以沸汤煎泡于瓦木器内，熏之，通手沃洗最佳也。

23. 治痔疮及漏，花椒子9克，豆腐浆1碗，每日空心服，1月效。

24. 治肠风痔漏等疾，皂角去子及皮，蜜炙为末，米糊丸，如梧子大，每服二三十丸，米饮吞下。

25. 治肠风痔漏，苍耳叶或子焙干为末，蜜调服。

26. 治肠痔下血，葱白煮汤，熏洗。

27. 臭梧桐叶，煎汤洗数次即愈。

28. 鸡、鸭、鹅、牛胆不拘何种，频搽有效。

29. 槐根或桃根，或萝卜或冬瓜，皆可煎汤频洗。

30. 马齿苋不拘干、鲜，煮熟食，初起者用此即愈。

31. 荆芥煎汤，频洗。

32. 槐耳为末，米汤下。

33. 槐实切末，米汤下3克。

34. 食盐60克炒焦如黑炭，水2大碗，烧滚倾盐中，盛瓦盆内，患者坐上熏之，约10分钟，仍以此水洗，日2次，数日尽愈。

35. 治血痔，益母草叶，捣汁饮。

36. 治血痔，新槐花炒研，酒服9克，日3服并洗之。

37. 治血痔，鸡冠花不拘多少，浓煎，空心服。

38. 治血痔，贯众去皮毛，切焙为末，每服6克，空心米汤下，或醋糊丸梧子大，每米汤下30丸。

39. 治血痔，柿饼煅研，再以煮烂柿饼种和丸如梧子大，仍以柿饼汤下，久服效。

40. 治血痔，龟肉煮烂，服1碗效。

41. 治血痔，蒲黄末，每服1匙，日3服。

42. 治血痔，槐树上木耳为末，每服1匙，日3服。

43. 治血痔，生豆腐渣，锅内炒干为末，每服9克，白糖汤下，日3次。

44. 治肛裂，大鹅儿肠20克，水煎，每日1剂，连服多日。

45. 治痔漏，花椒10克，食盐少许，水煎，洗患处，每日1~2次。

46. 治痔漏，蝎虎尾巴7个，瓦上焙干，研细面，香油调搽患处。

47. 治痔疮，生萝卜不拘多少捣碎，放砂锅内熬浓，趁热倒在桶内，患者坐在桶上熏之。待温时，再洗1~2次。

鸡　眼

1. 乌梅肉2个，捣烂，入醋少许，加盐水调匀，贴鸡眼跟处即消。

2. 蜈蚣、蚯蚓粪（韭地上者）用油浸10日，将药点鸡眼上，二三日即退出。

3. 鸡蛋开孔，去白存黄，入黄豆10粒，和匀封之，3日取出，同研做饼。贴扎鸡眼处1昼夜，鸡眼启出，针挑之，可拔。年久者，二次除根。

4. 葱剖开，将有汁沫一边贴鸡眼上，包住，数次自消。

5. 生蜈蚣1条捣烂少许贴上，片时拔根。

6. 生白萝卜，口嚼如泥敷上，止痛如神。

7. 绿矾（用炭火在青石上煅红，研）掺于膏药上贴之。

8. 鸡蛋三四枚，带壳煮熟，醋浸1夜，去壳食之。

9. 取新鲜的鸦胆子仁捣烂，敷患处，用橡皮膏盖贴固定，然后用纱布包好。约7天后自然脱落而愈。轻者1个疗程，鸡眼大的需几个疗程。

10. 万年青叶根捣烂，敷患处，可以断根。

11. 以生姜置患处，将艾叶置生姜上，用香火烧之，隔日自行脱落即愈。

12. 碱10克，石灰10克，冷水调成糊状，敷患处，以胶布固定，每7日换药1次。

13. 凤仙花搽数次即可（擦时先将鸡眼剪破）。

14. 银杏叶10片，捣烂后包贴于患处，2日后患处呈白腐状，用小刀将硬疔剔出即愈。

15. 大蒜头1个，葱白10厘米，花椒3~5粒，共捣烂如泥，视鸡眼大小取不同量药泥敷上，用纱布包扎，密封，勿使漏气，24小时后除去，3日后鸡眼开始变黑，逐渐脱落，最多半月即完全脱落，一般1次，最多2次即可痊愈。

16. 用温水泡脚15分钟，使鸡跟角质软化后，点燃艾卷炎阿是穴，以患者略感疼痛，皮肤红润为度，每次约20分钟，1日1次，7次为1疗程，疗程间隔2~3日，一般经2~3个疗程即愈。

荨麻疹

1. 治痘疹，伏龙肝9~15克置碗内，倾热酒50毫升，渍少时休。取盖盏便吸饮酒，立愈。

2. 治风疹、瘾疹，牛膝末，酒服9克，1日3次。

3. 治风痹瘾疹，大豆90克，以酒360毫升，煮豆，四五服，服100毫升，1日3次。

4. 治妇人血风瘾疹、瘙痒不已，苍耳花、叶各等份为细末，豆淋酒调下6克，极效。

5. 治遍身风疹，芝麻叶擦之即愈。

6. 治风疹块，白鸡冠花煎水洗即愈。

7. 治风瘾疹遍身，百计治不瘥者，煅云母粉以清水调服。看人大小，以意酌量，与之多少服。

8. 白术为末，酒服1匙，日2服。

9. 赤土研末，空心温服3克。

10. 蚕沙1升，煮水去渣，洗浴避风，其疹即退。

11. 枳实醋浸，火炙熨之即消。

12. 秋海棠汁擦洗愈。

13. 用凌霄花为末，酒服3克。

14. 韭菜根不拘多少，捣烂布包，擦患处。

15. 面碱不拘，白酒60克，将白酒烫碱，沏面碱，外擦。

16. 癞蛤蟆3~4只，去内脏洗净后放入砂锅内煮极烂，用纱布过滤去渣，留汤备用，搽洗患处，日3~4次。

17. 芝麻根洗净后加水煎，趁热烫洗。

18. 生菜籽油，外搽患处，每日数次。

19. 醋半碗，红糖100克与生姜50克（切成细丝），同放砂锅内煮2沸，去渣，每服1小杯，加温水和服，1日2~3次。

20. 地肤子50~100克，水煎2次，混合煎出液，浓缩至400~500毫升。成人每日1剂，小儿酌减，分2次口服；同时将药渣用纱布包好，趁热涂擦皮损局部。3天为1疗程。

21. 地肤子30克，红糖30克。地肤子加水500毫升，煎至250毫升，过滤，冲红糖，趁热服下，然后盖被使微出汗，每日早晚各服1次。

22. 新鲜紫菠根60克（干根30克）水煎，早晨空腹和晚上临睡前各服1次，每日1剂。小儿酌减。外洗：取新鲜紫薇全草500克（干品250克）水煎过滤，取药液擦洗患处，每天一次。

23. 紫背浮萍120克，加水煎汤去渣，趁温洗浴。

24. 艾叶，煎水，趁热洗澡。

25. 冬瓜皮煎水洗，并内服。

26. 鲜青蒿60克，捣烂，将药擦患处，随搓随消。冬天亦可用干的，但须用开水泡后再捣烂。

27. 紫苏叶120克，水煎温洗，连洗数次。

28. 路路通，煎水洗。

29. 丝瓜叶捣汁，搽患处。

30. 枯老棕树叶，煎汤，洗澡。

31. 皮硝60克，泡滚水，热洗。

32. 香附子草500克（连根带叶）洗净，煎汤，洗浴。

33. 苍耳子苗不拘量，水熬温洗全身。

34. 鲜杜鹃花叶，煎汤，洗浴。

35. 陆英30克煎汤，洗浴或涂擦。

36. 夜交藤6～12克，连叶煎汤，外洗。

37. 蝉衣5个，池塘里浮萍250克，水煎服，日服两次。

38. 食醋白酒混合液可治风疙瘩：两份食醋加一份白酒混匀后擦洗患处，几分钟后症状即可减轻，连擦几次即愈。

39. 紫荆树花茎煮水治风疙瘩：用紫荆树（春天未长叶前，先开紫花）的花、茎煮水，熏洗，每天早、晚各一次，两天即愈。

40. 韭菜汁可治荨麻疹：用鲜韭菜汁外涂，二天痒感消失，疹子消退。

41. 香菜根治荨麻疹：取十几棵香菜的根须洗净切段，煮5分钟，调上蜂蜜，连吃带饮，对荨麻疹的红、肿、痒等症状有较好的治疗效果。

黄水疮

1. 芋苗晒干，烧存性，研搽。

2. 治黄水疮头面俱生者，苍术、糯米粉等份，均炒燥研匀，掺之。

3. 治黄水疮并疥疮，硫磺15克研末，韭菜根汁半碗。先将韭菜根捣汁，去渣澄清，盛于碗内，将硫磺拌入开水内，炖干矽出。将碗覆转，烧艾叶熏半炷香久，研末，磨油调搽。

4. 治黄水疮，用磁碟装面粉，菜油调腻，多卷纸捻，点着合熏，时时搅匀，等色遍黄，去靥，立愈。

5. 治黄水脓疮，木槿子烧存性，猪骨髓调涂之。

6. 治黄水疮、秃疮、肥疮、旋耳疮，甜瓜叶捣汁，涂患处数次。

7. 治黄水疮，用松香不拘多少，为末，用纸卷药在内，搓成条，以线缚住，入香油内一浸取出，火燃着，滴药入碗内，取搽疮上。

8. 治黄水疮，生石灰160克、硫磺250克，共粉碎过筛，加水1250毫升，文火煎2小时，如水不足时可加水，最后煎至1000毫升，静置，取上清液，贮瓶，紧盖，蜡封备用。以棉签蘸药液涂患处，每天3～5次。

9. 治黄水疮，苦杏仁放火上烧着，待其外壳黑焦后，剥去已成灰的外壳，将杏仁研为泥，用香油或植物油将杏仁泥调成糊状，涂于患处，每周2～3次。

10. 治黄水疮，白公鸡毛烧炭存性，研细备用。疮面有浓汁渗出者，将药末干撒其上，疮面未破或已结痂，用香油调药末涂。

11. 治黄水疮，莲房烤焦（烧成白灰无效），研为细末，过筛，贮瓶备用。先将浓茶将疮面洗净，取末均匀撒在疮面上，渗湿又撒，直至疮面干燥后，用食油将痂洗净，取药末用食油调糊伏，外敷疮面，每日2～3次。

12. 治黄水疮，槐树嫩皮用锅煨黄，研细末，以香油调涂患部，尚可将药末散在患处。使用药前，先用药水将患部洗净，再涂药，效力更好。

13. 治黄水疮，鸡蛋皮在砂锅内焙黄，研细末，用香油调拌，抹患处，每日1次，3～5次可愈。

14. 治黄水疮，黄柏、枣炭各等份，共研细面，用熟香油调和为软膏，敷患处，4～5日即愈。

15. 治黄水疮，槐条烧成炭，研为细末，香油调匀，擦抹患处，每天2次，3～4天即愈。

16. 治黄水疮，海螵蛸30克研为细面，香油调拌，涂患部。1日2次，数次即愈。

17. 治黄水疮，山羊或绵羊的胡须，烧成炭，用香油调涂患部。

18. 治黄水疮，马齿苋适量，水煎服。

19. 治黄水疮，星星草1把，将花序炒黑存性，研为细粉，用香油调成糊状，搽患处，每天1次，连搽3～5次，皮肤即发干，以后逐渐恢复正常。

20. 治黄水疮，山药蛋，擦丝捣烂，敷患处，纱布包扎，日换1次，5～6日可愈。若无效，可用甘草粉，香油调敷，屡用屡验。

21. 治黄水疮，石榴皮适量，煎汤，冷洗。

22. 治黄水疮，密陀僧，研细末，和入香油，调成糊状，涂于患部，1日2次，约4～5天，即可结痂而愈，如患部奇痒，可加铜绿少许，临用时配入研和。又如病灶部发炎红肿者，可加少许冰片，临用时加入研和。

23. 治黄水疮，青蒿适量，研末调菜油搽。

24. 治黄水疮，地骨皮，炒黄研细末，香油调搽患处。

25. 柳叶治小儿黄水疮，嫩柳树叶尖，洗净煮水，稍晾不烫，用纱布蘸了搽涂患处，第二天见好，两三天后痊愈。

癣

1. 韭菜根 30 克，炒焦为末，猪油调涂。

2. 生熟明矾为末，酒调涂。

3. 羊蹄根醋磨涂，速效。

4. 草乌磨涂，大验。

5. 罗汉松树皮般存性，陈米醋调药搽患处。

6. 五倍子研碎，以陈米醋熬成膏，将癣抓破，用药敷上，干则复敷，以不痒为度，去药，其患处之皮一同粘起，尽除根。

7. 花椒、葱、鸡蛋和香油炒，捣烂作饼，趁热敷。

8. 用皂角煎汤，日洗 2 ~3 次，如此半月即愈。

9. 生白果仁（切断)，频擦取效。

10. 木槿皮为末，醋煮如胶，敷患处。

11. 桃树根，胆矾同捣烂，敷之。

12. 土槿皮（勿见火）500 克，晒干磨末，加好酒 500 毫升，榆面 120 克，浸 7 日，不时蘸酒搽擦。

13. 白僵蚕 30 克，清水滚化，稍温，频洗患处数次，如汤冷，将原汤再温再洗，即愈。

14. 鲜鹅不食草擦之神效。

15. 以腊梅花叶擦之即痊。

16. 用绿豆槌碎，以纸蒙碗口，针刺多孔，以碎豆铺纸上，用炭 1 块烧豆，豆灼尽，纸将焦，去豆捣纸，碗中有水，取搽 3 ~5 次即愈。

17. 用牛皮烧灰，油调敷，立愈。

18. 用芝兰叶擦之即愈，验极。

19. 皂矾不拘多少，炒极干为末，猪油调敷，妙不可言。

20. 茄子叶卷筒，头上切齐，在癣上擦出黄水，愈。

21. 猫尾草，以手搓破，不时擦之，愈。

22. 榕树叶捣烂敷之，或取椿树汁搽之，亦妙。

23. 马齿苋膏涂之，若烧灰敷之，亦良。

24. 生驴皮 1 块，入皮硝腌之，烧灰，油搽一扫光矣。

25. 马牙硝化水搽之，甚效。

26. 治牛皮风癣第一经验神方，凡患此癣，多在颈项，痒不可忍，越抓越大，沿成一片。用新棉花扯成如纸薄一层，量及癣宽大，将棉花铺贴，用纸捻燃火，向棉花上一点，顷刻燃尽，当即止痒，而且并不焦痛。不须用药，极简易，极效验，只须 1 次痊愈。倘次年再发，照治 1 回，永绝根。

27. 茶树根 30 ~60 克，切片，加水浓煎，每天 2 ~3 次，空腹服至痊愈。

28. 水芥菜，捣烂，搽患处。

29. 鸦胆子仁，研烂，调酒擦患处。

30. 陈醋500克，浓缩50克，以棉球蘸，擦患部。2~3天即见效，最多7天可痊愈。外擦前，先抓后洗。

31. 臭梧桐树的浆，涂患部，1日3~5次。

32. 白庄30克，为细末，用醋调，抹患处。

33. 猫眼草取汁涂抹，连用3次。

34. 百部30克，煎水外洗。

35. 柚子皮油，搽患部5~6次。

36. 香蕉皮治牛皮癣：用香蕉皮擦患部（小面积），连续两个月，皮肤逐渐光滑不起皮也不痒。

37. 双氧水能治牛皮癣：在双氧水中加50%蒸馏水，一天涂患处2~3次，效果好。

38. 大蒜治好牛皮癣：将大蒜捣成蒜泥，敷在患处两小时，以周围烧起疱为止，尔后再拔火罐，将毒汁吸出。

39. 鱼肝油外敷治愈手癣：把鱼肝油丸挤破，先取少许外敷，如无过敏反应，即可多涂敷，每天3~4次，一周左右即愈。

40. 花椒可治癣：一小把花椒粒，放无油铁锅用文火炒，成深赤色时取出擀成粉末，乘热加上香油拌稀即可。在日照下，边晒边抹花椒油，连续3天。

41. 青核桃可治圈癣：用小刀切下一块青核桃（不要切核桃心），在患部涂擦，一日4~5次，2~3个青核桃即可治好。

42. 鳝鱼骨治脚癣：取生鳝鱼骨100克，烘干研末，冰片3克研细，用芝麻油调敷患处，每日1次，一般徐3~4次即愈。

43. 大蒜治桃花癣：用一瓣大蒜切成片，用蒜汁涂抹癣处。一般3~4次癣就好了。

44. 醋熬花椒治癣：一瓶醋放一把花椒，熬半小时，放凉后将熬的花椒水装入瓶中，用一小毛笔刷花椒水于患处，每天坚持早、午、晚刷涂患处，无论何种顽癣，均可根治。

45. 酒泡生姜治花斑癣：生姜半斤洗净切成薄片，在日光下晒干后放入酒瓶内，用白酒浸泡并密封2~3日。再将泡好的白酒涂抹于患处，一日3次，3~5天就好。

46. 榆树汁治手癣：选几条鲜嫩榆树枝，将剥下的皮捣烂呈汁状后敷在患处，用纱布包严并用胶布粘牢，4~5小时后揭下，最多3次便可治愈。需要注意的是，治疗期间着水时间不要过长。

鹅 掌 风

1. 治鹅掌癣，鹅掌风，手掌及指上层剥皮，血肉外露。用豆腐沫热洗，效。

2. 治鹅掌风，生桐油搽患处，烧松毛烟熏之，立效。

3. 治鹅掌风，鸽屎，白雄鸡屎，炒研煎水，日日洗之。

4. 治鹅掌风癣，以陈艾、侧柏叶汤趁热熏洗，月愈。

5. 治同上，连须葱自捣汁250克，熬120克，入好蜜120克，熬成120克，晚擦匀，火烘数次效，终身忌鹅肉。

6. 治同上，苍耳子仁为末，香油调，去皮搽之，此并治牛皮癣。

7. 治鹅掌风，艾汤趁热熏洗。

8. 治同上，白豌豆1升，入川楝子同熬水，早午晚洗，每7次痊愈。

9. 治同上，鲜韭菜，煎汤熏洗，十余次。

10. 治同上，生桐油120克，白酒120克，混合入铁盆中，燃着烤患处出汗。

11. 治同上，糠油不拘多少，擦患处，2次即愈。取糖油法：碗1个，上糊薄纸，纸上刺以小孔放糠于纸上，用线香放糠上燃烧，将烧至纸面时，把剩余之糠倒掉，将纸揭开，碗底有油，则为糠油。

12. 治同上，大麦芒烧烟熏手掌，7日手不着水即愈

13. 治鹅掌风，老葱花30克，蜂蜜30克，将葱花捣烂，蜂蜜调和，敷搽患处。

14. 治同上，雄牛粪，炒热布包，握两手中出汗。

15. 鹅掌风，用塑料袋装醋，将手泡在醋中1夜，数次可愈。

16. 治鹅掌风，鱼腥草、葱各半捣成1丸，两手频搓。

17. 治鹅掌风，大皂角4条，陈醋24克，先将大皂角连子打碎，入醋内煎开熏手，如痒先熏后洗，如痛单熏不洗。.

紫、白癜风

1. 治白癜风，用萝摩草白汁敷上，揩上令破，再敷，三度瘥。

2. 治同上，蛇蜕皮煎汁敷之。

3. 治紫癜风，用舶上硫磺，以米醋化开，将茄前蒂蘸，频搽敷之。

4. 治同上，用好知母以好醋浓磨擦之。

5. 治诸般癜风，用猪牙皂炭上烧成灰，每服3克，空心好酒调服。

6. 治白癜风及白蛇丹，用鱼腥草捣搽。

7. 治白癜风，茄子1个破开，入硫磺3克于中，煨熟取去硫磺，以热前擦之即消。

8. 治同上，白鳝鱼油搽之，无则取干白鳝鱼煎枯取油，搽之，即愈。

9. 治同上，土蒺藜180克，生磨为末，忌铁器，每服6克，1日2次，开水送下，外用小麦摊石上，烧铁器压出油搽之，半月后白处现有红点，1月后断根。

10. 治紫、白癜风及诸风疮瘾疹，五月五日割苍耳草叶，洗净晒干为末，炼蜜丸，如梧桐子大，每服10丸，日3服。若身体有风处，或如麻豆粒，此为风毒出

也，可以针刺，黄汁出尽。

11. 治面生白驳，似癣非癣，皮渐生白，无药可治。只用鳗鲡鱼脂，火炙出 30 克，先试驳上，刮令燥痛，后以油涂上，不过 3 次即愈。

12. 治白癜风，以茄子花擦之即愈，或以花红擦之，永不再发，已经试验。

13. 治紫、白癜风，生姜频擦愈。

14. 治白癜风，白蒺藜末，早晚服 6 克，半月后白处见红，再服 1 月除根。

15. 治白癜风不拘远近，用乌鸡卵 1 枚取清，先用硫磺碾为末，以鸡子清调匀，用生布 1 片，将药刷在布上，日中曝，反复刷 3～4 次，钉布在板上，令不皱，候干收起，遇浴罢或动作劳苦，汗出之时，将布于患处搽之即愈。

16. 治赤白癜风，蝙蝠 1 只，石灰 15 克，入瓶内扎口，埋土内 7 日，化血水，笔蘸搽。

17. 治同上，猪胰 1 具，酒浸 1 时，饭上蒸熟食，不过 10 具，愈。

18. 治白癜风，生胡麻研末，每日用酒服 30 克，1 日 3 次，至 5 斗瘥，忌生冷、鸡、猪、鱼、蒜等百日。

19. 治白癜风，用紫背浮萍捣汁，搽。

20. 白癜风，牛胎盘 1 个，瓦焙存性，研为细末，黄酒冲服，3 次服完。

21. 治赤白癜风，用芝麻花同自己小水频搽患处，过半日洗去，如失。

22. 治白癜风，用白果仁、雄鸡肾，捣烂搽之。

23. 治白癜风，补骨脂 250 克，白酒 1000 毫升，浸泡二周后，每天 3 次外搽患处。

24. 碘酒可治白癜风：用消毒针把皮挑破，涂上碘酒，患病部位会出现黑斑，黑斑由小变大，逐渐覆盖全部病区。

25. 鳗鱼油治白癜风：将鳗鱼洗净，用清水煮 3 小时，鱼油浮出水面，鳗鱼油外涂可治白癜风和面癣。

脚　气

1. 治寒湿脚气，花椒 50 克，生姜 30 克，葱 5 棵，水煎熏洗。

2. 治脚气冲心，白矾 90 克，煎水，浸洗两足。

3. 治脚气，气上冲心欲死，槟榔末 0.6 克，生姜汁 0.3 克，童便 20 毫升，共搅调，顿服。

4. 治脚气肿痛及蛊肿，白花商陆不拘多少，切碎，酒煮熟连商陆吃，若腹肚蛊肿，用商陆同米粥吃。

5. 治脚气疼痛，槐、柳、桑、桃、椿枝同煎汤，先饮酒 3 杯，药汤洗之。

6. 治腿脚红肿，热如火炙，铁锈水涂患处。

7. 治脚气水肿，头面俱肿，心腹满，小便不利，马齿苋 1 把和少许晚大米浆汁煮食之。

8. 治脚气诸病，黄荆叶置坛内烧，烟熏涌泉穴及痛处，出汗即愈。

9. 治脚气，红小豆、鲤鱼同煮食用。

10. 治脚气，薏苡仁做粥食用。

11. 治脚气，用食盐擦患处后，即用热水洗脚。

12. 治脚气肿满甚效，杉木或节煮汁浸脚甚效。

13. 治脚气神效，杉木、橘叶不拘多少，煎汤洗脚。

14. 治脚气，冬瓜皮500克，水煎，候温浸两足，频洗之。

15. 治脚气，萝卜煎汤洗之或晒干为末，铺袜内，或用杨花如棉絮铺在袜内。

16. 治脚气，豉浸酒饮，渣敷脚即瘥。

17. 治脚气及筋骨疼痛，金银花藤为末，每服6克，热酒调服。

18. 治脚气，用木瓜蒸艾服之，渐安。

19. 治脚气，田螺捣敷两股，便觉冷气下趋至足而安。

20. 治脚气入腹，威灵仙为末，酒服9克，痛减一分，药亦减一分。

21. 治脚气，用水红花，煮汁浸之。

22. 治脚气，用晚蚕沙以米醋拌炒，令热，棉絮包熨之。

23. 治脚气流火，马钱子，磨水敷之，1日1次，其痛即止。

24. 黄豆水可治脚气：用150克黄豆打碎煮水，用小火约煮20分钟，水约1公斤，待水温能洗脚时用来泡脚，可多泡会儿。治脚气病效果极佳，脚不脱皮，而且皮肤滋润。一般连洗三四天即可见效。

25. 无花果叶治脚气：取无花果叶数片，加水煮10分钟左右，待水温合适时泡洗患足10分钟，每日2次，一般三五天即愈。

26. 啤酒可治脚气：把瓶装啤酒倒入盆中，不加水，双脚放入啤酒中浸泡20分钟再冲净。每周泡1~2次。

27. 高锰酸钾水泡脚治脚气：用半盆温水放入两粒（小米粒大小）高锰酸钾，水成粉红色，双脚浸泡三五分钟即可。

28. 韭菜能治脚气：鲜韭菜250克洗净，切成碎末放在盆内，冲入开水。等冷却到能下脚时，泡脚半小时，水量应没过脚面，可同时用脚中揉搓。一个星期后再洗一次，效果很好。

29. 嫩柳叶治脚气：用一把嫩柳叶加水煎熬，而后洗脚，没几次效果很好。

30. APC治脚臭有特效：将一两片APC碾成粉状，分别撒在两只鞋里，1~2天投一次即可。

31. 芦荟治脚气：用芦荟叶揉搓叶汁往脚上挤抹，自然风干，没味，也无疼痛感觉，每次一只脚用一叶，5次后脚气全无。

32. 碱面治脚气：夏天脚出汗多，容易患脚气。晚上临睡觉前，用碱面一汤匙（即蒸馒头用的碱面）温水溶化后，将脚浸入碱水中泡洗20分钟左右，轻者两三次，重者四五次即好。

33. 花椒盐水治脚气：花椒10克，盐20克，加入水中稍煮，待温度不致烫脚时即可泡洗，每晚泡洗20分钟，连续泡洗一周即可痊愈。用过的花椒盐水，第二天经加温，可连续使用。已溃疡感染者慎用。

34. 自制蚯蚓白糖脚气灵：捉两条活蚯蚓，放清水里泡一天，让其吐出泥土。捞出后放在碗里或小瓶里，撒上两小勺白糖，两天后即可使用。每晚睡觉前把脚洗干净，用药棉或布条蘸涂患处，晾一会用纸或药布包好。不过半月就能治愈。

35. 金霉素软膏治脚气：金霉素软膏涂抹患处，几天便好。

36. 白糖可治脚气：脚用温水浸泡后洗净，取少许白糖在患脚气部位用手反复揉搓，搓后洗净，不洗也可以。每隔两三天一次，3 次后一般轻微脚气患者可痊愈，此法尤其对趾间脚气疗效显著。

汗　脚

1. 白矾水烫脚治汗脚：在水中加入白矾 10～15 克，待白矾溶化水中后，在水温适宜的情况下烫脚 15～20 分钟，每晚坚持一次，连续烫脚 5～6 天为一疗程。

2. 治汗脚一法：取 0.5 毫克乌洛托品（西药）2～4 片，压成细粉，待脚洗净擦干后，用手将药粉揉搓在脚掌趾内，每日 1 次，连用 4～8 天，可保脚干燥 50 天。

3. 萝卜熬水可除脚臭：有脚臭的人，可用白萝卜半个，切成薄片，放在锅内，然后加适量水，用旺火熬 3 分钟再用文火熬 5 分钟，随后倒入盆中，待降温适度后反复洗脚，连洗数次即可除去脚臭。

4. 土霉素去脚臭：将土霉素研成末，涂在脚趾缝里，每次用量 1～2 片，能保证半月左右不再有臭味。

5. 盐姜水洗脚除脚臭：热水中放适量盐和数片姜，加热数分钟，不烫时洗脚，并搓洗数分钟，不仅除脚臭，脚还感到轻松，可消除疲劳。

6. 按摩穴位可治脚气与脚臭：洗脚时，将双脚放在盆内温水中泡两三分钟，待双脚都热了，用一只脚的足跟压在另一只脚趾缝稍后处，然后将脚跟向前推至趾尖处再回搓，回拉轻，前推重，以不搓伤皮肤为宜。每个趾缝搓 50～80 次，双脚交替进行。速度为每分钟 100～120 次。每晚一次，脚气较重上部皮肤已破者不宜用此方法。

烧 烫 伤

1. 治烫伤，生地榆，晒干为末，香油调涂，破烂者干涂，伤重者再用。生萝卜捣汁 250 毫升喝下更佳。

2. 治烫伤，生芝麻嚼碎，涂患处。

3. 治烫伤，盐粒敷患处。

4. 治烫伤，莲白与蜜同捣涂，甚效。

5. 治汤火伤，稻草灰不拘多少，冷水淘 7 遍，带湿摊上，干即易。若疮湿，焙灰干，油调敷2~3次可愈。

6. 治汤火伤，大黄末鸡子清调涂之。

7. 治汤泡伤，冷烧酒浇淋。

8. 治烧烫伤，生地黄汁入香油、蜡同熬成膏，瓷器内盛，用鸡翎扫烫处。

9. 治汤烫火烧，鸡子煮熟，去白用黄，于锅内熬油出，冷敷之。

10. 治汤烫火伤，山栀子用浓调鸡子清调和，以鹅毛轻拂上。

11. 治火汤疮，螺狮壳（多年干白者，火煅）为细末。如破，用于掺之；如不破，入轻粉少许，麻油调，鸡翎扫敷疮上。

12. 治烫烧伤，倾柏叶捣，外敷之。

13. 治烫火疮，冬柏油涂之。

14. 治烫火灼，柳皮烧灰，罗为末，涂患处，又熬猪脂敷之。

15. 治汤火伤疼痛，麻油熬数滚，入蜡溶化熬数滚，入白蜜熬匀，待冷收贮，擦患处，速愈，愈后无瘢痕。

16. 治火药伤，取鸡蛋清与多年阴沟泥搅匀，敷上止。

17. 治火烧伤，鸡子黄煮熟，去白取黄，猪油去膜，2味等份，捣匀抹之。

18. 治火烧烂方，狗骨煨成灰，为细末，麻油调敷，愈。

19. 治火烧烂方，铁锈花磨水涂之立愈。

20. 治火烧、水烫伤，嫩槐条，嫩柳条各等份，二药入猪油内炸焦捣末，加香油调抹患处。

21. 治爆竹火药伤，生石灰用水泡开，澄清取水，芝麻油盛碗内，以澄清，水滴油碗内，用竹筷搅之，俟定，再滴添再搅，如此数次，色白如蜜，涂患处。

22. 热油火伤、刀斧损伤、犬咬伤，寒水石为末，油调涂上患处。

23. 治汤泡伤，狗油敷患处，即愈。

24. 治汤火伤及刀斧伤，刘寄奴焙干或晒干，为细末，用淡盐汤洗患处，麻油调搽，如患处湿则干搽上，立愈，屡试屡验。

25. 治烧伤疼痛，贯众煅灰，香油调涂之，立刻止痛。

26. 治烧伤、烫伤，秋葵花瓣不拘多少，真菜油调和如厚糊，装入瓶内收贮。次年花瓣腐烂，即可敷用，愈陈愈妙。此方用麻油浸尤妙。如无此药，用地榆末用麻油调搽亦妙。

27. 治烫火伤，大黄末调桐油，敷患处。

28. 先用碱水洗烫处，后用烧酒频拭之，约1小时可止痛。

29. 治火伤，用麦炭粉、真芝麻油2味，调和成膏，敷创上，痛不止加敷，至痛止为度，听其自落，灵验非常。

30. 治热油、热汤伤，蜂蜜涂之立愈。

31. 凡汤火烫者，烂橘子敷患处，甚效。

32. 治同上，西瓜皮置坛内烂成水，浇烫处，神效。

33. 治汤火伤，用梨子捣碎敷之，止痛且不腐烂，神效。

34. 治汤泡、火烧，蛇荡烂捣敷之，以瘥为度。

35. 治汤火疮，黄瓦利取细末，湿者干掺，干者麻油调涂。

36. 治汤火疮，干桑叶为细末，干者以蜜调涂，湿者干掺。

37. 治热气所熏，以炊布烧灰存性，随敷随消。

38. 治汤火疮，葱白、砂糖烂研敷之，痛立止，仍无瘢痕。

39. 治汤火伤，柏子树皮为末，麻油调敷。

40. 治汤火伤，用白芝麻壳烧存性，研细末敷之，若患处干燥，则用麻油调搽。

41. 鸡蛋油治烫伤：取煮熟的鸡蛋黄两个用筷子搅碎，放入铁锅内，用文火熬，等蛋黄发糊的时候用小勺挤油（熬油时火不要太旺，要及时挤油，不然蛋黄就焦了），放入小瓶里待用，每天抹2次，3天以后即痊愈。

42. 油浸鲜葵花可治烫伤：用干净玻璃罐头瓶盛放小半瓶生菜籽油，将鲜葵花（向日葵盘周围的黄花）洗净擦干，放入瓶中油浸，像腌咸菜一样压实，装满为止，如油不足可再加点，拧紧瓶盖放阴凉处，存放2个月即可使用。存放时间越长越好。使用时，一般需再加点生菜籽油，油量以能调成糊状为度。将糊状物擦在伤处，每天两三次，轻者三五天，重者一周可见效，不留瘢痕。

43. 白糖泡蚯蚓治烫伤：挖一条活蚯蚓，洗净装入瓶中，放入白糖，糖要没过蚯蚓，搅匀，冷却成膏。做成油纱条备用。用法，将患处洗净，外敷油纱巿。夏季每天更换药条一次，秋季3~4天换药一次。

44. 枣树皮治烫伤：枣树皮适量（新、老树皮都可），用开水洗净，烤干（不要烤焦），碾成粉末后加香油拌稀，抹于患处。几次擦抹后，结痂，不留瘢痕。

45. 地榆绿豆治烧伤烫伤：地榆25克，绿豆25克，香油二两。将地榆、绿豆研为细末加入香油调匀，熬成膏状备用，盛药容器应消毒。用时可用消毒棉签蘸药涂抹患处，适于较轻度烧伤、烫伤。

46. 绿豆治烧伤有特效：取生绿豆100克研末，用75%酒精（白酒也行）调成糊状，30分钟后加冰片15克，再调匀后敷于烧伤处。用此方法，减少痛苦，结痂快不留瘢痕。

47. 黑豆汁治小儿烫伤：小儿不慎烫伤后，用黑豆25克加水煮浓汁，涂搽伤处有疗效。

48. 虎杖根治烫伤：虎杖别名活血龙、花斑竹。用50克虎杖根，用擀面杖细细捣碎研末，先用芝麻香油薄薄涂于伤处，后用虎杖粉均匀撒于患处，用卫生纱布包扎。半日后疼痛减轻，次日水疱消失。每日换药一次，一周痊愈皮肤无异样。

49. 大白菜治烫伤：将大白菜捣碎敷患处，立时不觉疼痛，只见大白菜上面冒热气，又感疼痛时，马上换敷新捣碎的大白菜，如此数次，不久就痊愈。

50. 大葱叶治烫伤：方法是遇到开水、火或油的烫伤，即掐一段绿色的葱叶，劈开成片状，将有黏液的一面贴在烫伤处，烫伤面积大的可多贴几片，并轻轻包扎，既可止痛，又防止起水疱，1~2天即可痊愈。

51. 豆腐白糖治烫伤：用新鲜豆腐一块，白糖50克。将豆腐白糖拌在一起调匀，敷于伤面，干了即换，连换四五次。

52. 用鲜橘子皮制烫伤膏：把鲜橘子皮（不可用水洗）放入玻璃瓶内，拧紧瓶盖，橘皮会沤成黑色泥浆状，存放时间越长越好。烫伤时将它抹在伤口上，当时就能止疼，抹两三次即愈。

雀 斑

1. 茄子切成小片搽面部，效如神。

2. 白茯苓研末，加蜜调和，每夜敷之，7 日见效。

3. 黑牵牛末，鸡子清调和，夜敷旦洗。

4. 醋渍白术拭之极效。

5. 每夜以浆水温洗，随将布巾揩赤，用白檀香磨汁涂之。

6. 每日用漱口水吐在掌中洗面，不惟去一切斑刺，且面光泽不老，须常行之。

7. 真密陀僧如金色者，细研，以人乳调，略蒸，带热涂面。每夜用之，面生光，兼治鼻疮。

8. 治雀斑亦治疮疤，鹰粪白水调涂之。

9. 用香油半盅煎滚，将哺胎鸡子 1 枚打开，炒焦研末，入油内，加米醋半盅和匀，以鹅毛敷之，3 ~ 5 日即落。

10. 苍耳草嫩叶尖，和盐少许捣烂，五六月间，一日擦 10 余次，甚效。

11. 冬瓜 1 个，刮去皮，切成薄片，用半酒半水煮烂，去渣，再将冬瓜汁煎成膏状（忌用铁器），每晚洗脸后涂患处，次晨洗去。

12. 冬瓜、桃花等份为末，和蜜涂之。

13. 上等朱砂研细如粉，和白蜜令匀，夜卧涂面，旦以醋浆洗之。

粉 刺

1. 山慈姑根，夜涂旦洗。

2. 以白矾末，酒调涂之。

3. 治面上酒刺，及面上一切斑点，鹰粪白水调敷之。

4. 菟丝子浸汁涂之。

5. 治粉渣、面点，以沟渠浮萍为末，日敷之。

6. 治面部黑刺或黑色粉渣，白附子 30 克，研细粉，每取 1 克，和白面 2 克，用水调成浆，晚间反复涂擦面部，干后再涂蜂蜜 1 次，次晨洗去，坚持常用。

7. 黑牵牛 30 克，焙干，研细末，用 70 克面脂调极匀，每日用之涂擦面部若干遍，随后洗去。

8. 挑花研细末，蜜和，夜涂旦洗。

9. 香油，使君子适量，使君子去壳取仁，放入铁锅内文火炒至微有香味，晾凉，放入香油内浸泡 1 ~ 2 天，每晚睡前吃仁 3 个（小儿酌减），7 天为 1 疗程。

10. 枇杷叶煎汤，擦洗面部及患处，每日 2 ~ 3 次。

11. 治粉刺，蜂子（未成头足时）炒食之，又酒渍，以敷面，令面悦白。

12. 治粉刺、黑斑、润肌，五月五日收带根天麻，晒干，烧灰，用商陆根捣自然汁，加酸醋，作一处，绢绞净。搜天麻作饼，炭火煨过，收之半年方用，入面药，尤能润肌。

13. 去斑及疗粉刺，何首乌末，姜汁二味调膏之，付帛盖以大灸或热熨之。

14. 碘酚可治青春痘：青春痘（粉刺）令青年们苦恼，可用碘酚（即碘酒）涂抹患处，碘酒有极强的杀菌和消炎作用，可用棉球蘸之擦患部，每日早晚各一次，两天即可痊愈。

15. 维生素 B_6 针液治痤疮：用维生素 B_6 针液涂搽患处，每日 3~4 次，痊愈后不留痕迹，效果颇佳。

疖 疮

1. 马齿苋可治痱毒疮疖：把新鲜的马齿苋菜捣烂，糊在痱毒上，每天 2 次，3 天就好了。以后每当我身上长个疮疖什么的，趁没出头之前糊上捣烂的马齿苋，也能慢慢消失。如果长了痱子或有年年出痱子的病根，可将 100 克新鲜马齿苋放在约 1500 克水里烧开，等水温达到可忍受的程度时，用它洗、热敷十来分钟，十来次后可达到根治目的。

2. 土豆、生姜治各种炎症、红肿、疮块：用土豆、老姜洗净捣烂如泥（比例土豆占 2/3），用量以能盖住患处为准。如捣后过干可加冷水或蜂蜜，过湿可加面粉，以浆糊状为宜，摊于塑料薄膜上，每晚贴于患处，布袋缠紧，早上揭去。如有痛感，可涂上少许芝麻油再贴药。用此法外敷，适用于腮腺炎、乳腺炎、急性关节炎红肿、睾丸炎等炎症。

3. 治褥疮一法：用双料喉风散涂于患处，涂抹一星期，褥疮即痊愈。

4. 苦瓜能治热疖：用苦瓜治热疖的民间验方。即苦瓜 3~5 条洗净，连叶茎、瓜瓤一起捣烂成泥状，外敷在疖子上面，一日两次，连续数日。

5. 红枣明矾治黄水疮：红枣两只，明矾五钱。将枣烧焦，碾压成末。明矾置于汤匙中，烤化成液，放凉，亦压成末。两者混合，滴香油数滴，调成糊状，涂于患处，每日三次，三天内愈。

6. 大葱蜂蜜治小腿生疮：生疮在小腿前，可将大葱捣黏，越黏越好，用蜂蜜调成糊状，抹在患处，然后用纱布缠好，每隔两三日换一次，数日即好。

7. 治疗痤疮一法：把扑尔敏 10 片、维生素 C 5 片、灭滴灵 10 片、地塞米松 10 片研成粉末，搅匀后再放入四环素或红霉素软膏 2~3 支，兑入少许凉白开搅成膏状。每天早晚清水洗净面部后搽涂。治疗时要少吃辛辣刺激类食物。

8. 蛋黄油治疗下肢顽固性溃疡：把鸡蛋黄放在铁锅里用温火慢慢地烤，等蛋黄溶化后会出少量的油，这时用消毒的纱布条浸沾。将吸了油的纱布条贴敷在患处，3~4 天换一次，溃疡面就逐渐愈合。

瘊　子

1. 鸡肫黄皮擦之自落。

2. 芝麻花擦之，亦效。

3. 大南星为末，好醋调擦之，妙。

4. 用艾灸2～3壮，拔之。

5. 牛涎时时涂之，即落。

6. 杏仁烧黑，研如膏涂之，令瘥之。

7. 姜、好醋混合，时时搽之，连搽8日有效。

8. 苦菜汁茎之白汁，点瘊子自落。

9. 用蜘蛛网粗丝缠在瘊子底部，1天瘊子就掉了。

10. 陈骨头1块，每天在瘊子上摩擦几次，最好在擦前用针挑一挑（找野地的枯骨）。

11. 新鲜四季豆（又名刀豆）壳，先将患者生瘊子处进行普通消毒，然后用豆壳，每日随意擦患处2～3次，擦不到10次，瘊子即全部落光，且无瘢痕，又不复发。

12. 生石灰1块（出矿不见水未风化者）3～6克，研细末，用右手大指与次指捻末撮，压于瘊顶上，不离手用次指按住研之，至粉化，再捻粉按上再研，如此数次，毫不觉痛，瘊渐缩小，而至于化。即较大的之瘊，亦缩到极小，1～2日内，即自行脱落，如过大者，可用丝线束其根部，减少流血，而后施术，亦可按法治愈。

13. 鸦胆子仁捣烂，涂敷患处，每日换药1次。

14. 饱和盐水浸泡患处，每次30分钟以上，每日2次，连用10天，瘊子自掉。

15. 地肤20克煎水1碗，去渣，入白矾15克化下，频频洗疣面。

16. 治疣赘，续随子（刚成熟）适量，捣涂疣体部。

17. 新鲜油桐果1个，用小刀轻划一痕，有浆液流出，用消毒棉签蘸此浆液涂于疣面上，每天3～5次，5～7天后，自落。

18. 香蕉皮可治瘊子：用香蕉皮敷在疣（俗称瘊子）的面，使其软化，并一点点地脱落，直至痊愈。

19. 紫药水治瘊子：用棉花棒蘸紫药水涂在瘊子上，瘊子消失快。

20. 枸杞泡酒治瘊子：取数十粒枸杞浸泡白酒中，月余后，用枸杞沾酒涂在瘊子上，每天坚持数次，轻者数日就好，重者几周痊愈。

21. 蒲公英治瘊子：将新鲜的蒲公英整朵黄花折下，花茎就会流出乳白色的汁液，把汁液在瘊子上反复涂抹，每天涂1～2次，10天左右瘊子就消失。

22. 茉莉花籽治瘊子：将草茉莉花籽碾成粉末，拌上猪油，糊在瘊子上，数天后可使瘊子连根去除。

23. 鸡内金治瘊子：用鲜鸡内金擦患处，几次即愈，不留瘢痕。

24. 用醋浸泡鸡蛋治瘊子：鸡蛋洗干净后用针在蛋壳上轻轻地扎几个小针眼，

把它放在同样大小的酒杯内，用醋浸泡 24 小时。把鸡蛋与醋一起煮熟吃下，连吃 3 天一个疗程。

手脚裂

1. 防治冬季手脚干裂：先用温水将脚洗净擦干，然后用“创可贴”止血膏对准裂口贴上，数天后果然见效。

2. 芥末治脚裂口：用 40℃ 左右的温水洗脚，泡 10 分钟左右，然后擦干；用温水调好芥末，浆糊状，不要太稀，用手抹在患处；穿上袜子，以保清洁；第二天再用温水洗脚，再抹，2～3 次即愈。

3. 用醋治疗手脚裂：买一斤醋，放在铁锅里煮，开锅后五分钟，把醋倒在盆里，待温后把手脚泡在醋里 10 分钟，每天泡两三次，7 天一疗程。

4. 剩茶水可治手足裂：在睡觉前用热茶水泡洗手足约十分钟，坚持一周有效。

5. 维生素 E 可治手脚干裂：把维生素 E 丸，用针扎一个眼，把油挤患处涂抹（一个丸可用多次），效果好。

6. 用蜂蜜揉搓可治手皲裂：每日早饭后，双手洗净擦干，将蜂蜜涂于手心手背指甲缝，并用小毛巾揉搓 5～10 分钟，晚间睡觉前洗完手，再用上述办法双手涂蜂蜜揉搓一次。

7. 枣糊可治手脚裂：方法是把数枚大枣去掉皮核，温水洗净后，加水煮成糊状，像抹脸油一样，涂抹于裂口处，轻的一般 2～3 次即愈。

8. 苹果皮治足跟干裂：用削苹果剩下的果皮搓擦足跟患病处，效果好。

9. 香蕉皮治皮肤皲裂：选熟透的、皮发黑的香蕉一个，放火炉旁烤热，涂于患处皲裂皮肤很快愈合。

10. 橘子皮治手脚干裂：将新鲜的橘子皮汁，涂擦在手脚裂口处，可使裂口处的硬皮渐渐变软，裂口愈合，还可将晾干的橘子皮泡水洗手洗脚，也可收到同样的效果，最好连续两周。

11. 牛奶治脚裂：用鲜牛奶在洗过的脚跟处擦抹见效快。

12. 米醋泡蒜瓣治手脚裂口：用醋泡蒜瓣擦手脚，手脚逐渐不裂口，皮肤光滑。

13. 软柿子冰可治手皴：把软柿子水挤在手上反复用力搓，连续几天能见效。

湿疹

1. 苹果胡萝卜煮水治小儿湿疹：将一个较小的苹果和重量差不多的胡萝卜，不削皮，切成薄片，加水煮开，用小火保持沸腾 6～10 分钟，倒出果汁，每次约 200 毫升或稍多，分 2 次给孩子喝。每日煮 1 次，连续饮用。

2. 炸蝎子可治湿疹：每天吃 10 个香油炸蝎子，效果好。

3. 马齿苋治湿疹：把马齿苋览洗净，放在开水里煮 15 分钟，待凉后再洗患处，每天洗两三次即可。也可把马齿苋砸烂用汤擦患处，两种方法并用效果更好。

4. 苦参汤熏洗治阴囊湿疹：从中药店购苦参、蛇床子中药各50克，混合后分成三等份。用一份在晚上煎汤，可直接放在脸盆中煎。煎好后，先采取坐姿用热气熏患部（防止水烫伤），待水不烫时，再采取洗的办法，要坚持洗10~20分钟，然后擦干。要连续洗5~7天（一副药可洗3天）。

5. 十滴水治痱子：用温水将患处皮肤洗净，挤出数滴十滴水涂于患处，让其自然风干。每日涂抹两三次。两三天就能消炎、消肿、止痒。

6. 生姜汁可治小儿痱子：用生姜片擦痱子，几个小时之后就消退、消失。

7. 擦西瓜皮治痱子：用吃完西瓜的瓜皮擦拭患处，每次擦至微红，一天擦两三次，第二天就见效（不痒了），两天后可结痂。

8. 生黄瓜汁治小儿痱子：用生黄瓜汁或黄瓜片分别贴擦于患处，两三次即可痊愈。

狐　臭

1. 简易治疗狐臭：每日早上，洗净腋部擦干后，用一块普通香皂，将皂面稍加湿润，轻轻涂抹患处，即可保证全天之内无臭味。

2. 西红柿汁除腋臭：洗完澡后，将西红柿汁500升加入一盆温水中，浸泡腋臭处20分钟，每周两次，可除腋臭。

3. 治狐臭特一方：碘酒300毫升，尖红干辣椒50克，剪成碎片或研末，泡在碘酒内15天后，每天擦腋窝一次，连擦50天即根除。

止　痒

1. 扑尔敏可止痒：将扑尔敏片用唾液浸湿后稍用力擦抹瘙痒处，此法也可用于蚊虫叮咬后的皮肤瘙痒，亦很显效。

2. 糊盐水止痒除顽疾：把食用精盐用旺火炒成黑色保存待用。每天取出少许溶于温水，用卫生棉球或消毒纱布蘸取该液体擦拭患处，一般每日3~5次。

3. 蚊虫叮咬后止痒：用切成片的大蒜在被蚊虫叮咬处反复擦一分钟，有止痛去痒消炎作用。

4. 大蜘蛛治蝎子蜇：被蝎子蜇后，就地找来一只大蜘蛛放在被蜇的地方，蜘蛛将蝎子的毒液往嘴里吸，很快消肿止痛。

5. 生石灰水止痒：用生石灰适量加水烧开，待凉到手下去为宜，连续洗三四次，即可去痒痛消肿。

6. 治老年皮肤瘙痒：取50克百部（中药店均有售），用半斤高度白酒，放在瓶子里密封浸泡，一周后即可使用。使用时，洗净患处，用棉花蘸药液少许涂擦，止痒有效。

7. 丝瓜瓤蒜瓣除湿解痒：丝瓜瓤与蒜瓣煎水坐浴可治阴囊湿疹及女阴瘙痒。

8. 莴笋叶治皮肤痒：莴笋叶一把放在锅里用水煎，开锅约 3 分钟左右，待水降至适当温度，用来擦洗患处，每天洗一两次后症状很快消失了。

9. 大葱叶可止痒：将鲜大葱叶剥开，用葱叶内侧擦拭被毒虫咬过的红肿痒处，反复擦几遍后就不痒了，一天后红肿也消失了。

10. 西瓜皮可止痒：被蚊子叮咬后，可用西瓜皮反复涂抹一分钟，再用清水洗净，止痒消肿快。

上述医易专著及养生保健方法和单方均可参阅。虽单方治大病，也应追寻对症，不明白应向中医师咨询，方可使用。以上便是易医文化及中医养生的概况，它为我们描述了两千多年中医易相关的历史风貌，是中国医学文化宝库中的宝藏之一，值得我们中医学人进一步挖掘、整理与提高，为广大人民群众养生长寿健康而服务；为我们的读者能学到一些文化知识而服务。阅读参考书建议：

杨维增著．周易基础．长城出版社，1994.

杨力著．周易与中医学．北京科技出版社，1999.

何少初著．中医药的“易”文化．世界图书出版社，1998.

何清湖等．中华医书集成．中医古籍出版社，1999.

娇继忞，蔡同一．易经文化中的饮食养生．中国农业大学出版社，2007.

武国忠著．黄帝内经使用手册．上海锦绣文章出版社，2009.

参考文献

1. 石冠卿，武明钦．《黄帝内经素问》选读［M］．郑州：河南科学技术出版社，1982：177.

2. 马莳．《黄帝内经·灵枢》注证发微［M］．北京：人民卫生出版社，1994：163－165.

3. 陈虹，倪泰一．难经［M］．重庆：西南师范大学出版社，1997：91－92.

4. 刘完素．素问病机气宜保命集［M］．北京：中医古籍出版社，1998：121－124，130，196.

5. 沈济苍，沈庆法．温病名著通俗讲话［M］．上海：上海科学技术出版社，1986：93－96.

6. 彭胜权．温病学［M］．上海：上海科学技术出版社，2002：3－4，27，29.

7. 周永学．三焦辨证临证意义探析［J］．中医药学刊，2002：(1)：944.

8. 杨奕望，吴鸿洲．吴鞠通温病学术观念的由来与特色［J］．上海中医药杂志，1999（5）：8－9.

9. 王紫阳．浅评吴瑭的学术思想［J］．江苏中医，1995，16（11）：36－37.

10. 朱平．叶天士论温病三焦辨治浅探［J］．湖北中医学院学报，2001（1）：11－12.

11. 李国鼎．六经辨证与创造性思维［J］．南京中医学院学报，1991（4）：193～195.

12. 陈亦人．中医药发展新论［J］．见：论《伤寒论》的特色和优势．北京：中国科学技术出版社，1995：9.

跋

说到现在的儒医专业委员会，我们就不能不先谈一下它的主体——曲阜孔子易经学会。首先，要感谢党和政府对我们的关心与支持。2008 年经政府主管部门审核，由中国周易学会会长、山东大学博士生导师刘大钧先生签署意见，于同年 9 月正式登记成立。在我们这个组织里有十六代传承的中医名家孔令馨先生、儒家文化的学者和一批经验丰富的中医同仁与诠释易经的大师们。他们之间有着不同的学历——从高中生到博士，乃至专家、学者；不同的职业背景——学生、教授、公司的白领；不同的目的，不同的追求。从养生保健、求医问药，到希望登堂入室，乃至继往开来的各个阶层的朋友们。这个全体，就是曲阜孔子易经学会。我们欢迎所有的朋友——所有希望得到健康、快乐和幸福的人，一起来参加我们的求实、交流活动！可以说，曲阜最有价值的地方，是她独树一帜的思想以及兼收并蓄、为国为民的胸襟和气度。在东方圣城、孔子故里诞生和成长起来的曲阜孔子易经学会儒医专业委员会继承了这个传统。

这是一个充满变革的时代：中国在崛起，中国的经济、科技和文化也在迅速崛起！在中西文明的交流和碰撞中，在历史与现代的交织和融合中，越来越多的人开始意识到我们的老祖先遗留给我们无数的珍宝，比如周易、儒学、中医等等，而中医不正是其中一颗璀璨的明珠吗！在几千年历史的长河中，曾发生过无数次的瘟疫、灾难和战争，一些国家和种族也因此而绝灭，而炎黄子孙却一直生生不息，繁荣发展，雄踞于世界的东方，传统文化中的易医文化功不可没。在四大文明古国中，唯有中华文明从未间断过，并且一直昌盛繁荣。单凭这一点，我们就可以说，易医传统文化是中国对世界最伟大的贡献！

作为曲阜人，我们很幸运，当很多人还在热火朝天地争论，中医到底是不是科学，是否应该取缔中医的时候，我们就已经开始进入易医儒这三位一体的神圣的殿堂。十七大的召开和国家出台的《若干意见》给我们指明了方向，我们更有信心和责任。

人类在进步，医学在发展。然而，很有趣，疾病也在繁荣发展。以当前主流的医学模式，治病就是杀灭病菌和病毒，是用药物和病菌、病毒对抗，而人体则充当了战场，这真是很不幸的一件事情。而且，有矛然后有盾，因而疾病总是比治疗的方法来得早，病菌和病毒发展变异的速度也远比研制药品的速度要快很多。而且，很多病菌和病毒已经在这个星球上繁衍了数百万年，什么恶劣环境都见识过了，所以“野火烧不尽，春风吹又生”，实在是“合情合理”。

所以，面对“非典”，全球恐慌！面对诸如禽流感、猪流感、甲型 H1N1 流感之类的疾病，大家几乎都束手无策，只能“防患于未然”，甚至对这一些无辜的生命集体屠杀。而众所周知，很多高明的中医在“非典”来临之前，就已经根据

“五运六气”，作出了准确的预测，并给出了有效的处方。事后也证明，中医在治疗“非典”和当今甲型 H1N1 流感之类的过程中，发挥了巨大的贡献！

我的健康，我做主！如果不懂得养生之道，每天我们都有可能面临着疾病的威胁与折磨。如果有一天，医院告诉你或者你的亲人：你或者他需要做手术，需要移植，需要切割，需要换血，需要化疗……乃至身患绝症，不可救药的时候，你是否意识到，我们其实还可以有其他的选择？你难道真愿意相信，高血压要、糖尿病必须终身服药，无法治愈，而不去尝试一下简便、廉价而又有效的中医吗？你难道不相信，“实践是检验真理的唯一标准”吗？

学医的理由，很多很多；学医的意义，太大太大。医圣张仲景曾说：“上以疗君亲之疾，下以救贫贱之厄，中以保身长全，以养其生。”一代名相范仲淹曾谓：“不为良相，则为良医。”盖治国、治家、治身、治病，一也！

文人学医，是自古以来中医的一大特色。历观各代的博学鸿儒，大都兼通医理；而各代中医大家，无一不是饱读诗书，修行有道之士。这些事实，昭然若揭。然而很可惜，在近代的中医教育中，这个优良的传统被抛弃了，中医和她的母体被割裂了，中医的基础被拆掉了。失去了这个基础，可以培养治病的工匠，但很难想象能够培养出真正的中医大家。

在曲阜孔子易经学会儒医专业委员会学中医，正是对这个传统的回归。在这里，没有任何功利的目的：不为生活，不为赚钱，不图虚名，完全出于兴趣；不受任何的限制：不必去学习那些完全建立在另一种思维方式上的西医基础，也不必去管那些“现代化”了的中医教材，完全可以根据中医的传统和个人的特点，来学习最有价值的中医经典和易理与儒学道德规范；有很好的老师：我们所请的老师，医理通达，临床丰富；最后，这里有各种专业，各种背景的同学，大家相互切磋，相互砥砺……我们难道还需要怀疑自己能否学好中医吗？

而且，在这个时代，在曲阜人文背景下学习中医，还有另一层的意义。我们可以想象一下，四十年以后，如果在各行各业的领军人物中，都有一批精通易医儒三位一体道理的人，那会是怎样的一种盛况！

最后谈一个问题：如何学好中医？这是本书最核心的问题，贯穿始终。也是学习中医路上绕不开的一个问题。要而言之：欲为上乘中医，应该以德行的修养为根基；以易经和阴阳五行的思维为基础；以古人为师，直溯其源！以无门为法门，下硬功夫，熟读经典；勤于临床，在生活和临床中细心体悟。在此基础上，修身明德、融汇儒道，日久自可贯通。这些要点，在读完本书之后，以及未来学习的过程中，相信大家会有更深的体悟。当然，学医也可以很轻松，在生活中，饮食起居，无一不是学习中医的机会；我们自己、我们的家人、朋友，都是最好的老师。学医，应当是一种乐趣，一种享受！

本书收集了曲阜久仁堂世代秘方和历代中医名家与世传中医传人的单方、验方、医案等比较精华的一部分。曲阜孔子易经学会儒医专业委员会还有不少其他的活动和讲座，其中的一些活动更连贯，也更深入和系统。以后对大家有益的书籍将陆续出版。我们也倡议全国有志之士并喜爱中医的朋友们，共同起来组织和完备曲阜孔子易经学会儒医专业委员会，以营造学医的良好氛围。

同时，感谢多年来为我们辛苦讲课的老师们，感谢你们把易经和中医的精髓带到了曲阜孔子易经学会，带给世人一份终身受益的礼物！也感谢多年来参加我们活动的所有同学们，是你们的热情，促使我们不断地努力，把讲座和学会越办越好！感谢提供资料的朋友们，是你们的辛苦劳动和不懈坚持，促成了此书的完成，从而能够让更多的朋友来分享我们的喜悦！也感谢曲阜孔子易经学会儒医专业委员会的所有骨干们，大家利用休息时间反复校对，无偿地付出，辛苦地劳动，来为大众服务，使得此书的质量进一步提高。

最后应特别鸣谢中医古籍出版社社长刘从明先生，悉尼老子学院院长、长春中医药大学养生研究所所长王者悦先生，中国周易学会会长刘大钧先生，秦皇岛皇威药业董事长佟雪松先生，新时代健康健康产业（集团）公司经理冯景华先生，济宁周易学会会长辛明亮先生，孔子研究院研究员杨春炳先生，孔子研究院院长许传俊先生，市文化局局长胡勇先生，曲阜市中医学校校长孔令俭先生，曲阜市第二人民医院院长张向峰先生，曲阜市中医院院长王庆安先生，曲阜圣阳电源有限公司党总支副书记景勇先生，曲阜闻春礼食品有限公司董事长闻春礼先生，挚友孔令馨先生以及我的恩师吴成志先生和孔庆生先生等等。是他们鼎力支持与厚爱并为本书的出版提出诸多宝贵意见，才使本书得以完备。谨此再次表示感谢！祝大家阖家幸福，身体康健，永远快乐！

由于时间紧迫，不知道以上的说法，会不会让读者有失所望还是看到希望，但愿是后者；同时笔者从医和习易时间相对短，没有大的资历，不妥之处，书中不可避免会存在疏漏，恳请各位医界和易界前辈与同仁，不吝赐教指正。要使易医学大业，真正走向系统规范、成熟，还需要大家共同努力，这本书就算是“抛砖引玉”的“砖”吧。出版在即，感慨良多！谨以此书献给天下所有需要健康的父母们，您们的健康，是我的需要。

吕建华于孔子研究院